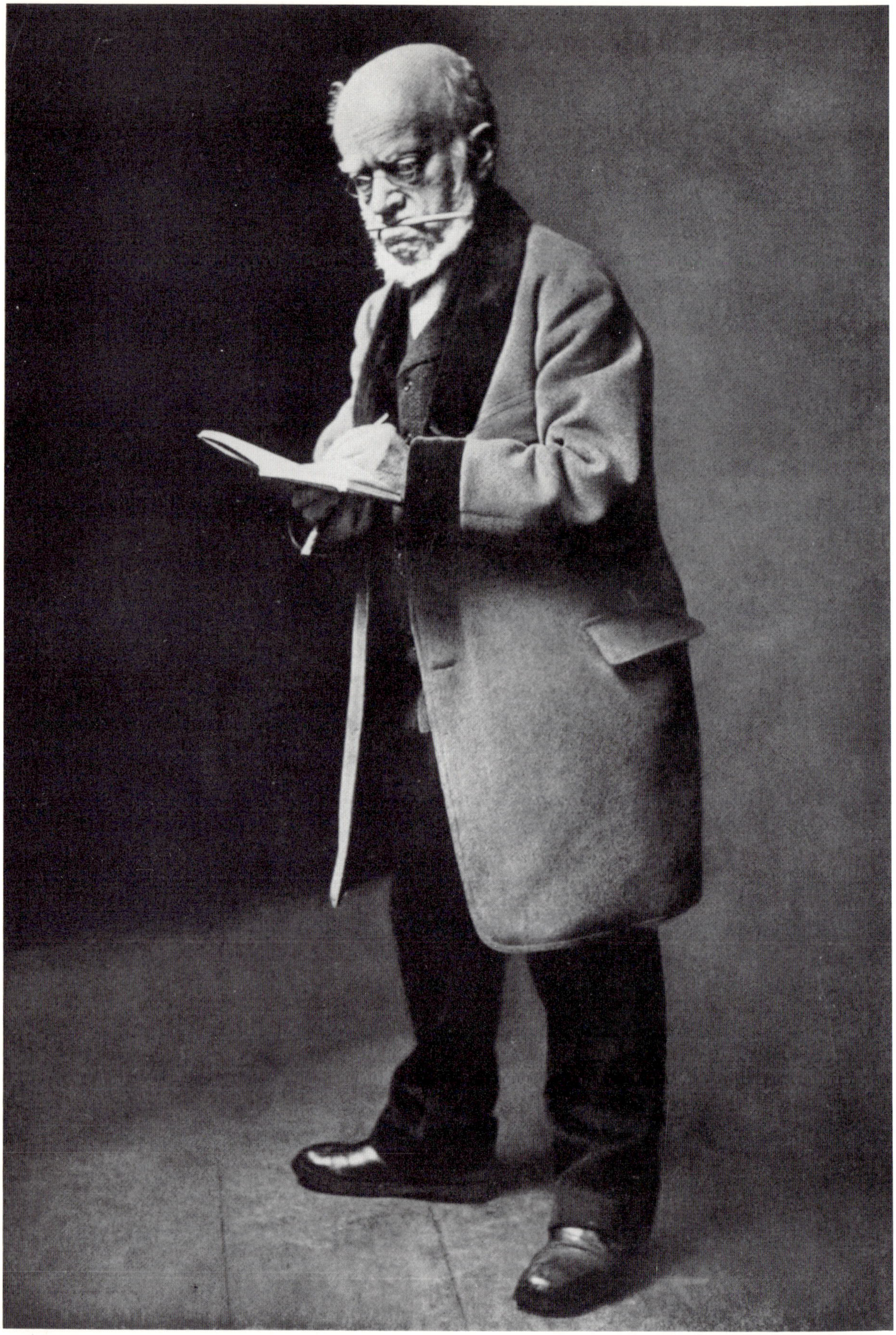

ROLF HOCHHUTH

MENZEL

MALER DES LICHTS

INSEL

Mit Betrachtungen von
Theodor Fontane,
Anton von Werner,
Ludwig Pietsch
und Max Liebermann

Erste Auflage 1991

Druck: Appl, Wemding
Printed in Germany

»Sie haben Menzel und Turgenjew genannt und zu Beiden blick ich als zu meinen Meistern und Vorbildern auf.«

Theodor Fontane am 23. 12. 1885

»Natürlich hat old man Spengler recht ... Menzel, der letzte große Könner.«

George Grosz am 16. 10. 1937

»Damals habe ich im Freien viel in kleine Bücher skizziert. Z. B. zeichnete ich mein Zimmer, wenn ich zu Haus war; Blick aus dem Fenster; Hunde; Menschen bei der Arbeit, etc. Vielleicht habe ich versucht, dem Prinzip des guten Adolph von Menzel zu folgen, nämlich: laufend zu zeichnen. OK.«

George Grosz am 18. 12. 1953

»Zuvor hatte Christie's die Sammlung Roesler versteigert... Eine Skizze von Adolph Menzel mit einer Hand, die einen Schirm hält (1883), war einem amerikanischen Händler 55000 Dollar wert – den fünffachen Schätzpreis.«

Frankfurter Allgemeine Zeitung am 9. 6. 1990

MENZEL
MALER DES LICHTS

I

»Alles *zeichnen* ist gut;
alles zeichnen ist besser!«
Menzel

Gibt ein Amateur ein Buch über einen Maler heraus – ich bin kein Kunsthistoriker –, so muß er das rechtfertigen: ich habe, seit ich mit sechzehn Jahren Joachim von Kürenbergs Menzel-Biographie: ›Die kleine Exzellenz‹ im Bücherschrank eines Arztes fand – Vater meines engsten Schulfreundes –, nie aufgehört, mich in Menzel zu vertiefen, so gründlich wie nur noch in Thomas Mann. Ich gab 1962 einen Band mit zweihundert Zeichnungen Menzels heraus und einen Band mit Essays von Thomas Mann, den ich ›Dichter und Herrscher‹ genannt habe ... Er enthielt Reproduktionen der zwei 1945 verbrannten frühen Hauptwerke Menzels: ›Hochkirch‹ und ›Tafelrunde‹. Und des Leuthen-Fragments ... Denn dieser Maler, dieser Dichter sind von naher geistiger Verwandtschaft; nicht Zufall, daß keine andere Gestalt der Politik, des Staates, des Krieges die beiden so produktiv aufgeregt hat wie der König von Preußen, um Friedrich II. hier so zu nennen, wie endgültig als Emigrant in den USA Heinrich Mann in einem späten Essay ihn definiert hat; er wollte sagen: Der einzige König von Preußen, der uns noch heute angeht, der eine Figur der Weltgeschichte wurde ...

Meine erste Novelle – ein gnädiges Geschick verhinderte, daß ich sie jemals veröffentlichen konnte – schrieb ich in der Pubertät über Menzel: ein peinlicher Abklatsch der Schiller-Novelle: ›Schwere Stunde‹, die der 30jährige Thomas Mann im Todesjahr Menzels 1905, zur Erinnerung an den hundertsten Todestag Schillers, für den ›Simplizissimus‹ verfaßt hatte. Wie da Schiller nachts wieder einmal vergebens um den Abschluß seines Hauptwerkes kämpft: ›Wallensteins Tod‹ –, so verzweifelt stieg in meiner Erzählung Menzel, der imponierende Zwerg, zum aberhundertstenmal von der Leiter, weil ihm *wieder* die schon mehrfach von der Leinwand abgekratzte Figur Friedrichs auf dem gewaltigen Torso: ›Ansprache an seine Generale vor der Schlacht bei Leuthen‹ mißglückt schien; Menzel hat sogar zweimal einen Mann zu Hilfe geholt, weil er selber es leid war, abermals seine Königsfigur abzukratzen; so hing das nicht vollendbare morgendämmerblaue Winterbild ein halbes Jahrhundert in seinem Atelier, ihn tagtäglich mahnend, was er – freilich nur nach seiner eigenen, maßlos selbstquälerischen Vorstellung – *nicht* gekonnt hatte!

Diese Szene war von mir nicht erfunden worden: Kürenberg überliefert, wie der greise Meister vor Axel Delmar, seinem Vertrauten, so ergriffen wie ergreifend sich wiederholt seiner Unfähigkeit bezichtigt hatte; Menzel zeigte Delmar eines seiner damals (so oft wie nur noch Böcklins ›Toteninsel‹) reproduzierten Bilder, seinen (Seite 38) Friedrich-Holzschnitt: ›Der König im Jahre 1775‹. Dieses Blatt des 63jährigen Malers, das noch bis 1945 in jeder Oberschule hing, zeigt den ebenfalls 63jährigen König. Der 88jährige 1903: »›Sehen Sie‹, flüsterte Menzel, und das Blatt zitterte in seinen nervös werdenden Händen: ›sehen Sie, dieses schlaffe, feiste Gesicht, und die erzwungene straffe Haltung zeigen den gealterten König. Damit bin ich zufrieden. Nur diese Augen kann ich nicht mehr billigen. So vermag kein alter Mann mehr zu gucken. Das ist gemacht und unwahres Zugeständnis an das Steuer zahlende Publikum. Adlerblick!‹

Erstaunt blickte ich ihn an: ›Aber Exzellenz‹, wagte ich zu entgegnen, ›Sie haben doch den Helden und Sieger des Siebenjährigen Kriegs seinem Volk – nicht einem Publikum zeigen wollen! Wollen Sie solchem Mann erloschene Augen geben?!‹

Menzel hob seinen ausdrucksvollen, wachsbleichen Kopf ein wenig zu mir empor. Seine Kinnlade bebte und die Zunge stieß einigemal gegen die wenigen Zähne, als fiele ihr, das Folgende auszusprechen, besonders schwer: ›Das eben habe ich nicht gekonnt, überhaupt nicht gekonnt – verstehen Sie!‹ ...

Dann nimmt er ein zweites Blatt: eine Reproduktion des ›Flötenkonzerts‹. Sein Gesicht wird noch ernster: ›Da betrachten Sie sich mal den König! Hm – er ist mir auch nicht gelungen! Der König steht da wie ein Kommis, der Sonntags Muttern etwas vorflötet. Da ist er doch noch jung und stolz! Der dicke Gotter gehört gar nicht ins Bild, und die übrigen sehen auch so hineingefabelt aus, um das große Zimmer zu füllen. Überhaupt habe ichs bloß des Kronleuchters wegen gemalt. In der ›Tafelrunde‹ brennt er nicht – hier brennt er! – Manchmal reuts mich, daß ichs gemacht habe; enfin bestand die Hälfte meines Lebens aus Reue.‹«

Kürenberg, der auch überliefert – alles steht in seiner unvergänglichen Biographie, nur nicht, was Liebermann in seinen aus nächster Wahlverwandtschaft geschriebenen Huldigungs-Essay an den Größeren eintrug: Daß Menzel wie so viele Geniale, wie auch Cäsar, Napoleon, Dostojewski: *Epileptiker* war –, Kürenberg überliefert auch, daß die ›kleine Exzellenz‹ ihr letztes Bild *vernichtet* hat: »... geht der Neunzigjährige Ende Januar 1905 an ein Bild: ›Agrarier mit Zigarre‹, es soll sein letztes sein. Ursprünglich ist dieses Blatt ein Porträt des Herzogs Biron von Kurland gewesen, das – dreiunddreißig Jahre zuvor – nach einer Aquarellstudie zum Krönungsbild gemalt war. Da aber die Besteller den verlangten Preis nicht zahlen wollten oder konnten, so entschließt sich der etwas ärgerliche Alte, aus diesem Herzog einen ›Agrarier mit Zigarre‹ zu machen. Fünfunddreißig Zeichnungen braucht er dazu als Vorstudie, bis er schließlich das Bild vernichtet, weil es ihm ›nicht mehr gelingt, das auszudrücken, was ich will‹.«

II

Wenige Tage später, am Morgen des 9. Februar, sinkt Menzel in einen leichten Schlaf, aus dem er nicht mehr aufwacht; schon gegen Mittag beordert der Kaiser eine Ehrenwache in friederizianischen Uniformen vors Sterbehaus. Die Totenmaske wird abgenommen. Für den 10. Februar setzt Wilhelm II. in einer »Königlichen Kabinettsorder« das Staatsbegräbnis an: »Trauerfeier für den Wirklichen Geheimen Rat Dr. Adolf von Menzel, Ritter des Hohen Ordens vom Schwarzen Adler, Kanzler der Friedensklasse des Ordens pour le mérite für Wissenschaft und Künste.« In der Rotunde von Schinkels Altem Museum ist der kurze Sarg aufgebahrt, der Kaiser nimmt mit der Kaiserin und seinen sechs Söhnen an der Beisetzungsfeier teil: Zum erstenmal seit 1660 in Madrid Velasquez begraben wurde, folgt ein Gekrönter dem Sarg eines Malers...

Wer in sogenannten demokratischen Zeitläuften sich über Kaiser Wilhelms des Letzten Haltung zur Kunst mokieren sollte: der sei daran erinnert, daß demokratische Herrscher sich überhaupt niemals der Künstler ihrer Zeit annehmen. So daß den Künsten allerorts die Demokratisierung der Staaten sehr schlecht bekommen ist...

In den USA, meldete am 6. Juli 1990 die FAZ, ist der *Gesamt*betrag für staatliche Kunstförderung geringer als der Etat des Pentagons für Militärkapellen! So gibt es dortzulande praktisch keine Theater mehr: Musicals allein können noch die Mieten einspielen...

Daß der französische Staatspräsident Mitterand mit Helikopter aus Paris nach Wilflingen flog, um 1985 dem 90jährigen Ernst Jünger zum Geburtstag zu gratulieren; und daß er dem Spanier Picasso mitten in Paris ebenso ein Museum geschaffen hat wie er mit dem Musée d'Orsay erstens einen schönen Bahnhof der Jahrhundertwende, der abgerissen werden sollte, rettete; und zweitens den 80 Jahre lang verachtet in die Magazine abgestellten sogenannten »Salon«-Malern ein herrliches Museum eröffnete – sind absolut einmalige Vorkommnisse in einem nachmonarchischen Zeitalter... Die Bonner – ein Beispiel – haben wie die Washingtoner, seit sie Hauptstädter eines (glücklicherweise rasch vorübergegangenen) Staates waren, einen Kulturminister in ihrer Mitte nicht einmal vermißt. Ja, sie haben nicht einmal gewußt, daß sie keinen hatten, sondern haben die Pflege der Künste abgeschoben, laut einer so von ihnen zurechtgeschneiderten Verfassung, an Länderminister, die deshalb keiner auch nur dem Namen nach gekannt hat, weil die niemals einen Namen hatten.

Würde die Nachwelt noch wissen – sie wird es nicht wissen –, was BRD einst hieß, sie würde übersetzen: Banausenrepublik Deutschland...
Dies ist keine Abschweifung, sondern nur ein weiterer Beleg, warum Menzel nicht allein als Maler-Persönlichkeit, sondern auch als Zeitgenosse, als Mann des 19. Jahrhunderts, dessen bedeutendster Künstler mindestens im deutschsprachigen Raum Menzel gewesen ist, eine so exemplarische Biographie hat wie von Malern seiner Zeit nur noch Courbet. Und weshalb er auch einem Autor, der kein Kunsthistoriker ist, nicht weniger interessant wurde als Autoren, die ja Deutschland vom Format Menzels in Menzels Zeit nicht gehabt hat. Menzel durfte »ein Bürger sein«, im Sinne der Klage Theodor Mommsens, in seinem Testament, *kein* Bürger gewesen zu sein, so daß man ihm auch keine Biographie schreiben solle. Mommsen, der Revolutionär von 1848 – übrigens mit Menzel befreundet: Deutschlands berühmtester Gelehrter seiner Epoche und erster deutscher Nobelpreisträger für Literatur, und Deutschlands namhaftester bildender Künstler waren als revolutionär gesinnte 1848er »Sympathisanten« Freunde –, Mommsen hat Bismarcks Zeit angeklagt, ihm verwehrt zu haben, »ein Bürger zu sein«, das heißt: Jemand, der mitwirken darf im öffentlichen Leben, also nicht nur in der Polis, sondern auch in der Politik. Menzel hatte *das* nie erstrebt und war deshalb nicht in Konflikt geraten mit einer Zeit, die zwar via Parlament den Bürgerlichen bereits zuließ, notgedrungen, zur Mitwirkung, nicht aber in der Armee und im Auswärtigen Amt, also in jenen zwei Institutionen, die recht eigentlich den Staat repräsentieren, aber doch in Deutschland bis 1918 – was die leitenden Ränge betraf – nahezu dem Adel vorbehalten blieben, abgesehen von der gesellschaftlich nicht ganz für voll genommenen Kriegsmarine: die bürgerlichen Tirpitz, Scheer, Weizsäcker konnten später doch Offiziere in der Flotte werden. Die Bismarck-Zeit im Hinblick auf ein Künstlerleben darf aber niemand erwähnen, ohne hinzuzusetzen – was ich erst aus Ernst Jüngers Spätwerk: ›Autor und Autorschaft‹ erfahren habe –, daß Bismarck die Künste auf eine Weise gefördert hat wie nie vor oder nach ihm noch ein Staatsmann: Er lehnte ab, Einkünfte aus musischen Tätigkeiten zu besteuern...
Daß Menzel sich nicht eine Minute korrumpieren ließ, weil drei Kaiser ihm so »huldreich« waren wie vermutlich keinem anderen Künstler ihrer Epoche, erhellen allein diese zwei von bürgerlicher Aufsässigkeit gegen den Hof charakterisierten Taten: Er setzte durch, sich bewußt, damit Wilhelm den Letzten schwer zu verstimmen, daß die junge Käthe Kollwitz für ihren revolutionären Bauernkrieg-Zyklus die Goldmedaille der kaiserlichen Akademie erhielt. Und er unterzeichnete vor seinem 80. Geburtstag den Protest der führenden Berliner Intellektuellen gegen die sogenannte »Umsturzvorlage«, mit der 1895 der Reichstag den Unterdrückungs-Krieg gegen die Sozialdemokraten fortzusetzen hoffte, den der seit fünf Jahren entlassene Bismarck einst entfesselt hatte... Fontane, obgleich er nur drei kurze Seiten zum 80. Geburtstag Menzels veröffentlichte (in Maximilian Hardens ›Zukunft‹, Dezemberheft) hebt ausdrücklich *dies* hervor: »Dieser Mut ist seine vielleicht schönste und größte Seite. Nie schwankend, wos gilt, nie bloßer Lebensklugkeit nachgebend, ist ihm innerhalb der moralischen Welt alles Marchandiren fremd. Und nun gar erst Fahnenflucht! Von Kopf bis Fuß loyal, allem Utopischen abgeneigt, ist er doch zugleich durch und durch ein Mann der Freiheit und als solcher immer da zu finden, wo von alter Zeit her die richtigen Preußen, die Leute von festem Rückgrat, gestanden haben. Und diese haben – Gott sei Dank – vordem wie heute noch immer ihre Widersacher überdauert... Als unser Menzel, unser heut achtzigjähriger Jubilär, eben seinen Namen unter eine gegen die geplante Umsturzvorlage sich richtende Petition gesetzt hatte, lud ihn, als Antwort darauf, sein junger Kaiser nach Sanssouci hinauf, um hier, bei einer in Klängen und Bildern veranstalteten Friedrichsfestlichkeit, die große Zeit vor dem Auge dessen heraufsteigen zu lassen, der, mehr als irgendwer, zu des Königshauses und des preußischen Volkes Ruhm eben diese Zeit darzustellen und zu verherrlichen gewußt hat...«

Schon eine Generation zuvor, 1836, hatte Franz Krüger – die Gruppen der adligen und bürgerlichen Zivilisten vom Fürsten Pückler bis zum Schusterjungen auf seinen Paradebildern dürften Menzel, der ebenfalls 1839 in einer solchen Gruppe von Krüger gemalt wurde (hier Seite 13), stärker beeinflußt haben als jeder andere Maler –, schon 1836 hatte dieser »Pferde-Krüger« seinen Ausritt an der Seite des Prinzen Wilhelm, nachmals Kaiser Wilhelm I., selbstbewußt in einem kaum zwei Handbreit kleinen Ölbild festgehalten, ein Juwel in der Nationalgalerie: Die Dokumentation des ganz selbstverständlichen Umgangs der Hohenzollern mit ihren Künstlern... Und so auch auf der Meisterzeichnung Menzels: ›Musiksalon der Frau Schleinitz‹, die wiederum ein halbes Jahrhundert später Fürst Bülow in seinen ›Denkwürdigkeiten‹ abdruckte als Beleg, wie vertraut im kaiserlichen Berlin Regierende mit Künstlern waren! Aus Bonn wird kein Memoirenband je die Nachwelt erreichen – und wird *deshalb* vielleicht überhaupt keiner die Nachwelt erreichen –, in dem ein Bild abzudrucken wäre, das Politiker mit Künstlern zeigt... (hier Seite 13). Schleinitz war Hausminister des alten Kaisers. Im Salon seiner Frau, die auch an Nietzsche schrieb, den sie in Bayreuth kennengelernt hatte, wurde weitgehend Richard Wagner hoffähig gemacht. Und so unsympathisch er auch Bismarck und dem alten Kaiser war: Frau von Schleinitz brachte es fertig, den 79jährigen Wilhelm I. zu überreden, Bayreuth 1876 mitzueröffnen – was sogar finanziell für Wagner existentiell bedeutungsvoll wurde: Denn mit dieser Anerkennung durch den Meistanerkannten hatte Wagner überhaupt die Gesellschaft des Kaiserreichs als Klientel und Mitläufer gewonnen...

Wir sehen auf Menzels Bleistift-Blatt vom 24. 6. 1874 links den (erst 1882 geadelten) Naturwissenschaftler Helmholtz, den Wiener Maler H. v. Angeli, die schöne Hausfrau Mimi von Schleinitz, neben ihr Frau Helmholtz, hinter ihr Graf Seckendorff und Gräfin Brühl, ihnen visa-vis die Kronprinzessin Viktoria, Tochter der Queen, den Kronprinzen (und späteren 99-Tage-Kaiser), den Hausherrn Schleinitz, den Maler A. v. Werner, der in dreißig Jahren Menzel die Grabrede halten wird, und den Fürsten Hohenlohe.

Und noch die wenigen Repräsentativ-Bauten, die den Zweiten Weltkrieg und die Abrißwut der fünfziger bis siebziger Jahre überlebt haben, so in Frankfurt der Bahnhof und die Oper, belegen nicht anders als Menzels Berlin-Bilder, daß die Bismarck-Jahre das Augusteische Zeitalter der Deutschen gewesen sind. (Augustus wußte, daß er nur dank Vergils und Ovids, den er verbannte, um ihn vor der Kaiserin zu retten, auf die Nachwelt käme!)

Menzels 70. Geburtstag, der 8. 12. 1885, war denn auch nicht weniger als ein norddeutscher National-Feiertag: Der 88jährige Wilhelm I. gratulierte in einem Handschreiben, das Kronprinzenpaar brachte es zu Menzel. Und Fontane erzählt stolz in einem Brief vom 6. 1. 1886: »Sie schreiben mir so Freundliches über das Menzel-Gedicht und ich steck es diesmal ohne Verlegenheit ein, weil es, glaub ich, apart gelungen ist. Übrigens müßt' es auch mit dem Deubel zugehen, den ich habe runde 3 Wochen dran gearbeitet. Der Erfolg war glänzend, am entzücktesten der Kronprinz, der bei Menzel jedem, der es hören wollte, erzählte, daß er es seiner Frau 2 mal beim Frühstück vorgelesen und es dann (ganz charakteristisch) ›ausgeschnitten‹ habe. Derlei Freundliches drang von vielen Seiten her an mich heran« ... Nur wunderte sich der leicht kränkbare Fontane, daß »Menzel selbst kein Lebenszeichen gab... kam erst am 10. oder 11. Tage, um sich zu bedanken. Es kann Zufall gewesen sein, will sagen unbeabsichtigt, aber selbst *dann* ist es starker Taback. Wenn man jemanden *so* feiert, so muß der Gefeierte auf der Stelle Zeit zu einem Telegramm oder einer Rohrpostkarte finden und nicht zehn Tage vergehen lassen. Es wird aber wohl anders liegen und der Grund seiner Säumniß in einem gewissen Mißfallen zu suchen sein. Irgendein Wort hat ihm nicht zugesagt oder ihn geradezu verdrossen und er hat Zeit gebraucht, sich zu recolligieren. Auch *das* läßt sich verzeihen, aber sehr angenehm ist es nicht für *den*, der auf seinen ehrlich verdienten Dank wartet. Die Welt ist wunderbar« ...

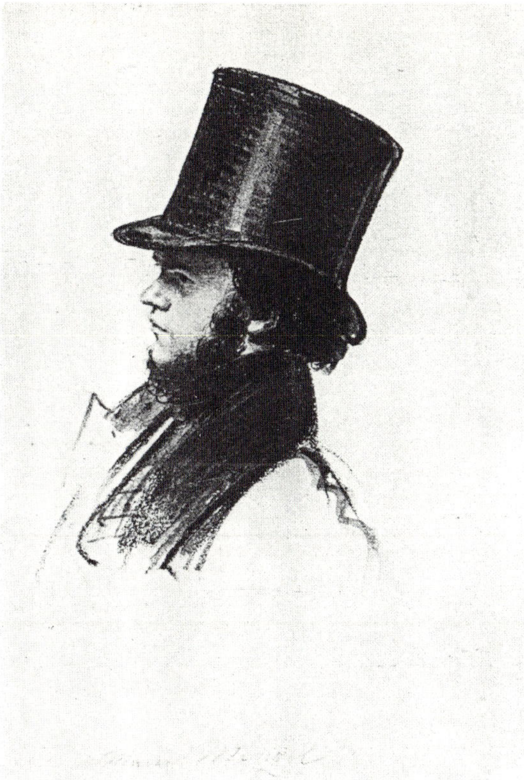

Franz Krüger, Adolf Menzel, 1839
Bleistift und Aquarell, 16,8 × 11,7 cm

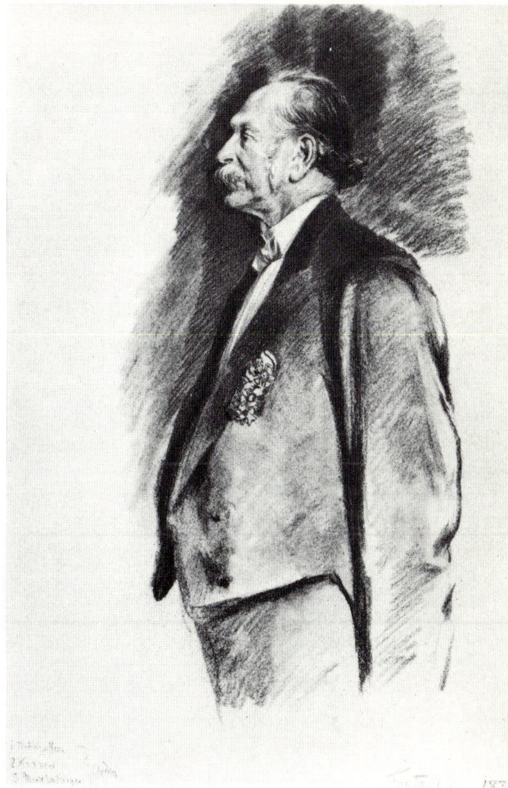

Fritz Werner, Theodor Fontane, o. J.
Kreide, 46,9 × 30,8 cm

Musiksalon der Frau von Schleinitz, 1874, Maßangaben fehlen

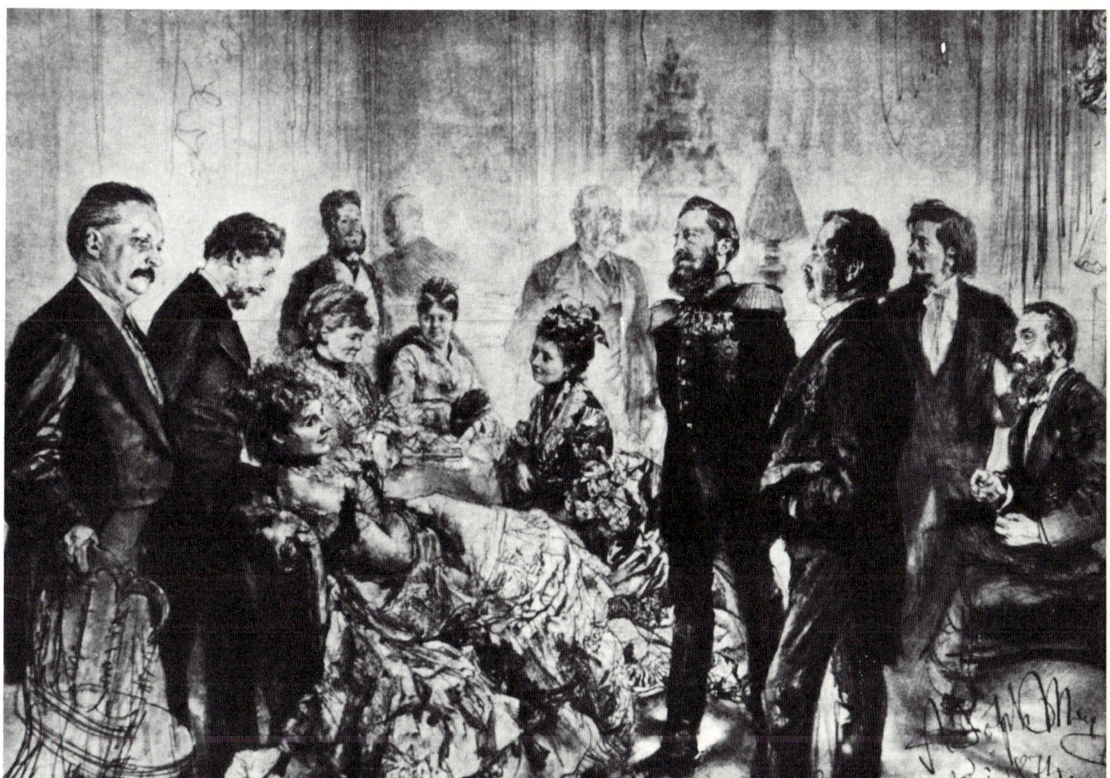

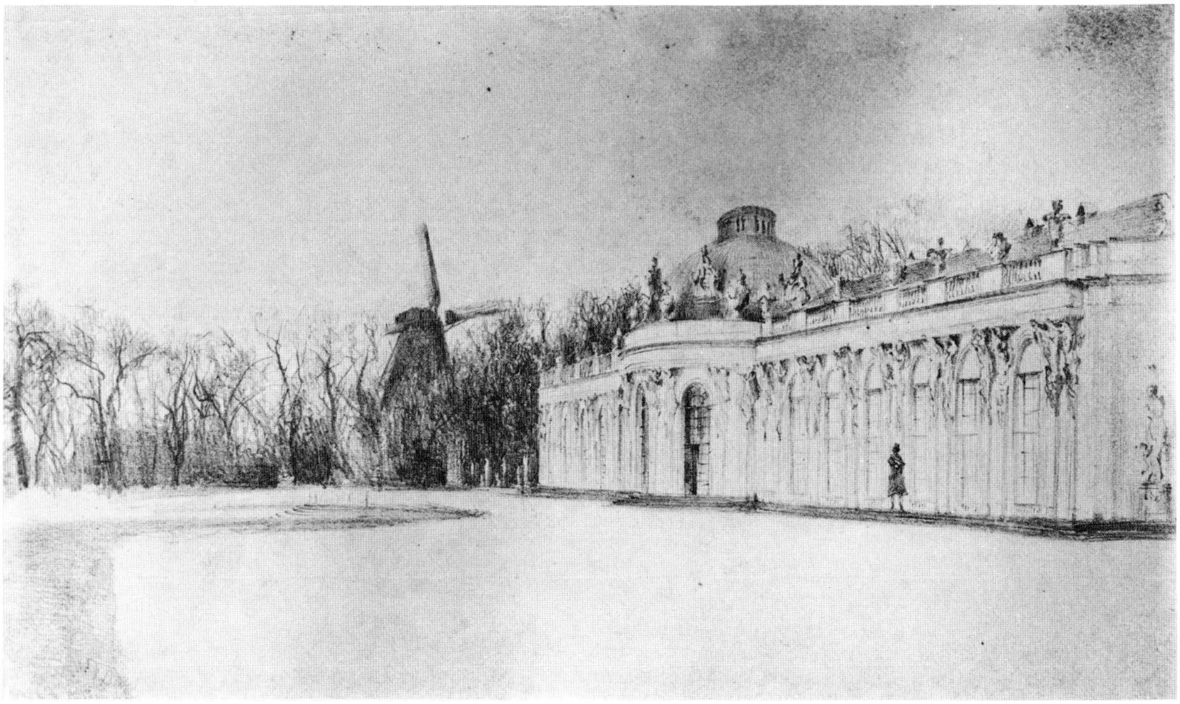

Schloß Sanssouci mit Windmühle, 1840, Bleistift, 12,5 × 20 cm

Bibliothek in Schloß Sanssouci, 1840
Bleistift, 20,9 × 12,8 cm

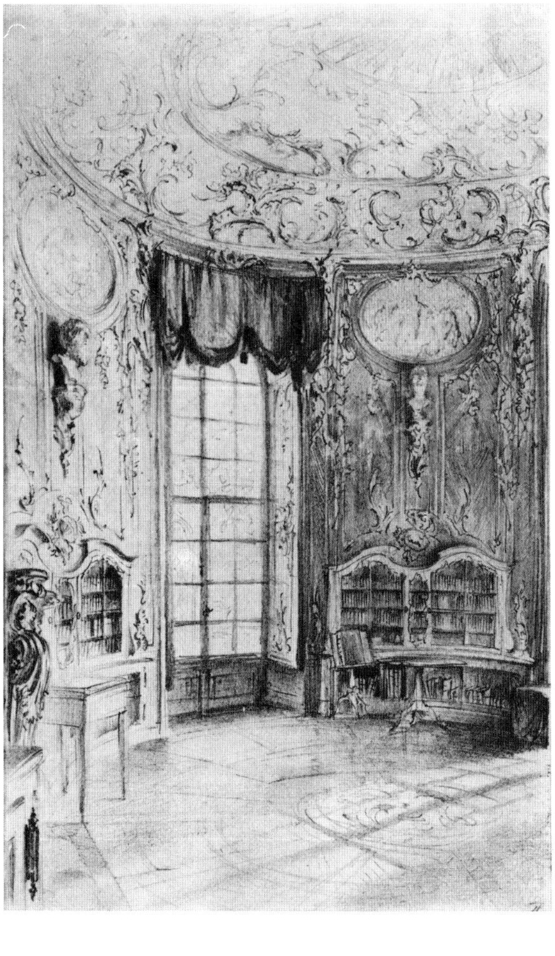

Rokokokamin in Schloß Sanssouci, 1840
Bleistift, 44,4 × 24,6 cm

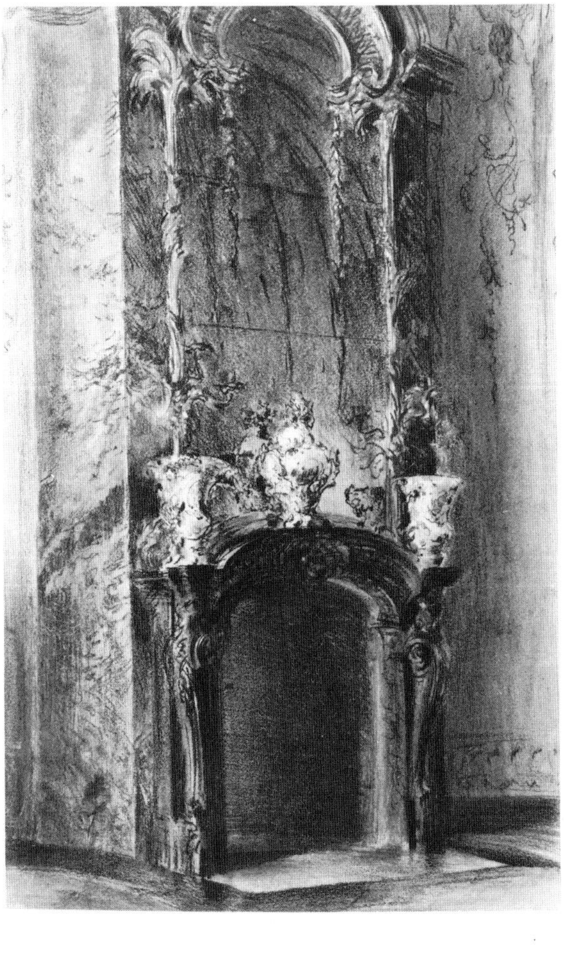

Fontane hatte recht: In seinem Huldigungs-Gedicht hatte er Menzel dadurch gekränkt, daß er den Geist des Königs ›Auf der Treppe von Sanssouci‹ – so der Titel des Gedichts – sagen läßt: »Ein Jahrer zehne will ich gern noch warten« – nämlich im Olymp auf den Maler: Menzel empfand es als eine Herabsetzung, daß Fontane ihm nur noch kümmerliche *zehn* Lebensjahre bewilligte, als habe Menzel gewußt, daß er in der Tat nicht »nur« 80 werde, sondern noch 20 Jahre vor sich habe...

Auf der Treppe von Sanssouci

7./8. Dezember 1885

Von Marly kommend und der Friedenskirche,
Hin am Bassin (es plätscherte kein
Springstrahl)
Stieg ich treppan; die Sterne blinkten, blitzten,
Und auf den Stufen-Aufbau der Terrasse
Warf Baum und Strauchwerk seine dünnen
Schatten,
Durchsichtige, wie Schatten nur von Schatten.
Rings tiefe Stille, selbst der Wache Schritt
Blieb lautlos auf dem überreiften Boden,
Und nur von rechts her, von der Stadt herüber,
Erscholl das Glockenspiel.
Nun schwieg auch *das*,
Und als mein Auge, das auf kurze Weile
Dem Ohr gefolgt war, wieder vorwärts blickte,
Trat aus dem Buschwerk, und ich schrak
zusammen,
Er selbst, im Frackrock, hinter ihm das
Windspiel
(*Biche*, wenn nicht alles täuschte), dazu
Krückstock
Und Hut und Stern. Bei Gott, es war der
König.

Was tun? Ich dacht' an Umkehr; doch sein
Auge,
Das *Fritzen*-Auge bannte mich zur Stelle;
So hielt ich denn und machte Front.
»Wie heißt Er?«
Ich stotterte was hin.
»Und sein *Metier*?«
»Schriftsteller, Majestät. Ich mache Verse.«
Der König lächelte: »Nun hör' Er, Herr,
Ich will's Ihm glauben; keiner ist der Tor,
Sich dieses Zeichens ohne Not zu rühmen,
Dergleichen sagt nur, wer es sagen muß,
Der Spott ist sicher, zweifelhaft das andre.
Poète allemand! Ja, ja, Berlin wird Weltstadt.
Nun aber sag' Er mir, ich les' da täglich
(Verzeih' Er, aber Federvieh und Borste
Wohnt auf demselben Hof und hält
Gemeinschaft),
Ich les' da täglich jetzt in den *Gazetten*
Von Menzelfest und siebzigstem Geburtstag,
Ausstellung von *Tableaux* und von *Peintüren*
Und ähnlichem. Ein großer Lärm. *Eh bien*,
Herr,
Was soll das? Kennt Er Menzel? Wer ist
Menzel?«
Und dabei flog ein Zug um seinen Mund,
Als wiss' er selber Antwort auf die Frage.

»Zu Gnaden Majestät«, begann ich zögernd,
»Die Frag' ist schwer, das ist ein Doktorthema;
Mein Wissen reicht bis Pierer nur und
Brockhaus.
Ja, wer ist Menzel? Menzel ist sehr vieles,
Um nicht zu sagen alles; mind'stens ist er
Die ganze Arche Noäh, Tier und Menschen:
Putthühner, Gänse, Papagei'n und Enten,
Schwerin und Seydlitz, Leopold von Dessau,
Der alte Zieten, Ammen, Schlosserjungen,
Kathol'sche Kirchen, italien'sche Plätze,
Schuhschnallen, Bronzen, Walz- und
Eisenwerke,
Stadträte mit und ohne goldne Kette,
Minister, mißgestimmt in Kaschmirhosen,
Straußfedern, Hofball, Hummer-Majonnaise,
Der Kaiser, Moltke, Gräfin Hacke,
Bismarck...«
»Outrier' Er nicht.«
»Ich spreche nur die Wahrheit.
Bescheidne Wahrheit nur. Er durchstudierte
Die groß' und kleine Welt; was kreucht und
fleucht,
Er gibt es uns im Spiegelbilde wieder.
Am liebsten aber (und mir schwoll der Kamm,
Ich war im Gang, ›jetzt oder niemals‹ dacht'
ich),

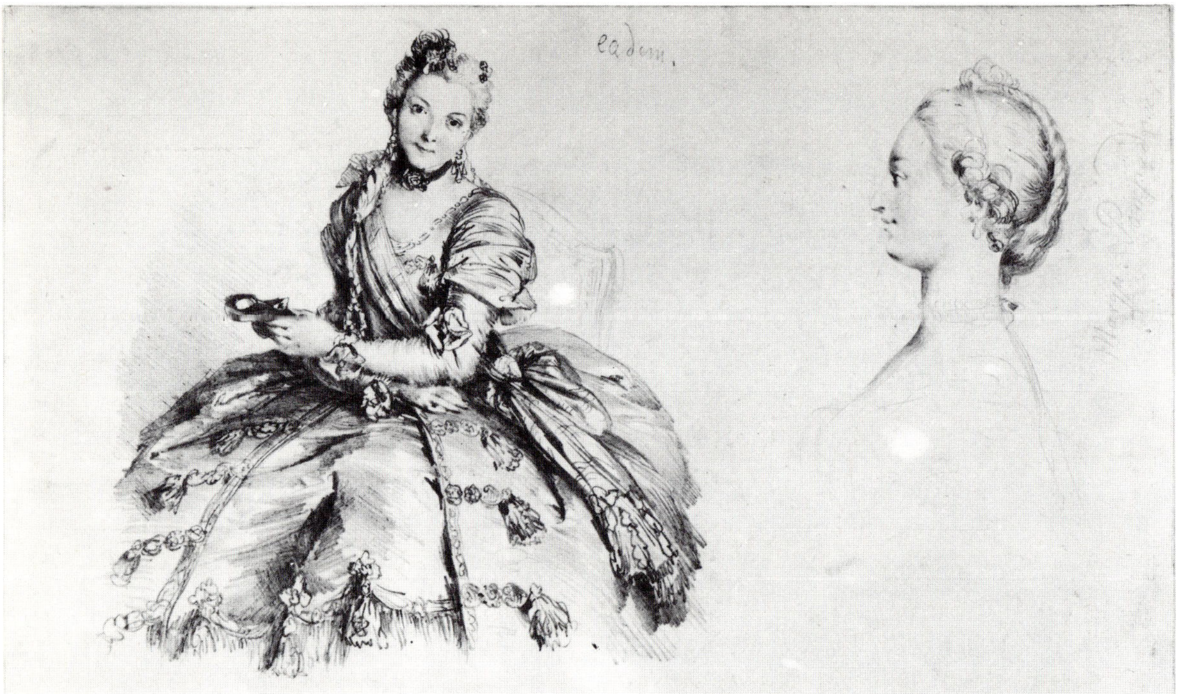

Marquise von Pompadour, 1840, Bleistift, 12,8 × 21 cm

Speisesaal im Schloß Sanssouci, 1840
Bleistift, 20,8 × 12,9 cm

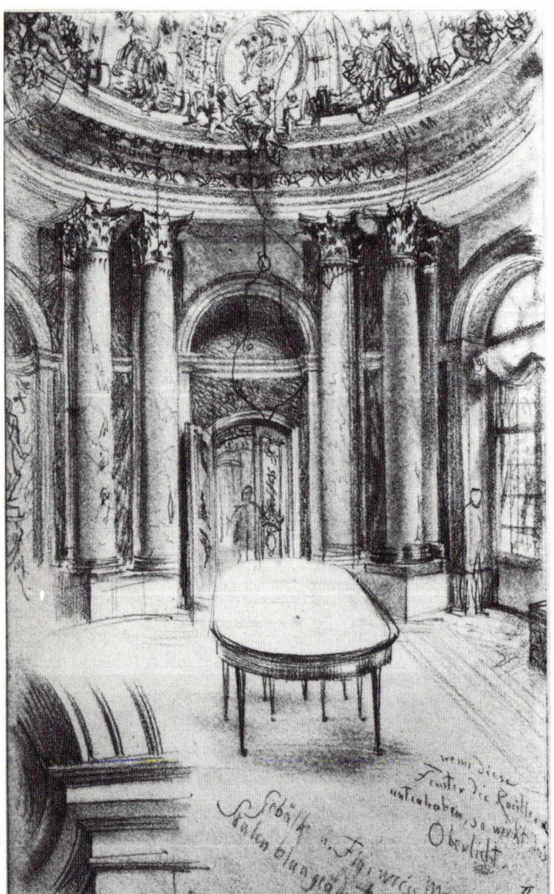

Arbeitszimmer Friedrich II. im Stadtschloß zu Potsdam, 1840, Bleistift, 20,8 × 12,9 cm

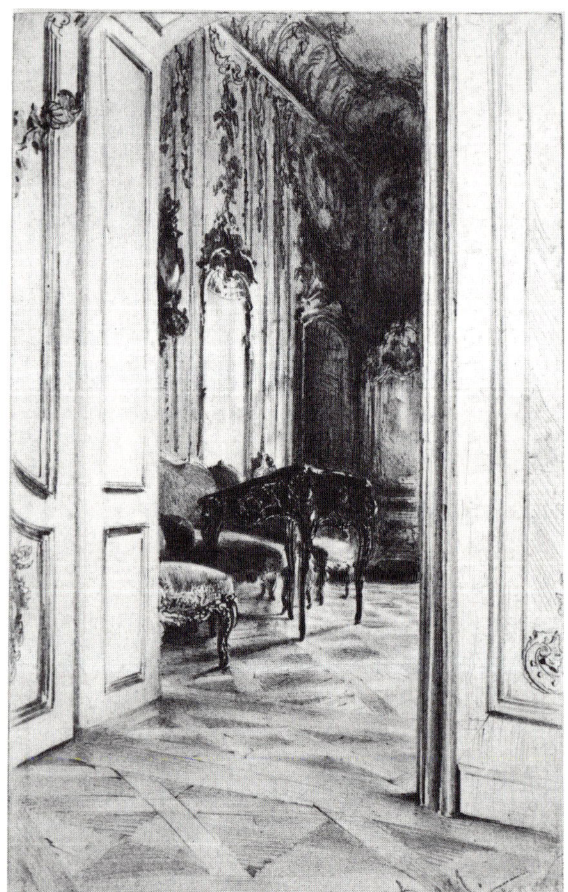

Am liebsten aber gibt die Welt er wieder,
Die *Fritzen*-Welt, auf der wir just hier stehn:
Im Rundsaal, vom Plafond her, strahlt der Lustre,
Siebartig golden blinkt der Stühle Flechtwerk,
Biche (›komm, mein *Biche*chen‹) streift die Tischtuch-Ecke,
Champagner perlt, und auf der Meißner Schale
Liegt, schon zerpflückt, die Pontac-Apfelsine...«

»Nun lass' Er nur. Ich weiß schon.« Und er lüpfte
Den Hut und ging. Doch sieh! nur wenig Schritte,
So hielt er wieder, wandte sich und winkte
Mich an die Seit' ihm. »Hör Er, Herr; ein Wort noch:
Er hat bestanden; so lala. Denn wiss' Er,
Ich kenne Menzel wie mich selbst und wär' ihm
Erkenntlich gern. Emaille-Uhr? Tabatière?
Vielleicht ein Solitaire? Was macht ihm Spaß wohl?«

»Ach Majestät, was soll ihm Freude machen?
Er hat vollauf von Gütern dieser Erde,
Hat Ansehn, Ehre, Titel, Ordenskreuze
(*Pour le mérite*, natürlich Friedensklasse),
Hat Freunde, Mut und Glück, und was die Hauptsach':
Hat seine Kunst...«
»Und fehlt ihm nichts?«
»Rein gar nichts.«

»Na, das ist brav. *Comme Philosophe!* Das lob' ich
Und will nicht stören. Aber *eines* sagt ihm:
Ich lüd' ihn ein (er mag die Zeit bestimmen,
Ein Jahrer zehne will ich gern noch warten),
Ich lüd' ihn ein nach Sanssouci; sie nennen's
Elysium droben, doch es ist dasselbe.
Dort findt er alte Freunde: Genral Stille,
Graf Rotenburg, die ganze Tafelrunde,
Nur Herr von Voltaire fehlt seit Anno 70;
Franzose, rapplig. *Dieser* Platz ist frei.
Den reservier' ich ihm. Bestell' Er's. Hört Er?
Ich bin Sein gnäd'ger König. *Serviteur!*«

Wendet jemand ein, so habe eben Hohenzollern-Deutschland nur den Maler Friedrichs des Großen gefeiert – früher noch haben jedoch die Wittelsbacher, später auch die Habsburger, bildende Künstler geadelt im 19. Jahrhundert –, so irrt er durchaus. Was Voltaire sich gegen Friedrich herausnahm, hat den König nicht gehindert, ihn den »größten der Sterblichen« zu nennen – bis zuletzt. Sein Nachfolger, selber ein bemerkenswerter Musiker und Komponist, ließ nichts unversucht, Mozart mit einem wahrhaft königlichen Gehalt nach Potsdam zu locken, so wie in der nächsten Generation Königin Luise sich bemüht hat – »wie Aristoteles für Alexander« –, Schiller als Lehrer ihrer Söhne für Berlin zu gewinnen. Sie förderte entscheidend Caspar David Friedrich. Deren Sohn, Freund Schinkels, konnte zwar Menzel nicht leiden, aber doch nur, weil er noch völlig fasziniert war von der Künstler-Generation Schadow, der als Klassizist Menzels Friedrichs-Zeichnungen öffentlich als Karikaturen verhöhnte... Sein Bruder Wilhelm I. (Bild Seite 135) versammelte wöchentlich die Spitzen des geistigen Berlin im Schloß zum Gedankenaustausch, machte Ernst Curtius, den großen Autor der Griechischen Geschichte, der später Olympia ausgegraben hat, zum Lehrer seines Sohnes, des späteren 99-Tage-Kaisers – so wie der 1881 Bismarcks Kultusminister gewordene Gossler Fontane an dessen 70. Geburtstag in Gegenwart Menzels derart feierte, daß Fontane schrieb, am 5. Januar 1890: »Ich stehe nicht an, diese kleine Stegreifrede für ›epochemachend‹ in unsrem preußischen literarischen Leben anzusehn. Schon sein (des Ministers) schlichtes, natürliches, völlig unprätentiöses Benehmen gewann ihm die Herzen und nun gar erst diese Rede voll Mut, Freiheit, Hoffnungsblick und Humor, und dabei doch reserviert und diskret, freilich nur, um auch diese Beamtentugenden wieder mit leiser Ironie zu behandeln.« Das war noch fünf Jahre vor Erscheinen seines Meisterwerks ›Effi Briest‹. Am 15. Januar schrieb Fontane noch an Heyse: »Der eigentliche Sieger des Abends aber war Gossler. Solche Rede hat, den ›catalinarischen Existenzen‹ gegenüber, noch niemals ein preußischer Minister gehalten. Der

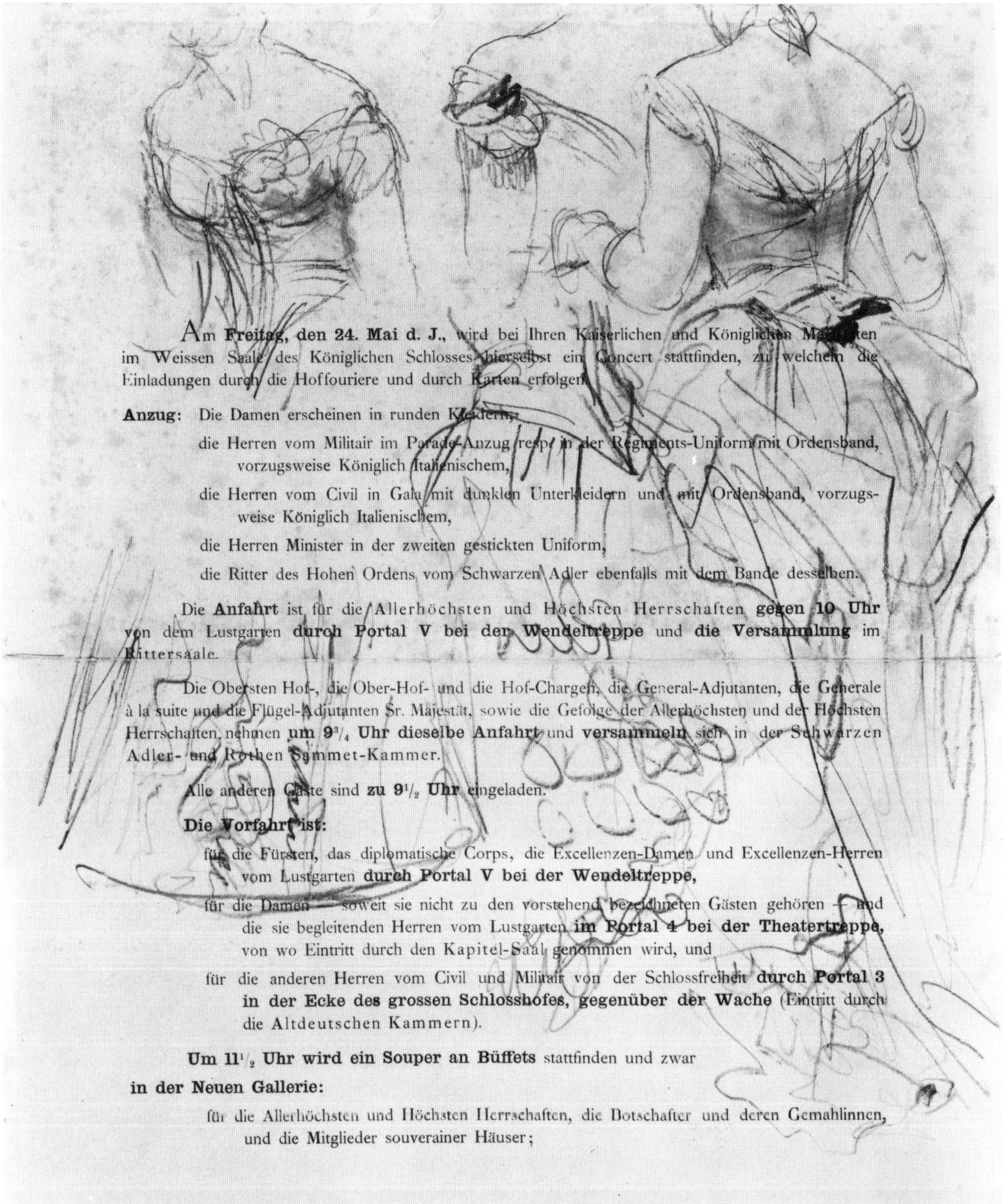

Am **Freitag, den 24. Mai d. J.**, wird bei Ihren Kaiserlichen und Königlichen Majestäten im Weissen Saale des Königlichen Schlosses hierselbst ein Concert stattfinden, zu welchem die Einladungen durch die Hoffouriere und durch Karten erfolgen.

Anzug: Die Damen erscheinen in runden Kleidern,

die Herren vom Militair im Parade-Anzug resp. in der Regiments-Uniform mit Ordensband, vorzugsweise Königlich Italienischem,

die Herren vom Civil in Gala mit dunklen Unterkleidern und mit Ordensband, vorzugsweise Königlich Italienischem,

die Herren Minister in der zweiten gestickten Uniform,

die Ritter des Hohen Ordens vom Schwarzen Adler ebenfalls mit dem Bande desselben.

Die **Anfahrt** ist für die Allerhöchsten und Höchsten Herrschaften **gegen 10 Uhr** von dem Lustgarten **durch Portal V bei der Wendeltreppe** und **die Versammlung** im Rittersaale.

Die Obersten Hof-, die Ober-Hof- und die Hof-Chargen, die General-Adjutanten, die Generale à la suite und die Flügel-Adjutanten Sr. Majestät, sowie die Gefolge der Allerhöchsten und der Höchsten Herrschaften, nehmen **um 9¾ Uhr dieselbe Anfahrt** und **versammeln** sich in der Schwarzen Adler- und Rothen Sammet-Kammer.

Alle anderen Gäste sind **zu 9½ Uhr** eingeladen.

Die Vorfahrt ist:

für die Fürsten, das diplomatische Corps, die Excellenzen-Damen und Excellenzen-Herren vom Lustgarten **durch Portal V bei der Wendeltreppe,**

für die Damen — soweit sie nicht zu den vorstehend bezeichneten Gästen gehören — und die sie begleitenden Herren vom Lustgarten **im Portal 4 bei der Theatertreppe,** von wo Eintritt durch den Kapitel-Saal genommen wird, und

für die anderen Herren vom Civil und Militair von der Schlossfreiheit **durch Portal 3 in der Ecke des grossen Schlosshofes, gegenüber der Wache** (Eintritt durch die Altdeutschen Kammern).

Um 11½ Uhr wird ein Souper an Büffets stattfinden und zwar

in der Neuen Gallerie:

für die Allerhöchsten und Höchsten Herrschaften, die Botschafter und deren Gemahlinnen, und die Mitglieder souverainer Häuser;

Kostümstudien von Damen auf einer Einladungskarte, 1889
Bleistift, 29 × 22,5 cm

Jubel war groß« ... Man vergleiche damit die Reden, wenn sie denn überhaupt einmal Autoren erwähnen, die bundesdeutsche Politiker (»Pinscher«, »Mistkäfer«) gegen Schriftsteller gehalten haben oder gar gegen die Goethe-Häuser als Institution. So der langjährige Minister Bayerns in Bonn: F. J. Strauß, der spätere Ministerpräsident in München; dieser meistumlärmte Politiker der BRD – das kaputte Rad am Wagen macht den meisten Lärm –, sagte *einen* Satz zur Literatur, der ihn überdauern wird; sagte auf einem Parteitag, zitiert nach ›Hofer Anzeiger‹ vom 31. 7. 1978: »Lauten Beifall erntete Strauß, als er zu den Vorgängen um Filbinger erklärte: ›Man kann Filbinger aus dem, was er bei Kriegsende unter den damaligen Verhältnissen getan hat, keinen Vorwurf machen. Aber man führt mit Ratten und Schmeißfliegen keine Prozesse.‹«
Strauß, der als erster Politiker seit dem Tode von Dr. Joseph Goebbels wieder den Mut aufbrauchte, Menschen als Ratten zu bezeichnen, hat sich auf ebenso hohem moralischem und wissenschaftlichem Niveau befunden, als er seine einzige originale Äußerung zur Naturwissenschaft und Geistesgeschichte getan hat, nachzulesen in Otto Hahn: ›Erlebnisse und Erkenntnisse‹. Strauß sagte über den Nobelpreisträger öffentlich: »Ein alter Trottel, der die Tränen nicht halten und nachts nicht schlafen kann, wenn er an Hiroshima denkt.« Diese beiden einzigen unverwechselbaren Kundgebungen zu Literatur und Wissenschaft in nahezu fünfzigjährigem, von der Öffentlichkeit finanziertem Wirken, aus dem Munde eines demokratischen Staatsmannes, der lange Land und Thron repräsentierte, die einst von den kunstliebenden Wittelsbachern eingenommen wurden – sind wahrhaft unwiderstehliche Empfehlungen der parlamentarischen Staatsform auf Kosten der monarchischen!
Dagegen konnte Fontane ein halbes Jahr vor Menzels 80. Geburtstag, als Kaiser Wilhelm der Letzte die kleine Exzellenz – eine Überraschung – nach Sanssouci bringen ließ, wo er für den Maler dessen ›Flötenkonzert‹ in friederizianischen Uniformen unter brennendem Kronleuchter hatte nachstellen lassen; er selber, der Kaiser ebenfalls im Kostüm des Kommandeurs der einstigen friederizianischen Schloßwache, Generalleutnant von Lentulus, während der König vom berühmtesten Flötisten der Reichshauptstadt dargestellt wurde, der Kompositionen Friedrichs II. spielte – da konnte Fontane folgenden Brief an Menzel senden:

Berlin, 15. Juni 1895.

Hochgeehrter Herr und Freund.
Es ist mir Bedürfnis, Ihnen auszusprechen, wie herzlich uns die ›Honneurs‹ erfreut, die Ihnen Sanssouci, bezw. der Generalleutnant von Lentulus Exzellenz bezeigt haben. Und doch bildet das, was an Huld und Huldigungen für Sie persönlich in dem allen lag nur die kleinere Hälfte meiner Freude, fast muß ich sagen meiner patriotischen Erhebung, – die größere Hälfte liegt darin, daß die Szene, wie sie sich da abspielte, etwas ungemein Forsches, Farbenreiches und Wirkungsvolles hat, etwas, das der Welt Augen auf uns lenkt und unsrem preußischen Leben nach außen hin ein Lustre gibt, dessen es im Allgemeinen – und zwar auch zu unsrem *politischen* Nachteil – zu sehr entbehrt.
Es tut mir auch *das* wohl, daß sich der Kaiser dabei in seiner ganzen Liebenswürdigkeit und ich möchte hinzusetzen dürfen, in einem gewissen Reichtum seiner Natur zeigt.
Unter Empfehlungen an Ihre Damen,
in vorzüglicher Ergebenheit

Th. Fontane.

Wenn wahr ist: wie die Alten sungen, so pfeifen die Jungen, so trifft das auch zu auf Regierende und ihre Untertanen. Oder, um es zu sagen wie im ›Faust‹: »Was ihr den Geist der Zeiten heißt, das ist der *Herren* eigener Geist!« Wo die Regierenden sich für Kunst interessieren, da tun es auch ihre Steuerzahler – wo nicht, da nicht. In Bonn hat noch nie, in 45 Jahren nicht ein einzigesmal! –, ein Untertan einen Kanzler, Minister oder Präsidenten in einer Uraufführung erwischt, während Wilhelm der Letzte sich sogar Stücke solcher Autoren ansah (und sie »seinem« Ordinarius für Germanistik: Erich Schmidt

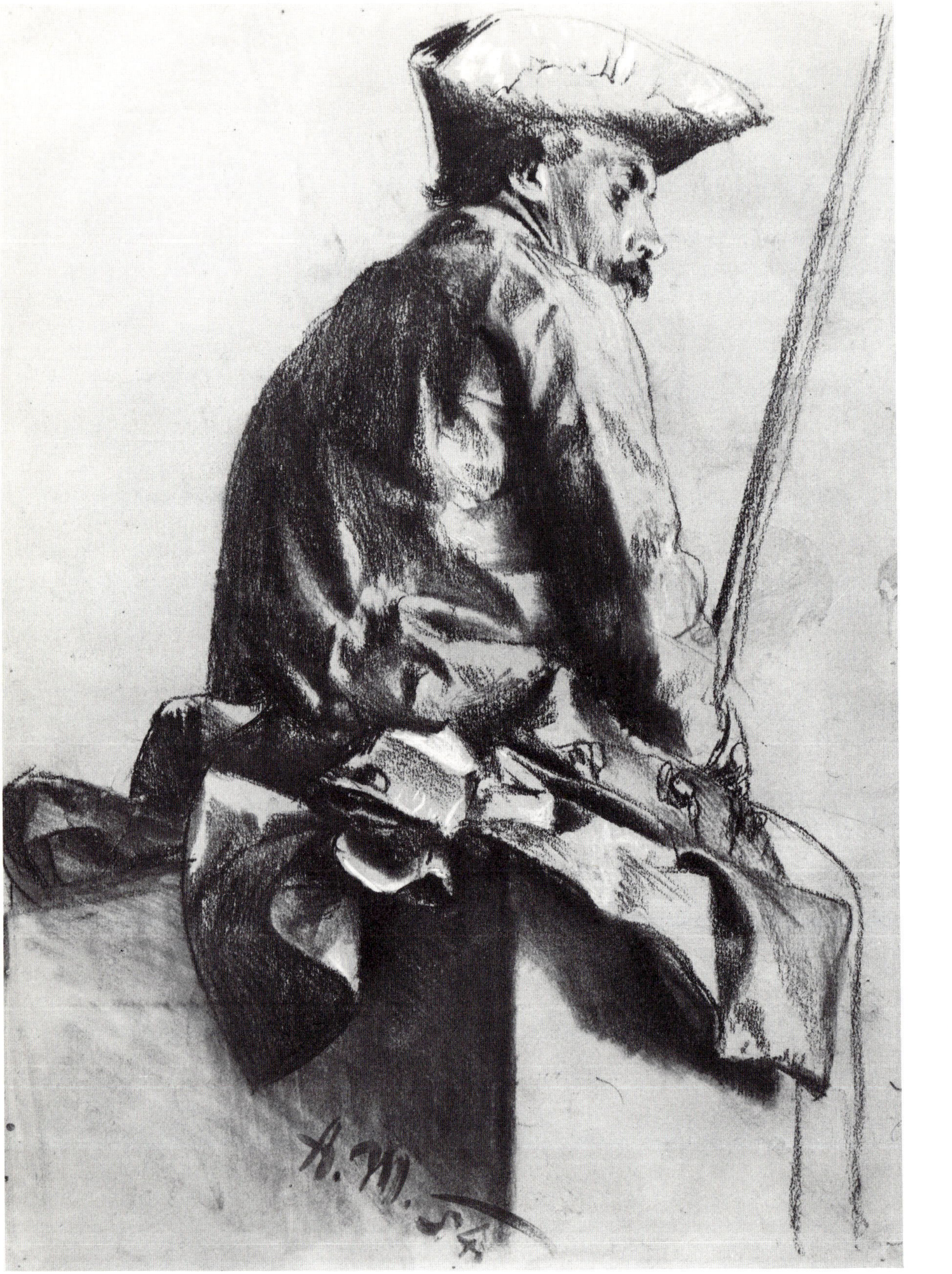

Kutscher auf dem Bock, 1854
Kreide, weiß gehöht, 33,5 × 23,7 cm

empfahl), die noch fünf Jahre zuvor von der Polizei verfolgt worden waren, wie Sudermanns: ›Strandkinder‹. Daß eine Hauptstadt, die ein nennenswertes Theater hat, *überhaupt* Theater fördert: den Bonnern ist das niemals auch nur eingefallen! Doch Fontane schreibt über Menzel, am 21. 12. 1884: »Gewiß war ihm Berlin eine Nothwendigkeit, (Menzel 50 Jahre lang in Filehne wäre nicht Menzel mehr) aber wie hat er auch in Berlin gelebt? Von 9 bis 9 ein Einsiedler in seinem Atelier, und dann erst, wenn andre zu Bette gehn, geht er mit seinem Ordensband zu Hof oder mit seinem Klapphut zu Huth. Er war zeitlebens ein Meister in der Kunst der *Concentration* und hat deshalb eine Kunst-Carrière gemacht, ohne je ein Carrièremacher gewesen zu sein.«

Bonn als BRD-Metropole *war* Filehne: In nahezu einem halben Jahrhundert brachte es weder ein Kunstwerk hervor, noch ließ es sich von außen eines zutragen. Nie hat dort jemand ein Theaterstück gesehen, eine Oper gehört, ein Stück (in diesem halben Jahrhundert geschaffene) Architektur angeschaut, von denen zehn Minuten geredet worden wäre! Nie hat ein Gelehrter, ein Künstler, auch nur ein Schauspieler, die irgendwer gekannt hätte, dort Wohnsitz genommen. Nie wurde dort in einem Verlag oder einer Zeitschrift – sofern welche dort existieren, wer wüßte es – *ein* Satz gedruckt, der irgendwen im Lande, gar in der Welt interessiert hätte – auch nur für eine Stunde. Nicht einmal ein Denkmal für die ›Holocaust‹-Opfer brachte Bonn zustande! So wird *bleiben* von Bonn, was an Bonn vorbeifließt: der Rhein …

III

Filehne (oder Bonn) hat sich für keinen Künstler jemals interessiert – was automatisch zur Folge hat, daß kein Künstler, kein Historiker sich jemals für Bonn interessieren wird: Es gibt in der Kunst wie in der Geschichtsschreibung kein Beispiel – nicht *eines* –, daß, je eine Residenz Gestalter oder Chronisten gefunden hätte, die sich niemals der Kunst und Wissenschaft ihrer Zeit angenommen hat. (Ausnahme sind Epochen des Heroismus: Gewiß werden Churchills London, Stalins Moskau, Roosevelts Washington Nachwelt haben, denn in diesen drei Metropolen wurde der Hitlerkrieg entschieden.)

Menzel und Fontane – und ein weiteres Dutzend Künstler nicht ganz so hohen, aber doch hohen Ranges – haben für die Nachwelt das Bild Berlins im 19. Jahrhundert: seine Menschen, seine Seele festgemalt und festgeschrieben, nicht zuletzt auch die Gestalten, die Berlin und aus Berlin das Deutsche Reich regiert haben. So haben, auch architektonisch, ebenso die Wiener und Münchener Monarchien sich höchst glanzvoll und *bleibend* als Kultur-Phänomene in die Geschichte verabschiedet. Doch wer würde vermuten, auch nur *ein* Foto aus den 40 Kanzler-Adenauer- bis Kanzler-Kohl-Jahren werde irgendwen im 21. Jahrhundert noch veranlassen, hinzuschauen? (Gemälde existieren ja überhaupt keine, außer wenigen Heuss- und Adenauer-Porträts bedeutender Bildnis-Maler wie Kallmann, Kokoschka, Graf Luckner und zwei oder vier anderen!) So werden ganze zwei – zwei – Fotos in Zukunft noch eines Blickes gewürdigt werden aus vier Jahrzehnten Hauptstadt. Und diese zwei sind nicht in Bonn entstanden. Sondern in Reims und Warschau: Adenauer, wie er mit de Gaulle in der Kathedrale von Reims die Aussöhnung Deutschlands und Frankreichs feiert; Brandt, wie er in Warschau vor dem Denkmal der von Deutschen Ermordeten kniet … Doch beide Bilder sind keine, die an Kunst erinnern! Kein einziges Stück Architektur, das BRD oder DDR hinterlassen – läßt auch nur eine Minute vergessen, daß die Bonner Parteien wie die Berliner Kommunisten mit dem Abriß der Schlösser zu Braunschweig und Berlin und mit der Vernichtung – in Hunderttausenden von »Fällen« – der in wilhelminischen Jahrzehnten geschaffenen Kunst am Bau die schaudervollsten Bilderstürmer gewesen sind – speziell die Westberliner und Frankfurter Sozialdemokraten –, seit dem Verenden der Antike, als die wildgewordenen Christen alles restlos demolierten, was ihnen in die

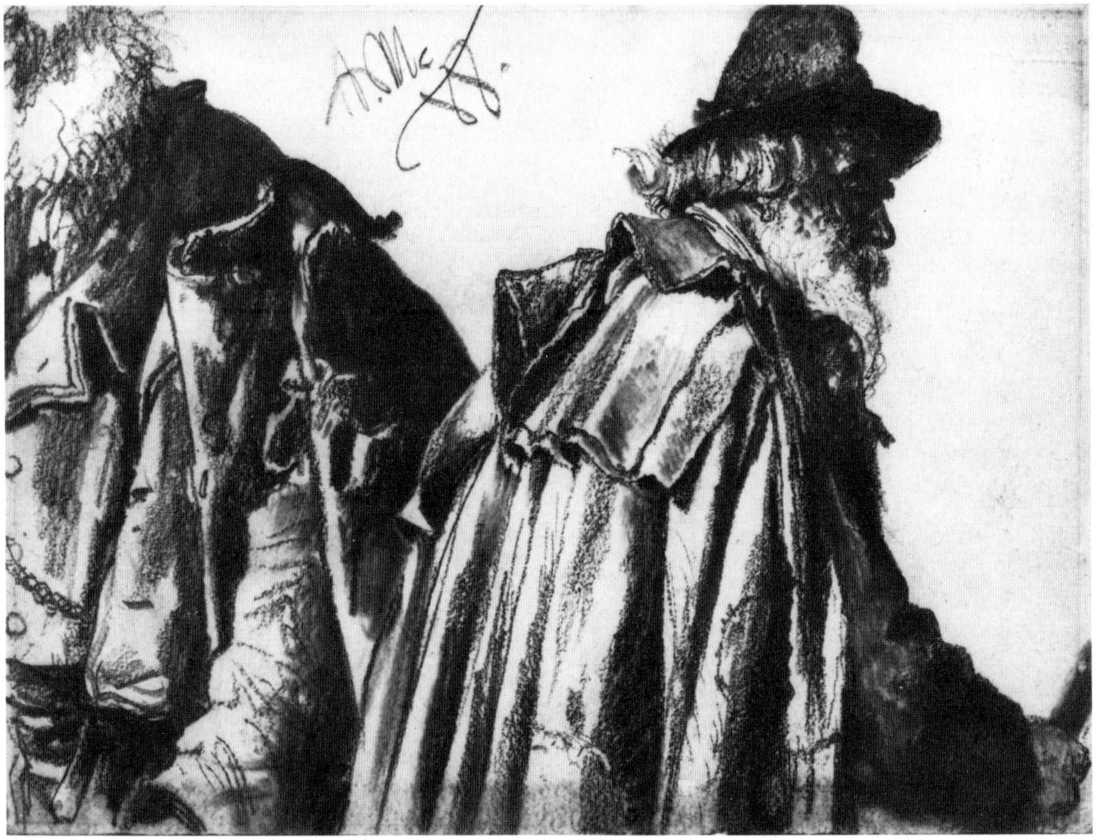

Alter, bärtiger Mann mit Mantel, 1888, Schwarze Fettkreide, 22,9 × 31,2 cm
Sitzender Arbeiter, um 1884, Schwarze Fettkreide, 23 × 31,2 cm

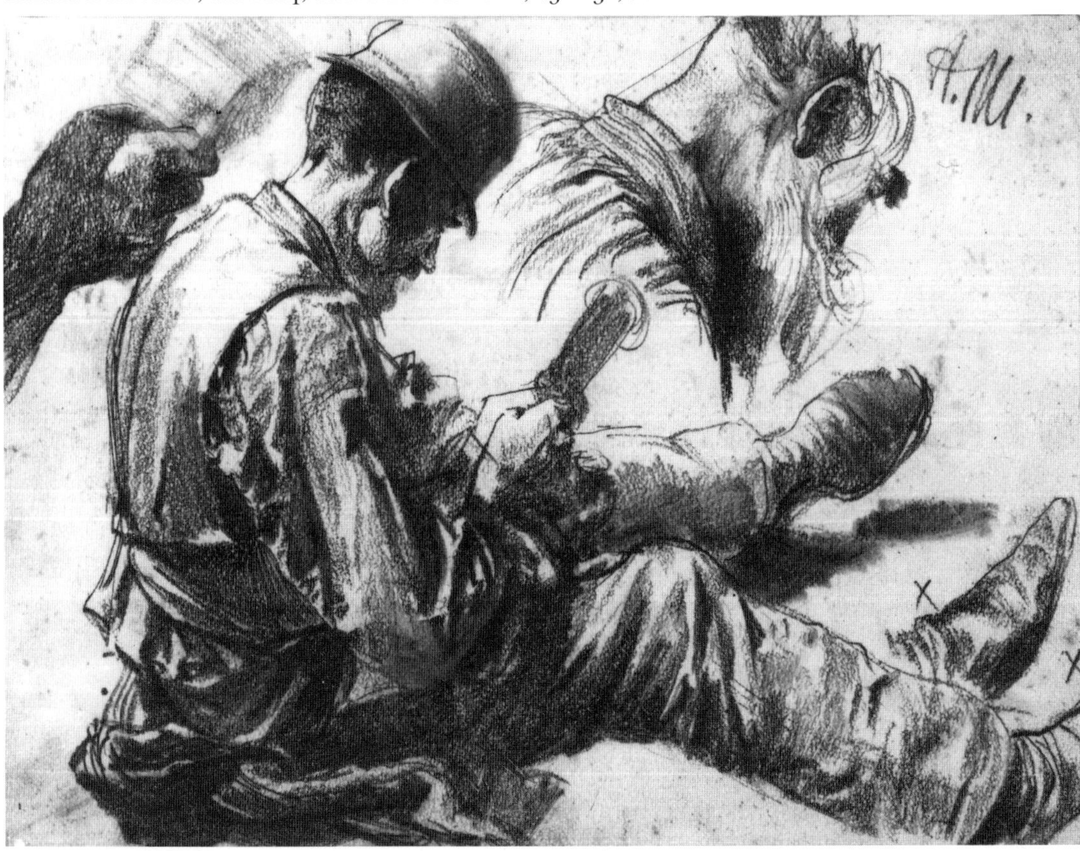

Pranken geriet an Kunst des Altertums... Man betrachte nur den Foto-Band des Ersten, der gewagt hat, öffentlich dagegen aufzubegehren: Wolf Jobst Siedlers erschütterndes Bilderbuch: ›Die gemordete Stadt‹ ...

Interessanter aber als die Frage: Werden eine Hauptstadt und ihre durch sie Hindurchgegangenen Nachwelt haben, ist jene, ob Künstler sie haben, die *nicht* dem Leben ihrer Zeit Aufmerksamkeit gewidmet haben! Ja, welchen *Ranges* sie eigentlich dann sind, wenn sie nicht wenigstens zeitweise ihr Schaffen unter das Gesetz stellten, nach welchem Menzel und Fontane – um bei diesen zwei Berlinern zu bleiben –, ihre Bilder, ihre Bücher schufen? Courbet arbeitete wie Menzel nach Shakespeares Vorsatz: »Begegnen wir der Zeit, wie sie uns sucht« – Stefan Zweig machte diese Maxime zum Motto seiner aufregenden Autobiographie: ›Die Welt von gestern‹. Und es ist charakteristisch und hier erhellend, daß auch Zweig nicht nur sagte: ›Ich gestern‹, sondern daß er die *Welt* von gestern – wie Heinrich Mann: sein Zeitalter, doch nicht nur sich –, zu gestalten sich vorgenommen hat. So sind Courbet und Toulouse-Lautrec, die im Geiste Menzels und Fontanes und Zolas gearbeitet haben, um genau *das* Maß, mit dem sie ihre Umwelt, die Epoche in ihre Bilder hereinzuholen vermocht haben, exemplarischer für ihr Jahrhundert, bedeutender auch für die Geschichte der Malerei – als jene ihrer impressionistischen Zeitgenossen, die nichts als Wiesen und Akte malten und sich deshalb einbildeten, »zeitlos« zu sein! Manet, ihr größter unter Franzosen, freilich gehörte nicht zu denen: Er scheute auch vor einem so krassen Zeitdokument wie der ›Erschießung des Kaisers Maximilian von Mexiko‹ nicht zurück – drastisch in ihrer Zeit wie nur noch Menzels Aquarelle der Gefallenen von Königgrätz! Aber Sisley oder Monet? Brechts Dilemma: ein Blütenbäumchen bedichten zu wollen oder die Brüste des Mädchens, die so »warm sind wie ehedem«, doch nur der »Anstreicher«, wie er – ein bißchen gar zu verharmlosend und übrigens alle ehrlichen Weißbinder damit beleidigend – Hitler genannt hat, treibe ihn an den Schreibtisch: Es ist ein *ehrenhaftes* Dilemma! Ein zeitloses auch. So wäre Courbet fast umgekommen in den Nachwirren des Siebziger Krieges, weil er sich als Maler wie als Mensch engagiert hatte, so wie Brecht beinahe unter Hitler umgekommen wäre. Doch Künstler, die all dem ausweichen und sich gar noch einbilden, deshalb »klassisch« in ihren Werken zu sein, weil sie die Albernheit begehen, sie »rein« halten zu wollen von allem, was veranschaulicht, wann eigentlich sie gelebt und gewirkt haben: solche Künstler sind jedenfalls *dem* Auftrag nicht nachgekommen, den Hamlet den Schauspielern erteilt und damit allen Künstlern: *ihrer* Zeit den Spiegel vorzuhalten! Auch die als »gegenstandslos« firmierenden Maler wurden dieser Pflicht nicht gerecht – und haben denn auch große Energien darein gesetzt, mit brutaler Gewalt nach Hitlers Tod in der BRD zu verhindern, daß der bis zuletzt einsam in Amsterdam um seinen Unterhalt kämpfende Max Beckmann einen Lehrstuhl erhielt oder gar der aus den USA nach Berlin zurückgekehrte George Grosz! Selbst den alten Carl Hofer wollten sie wegpöbeln aus seiner Berliner Professur, was ihnen nur deshalb nicht geglückt ist, weil Hofer 20 Jahre zuvor mit knapper Not als Person überlebt hatte, daß die Hitlerbanditen sein Werk verbrannt haben...

Klassisch aber wurde in der Kunst nie das, was seiner Zeit sich entzogen oder – noch schlimmer – sich ihr so genehm gemacht hat wie etwa die Kubisten oder die Gegenstandslosen, die niemals einen der Herrschenden in Politik, Wirtschaft, Justiz dadurch irritiert haben, daß sie dem Volk halfen, die zu »erkennen« an ihren Früchten... Klassisch wurde dagegen, wer die Gewalthaber seiner Epoche zur Todfeindschaft aufreizte, zum Beispiel jener Autor, der das Zeitstück ›Kabale und Liebe‹ schrieb, oder jene einsam große Künstlerin – die einzige Frau überhaupt der Kunstgeschichte, deren Werk so original ist, daß es ohne erkenntliches Vorbild geschaffen wurde –, jene Käthe Kollwitz, die sogar schrieb: »Ich bin einverstanden... damit, daß meine Kunst Zwecke hat. Ich will wirken in dieser Zeit, in der die Menschen so ratlos und hilfsbedürftig sind.« (Sie überlebte die Nazi-Zeit, weil der abgedankte Kronprinz von Sachsen ihr Asyl

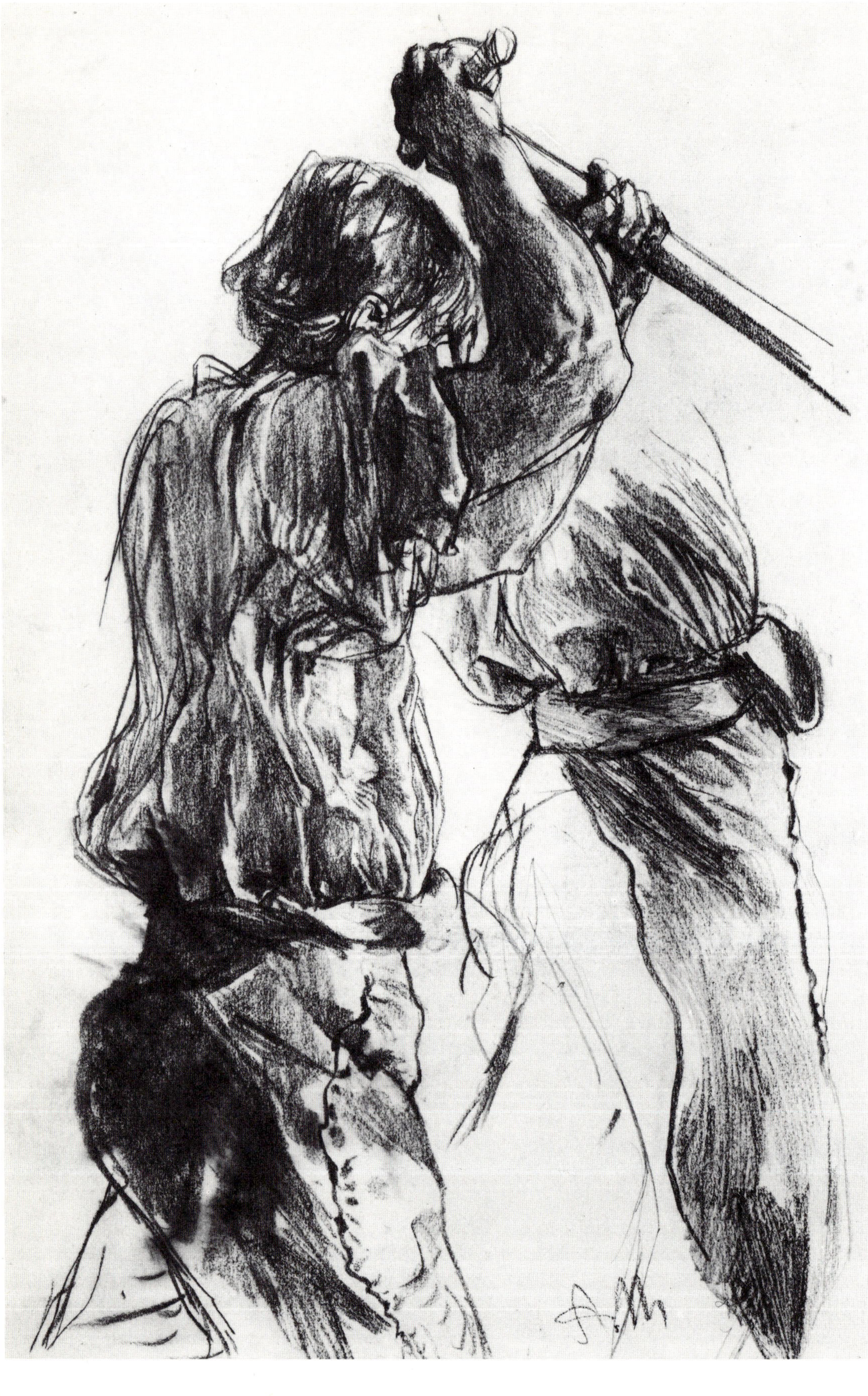

Arbeiterstudie,
1875
Bleistift,
40 × 26,2 cm

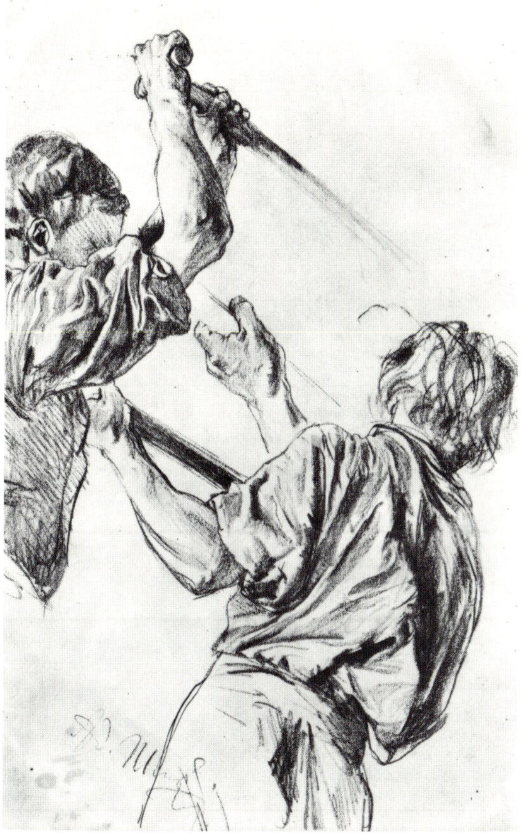

Zwei Arbeiter, 1875
Bleistift, 39,8 × 25,9 cm

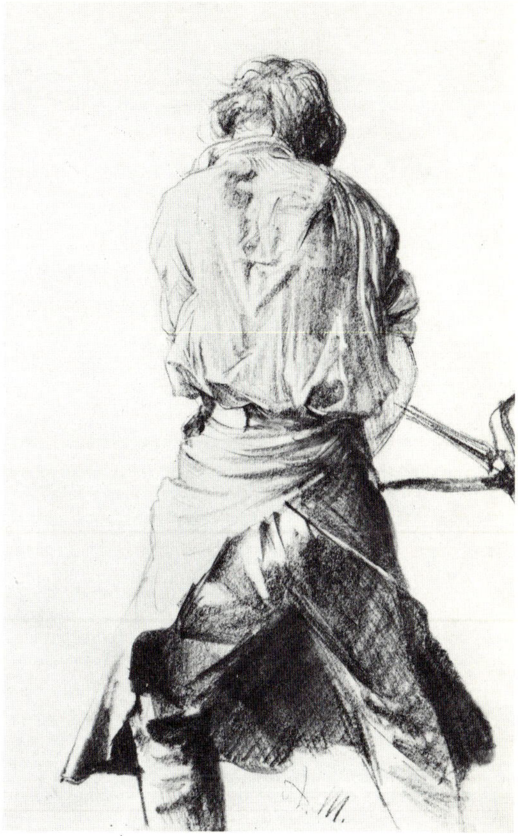

Arbeiter mit Zange, 1875
Bleistift, 39,9 × 25,9 cm

Zwei Männer mit Stangen, 1875, Bleistift, 26 × 40 cm

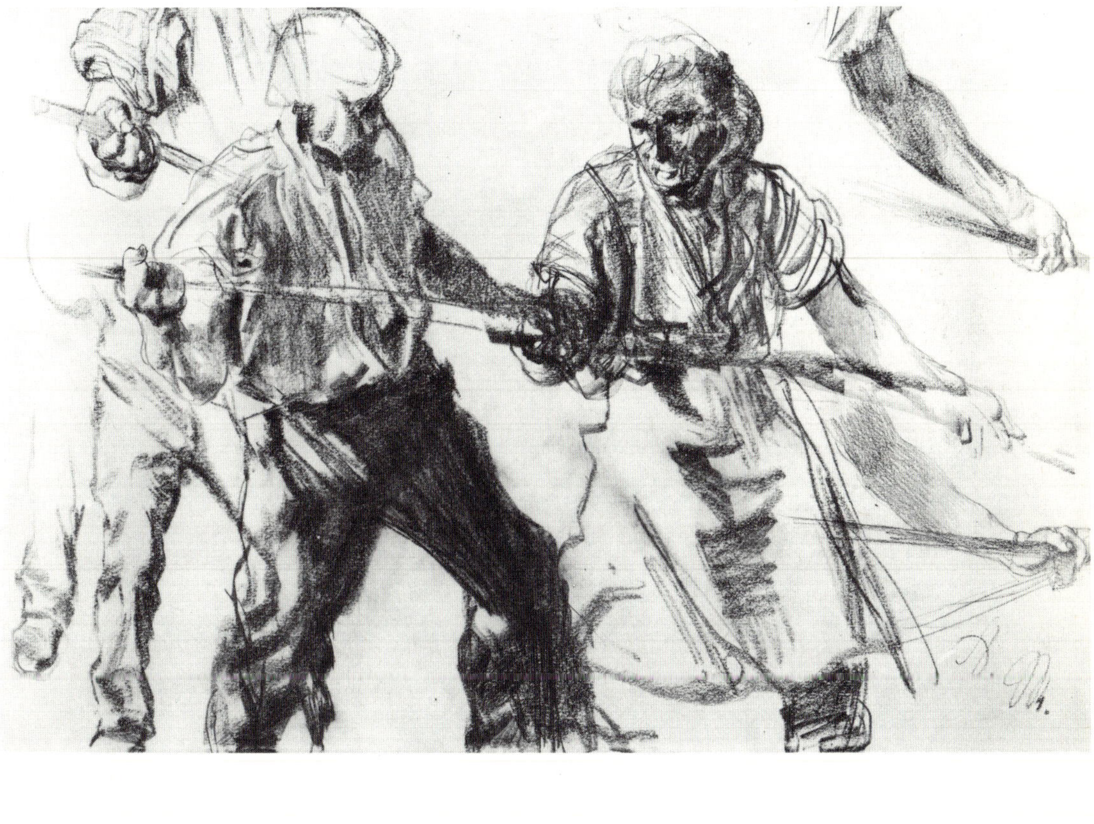

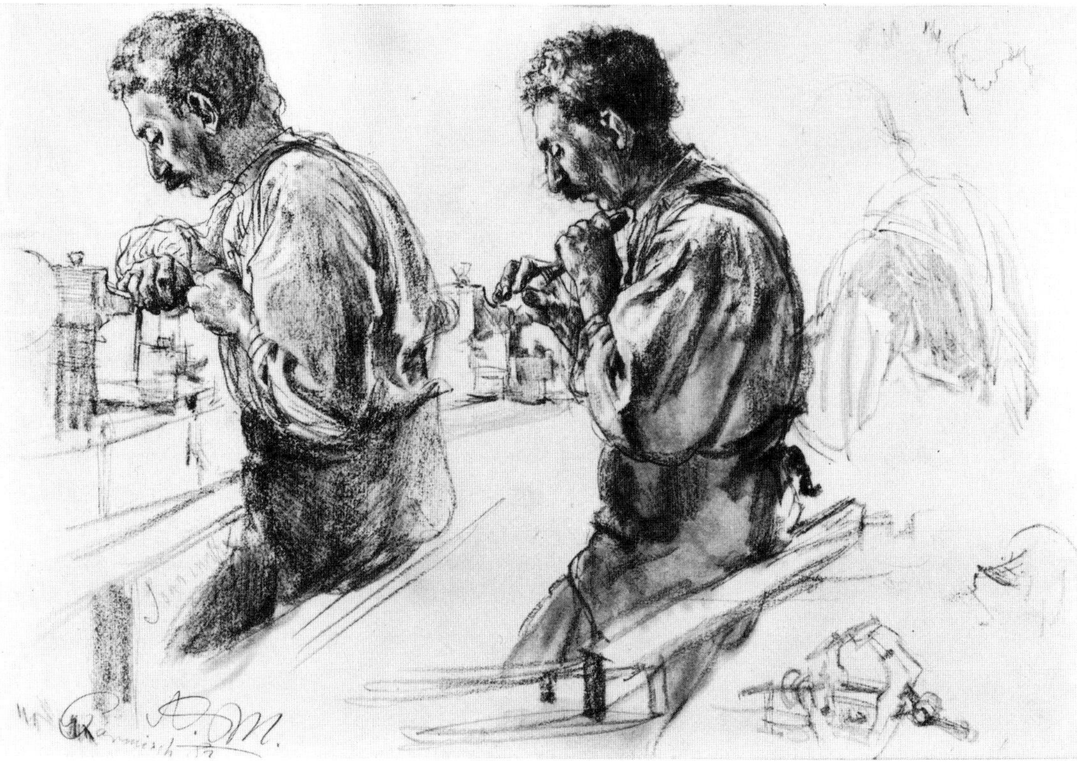

Drechsler am Werktisch schleifend, 1875, Bleistift, 28,7 × 41,8 cm

Essende und trinkende Arbeiter, 1875, Bleistift, 24,5 × 32,5 cm

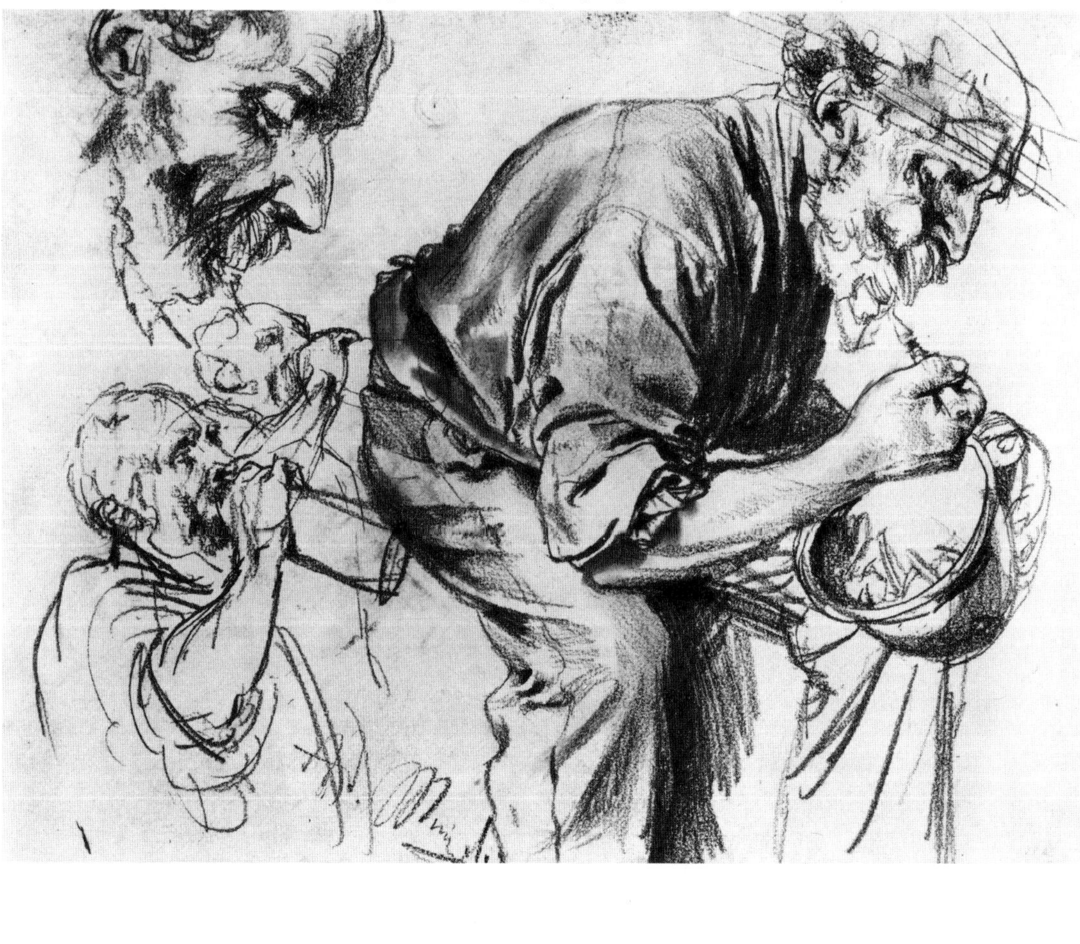

in Schloß Moritzburg, wo sie gestorben ist, gewährt hat.) Wenn sie schrieb, sie wolle *wirken*: Es gibt keine Wirkung, die nicht Zeitkritik ist, so wenig es einen Realismus gibt, der nur abmalt... Es fällt uns deshalb aber nicht ein, etwa von Leistikow zu verlangen, er habe »politisch« malen müssen: Er war kein Politiker – war Revolutionär aber doch und insofern, als er zur Zeit Wilhelms des Letzten – der sich sehr verärgert darüber äußerte, denn die damals Herrschenden interessierten sich für moderne Kunst, die demokratischen guckten Kunst aber gar nicht an –, als Leistikow seine Grunewald- und Havelseen so malte, wie bisher niemals jemand sie auch nur *gesehen* hatte, geschweige denn ins Bild gebracht... »erkannt«!

IV

Was ich zugunsten Menzels für nötig halte zu erhärten in einer Zeit, in der die Kunstübungen immer weiter abdriften ins Abseits des Unverbindlichen, doch sie büßen das mit der lähmenden Gleichgültigkeit, mit der die Zeitgenossen achtlos an ihnen vorbeigehen – was ich sagen will: belege ich am besten durch *Courbet*, Menzels – neben ihm – bedeutendsten Zeitgenossen!

Zunächst eine Korrektur: Wie so viele – daher eben eine Korrektur nötig ist –, wie international die vielleicht meisten Kunsthistoriker hat auch der Basler Georg Schmidt der Auffassung gehuldigt: »Während Courbet, von Biedermeier und Romantik ausgehend, beides radikal überwand, den Pleinairismus als Malweise und den Realismus als künstlerische Gesinnung am festesten fundierte und damit für ganz Europa der Vater der Malerei des reifen 19. Jahrhunderts wurde, blieb Menzel als Hofmaler lebenslang gespalten zwischen großartigen Vorstößen sowohl im Sinn des pleinairistisch aufgelockerten Malens (das ›Balkonzimmer‹ von 1845) als auch der realistischen geistigen Haltung (das ›Eisenwalzwerk‹ von 1875) und einer Pleinairismus wie Realismus denaturierenden, rokokofrommen Historienmalerei (das ›Flötenkonzert‹ von 1852). Courbet dagegen ist breit getragen von der mächtigen Welle der Demokraten von 1848. Ihm ist das Bekenntnis zum Realismus identisch mit dem Bekenntnis zur Demokratie: Alles Natürliche ist künstlerisch gleich schön und menschlich gleich wertvoll! Für dieses zutiefst radikal-demokratische Bekenntnis war im landesfürstlichen Deutschland kein freier Raum.«

Das ist keine Kunstbetrachtung, Herr Professor Schmidt – sondern eine politische Denunziation! Der Respekt vor des Museums-Mannes Georg Schmidt erheblichem Wissen verbietet es leider, ihm Ahnungslosigkeit zuzugestehen, wenn er Menzel hier abtut, als habe der nicht mit jedem seiner 77 der Nationalgalerie hinterlassenen Skizzenbücher ebenso belegt wie mit den Gemälden: ›Aufbahrung der Märzgefallenen‹, ›Hochkirch‹, ›Schmiede‹, ›Bauarbeiter‹, ›Im Walzwerk‹ (1894 – nicht identisch mit dem hier von Schmidt genannten aus dem Jahre 1875), ›Kriegsgefangene‹, ›Sterbender Soldat‹, ›Markt in Verona‹, ›Théâtre Gymnase‹, ›Frühstunde im Café‹, ›Auf der Fahrt durch die schöne Natur‹ – bewußt sind hier Gemälde aller Lebensstufen Menzels aufgereiht –, als belegten Skizzen wie fertige Arbeiten nicht *durchweg*, daß Menzel äonenweit entfernt war von einem »rokokofrommen« Historienmaler, der im »landesfürstlichen« Deutschland keines »radikal-demokratischen Bekenntnisses« fähig gewesen sei!

Hofmaler war Menzel, was Schmidt natürlich wußte, nicht eine Minute in seinem Leben. Aber *das* ausgerechnet am 8. April 1945, auf den Tag genau nur vier Wochen vor der totalen Kapitulation Hitler-Deutschlands in Zürich reden: Hieß einen Künstler erledigen – waren doch die Hohenzollern um diese Zeit fast nicht weniger in Verruf als Hitler, für dessen Aufkommen sie ebenso wie Bismarck damals von vielen höchst namhaften Lehrstuhl-Idioten mithaftbar gemacht worden sind –, das hieß Menzel erledigen, mit beinahe ebensoviel Infamie, wie Nazis aufgebracht haben, ihnen Unliebsame zu liquidieren. Zum Beispiel jenen Max Liebermann, zu dessen Ehren – oh, wie mutig, Herr Dr. Schmidt! –,

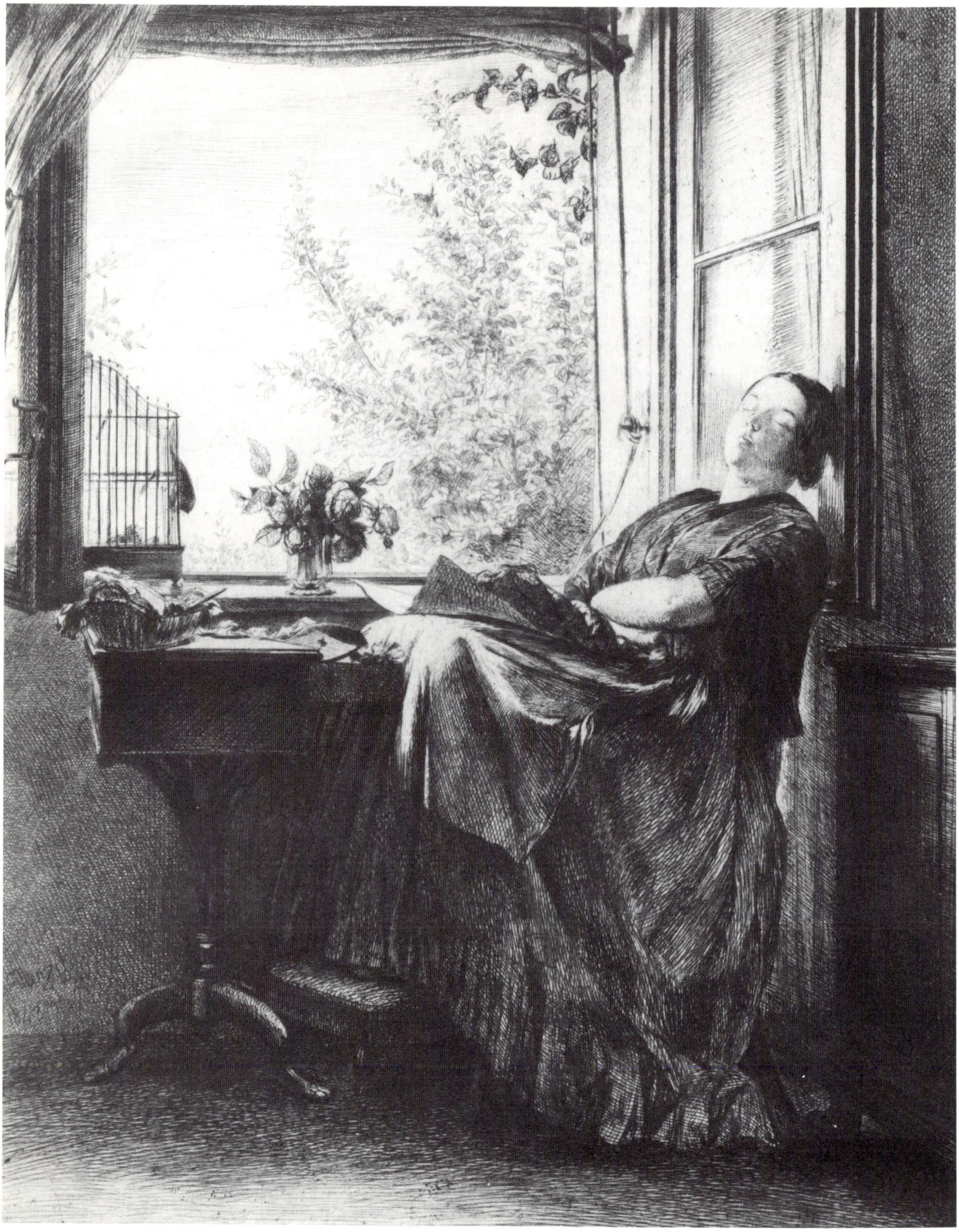

Schlafende Näherin, um 1846
Radierung, 25,8 × 20,8 cm

eben diese Rede am 8. April 1945 gehalten worden war! Warum war nicht Schmidt – der übrigens in seinem langjährigen Wirken keinen einzigen Menzel für Basel, das bis heute noch keinen besitzt (1990), angekauft hat, auch Zeichnungen ließ er sich nur schenken –, warum war er nicht sieben Jahre zuvor, beim Tode Max Liebermanns, für ihn eingetreten? Oder gar für dessen – wie eine Gefangene – in Berlin entehrte, aus ihrem Palais hinausgeworfene Witwe, die da noch vegetierte, bis sie sich vor ihrer Deportation ins Gas vergiftet hat? Man muß leider folgern: »Dank« des gleichen Mangels an Charakter, der Herrn Dr. Schmidt in der so sicheren Schweiz – 1945 mußte ja keiner mehr in Zürich fürchten, Hitlers Armeen überfluteten noch die Schweiz – das Genie als Hofmaler verleumden ließ, wohl wissend, ich wiederhole: Daß Menzel das keine Stunde seines Lebens war... Und natürlich hat Schmidt gewußt, daß es vor diesem Autodidakten Menzel niemals in der ganzen langen Geschichte der Kunst einen Zeichner oder Maler gegeben hat, der auch nur annähernd so viele Bilder von Vertretern des vierten Standes geschaffen hat wie Menzel – bis dann Käthe Kollwitz ihr Gesamtwerk ausschließlich denen widmete, die von Fürsten wie Bürgern gleichermaßen ausgebeutet und entrechtet worden sind... (Selbst das *eine* von Schmidt als »Beleg« für den »Hofmaler« angeführte Bild: ›Das Flötenkonzert‹ malte Menzel keineswegs im Auftrage des Hofes, sondern eines – vermutlich jüdischen – Kaufmannes Jacob in Potsdam; abgesehen davon haben auch Michelangelo, Velasquez, Goya sich nichts vergeben, als sie Hofmaler waren... schlimm genug, daß Demokraten keine mehr haben! Denn wieviel Kunst allerhöchsten Ranges ist überhaupt nur *zustande* gekommen, weil Höfe den Auftrag dazu gaben, was die viel, die unendlich viel reicheren Demokratien ja auch tun könnten – hätten sie einen Funken Interesse an Kunst! Picasso malte ›Guernica‹ aus eigenem Antrieb. Was für ein Irrtum aber, er hätte es um *einen* Pinselstrich schlechter gemalt, würde zum Beispiel die Französische Republik ihm den Auftrag dazu erteilt haben! Traut jemand Tübke zu, er habe sein Riesenfresko ›Bauernkrieg‹ in jener thüringischen Gemeinde, in der Thomas Münzer und die Seinen geköpft wurden, künstlerisch weniger verantwortungsvoll gemalt, weil es das ekelerregende SED-Regime gewesen ist, das ihm den Auftrag dazu erteilt hat?

Menzel, vor Ernst Jünger der einzige deutsche Künstler, der 75 Jahre lang *berufstätig*, war, hat in diesem Dreivierteljahrhundert *ein* Bild – ein einziges! – im Auftrag des Hofes gemalt, so oft reproduziert, daß wir es in diesem Buch *nicht* abbilden: Die Krönung Wilhelms I. in Königsberg.

Schmidt, statt sich über Hofmaler zu mokieren – viele der größten waren genau das: Hofmaler –, hätte lieber aufbegehren sollen gegen die Tatsache, daß zum Beispiel seine Vaterstadt Basel nach Jahrhunderten kontinuierlich den Porträtisten erteilten Auftrages, jeweils den Rektor der Universität zu malen – einfach aufgehört hat mit dieser der Kunst doch förderlichen Tradition und sie durch Fotografien »ersetzt«! Unter welchen sehr harten Bedingungen, damals noch ums Brot für die Seinen und sich kämpfend, Menzel sechs Jahre an ›Friedrich und die Seinen bei Hochkirch‹ malte – sechs Jahre, weil immer wieder Brotarbeit das Malen an diesem vermutlich unverkäuflichen Riesenbild (2,95 × 3,78 m) unmöglich machte –, hat Schmidt in Briefen lesen können, bevor er den »Hofmaler« verleumdete: »Ich begann es *bloß aus glühender Lust zur Malerei* ohne jegliche Anregung, geschweige Bestellung, sondern sogar *mit der fast sicheren Aussicht*, dieses *Riesenbild einer preußischen Niederlage*, das durchaus nicht hoffähig war, niemals an den Mann zu bringen«! Im Alter sagte Menzel, er schäme sich »nicht durchwegs des Bildes«, aber seines Leichtsinns, es begonnen zu haben – ohne daß er auch nur in einem Manöver bis dahin Gelegenheit gehabt habe, eine Schlacht, gar bei Nacht, zu studieren: Also hat hier Menzels Realismus das Höchstmaß erreicht, wurde zum *magischen* Realismus: denn es war allein seine *Phantasie*, der er entsprang! Das aber ist das Unerklärbare, ist Magie...

Und Menzels *Urtrieb*: Licht zu zeichnen, Licht zu malen – hier: Feuerlicht bei Nacht –, nicht aber etwa Vorliebe für ein Thema oder gar der Auf-

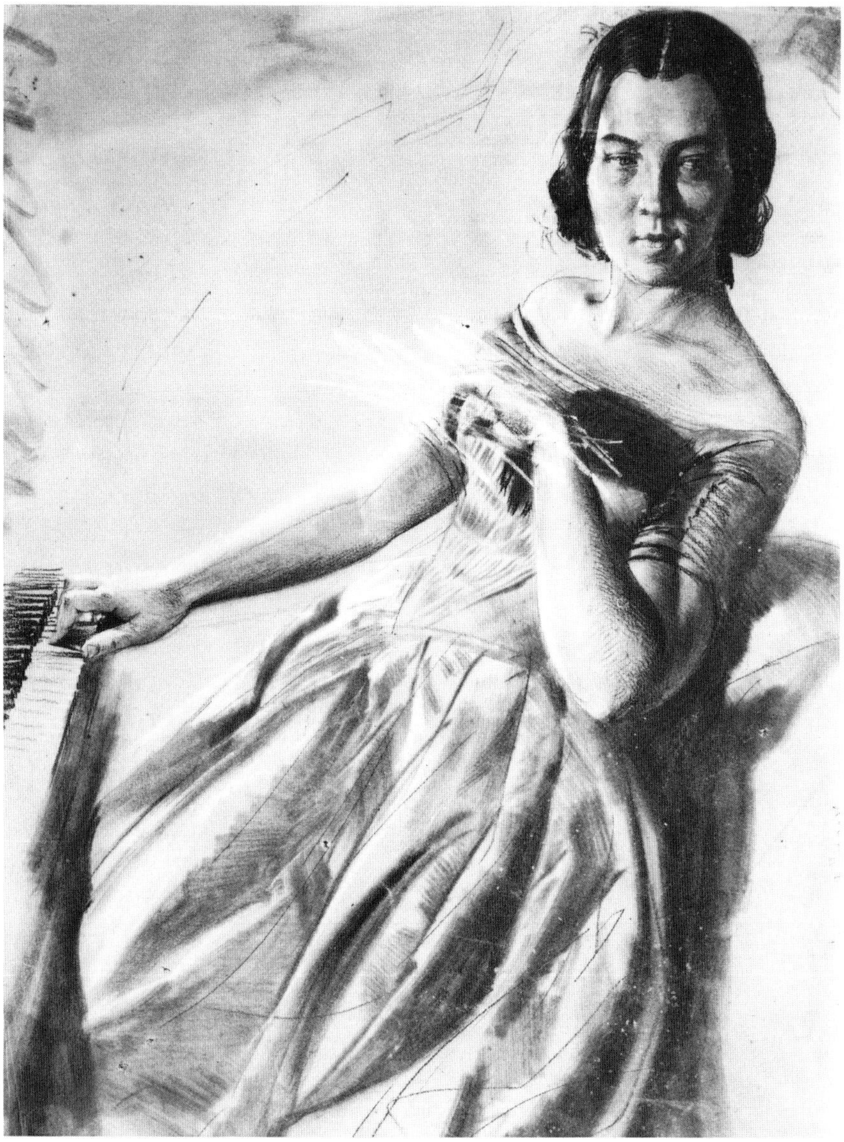

Frau Maerker am Klavier, 1843-46
Schwarze und braune Kreide,
weiß gehöht, 40,1 × 29,6 cm

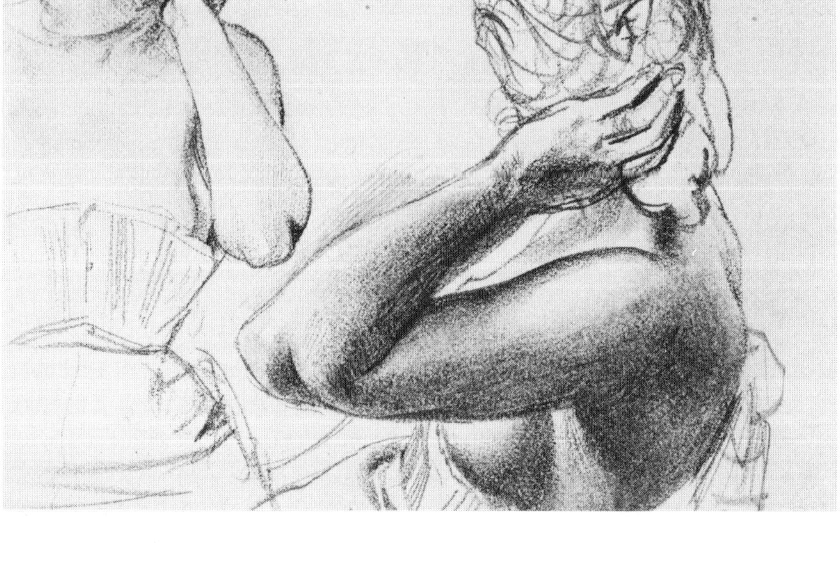

Frau mit bloßen Schultern, o. J.
Bleistift, 13,4 × 21 cm

trag des Hofes, wie Georg Schmidt ihm anhängt, hat Menzel gezwungen, das Wagnis seines Hochkirch-Bildes einzugehen. Er sagte zu dem Maler Albert Hertel (1843–1912), zitiert in Gisold Lammels Menzel-Buch: »Ich hatte eine förmliche Sehnsucht nach großer Betätigung meiner Friedrich-Vorarbeiten; und die zahlreichen lebensgroßen Studien von unten aus beleuchteter Gliedmaßen und Gipsmasken – alles bei Lampenlicht! –, die Sie noch heute an den Wänden meines Ateliers sehen können, verdanken ihren Ursprung den Bestrebungen: meine Hand und meinen großen, breiten Pinsel einzuexerzieren an großer, pastoser Malerei und an die eigentümliche Beleuchtung von den Flammen ringsum.« Und Menzels Freund Meyerheim (1842–1915) überliefert, wie Menzel Feuer studierte: »Um die Schönheit einer Feuersbrunst zu studieren, hatte Menzel mit dem Nachtwächter seines Reviers ein Abkommen getroffen, daß dieser ihn wecken solle, sobald in der Stadt gegen Morgengrauen ein großes Feuer stattfände. Der Wächter solle dann auch eine gute Belohnung erhalten. Ich will annehmen, daß der Künstler den Nachtwächter nicht zum Brandstifter gemacht hat; denn der Zweck wurde nach kurzer Zeit erreicht«...

Menzel und Courbet – vier Jahre Altersunterschied, doch der Jüngere wurde nicht alt, schon mit nur 58 Jahren ist Courbet in der Schweizer Emigration 1877 gestorben, verfemt in Frankreich, weil er Gerichts-»Schulden« nicht bezahlen konnte: Er war dazu verurteilt worden, auf eigene Kosten die Vendôme-Säule wieder hinzustellen, die er als Communarde umgeworfen hatte –, Menzel und Courbet muß *zusammensehen*, wer einen Moment sich mit mir der Frage zuwenden will, ob nicht Künstler wie diese beiden, deren Werk mehr über die Epoche aussagt, in der sie gewirkt haben, *eben deshalb* auch bedeutender sind als jene Impressionisten, die auf jede geistige, das heißt kritische Auseinandersetzung mit ihrer Zeit verzichtet haben?

Ist doch Aufklärung, deren Synonym Zeitkritik heißt, eine Pflicht nicht nur der Literatur und Philosophie, sondern auch der Malerei und Graphik immer gewesen. Um darauf zu bestehen, wenden wir uns einige Minuten der Basler Supershow: ›Picasso und Braque: Die Geburt des Kubismus‹ zu, die im Frühsommer 1990 binnen weniger Wochen nahezu 200000 Besucher versammelt hat... Denn diese beiden: Picasso und Braque sind schlechthin *die* Antipoden – jedenfalls als Kubisten – Courbets und Menzels.

Die 190 Bilder, aus Basler Eigenbestand und von 36 Leihgebern, dokumentierten die sieben Jahre dauernde, zuweilen tagtägliche Zusammenarbeit von Braque und Picasso, die damals den Kubismis kreiert haben. Doch wie merkwürdig, ja wie langweilig zuletzt auch – zuletzt heißt: wenn man endlich die 190 Bilder abgewandert hatte: Kein einziges Bild erinnerte an seine Entstehungs-Zeit! Auf keinem einzigen auch nur die leiseste Vorahnung jenes doch so lange vorangekündigten Erdbebens, das dann ab Ende Juni 1914 – mit dem Attentat in Sarajewo – und mit dem 1. 8., als die Selbstzerfleischung Europas begann, die alte Welt unter sich begraben hat während der vier Ersten-Weltkriegs-Jahre! Die bis dahin gewaltigste Erschütterung des Kontinents, vorausgeschaut, vorausgestaltet in zahllosen Bildern und Texten der Zeitgenossen Picassos und Braques: In *ihren* sieben Schaffensjahren, den einzigen einer intensiven, zuweilen täglichen Zusammenarbeit, kommt scheinbar nichts vor, *nichts*, was auch nur aus weitester Ferne in ihre Bilder hinein gewetterleuchtet hätte! Formprobleme, Farbprobleme: sie allein, offenbar, haben diese zwei Männer während der höchst dramatischen sieben Vorkriegsjahre in Paris berührt. Und das ist – wenn es denn einmal gesagt werden darf – sehr enttäuschend! Alles was in der Basler Ausstellung den Besuchern verdeutlicht, in welcher aufgeregten und uns noch heute aufregenden Epoche gemalt wurde, was da zu sehen ist, verdankt man – keinem einzigen dieser Gemälde. Sondern der ausgezeichneten *Foto*-Dokumentation! Keinem einzigen Pinselstrich auf den Gemälden selbst. Daß dann der Krieg da war, den Braque vielleicht nur deshalb überlebte, weil er sehr früh verwundet wurde, erkennt man an den fotografierten Scherzen, die Freund Picasso sich mit Braques Uniform machte: er hat sie spaßeshalber einmal

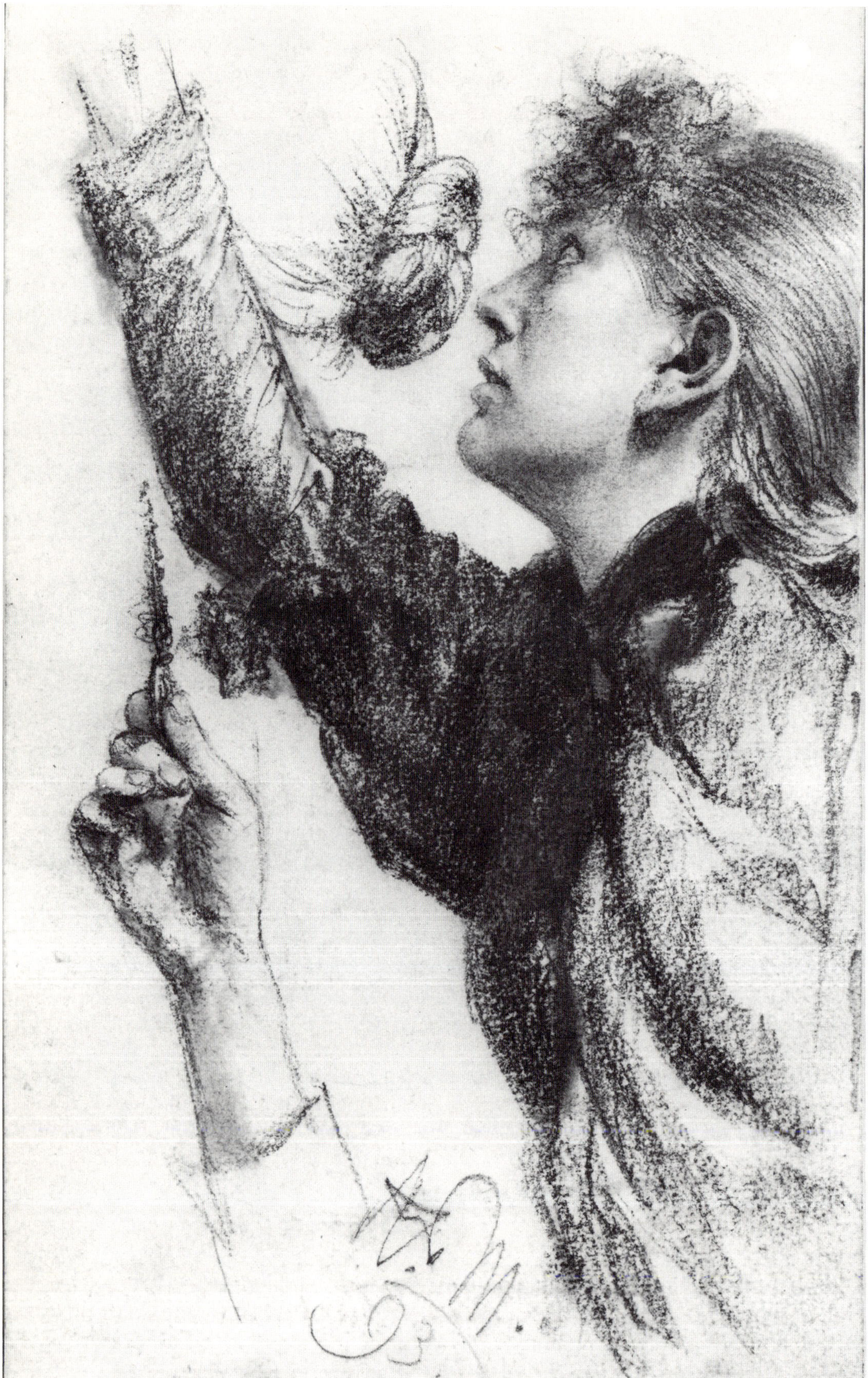

Junge Frau
im Profil, 1893
Bleistift,
Maßangaben
fehlen

angezogen; er selber als Spanier mußte ja nicht einrücken wie Freund Braque, den Picasso noch an den Zug zur Front brachte...
Mehr als nur ein Symbol, daß der ewige homo ludens Picasso mit seiner Lust an Clownerien und immer neuen »Verwandlungen« nur einmal *spaßeshalber* für die »Dauer« einer Momentaufnahme das Schicksal fast aller Männer seiner Epoche geteilt hat: Uniform anziehen zu müssen! Es symbolisert, aus wie weiter Ferne, persönlich völlig kaltgelassen von allem, was an Erschütterung durch Krisen und Kriege seine Mitmenschen würgte, Picasso den Ereignissen des Jahrhunderts zusah! Gewiß, als er fast sechzig war, da malte er sein ›Guernica‹. Und die ihm – durchaus unfreiwillig, er war ja damals linienfrommer Kommunist – zur Karikatur entgleiste Stalinzeichnung, die ja als Huldigung gemeint war, gibt es auch: Aber wie peripher sind diese nur zwei Belege, daß Picasso vom Bürgerkrieg in seiner Heimat und vom Stalinismus *irgend etwas* auch nur wahrgenommen hat – gemessen an den abertausend Bildern dieses neben Menzel längstlebigen und fleißigsten Genies in der Bildenden Kunst der Neuzeit! So kommt's daß die hier in Basel versammelten 190 kubistischen Gemälde der beiden Freunde die Betrachter auch mit Unmut aufladen, ja sie rasch ermüden – wenn auch niemand das zuzugeben wagt! Der Totalitarismus der Übereinstimmung aller enthusiastischer Besucher, wie groß, wie bedeutend, wie unübertrefflich selbst noch schwache Variationen und Werkstatt-Versuche aus diesen sieben Jahren der beiden Maler seien, die selber kaum zugestimmt hätten, dies alles so komplett wie endlich langweilend nebeneinander zu hängen, ist geistig lähmend! Doch wehe dem, der das ausspräche! Nicht ein einziger Satz, schriftlich oder mündlich, der nicht in Übereinstimmung mit der Stimmung aller, alles sei wunderbar, geäußert würde: Mit 14 konfirmiert, mit 25 – konformiert!
Wo alle in Anbetung niederknien, muß man nicht ins Weihwasser spucken – muß aber doch reagieren dürfen wie der kleine Junge in Andersens: ›Des Kaisers neue Kleider‹! Und da muß sogar gefragt werden dürfen, ob es nicht *rangmindernd* ist, wenn zwei bedeutende Künstler sich sieben Jahre lang – um nur von dieser *einen* ihrer »Epochen« zu reden – so aseptisch wie Hesses Glasperlenspieler gegen alles immunisieren, was ihre Zeitgenossen bewegt und betrifft! Oder war Max Beckmann ein »Stoffhuber«, ein Banause, als er zur gleichen Zeit, 1912 den Untergang der Titanic malte, die damals – buchstäblich – welterschütternde Katastrophe? Nun ja, wir kennen die Maler der Jahre um 1809 und der um 2009, aber wenn – wie hier – kein einziger Feder- oder Pinselstrich auf 190 Bildern verrät, daß sie um 1909 statt 100 Jahre früher oder später entstanden sind, dann darf man wohl in aller Bescheidenheit noch einmal heraufrufen, daß Hamlets Forderung an die Schauspieler *ewig verbindlich* ist und bleibt für *alle* Gattungen der Künste: *Ihrer* Zeit den Spiegel vorzuhalten! Ob einer reimt wie damals Benn: ›Saal der kreißenden Frauen‹ oder Jakob von Hoddis: ›Weltende‹ (»Dem Bürger fliegt vom spitzen Kopf der Hut«); oder ob jemand zeichnet wie – auch genau in diesen Jahren – die Kollwitz die Hungernden oder wie Zille die slumverlausten Berliner Kellerkinder; oder auch wie Kubin und Barlach: unpolitisch zwar, doch ebenso signifikant für diese Vorweltkriegsjahre; oder wie die unsterblichen Simplizissimus-Satiriker, die exakt diese sieben von Braque und Picasso ausschließlich als Kubisten verbrachten Jahre benutzt haben, die europäische Gesellschaft vor 1914: Politiker, Wirtschafts-Drohnen, Generale, Kleinbürger, Handwerker, Modeschöpfer, Künstler, Monarchen dermaßen belustigend zu brandmarken, daß einem noch heute angesichts der stupenden und ausgestorbenen zeichnerischen Genialität einer ganzen *Gruppe* – eben der Simplizissimus-Redaktion – der Atem stockt. Ein anderes Beispiel etwa: Brandts ›Kleine Exzellenz‹, Seite 196.
Gleichzeitig schrieb einer in Berlin seine ersten Skizzen zum polizeiwidrigen ›Untertan‹: Heinrich Mann, als er voraussah, die »herrlichen Zeiten«, wie Wilhelm der Letzte sie nannte, würden in den Weltkrieg münden, wie auch Spengler schon wußte, der 1911 seinen ›Untergang‹ zu schreiben begonnen hat... Doch wozu Beispiele, *Gegen*beispiele zu den weltfernen, ja weltverach-

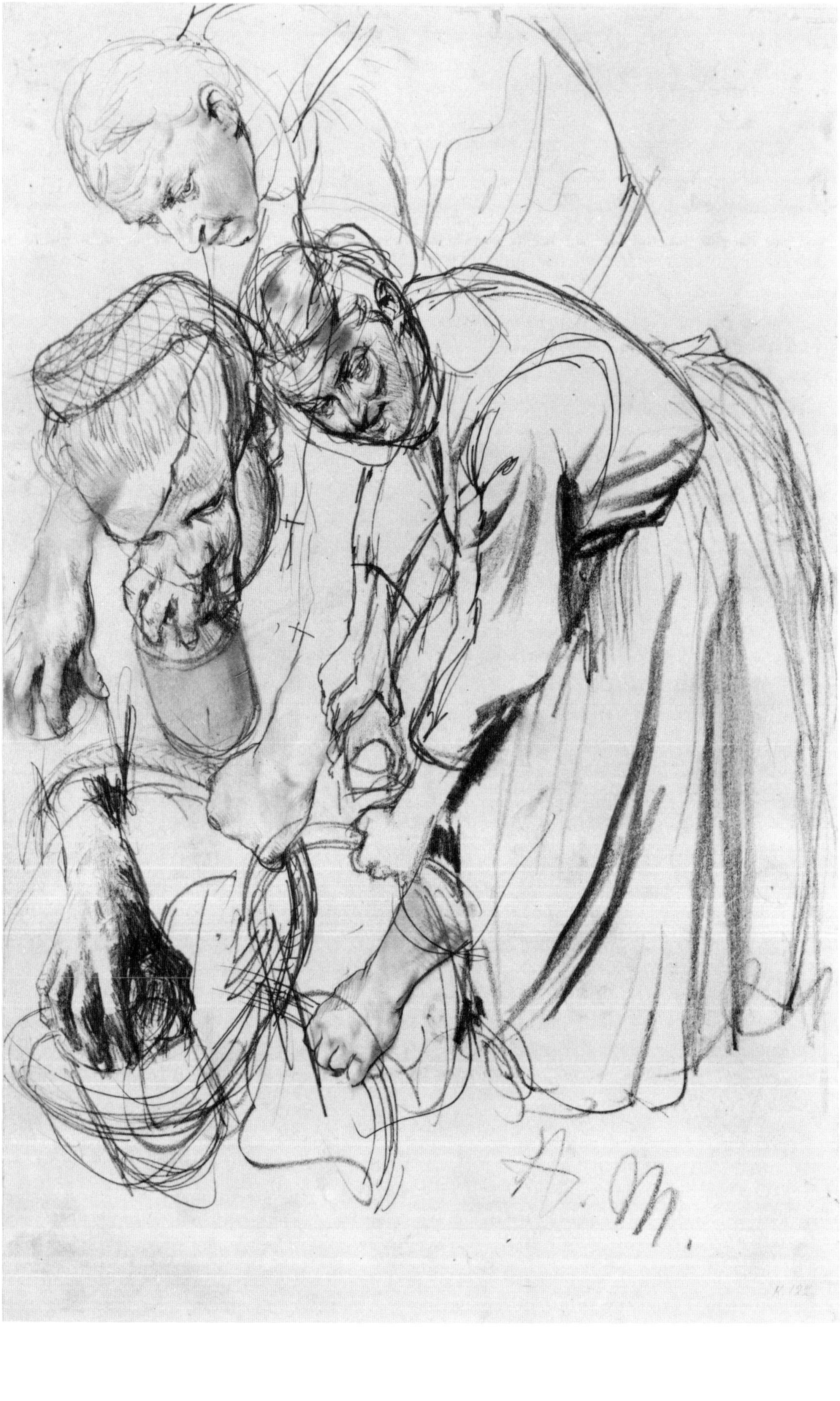

Essenbringende
Frau mit Korb,
o. J.
Bleistift,
37,9 × 25,1 cm

tenden Bemühungen dieser beiden in Paris: Picasso und Braque – in Berlin suchen! Paris selber hat ja, zwei Menschenalter zuvor, in *Courbet* den ewig vorbildlichen Künstler gehabt, der in allem, was er schuf und in jeder Stunde seines ewig bedrohten Lebens *der* klassische Antipode war des immer nur spielenden, immer nur lustig über seine Zeit hinwegschwebenden Picasso.

Man kennt das Nasenrümpfen gegen jene Künstler – sie seien ästhetisch nichts wert –, die sich mit den herrschenden Mächten ihrer Zeit anlegen; Thomas Mann hat ein für allemal 1937 in seinem Aufruf: ›Spanien‹ klargestellt: »Es gibt keinen subalterneren Hohn als den auf den Dichter, der ›in die politische Arena herabsteigt‹. Was aus ihm spricht, ist im Grunde das Interesse, das im Schweigen und im Dunkel walten möchte, unbeaufsichtigt durch den Geist, von dem es wünscht, daß er sich hübsch im ›Geistigen‹, im ›Kulturellen‹ halte, und dem es dafür erlaubt, das Politische als unter seiner Würde zu betrachten ... daß der Künstler mit solchem vornehmen Rückzug auf den Elfenbeinturm eine anachronistische Albernheit begeht, soll er nicht merken.« Thomas Mann hat da nur für *seine* Epoche noch einmal definiert, was Balzac aussprach, als er seinen Zeitgenossen sagte, Daumier sei der Michelangelo *heute*: Der engagierte Künstler ist der Künstler überhaupt – in einem Maß, daß fast von einem weißen Schimmel redet, wer engagiert vor Künstler setzt! Selbst wer nur sein Mädchen anreimt: ist nichts weniger als engagiert! Und Courbet, der 1851 sich unmöglich gemacht hat, weil er »Proleten«, seine Steineklopfer dem ›Salon‹ angeboten hatte; der die beiden innig verschlungenen nackten Mädchen malte: ›Der Schlaf‹, obgleich Napoleon III. schon mit der Reitpeitsche auf seine ›Badenden‹ geschlagen hatte; der im Jahre, als der Staatsanwalt Anklage gegen Flauberts ›Madame Bovary‹ erhob, seine Bretterbude als eigenen Ausstellungsraum neben die Weltausstellung hinstellte und mit dem Spruchband versah: ›Courbet – der Realismus‹, weil »natürlich« die Jury Courbets Bilder nicht zugelassen hatte; im gleichen Jahr 1856, als Menzel ›Hochkirch‹ ausstellte, aber seine impressionistischen Meisterwerke: ›Balkonzimmer‹, ›Weiden‹, ›Palaisgarten‹ waren schon zehn, zwölf Jahre früher entstanden – Courbet, dessen Riesenbild eines nächtlichen Brandes (Musée du Petit Palais, Paris) zur gleichen Zeit gemalt wurde wie Menzels ›Hochkirch‹, das Bild einer nächtlichen Schlacht; Courbet, dessen ›Steineklopfer‹ das einzige Bild vor Menzels ›Eisenwalzwerk‹ ist, das, ebenso wie Menzels geniale Entdeckung einer Fabrik als »fälliges« Sujet, in jener Epoche die Underdogs mit Brachialgewalt dem öffentlichen Bewußtsein aufzwang: Courbet steht am Beginn unserer Zeit als der einsam große Maler, der uns noch heute helfen muß – und der einzige Deutsche unter seinen Generationsgenossen, der gleichen Ranges neben ihm steht: ist Menzel! –, die erneut so virulente Denunziation aller politischen, das heißt: gesellschaftskritischen Kunst zurückzuweisen. An Courbet denken hilft, Picassos Grenzen sehen. Und Menzels Größe ... Das ist notwendig in einer Zeit, die den Künstler, der nur *spielt*, so viel höher einschätzt als den, der *verändern* will. Und der deshalb hochnasig nur zu oft als »Stoffhuber« abgetan wird ...

Menzels Leben – da sollte man zuerst denken an die Zeichnungen des Zwölfjährigen, des Dreizehnjährigen, die überliefert sind, zum Beispiel die Hand seines Vaters: Allein Dürers frühestes Selbstbildnis hält den Vergleich aus mit den ersten Blättern dieses Breslauer jugendlichen Genies, das mit 17 Jahren – wer sonst in der gesamten Geistesgeschichte? – sein erstes illustriertes Buch: ›Künstlers Erdenwallen‹ veröffentlichen wird. Zeichnungen, die sogar den alten Schadow betroffen machen – der dann sieben Jahre später Menzels Holzschnitte zu Kuglers Geschichte des Königs, da die revolutionär alles über den Haufen werfen, was dem Altmeister an überkommenen Gesetzen der Zeichenkunst heilig war, vernichtend in der Zeitung schmähen wird als Karikaturen ...

Daß Max Klinger am 5. 4. 1884 sein »Erinnerungsblatt« radiert hat »an die Feier, welche zu Ehren der vor fünfzig Jahren erfolgten Publication des ersten Werkes Adolf Menzels: ›Künstlers Erdenwallen‹ vom Verein Berliner veranstaltet wurde« – darf nicht zu dem Irrtum

Rechts
Gefaltete Hände,
1884
Bleistift,
ohne Maße

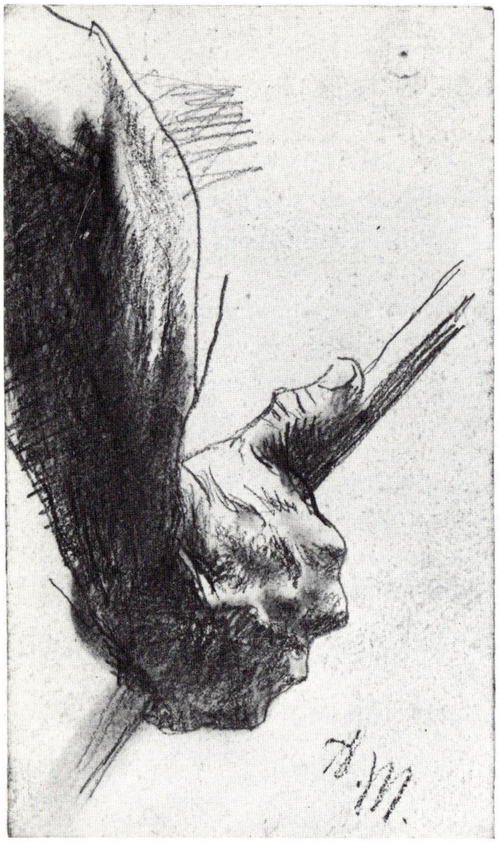

Armstudie, o. J.
Bleistift, 15,6 × 9,5 cm

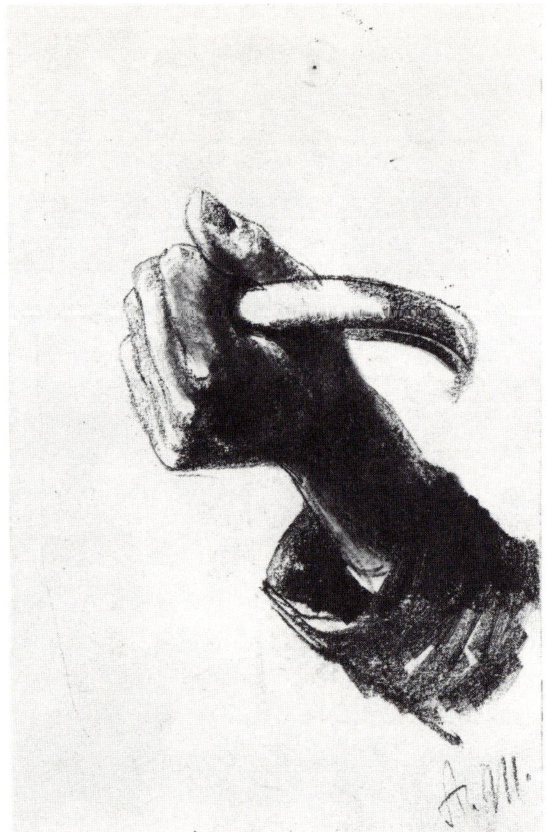

Handstudie, o. J.
Bleistift, 20,6 × 13 cm

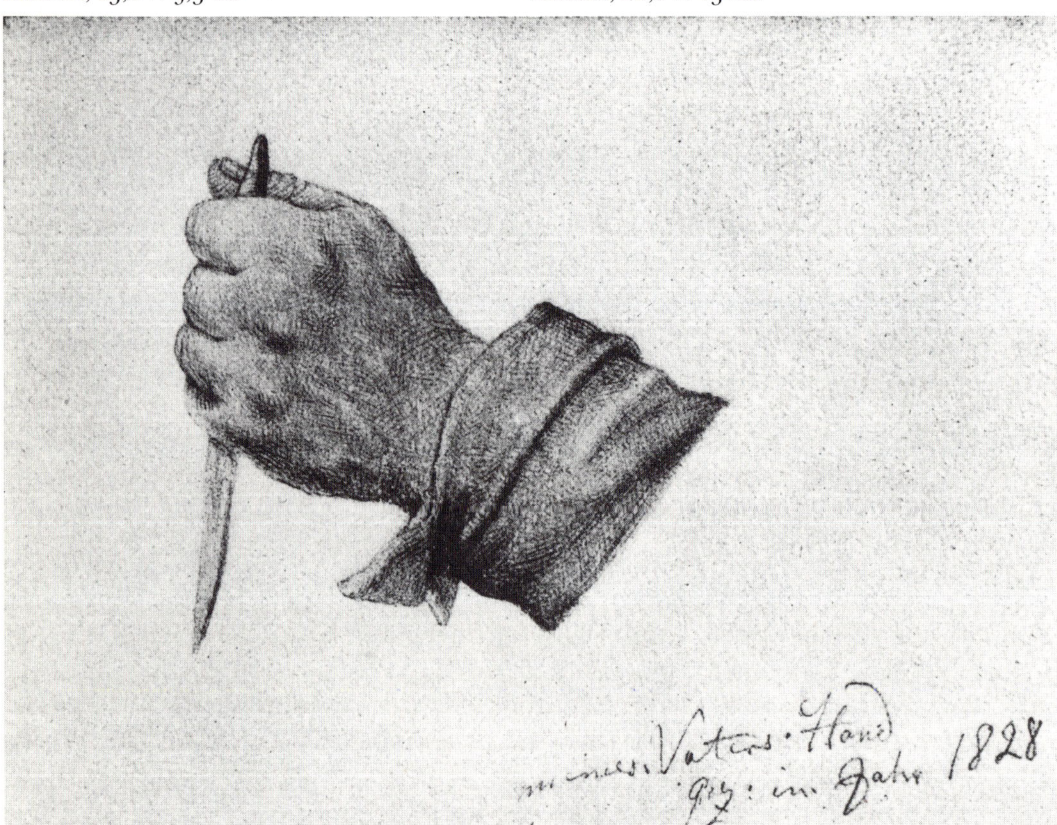

Die Hand
des Vaters, 1832
Bleistift,
13,5 × 10,7 cm

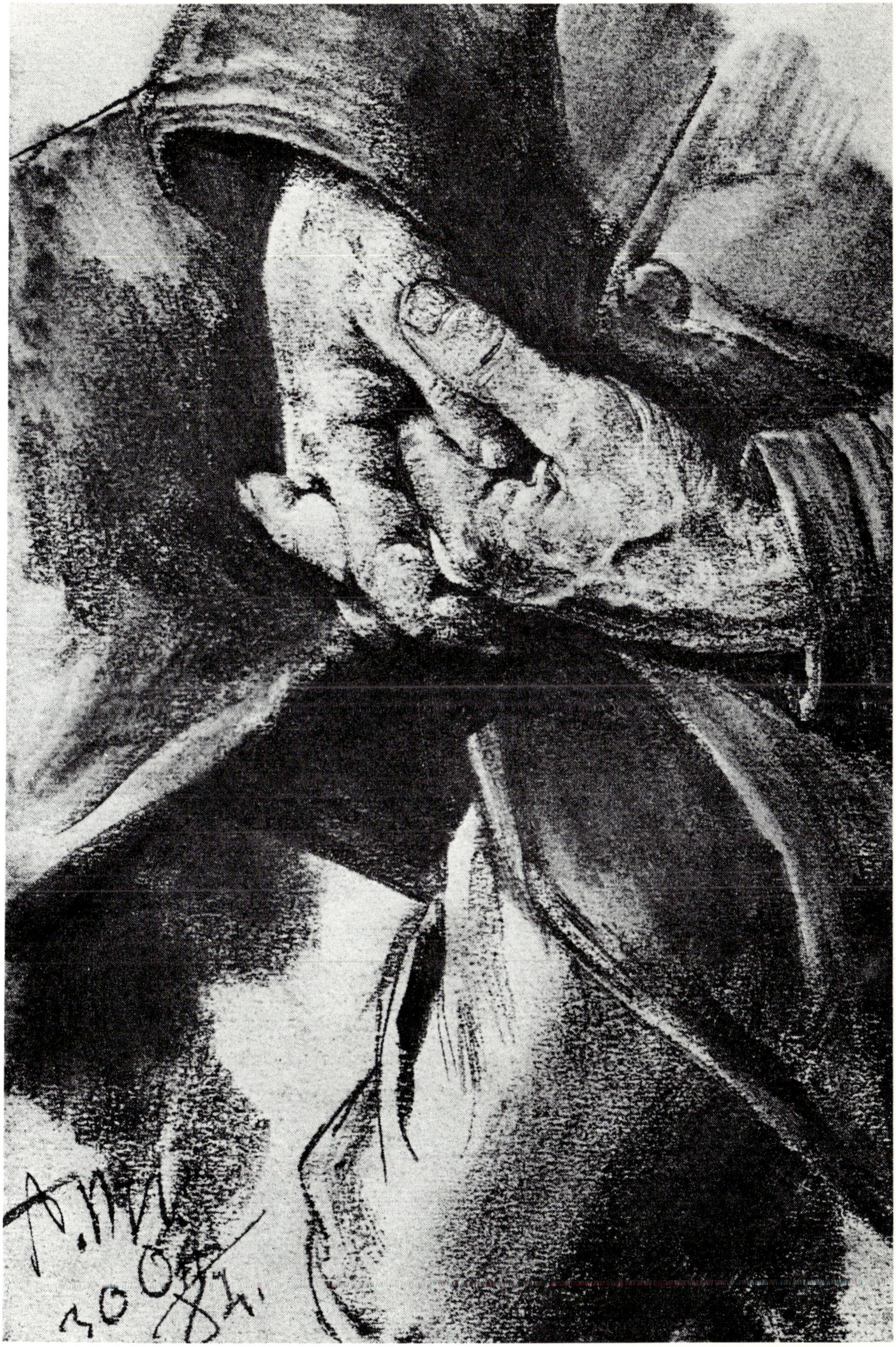

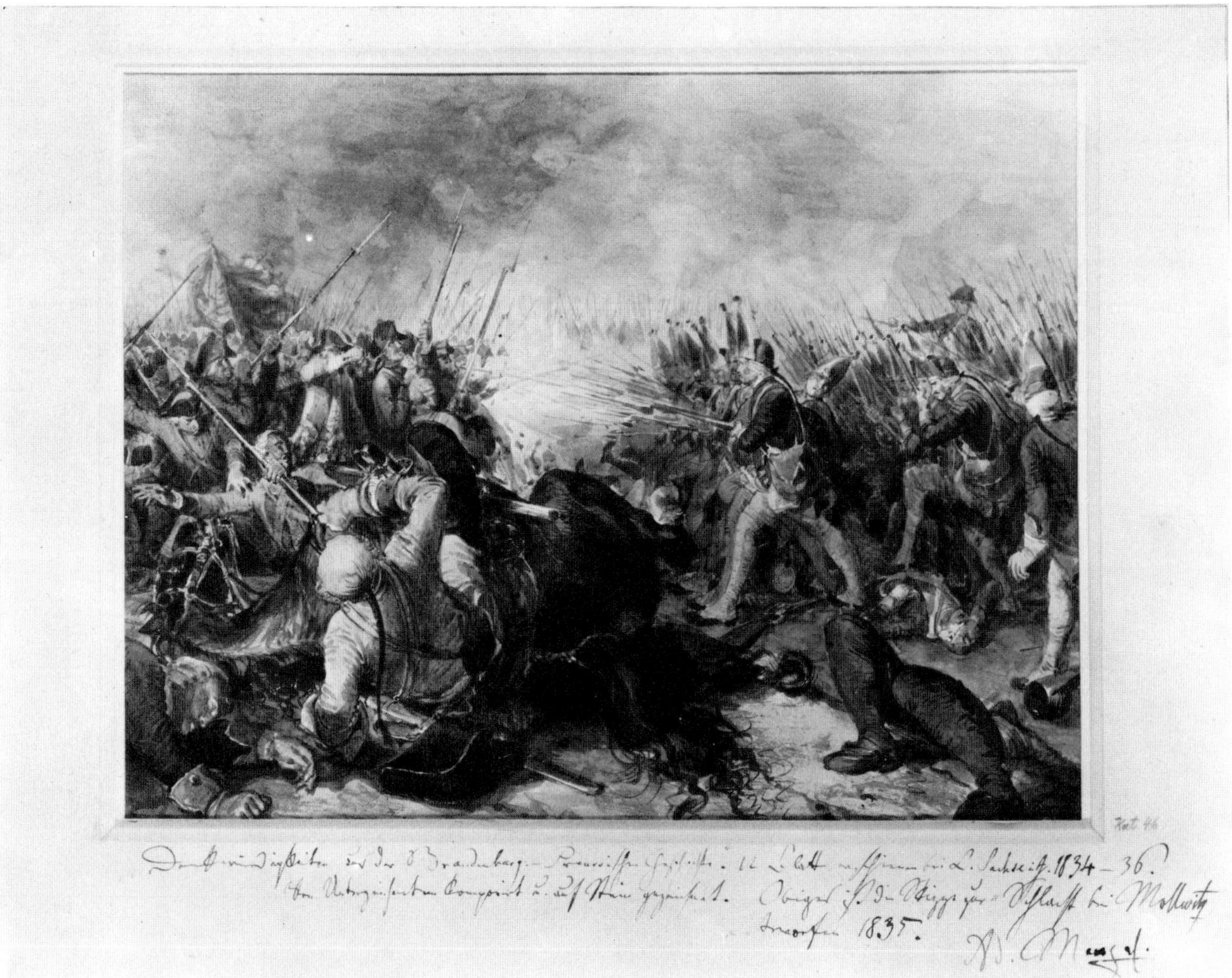

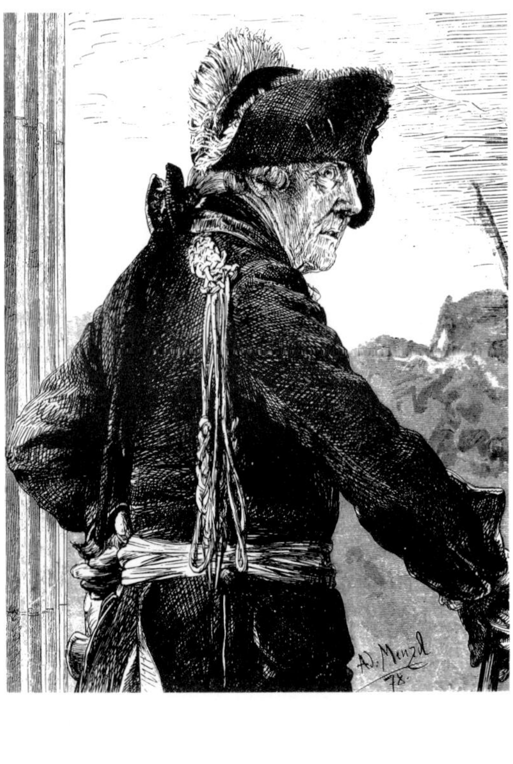

Die Schlacht bei Mollwitz, 1835
Tusche, 25,3 × 33,8 cm

Friedrich der Große, 1878
Radierung, Maße fehlen

führen, Menzel habe das »erst« mit 19 Jahren geschaffen: Seine Mappe ›Künstlers Erdenwallen‹ ist Ende des Jahres 1833 erschienen, mit der eingedruckten Jahreszahl 1834. Wieder denkt man an Thomas Mann: Des 25jährigen ›Buddenbrooks‹ erschienen Weihnachten 1900 mit der Jahreszahl 1901! Da Menzel erst zum Jahresende: am 8. Dezember Geburtstag hatte, hat er also tatsächlich mit *siebzehn* Jahren sein erstes Werk geschaffen! »Ich kannte wohl die Goethesche Dichtung, d.h. sie hatte mich stets angewidert. Nur aber weil doch ›etwas zu machen‹ war, ergriff ich die Sache mit Freude... obgleich mir innerlich auch fatal.« Brief an Ludwig Pietsch vom 24. 12. 1879, in dem Menzel auch berichtet, daß er seine im Frühjahr 1833 begonnenen Akademie-Besuche zum Zeichnen in der Gipsklasse »noch vor Ende *desselben Jahres* gleichzeitig mit dem Erscheinen des vielbesagten Heftes« aufgab. Das »Heft« war eben ›Künstlers Erdenwallen‹... »Ich habe auch später das Heft nicht gern ansehen mögen«...

Man entsinne sich Jacob Burckhardts Brief, als Menzel siebzig wurde, an einen Maler in Paris, wo Menzel gerade eine Ausstellung hatte: »Menzel werden Sie begreifen, wenn Sie erfahren, daß er früher und während Jahrzehnden hat hart unten durch müssen.« (Leider ist Burckhardts Briefwechsel mit seinem Berliner Freund Kugler, durch den der Basler Menzel und Heyse kennengelernt hat, auf Wunsch Burckhardts vom Schwiegersohn Kuglers: Paul Heyse vernichtet worden.)

»Hart unten durchmüssen während Jahrzehnden« – interessant, daß dies offenbar Burckhardt besonders beeindruckt hat. Und wahrhaftig, Menzels finanziell so furchtbar kümmerlichen Jahre, als der mit 16 Halbwaise gewordene – sein Vater war Lithograph gewesen, Leiter einer Mädchenschule –, als der Junge seine Mutter, Schwester, seinen Bruder und sich ernähren mußte: sie haben ihn dazu brutal »ausgebildet«, auch der erste Künstler überhaupt zu werden, der so oft, so unbeirrbar dem vierten Stand sich zeitlebens immer wieder gestaltend zugewandt hat: In aberhundert Skizzen von Bauarbeitern, Glasbläsern, Schmieden, Eisenwalzwerkern, Fensterputzern, Möbelpackern und – wie das damals so verräterisch hieß: »gemeinen« – Soldaten; in Greisinnen, denen hungernde Armut im Gesicht stand, Verwundeten, Handwerksburschen, Bettlern, auf Stroh sterbenden Soldaten... Menzels Leben in seiner Zeit – wenige Streiflichter nur: »Unter allen Künstlern ist Menzel der größte Autodidakt, den die Kunstgeschichte kennt... Die Lehre in einer Akademie oder Kunstschule... hat er nach einem Versuch als nutzlos aufgegeben«, sagt der Direktor des Berliner Kupferstichkabinetts, Friedrich Winkler – doch vermutlich fand Menzel keineswegs »nutzlos«, dort beim alten Schadow zu zeichnen; das fand er nirgendwo nutzlos – sondern: zu kostspielig! Er war ja schon seit zwei Jahren Familien-»Vater« und konnte sich nicht leisten, zu zeichnen, ohne das zu Geld zu machen...

Menzel war denn auch noch nicht 20, sondern noch 19 Jahre »alt«, als schon sein zweites Buch gedruckt vorlag: ›Denkwürdigkeiten aus der Brandenburgisch-Preußischen Geschichte‹, zwölf Lithographien. Hier auf Seite 38 daraus die Tuschpinselzeichnung (25 × 34 cm) ›Schlacht bei Mollwitz‹ ... Der Geniestreich sodann des 23- bis 25jährigen – vergleichbar nur wieder mit Thomas Manns Geniestreich: Der 23- bis 25jährige schrieb ›Buddenbrooks‹ –, nämlich seine 400 Holzschnitte zu Kuglers Geschichte Friedrichs des Großen, die am Zentenarium der Thronbesteigung, 1840, bereits ausgedruckt auf dem Tisch liegt, also *bevor* Menzel das 25. Lebensjahr erreicht hat; die jahrelang immer erneut sich aufzwingende Notwendigkeit, Brotarbeiten als schon Berühmter übernehmen zu müssen; denn die Friedrich-Holzschnitte hatten mit einem Schlag offenbart, daß Menzel als Zeichner so revolutionär war wie sonst keiner. Doch der schon Gefeierte, der ja nie ein Professoren-Gehalt bezog, benötigte sechs Jahre, aus Geldknappheit, um sein »Schmerzensbild«, die blutige Blamage Friedrichs bei Hochkirch zu malen! Volle 20 Jahre später erst, denn schon 1840 erschienen ja Menzels 400 Holzschnitte in Kugler's ›Friedrich‹, endlich auch Menzels Anerkennung bei den Offiziellen: Der Auftrag (*nicht*:

des Hofes!) 1858 zur Hochzeit der Queen-Victoria-Tochter mit dem preußischen Kronprinzen – sie werden die Eltern Wilhelms des Letzten –, den Händedruck Wellingtons mit Blücher auf dem Schlachtfeld von Waterloo zu malen. (Hinter Blücher sein Stabschef Gneisenau, der Urgroßvater des Attentäters von 1944: Stauffenberg, Seite 100). Und lebenslänglich Menzels totale Entsagung auf ein Intimleben: Zeitlebens wohnt Menzel mit der verheirateten, von ihm sehr geliebten, hundertmal gezeichneten und gemalten Schwester unter dem gleichen Dach, Neffe und Nichte sind seine »Familie«, für die er die bezaubernden Zoo-Aquarelle malt; endlich: der Tatsache, ganze 134 Zentimeter »hoch« zu sein, als Dauerdemütigung der Natur standhalten zu müssen; und das in Preußen, wo Menzel im Wehrpaß »Gnomenhaftigkeit« amtlich vermerkt erhält! Ein Schicksal, das ausgerechnet jenem Künstler es verwehrt, sich Frauen zu nähern – was er sich »natürlich« nur einbildete: Frauen fanden ihn charmant –, der so wie mit Bleistift auch mit Öl und Pastell *mehr* bezaubernde junge Frauen gestaltet hat als *jeder* andere, sogar Renoir mitgezählt –, kurzum *das*, was Schopenhauer »das Höchste« nennt, das ein Mensch »erreichen« könne – in Wahrheit: ertragen müsse: der »heroische Lebenslauf« des rastlos 74 Jahre lang Berufstätigen –, machen diesen Heros unter den Zwergen zu einem menschlich nicht weniger als künstlerisch Faszinierenden!

V

Fasziniert hat die kleine Exzellenz immer wieder auch Dichter: Der Nobelpreisträger Heyse, Schwiegersohn jenes Professors Kugler, dessen Geschichte Friedrichs des Großen heute nur noch lebt, weil sie die 400 Holzschnitte Menzels enthält, wurde in seiner Jugend von Menzel gemalt; ebenso der einst populäre Seegeschichten-Autor Smidt, den Fontane schätzte. Storm schrieb über seinen letzten Besuch beim ehemaligen ›Tunnel‹-Bruder Menzel, 1884 an Heyse: »Er führte mich in sein Atelier und zeigte mir seinen ›Markt in Verona‹, mit dem Volksgewühl, der dort in heiliger Stille geschaffen wird, jetzt schon ins dritte Jahr. Menzel stand mit seinem langen Malstock sinnend davor. ›Man meint, ich male schnell‹, sagte er, etwas melancholisch sinnend. ›Ich tu es nicht!‹« Fontane, dessen Größe Menzel so wenig je erkannt hat wie alle anderen Zeitgenossen, schrieb mit siebzig, nachdem er wie Menzel Sommerwochen in Kissingen verbracht hatte: »... fiel doch ein Abglanz von ihm auch auf mich, der ich gewürdigt wurde, halbe Stunden lang und länger mich mit dem kleinen Mann und der großen Berühmtheit auf der Promenade herumzuzieren.« Neben dem alten Kaiser, Bismarck und Moltke war Menzel der Meistbestaunte der Berliner in seiner Zeit; für Fontane auch der größte Maler, allerdings: »Was Ihnen an Menzel fehlt«, so schrieb er nach Menzels 80. Geburtstag an Maximilian Harden, »das fehlt ihm ganz gewiß und die Nachwelt wird dies nur zu deutlich aussprechen. Aber am Ende, wem fehlte nichts! Im Ganzen müssen wir froh sein, daß wir ihn haben, er ist doch ein Stolz der Nation und die furchtbaren Anfeierungen und Ansingungen fallen auf das in all seinen Festen immer so elend abschließende Berlin, nicht auf den kleinen großen Mann. Mit meinem Artikel über ihn – was mir auch um Ihretwillen leid tut –«, denn Harden hatte ihn in seiner ›Zukunft‹ publiziert, »habe ich entschiedenes Unglück gehabt. Sonst findet sich doch immer *eine* Stimme, die einem versichert: ›*das* war gut‹. Aber diesmal auch nicht einer. Sang- und klanglos in den Orkus. Es amüsiert mich ein bischen. Denn *so* schlecht war es nicht. Es hatte doch immer drei gute Stellen ... während ich, in sämmtlichen Menzel-Artikeln zusammengenommen, noch immer keine drei guten Stellen gefunden habe. Blech, geist- und witzlos von Anfang bis Ende« ...

Was »fehlte« Fontane an Menzel? Schönheit im erotischen Sinne!

Er war schon 75 und soeben Autor seines Meisterwerks: ›Effi Briest‹ geworden, als er beinahe noch *erschrak*, mit Menzel im gleichen Atem genannt zu werden: »... die schmeichelhaften

Worte, die mich freiweg an die Seite von Menzel rücken. Manche werden das etwas zu viel finden, aber ich selber werde mich hüten zu protestiren, trotzdem ich selber unter den Ungläubigen bin.« Doch fünf Tage später schrieb er auch wieder an Harden, der ihn mit Menzel verglichen hatte, über die Feiern zu des Malers 80. Geburtstag: »Ich bin darin einig mit Ihnen, daß die Feiernden einen Mumpitz aufgeführt haben, – vieles besonders bei der Aufführung von Spezialkollegen Herrührende, steht auf einer beinah amüsant niedrigen Stufe – der Gefeierte selbst aber hat eine große Feier verdient, wenn auch eine andre. Ich habe mein Leben unter Malern verbracht, Sie können sich also denken, *was* ich da alles gehört, *was* ich da alles von lächelndem Achselzucken gesehn habe. Diesen Anzweifelungen bin ich oft gefolgt und etliche Zweifel, z. B. über das Salatmäßige so vieler Bilder, hege ich noch. Dazu: das Schöne war nie seine Sache. Dennoch halte ich ihn – und ich darf sagen daß ich eine große Bilderkenntniß habe, fast wie ein Auktionator – für den größten lebenden Maler. Was wir in Deutschland haben, reicht nicht an ihn heran und die besten Nummern der 3 romanischen Völker, die im Einzelnen ihn übertreffen (mitunter sehr) haben doch keine Spur von der Allumfassendheit des kleinen Mannes. Bedenken Sie seine Spannweite: links Hochkirch und *Leuthen* (dies, unfertig im Atelier, ganz besonders großartig) rechts Hühner, Hähne und weiße Pfauen, letztre – mehr als seine Weiblichkeiten – von einer gradezu erobernden Schönheit. In unsren ›Feierungen‹ halten wir leider nie Maß und wo kein Maß ist, ist keine Schönheit. In vorzügl. Ergebenheit

Th. Fontane.

P. S. Ein solches an Schönheit, Heiterkeit und Humor überlegenes Bild war das, das, vor etwa zwei Jahren, ein Kinderfest darstellte, wo dreißig, vierzig nackte kleine Badeengel vor einem italienischen Kirchenportal standen, um unter grotesker Bierfiedlerbegleitung, von dem Geistlichen der Kirche gesegnet zu werden, ein Art Nackedei-Parade. So was kann unser Kleiner nicht, dazu ist er nicht fideel genug (?).«

Der Mangel an Schönheit auf den Bildern Menzels – die übereinstimmende Meinung des Ehepaars Fontane, auch Emilie bewunderte das von Storm erwähnte ›Marktplatz in Verona‹-Bild nur dank seiner Einzelheiten, der *Fülle* an Figuren, vermißte aber »Schönheit« –, dieser Einwand ist erklärlich, weil zum Beispiel Menzels absolut bezaubernde Bleistiftzeichnungen und Pastelle junger Mädchen und Frauen noch gar nicht publiziert worden waren oder doch nur zu einem ganz geringen Teil: Fontane kann sie, die in Mappen im Atelier lagen, so wenig schon gekannt haben wie die frühen impressionistischen Meisterwerke, etwa ›Weiden mit Bauplatz‹ oder ›Das Balkonzimmer‹ ... Übrigens hat Fontane am *Tage* von Menzels 80. Geburtstag keineswegs so schroff über die Feiern geurteilt wie im zitierten Brief, denn er schrieb an den gleichen Adressaten Harden am 8. Dezember, also nur fünf Tage zuvor: »Was Pietsch heute, in der Vossin, über M. sagt, scheint mir – ich bin nur erst drüberhin geflogen – sehr gut zu sein; überhaupt nimmt sich alles gut aus: Kaiser, Behörden, Künstlerschaft, Presse. Meist widern mich solche Sachen an; diesmal freuen sie mich, weil sie ehrlich gemeint und berechtigt sind. In vorzügl. Ergebenheit

Th. Fontane.«

Den Wahlberliner Dr. med. Gottfried Benn hat der Breslauer Wahlberliner Menzel fasziniert als Mensch, als klinischer Fall; Benn schreibt in seinem Essay über das ›Genieproblem‹: »Es waren ihr Leben lang *asexuell*: Kant, Spinoza, Newton, Menzel (die berühmte Stelle aus seinem Testament: ›es fehlt an jedem selbstgeschaffenen Klebstoff zwischen mir und der Außenwelt‹).« Tatsächlich ist es ja beklemmend, daß immerhin *vier*, also ein *sehr* hoher Prozentsatz, unter den *Genies*, die Preußen hervorgebracht hat, keine normale oder überhaupt Beziehungen zu Frauen hatten: Friedrich II., Kant, Kleist, Menzel...

Selbstverständlich, daß *der* Schüler Fontanes unter den Epikern Menzel aufs höchste geschätzt hat, den »cholerischen Zwergen im Mantel des Schwarzen Adlerordens«, wie Thomas Mann

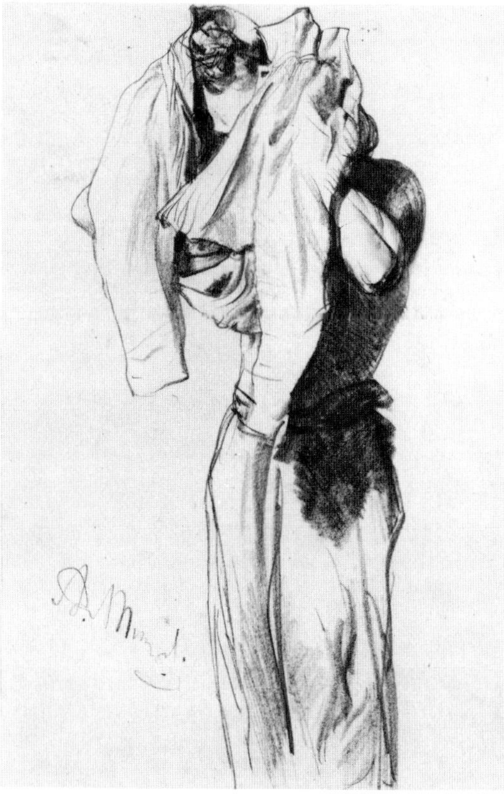

Arbeiter, der sich das Hemd anzieht, o. J.
Bleistift, 37,9 × 24,9 cm

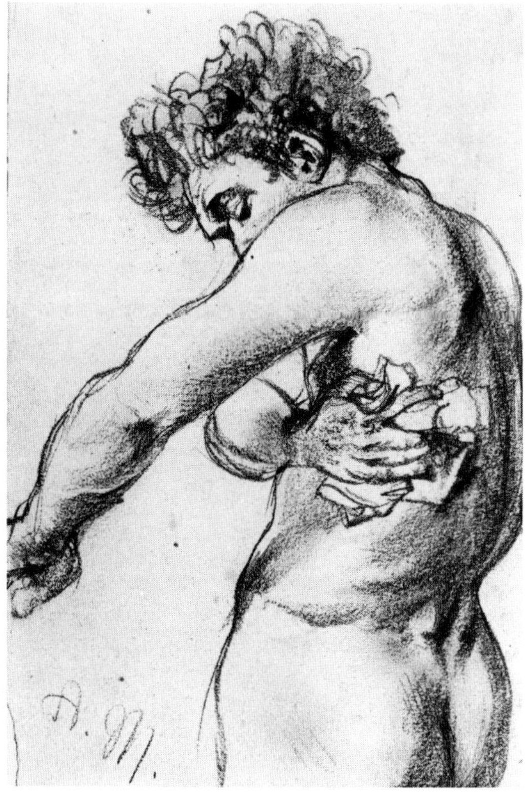

Mann, sich abtrocknend, o. J.
Bleistift, 20,8 × 13 cm

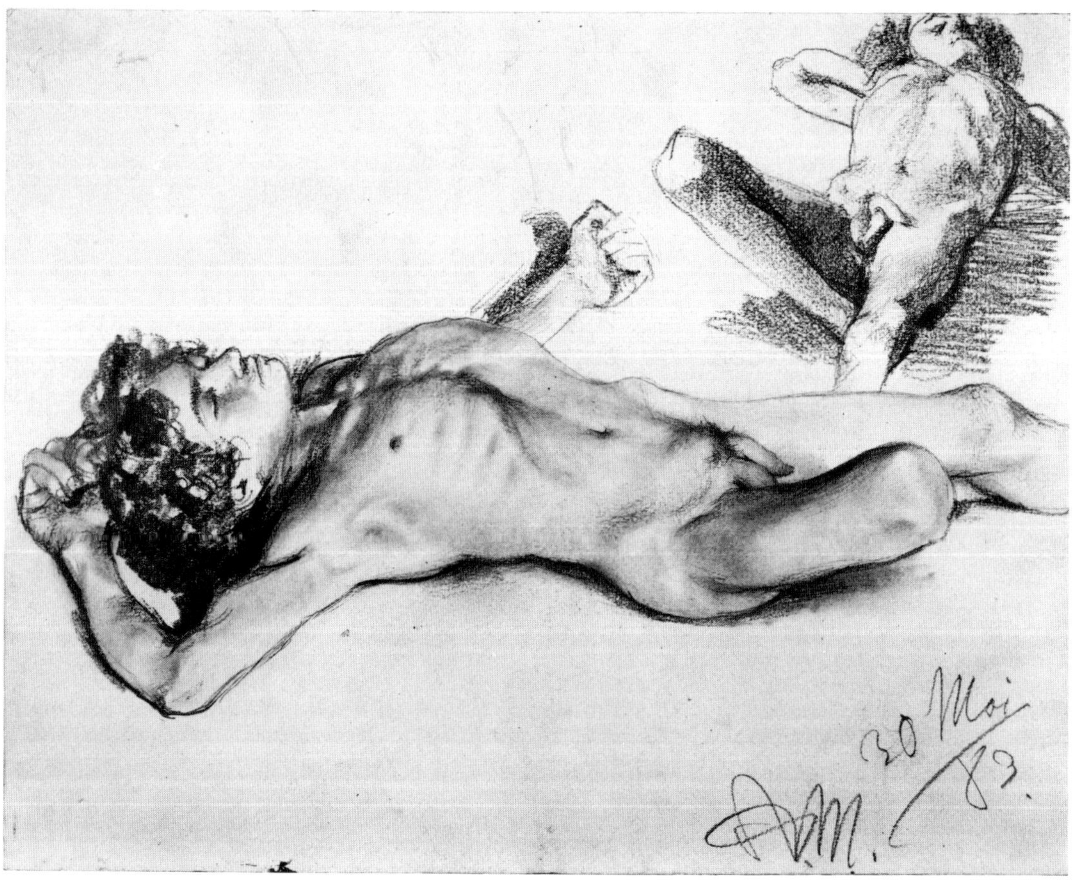

Knabenakt in zwei Ansichten, 1883
Bleistift, 22,5 × 29,2 cm

Rechts
Der Barberinische Faun, 1874
Bleistift, 40,1 × 26,2 cm

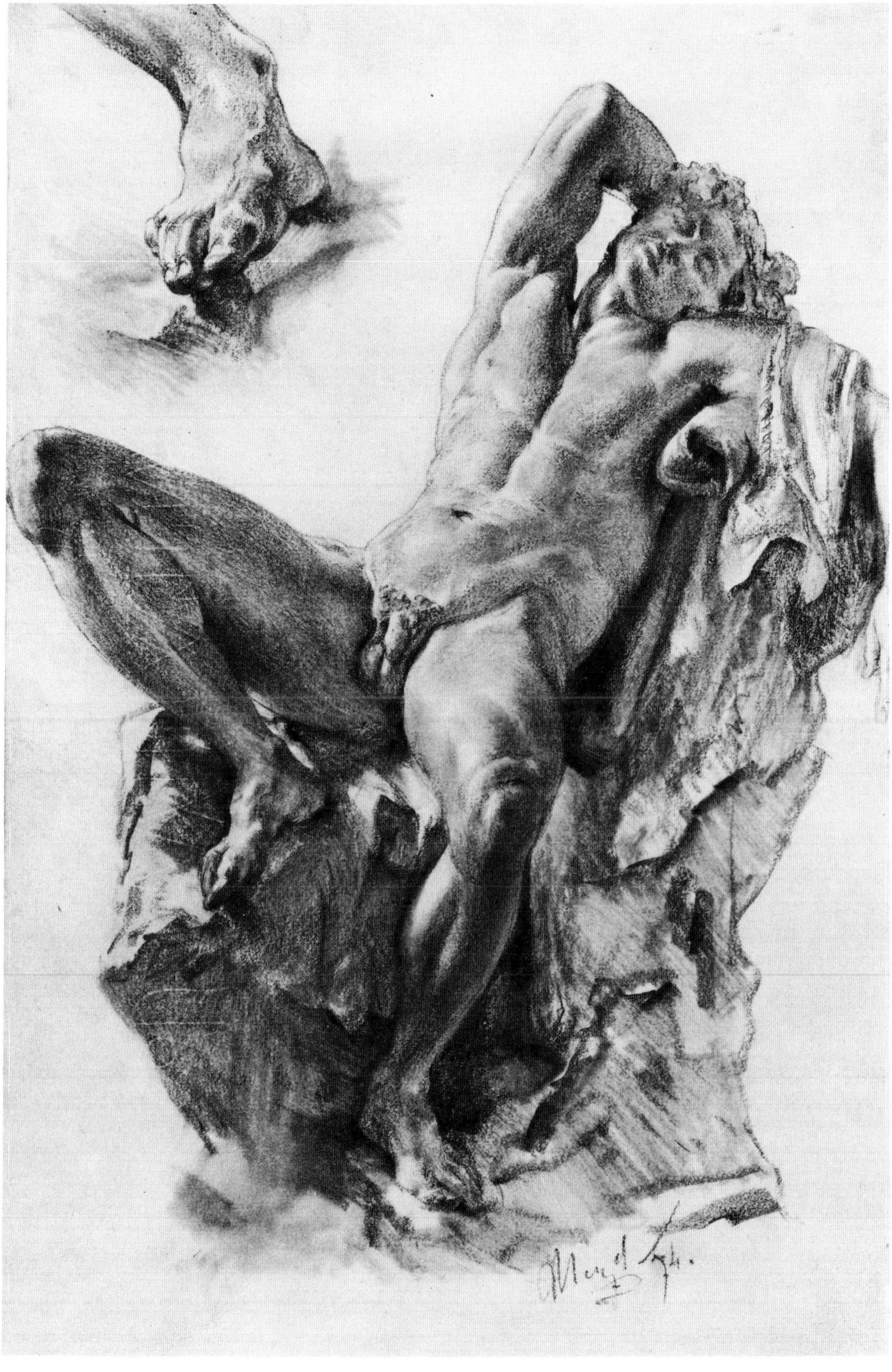

schreibt. (»Ach, hätte Papa das noch lesen können!« rief zwei Jahre nach dem Tode Fontanes seine – später durch Selbstmord endende – Tochter, als sie ›Buddenbrooks‹ las.) Und wiederum hat Liebermann, der sich als *der* legitime Nachfolger Menzels verstand – sein Treppenhaus, das Palais am Pariser Platz, hing voll mit Zeichnungen Menzels; und Liebermann hat genial früh mit ›Gänserupferinnen‹, 1872 die Arbeitswelt als »kunstwürdig« im gleichen Jahr entdeckt, in dem Menzel mit ›Eisenwalzwerk‹ begonnen hat –, über Menzel hat Liebermann einen so glanzvollen Essay geschrieben, daß man bis zu Vasari zurückgehen muß, um Gleichwertiges zu finden unter den schriftlichen Zeugnissen eines Malers über Maler. Liebermann wußte, daß er dem Zeichner Menzel so wenig ebenbürtig war wie – *jeder*; wie es ebenfalls George Grosz für sich bekennt...

Als während der ›Entstehung des Doktor Faustus‹ Thomas Mann in Pacific Palisades Druckfahnen der Memoiren Max Osborns liest, schreibt er in sein Tagebuch: »Menzel, Liebermann, Klinger, Lesser Ury, Bode. Ach, alle diese Persönlichkeiten. An mich wird man sich so wenig erinnern wie an Proust.« Als er diese Notiz vom 1. 1. 1946 in seine für den Druck bestimmte Chronik des ›Romans eines Romans‹ überträgt, fügt Thomas Mann, so selbstquälerisch, als sei er Menzel, noch hinzu: »Lauter Persönlichkeiten! Ich glaube, ich bin keine«... Ins selbe Manuskript trug Thomas Mann – Jacob Burckhardt mit Carl Jacob Burckhardt verwechselnd – später ein: »Jacob Burckhardt war es, der über Voltaire gesagt hat« – es war aber, wie gesagt: Carl Jacob 1943, im Vorwort zu Voltaires ›Karl XII.‹ –: »In Voltaire ist der Rationalismus dichterisch, ja magisch geworden.« Thomas Manns Kommentar: »Den deutschen Schriftsteller möchte ich sehen, der diesen Satz aus der Feder brächte! Die Schweiz ist das Land, wo auf deutsch das wohltuend Undeutsche gesagt wird. Darum liebe ich sie. –« Wenn in Voltaire der *Rationalismus* dichterisch, ja magisch geworden ist – so in Menzel: der *Realismus*!

Dichterischer, magischer Realismus: Das geht jeden Autor nicht weniger an, als es bildende Künstler betrifft. Magie strahlen eine Idee, ein Stil, ein Werk in seltenster und höchster Vollendung aus – dann, wenn auf sie zutrifft, und hier begegnen wieder Menzel und Mann einander –, was Thomas Mann als eines von nur zwei Grundgesetzen seines Schaffens formuliert hat: »Alles nur Stoffliche ist langweilig ohne ideelle Transparenz« (1926 in ›Pariser Rechenschaft‹). Das zweite Grundgesetz, unter das er lebenslänglich sein Schaffen stellte, lautet: »Phantasie haben heißt nicht, sich etwas ausdenken; es heißt, sich aus den Dingen etwas machen« (1934 in ›Meerfahrt mit Don Quijote‹).

Hinter Menzels »Stoffen« scheint allemal auf deren ideelle Transparenz: Also hinter einem Stoppelfeld, mit zurückgelassenem Pflug, die Menzel mit seinem dicken, tiefschwärzenden Zimmermannsbleistift gezeichnet hat, werden transparent auch die *Idee*, das Lebensgefühl: Abschied, Herbst, Tod – die *jedem* abgeernteten Feld und verlassenen Pflug innewohnen. Das ist Magie, die man dort, wo sie von Persönlichkeiten ausgeht: Charisma nennt. Wenn Menzel Hände eines abgearbeiteten Alten zeichnet: so drückt diese Zeichnung aus, was 50 Schaffensjahre nicht »nur« aus *dessen* Händen gemacht haben, sondern was sie überhaupt aus Händen machen, ja aus einem ganzen Menschenleben, das diese abgemühten Hände so geprägt hat, wie umgekehrt dieses ganze, lange, abwrackende Dasein – auch in ihnen, diesen Händen, sichtbar wird. Magie, zu der also Voltaire den Rationalismus, zu der Menzel den Realismus zu steigern vermocht haben: Ist die Leistung des *Genies*, im Gegensatz zu der des Talents – so jedenfalls definiert es Schopenhauer: »Im Einzelnen stets das Allgemeine zu sehen, ist gerade der Grundsatz des Genies; während der Normalmensch im Einzelnen auch nur das Einzelne als solches erkennt, da es nur als solches der Wirklichkeit angehört... Der Grad, in welchem jeder im einzelnen Dinge nur dieses, oder aber schon ein mehr oder minder Allgemeines, bis zum Allgemeinsten der Gattungen hinauf, nicht etwan denkt, sondern geradezu erblickt, ist der Maßstab seiner Annäherung zum Genie. Diesem entsprechend ist auch nur das Wesen der Dinge überhaupt, das Allgemeine in ihnen, das Ganze, der eigentliche

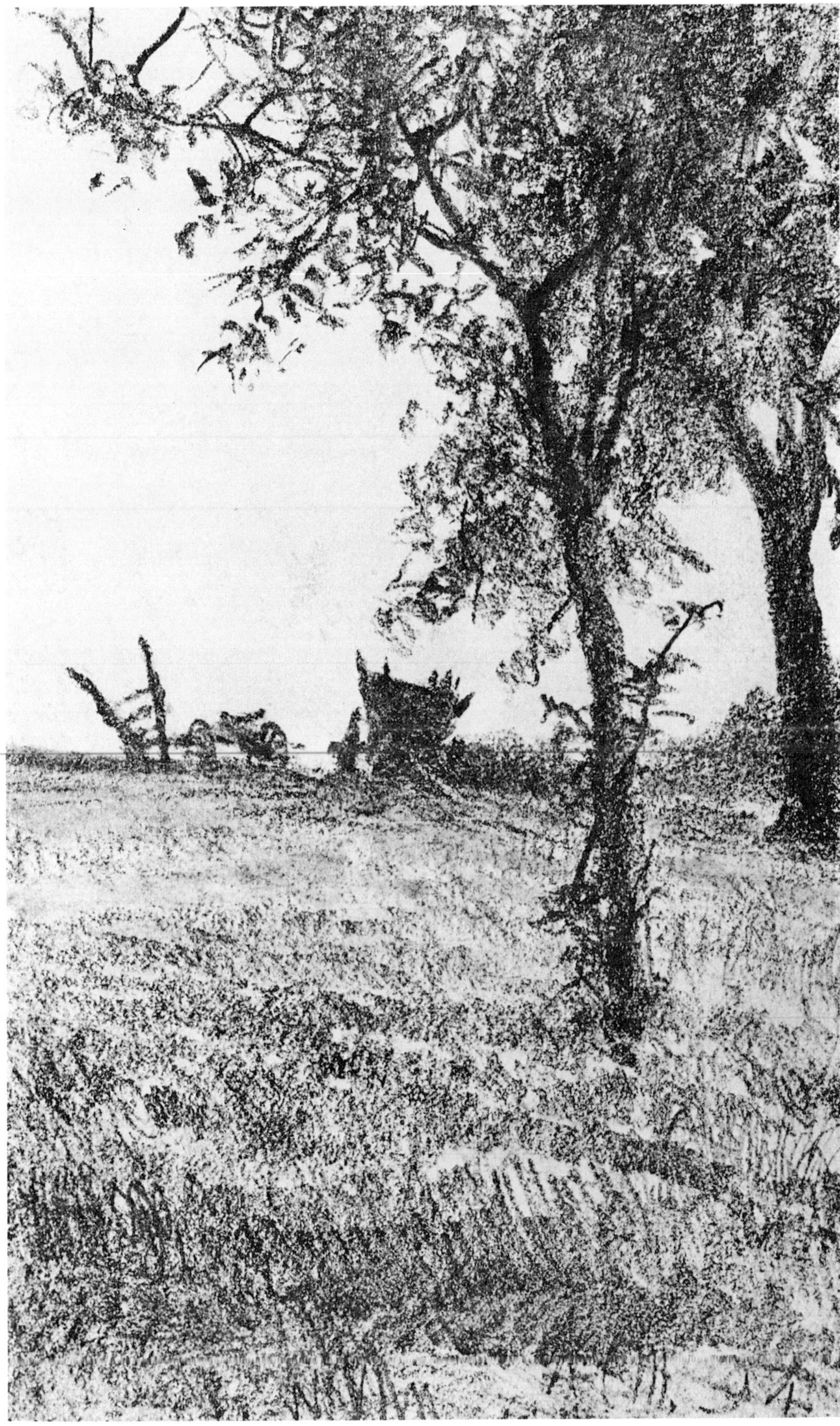

Der verlassene
Pflug, 1894
Bleistift,
ohne Maßangaben

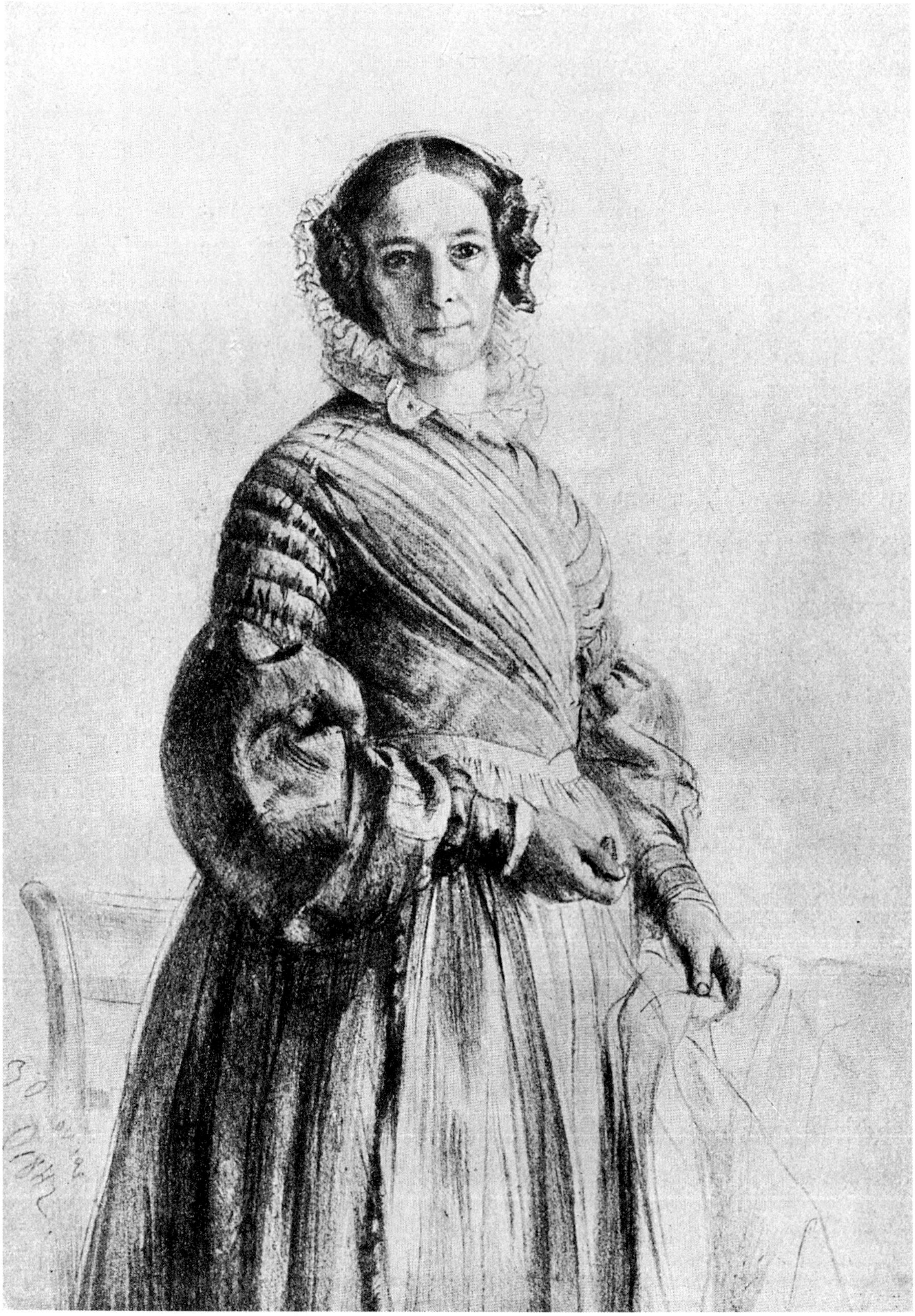

Die Mutter Menzels, 1842
Bleistift, ohne Maßangeben (Kriegsverlust)

Gegenstand des Genies: die Untersuchung der einzelnen Phänomene ist das Feld der Talente... Obgleich die eigentümliche und wesentliche Erkenntnisweise des Genies die *anschauende* ist, so machen den eigentlichen Gegenstand derselben doch keineswegs die einzelnen Dinge aus, sondern die in diesen sich aussprechenden *platonischen Ideen*.«

Exakt auf sie zielte Thomas Mann mit seinem sich selber lebenslänglich auferlegten Gesetz, alles nur Stoffliche ohne ideelle Transparenz zu meiden als langweilig... Das »Ganze« aber, von dem hier Schopenhauer spricht, das »Wesen der Dinge«: hatte Menzel in Blick und Griff, als er seinem Urtrieb: Der Rastlosigkeit seiner Wirklichkeits-Erfassung nachzueifern – beispielsweise – in einem (erst von mir 1962 veröffentlichten) Brief am 7. 9. 1891 auch einem nicht mehr zu identifizierenden »geehrten Fräulein« empfohlen hat: »... Zeichnen kann man noch, wo fürs Malen weder Zeit noch Platz ist. Und *alles* zeichnen, ob für 'nen Zweck, ob nicht. Dem bloß Exerzieren wegen. Außerdem soll's ja für den Künstler *keine Neben*sache geben. Und möglichst viel gleich ausführen – möglichst wenig skizzieren. Schüler sollen gar nicht ›skizzieren‹...«

Das zweite der beiden Stilprinzipien, die Thomas Mann sich zum Lebensgesetz erhob – er hat stets nach diesen beiden Grundgesetzen gearbeitet, sagt aber, daß er sie erst in höheren Jahren auch auf diese zwei Formeln bringen konnte –, das zweite lautet: »Phantasie haben heißt nicht, sich etwas ausdenken; es heißt, sich aus den Dingen etwas machen.« Was übrigens nicht gleichgesetzt werden darf – auch dazu wieder Schopenhauer – mit dem eher dürftig-einschränkenden: »Nicht erfinden, sondern finden!« Das wäre nur plattes Abzeichnen, genau das, was allein dem Talent von Schopenhauer zugetraut wird. Oder wäre – wenn es den Schreiber statt den Maler betrifft –, wäre nur rapportieren. Doch beide: Menzel wie Mann haben immer sehr viel auch *erfunden*, so Thomas Mann beispielsweise Idee, Handlung, Personal seines ›Doktor Faustus‹, dank dessen, was ebenfalls das Genie – laut Schopenhauer – dem Talent voraushat: Dank der Macht der *Phantasie*! Er hält fest: »Wäre nun aber unsere Anschauung stets an die reale Gegenwart der Dinge gebunden, so würde ihr Stoff gänzlich unter der Herrschaft des Zufalls stehen, welcher die Dinge selten zur rechten Zeit herbeibringt, selten zweckmäßig ordnet und meistens sie in sehr mangelhaften Exemplaren uns vorführt. Deshalb bedarf es der *Phantasie*, um alle bedeutungsvollen Bilder des Lebens zu vervollständigen, zu ordnen, auszumalen, festzuhalten und beliebig zu wiederholen, je nachdem es die Zwecke einer tief eindringenden Erkenntniß und des bedeutungsvollen Werkes, dadurch sie mitgetheilt werden soll, erfordern. Hierauf beruht der hohe Werth der Phantasie, als welche ein dem Genie unentbehrliches Werkzeug ist. Denn nur vermöge derselben kann dieses, je nach den Erfordernissen des Zusammenhanges seines Bildens, Dichtens, oder Denkens, jeden Gegenstand oder Vorgang sich in einem lebhaften Bilde vergegenwärtigen und so stets frische Nahrung aus der Urquelle aller Erkenntniß, dem Anschaulichen, schöpfen. Der Phantasiebegabte vermag gleichsam Geister zu citiren, die ihm, zur rechten Zeit, die Wahrheiten offenbaren, welche die nackte Wirklichkeit der Dinge nur schwach, nur selten und dann meistens zur Unzeit darlegt. Zu ihm verhält sich daher der Phantasielose, wie zum freibeweglichen, ja geflügelten Thiere die an ihren Felsen gekittete Muschel, welche abwarten muß, was der Zufall ihr zuführt. Denn ein Solcher kennt keine andere, als die wirkliche Sinnesanschauung: bis sie kommt nagt er an Begriffen und Abstraktionen, welche doch nur Schaalen und Hülsen, nicht der Kern der Erkenntniß sind. Er wird nie etwas Großes leisten!«

VI

Bei allem Respekt: Was Schopenhauer hier »die nackte Wirklichkeit der Dinge« eher abfällig nennt – auch sie kann *Magie* haben und selber so verdichtet sein, daß sie den, der sie zu erfassen vermag – also einen Menzel, einen Voltaire –, zu

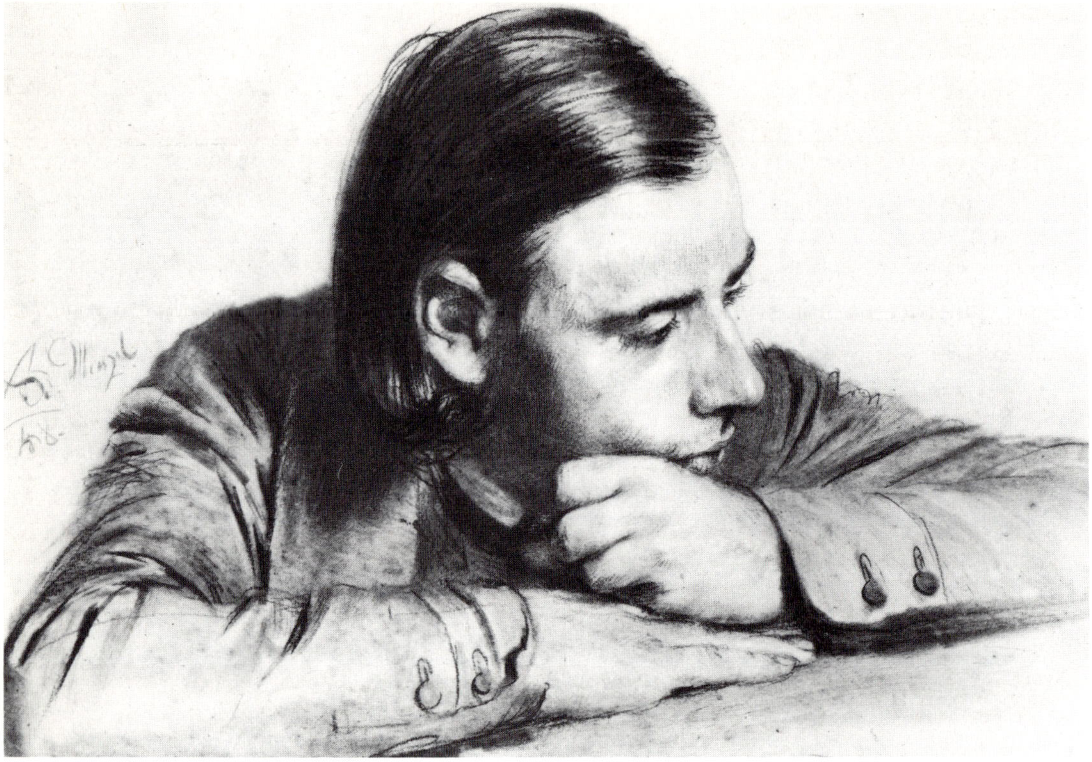

Menzels Bruder Richard, 1848, Farbige Kreide, weiß gehöht, 25 × 37 cm

Familie Menzel am Klavier, 1851, Bleistift, 22,5 × 28,5 cm

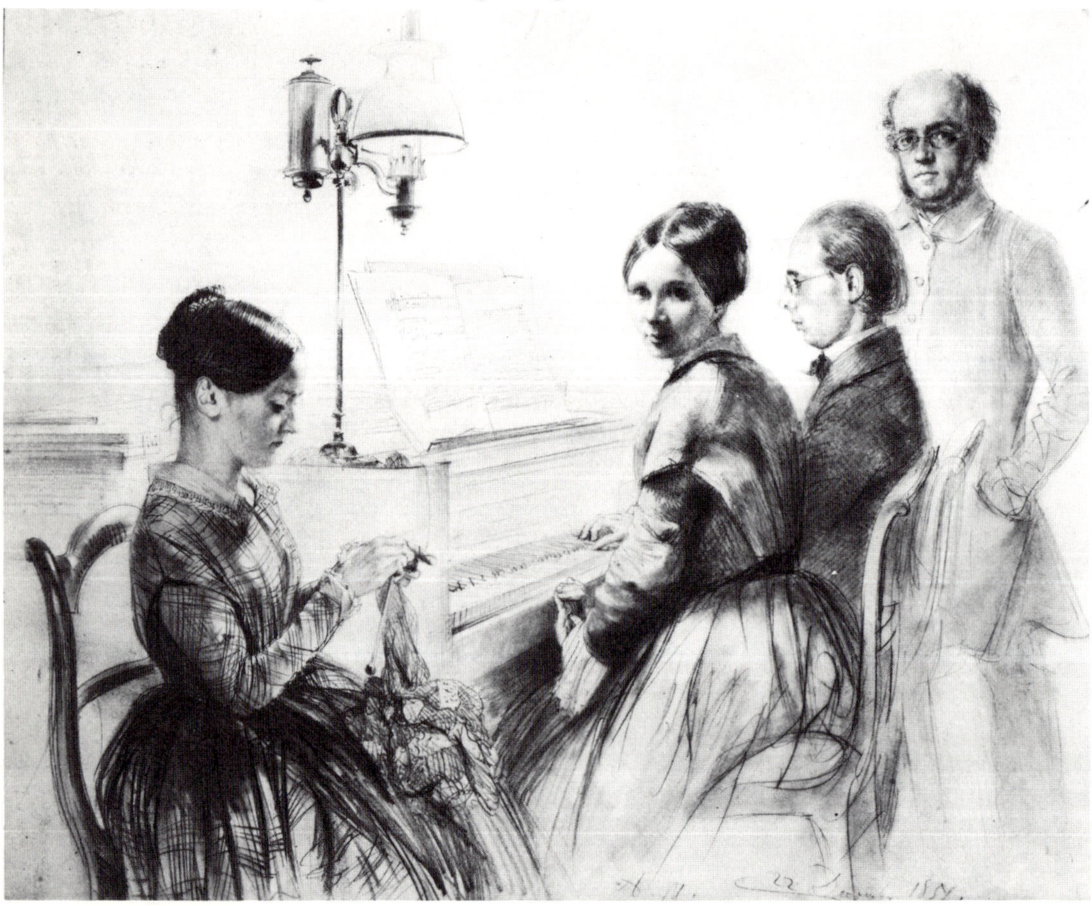

Leistungen hochreißt, die magisch, die dichterisch werden, im Sinne jener lapidaren Feststellung Goethes, er habe die Wirklichkeit stets »für genialer gehalten als mein Genie«... Daß aber in einer Epoche, die den Realismus so hartnackig bekämpfte wie die victorianische, jemand sich dazu aufschwingt, diese Wirklichkeit auch dort ins Kunstwerk hineinzunehmen, ja aus ihr das Kunstwerk zu *machen*: Dazu gehört als oberste Tugend *Mut*! Denn noch nie stimmte, was den Künstler an der Wirklichkeit reizte – sofern er Realist ist – mit dem überein, was die Obrigkeit, die Gesellschaft, die Konvention von ihr wahrhaben und wahrnehmen wollten! Und gar in einem Kunstwerk. Und am wenigsten das 19. Jahrhundert! Wir können uns ja allesamt schlechterdings keine Vorstellung mehr machen vom Ausmaß der Spießigkeit in einem Saeculum, in dem zum Beispiel das Wort: *nackt* – in keinem einzigen deutschsprachigen Gedicht zugelassen war! Nicht einmal bei dem »Erotiker« Storm, dessen Liebeslyrik Fontane für die größte seit Goethe erklärt hat. Als Goethe es in seiner fünften römischen Elegie benutzte, hatten noch nicht der barbarische Mief, die geistige Bedrückung des Biedermeiers zu herrschen begonnen, die einen Grillparzer verstummen ließen. Noch bedrükkender wurde das Korsett der Konvention in der Epoche der Queen, als man lange, fast bis zum Boden hinabreichende Tischdecken erfand, weil ein »nacktes« Tischbein an Unaussprechliches hätte erinnern können! Und als – grotesk – so große Maler wie Cézanne und Böcklin sich zeitlebens von ihren Ehefrauen »untersagen« ließen, als Modell andere Frauen als sie zu malen: für die 30 Fassungen seiner ›Badenden‹ mußte Cézanne, wollte nicht seine Frau Modell stehen, einen invaliden Soldaten bemühen! Böcklin klagte gegenüber seinem Biographen Floerke, allenfalls bei »Verkehrsunfällen« sähe man einmal den nackten Körper einer Frau! Jahn, der grundlegende Biograph Mozarts und Beethovens, dem Mommsen die Grabrede hielt, fälschte als unschicklich Liebesgeschichten seiner Musiker aus deren Lebensbeschreibung weg...

Das war die Zeit, in der die schönste Mädchengruppe, die je ein Deutscher in Marmor erschaffen hat, Schadows zwei Prinzessinnen – die spätere Königin Luise mit ihrer Schwester als Teenager –, in eine Kiste getan und vernagelt wurde bis zum Jahre 1918! Erst dann nämlich war es wieder gestattet, anzunehmen, ja anzuschauen – seither der Stolz der Nationalgalerie –, daß auch die Mutter zweier Könige Busen und bezaubernde Schlüsselbeine gehabt hat... Der Rückschlag der Biedermeier-Spießer gegen die Epoche des Klassizismus, als ein so kühnes Buch wie ›Wahlverwandtschaften‹, ein Stück wie ›Stella‹ möglich gewesen waren, läßt erst ermessen, was zum Beispiel Courbet mit dem (schon erwähnten) lebensgroßen Bild der beiden nackten Mädchen, die miteinander schlafen, riskiert hatte... wenn er »natürlich« auch so wenig riskieren konnte, es auszustellen, wie Menzel gewagt hätte, seine Aquarell-Skizzen verwundeter und sterbender Soldaten dem durch »Historienmalerei« verdummten und von wahrer Geschichte verschonten Publikum »zuzumuten«! Noch als Wilhelm der Letzte 1859 im Berliner Schloß zum Krüppel gemacht wurde während seiner mörderisch komplizierten Geburt, an der die Tochter der Queen fast gestorben wäre, geschah das deshalb, weil zwar – entgegen allen Gepflogenheiten – bereits ein Arzt zugezogen wurde, aber doch nur die Hebamme die Wöchnerin nackt sehen, der Arzt sie dagegen nur unter einer Decke behandeln durfte! Und noch eine Generation später hat der »ewige Primaner« Nietzsche, wie Otto Flake ihn genannt hat, am 7. 10. 1869 mit 25 geschrieben: »Nun vergleiche die scheußlichgierige Geschlechtsliebe mit der Freundschaft« – und noch mit 44, am 20. 10. 1888 an Malvida von Meysenbug, in seinem letzten Jahr, da er geistig zurechnungsfähig war: »Sie haben nichts davon gemerkt, daß ich, seit zehn Jahren, eine Art Gewissensrat für deutsche Musiker bin, daß ich an allen möglichen Stellen wieder die artistische Rechtschaffenheit, den vornehmen Geschmack, den tiefsten Haß gegen die ekelhafte Sexualität der Wagnerschen Musik angepflanzt habe?« Daß Nietzsche gleichzeitig gegen den meistumkämpften Autor der Epoche Sätze in Druck gab, wie: »Zola oder die Lust, zu stinken«, und daß er lustig fand, ihm nachzusagen, der gebe nicht

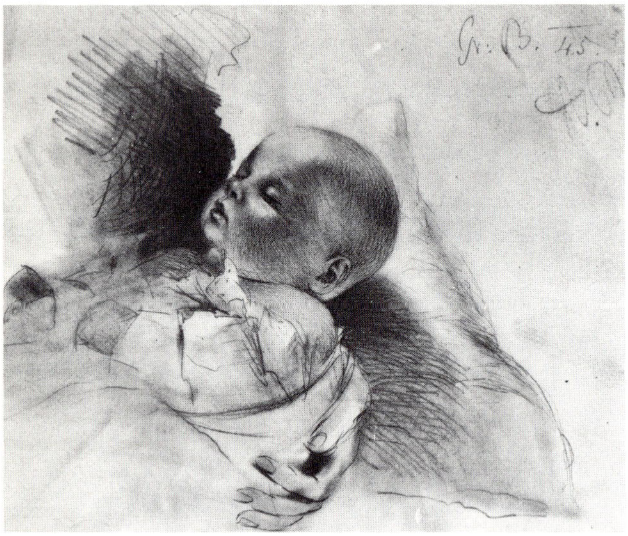

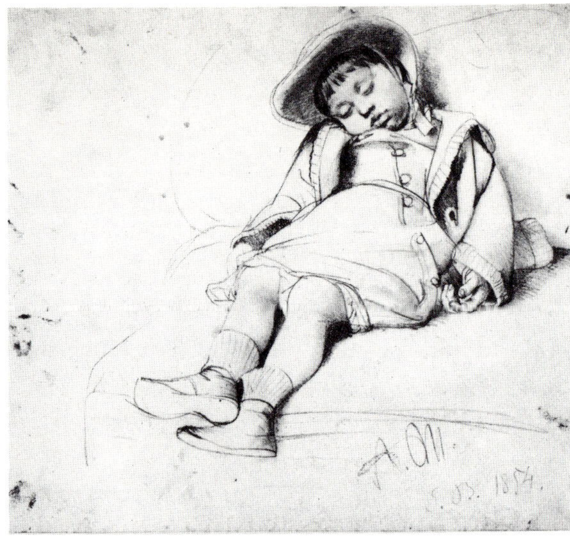

Schlafendes Kind, 1845
Bleistift, 16,5 × 20,6 cm

Schlafendes Mädchen, 1854
Bleistift, 22,2 × 25,2 cm

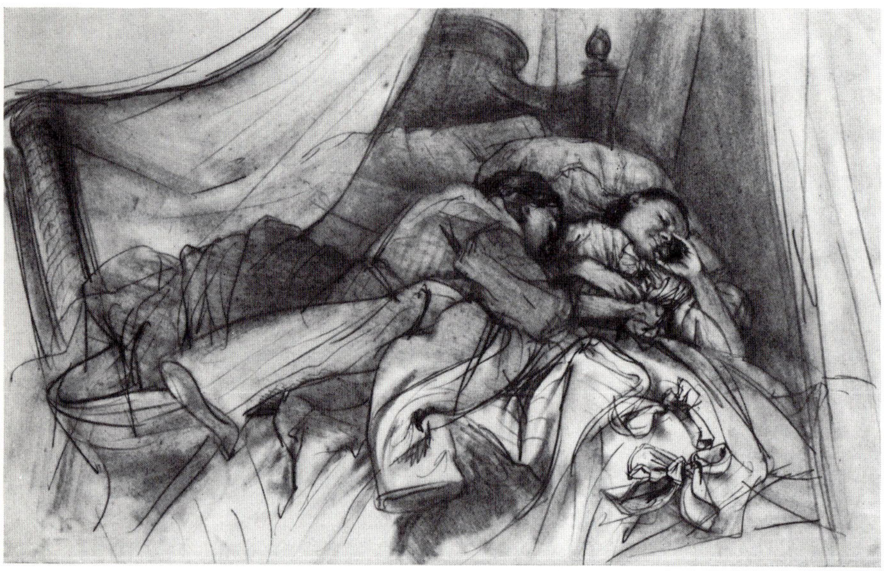

Junges schlafendes Paar
in einem Himmelbett
Bleistift, Pinsel,
21,4 × 35,1 cm

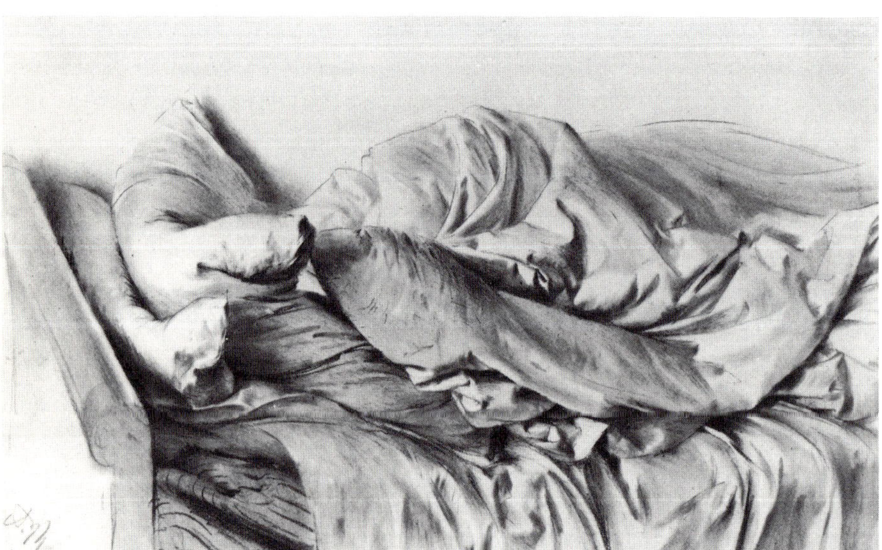

Ungemachtes Bett, o. J.
Kreide, gewischt,
22 × 35,5 cm

Ruhe, bis er einen vollen Nachttopf beschrieben habe –, dies alles kam aus *einem* Sumpf, der da hieß: Kampf dem Realismus! Man könnte ebenso sagen: Kampf gegen das Leben.
Nietzsche, hätte er Menzel gekannt, aber für bildende Kunst war er blind wie viele, die hellhörig für Musik sind, würde mit gleichem Eifer, mit dem er den mutigen Zola beschimpfte, auch jenen Künstler geschmäht haben, der ebenfalls außer »einem vollen Nachttopf« nichts übersah; und folglich zum Credo erhob: »Alles *zeichnen* ist gut; *alles* zeichnen, besser!« Das postuliert niemand, der lieber malt, was er denkt, als das, was er *sieht* – also Gestalten, Ideen, Handlungen, die nicht der eigenen Epoche zugehören...
In ihren qualitätvollen Auswirkungen, die es freilich *auch* gab, führte diese Abkehr aus der eigenen Zeit und ihren Widrigkeiten zu so idealen Schöpfungen, wie Böcklin, Marées, Feuerbach sie schufen. Oder auch Bachofen, der Nietzsche – als der in Italien war – durch Freund Overbeck 1876 »Fernhaltung alles Unzeitgemäßen, wie er zu tun pflegt, anwünschen« ließ: »Wie er zu tun pflegt« – wollte sagen: Lassen Sie sich mit der Gegenwart so wenig ein wie Bachofen! Das hätte man Nietzsche nicht eigens empfehlen müssen. Er hatte schon fünf Jahre zuvor aus Basel an Gersdorff geschrieben: »... nur noch als Kämpfer haben wir gerade in unserer Zeit ein Recht zu existieren, als Vorkämpfer für ein kommendes saeculum, dessen Formation wir an uns, an unsern besten Stunden nämlich etwa ahnen können: da diese besten Stunden uns doch offenbar dem Geiste *unserer* Zeit entfremden ... Haben wir nicht auch aus unserer letzten gemeinsamen Leipziger Erinnerung noch das Gedächtnis an solche entfremdete Momente, die in ein anderes saeculum gehören?«
Menzel gehörte in *seines*! Und wußte das stets, trotz Friedrich II.! Und war schon allein aus diesem Grunde den weitaus meisten Intellektuellen seiner Tage ein Ärgernis, ebenso wie Courbet. Man sehe doch nur eine Kunstgeschichte des 19. Jahrhunderts an oder in alten Illustrierten dieser Jahrzehnte die reichbebilderten Ausstellungs-Berichte: Wo wären da Bilder zu finden, wie Leibl, wie Menzel sie aus *ihrer* Epoche malten? Menzel wurde zugelassen mit Friedrich-Bildern: Seine ›Tafelrunde‹, 1850 – in Paris bei der Kunst- & Industrieausstellung 1855 ohne Widerhall gezeigt –, sein ›Hochkirch‹, beendet 1856, zehn Jahre später auf der Pariser Weltausstellung 1867, wird dort bewundert und eröffnet Menzel den Kontakt zu französischen Künstlern – seine Friedrichs-Bilder sind die allein »offiziellen«. Doch seine ›Urwähler‹, sein ›Théâtre Gymnase‹, seine ›Friedrichsgracht bei Mondschein‹, sein ›Bauerntheater in Kufstein‹, sein ›Studentenfackelzug‹ und wie alle sie heißen, die *Hunderte* seiner Bilder, Studien, farbige, schwarzweiße – *sie* sind es ohne Ausnahme *nicht*, die »man« kennt, die seinen Ruhm untermauern! Realismus, Wirklichkeit, sofern sie nicht »besonnt« waren, geschönt: galten nicht, wurden sie überhaupt wahrgenommen, als große Kunst in einer Epoche, die doch wesentlich geprägt war in ihrem Geschmack durch ›Meistersinger‹, und Hennebergs ›Jagd nach dem Glück‹, 1868, durch Feuerbachs ›Iphigenie‹ und Böcklins: ›Jagd der Diana‹, 1862, durch ›Aida‹, 1871. Ein Jahr später, 1872, zog sich Liebermann mit ›Gänserupferinnen‹ die lebenslängliche Abneigung seines Vaters zu und gewann die Freundschaft Menzels. Aber wie der alte Fabrikant Liebermann, dessen Vater bereits tausend Textilarbeiter beschäftigt hatte, ist doch von der Arbeit noch keiner reich geworden, sondern von Arbeitern – wie *der* unter dem Realismus seines Sohnes gelitten hat, allein beruhigt durch die ihm unbegreifliche Tatsache, daß ein Mensch nicht verhungerte, obgleich er so furchtbare Sachen malte wie diese Bilder der kleinen Leute als Berufstätige – *das* blieb immer typisch für die Einstellung des Hofes wie des Bürgertums zum Realismus in der Kunst. Je realistischer der Bürger ist, auch in seinen geschäftlichen Instinkten, je »idealer« will er die Künste! Welcher Ausbeuter will einen »Proleten« auch noch gemalt in seinem Hause sehen? So haben die geschäftstüchtigsten Menschen der Welt, die Schweizer, sehr früh – je höher hinauf in ihrer Finanz-Oligarchie, je radikaler auch – die gegenstandslose Kunst geschätzt wie keine andere Nation und sie bei sich so widerstandslos wie nirgendwo sonst

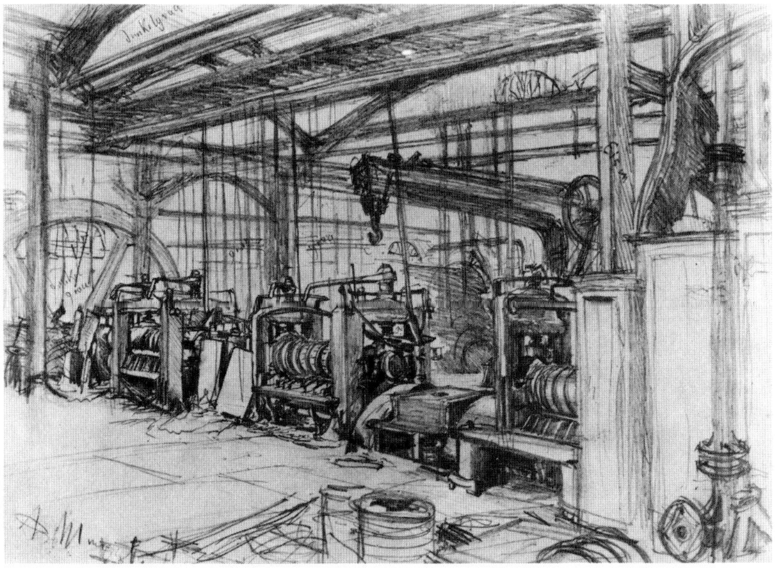

Blick in ein Eisenwalzwerk, 1875
Bleistift, 22,3 × 30,4 cm

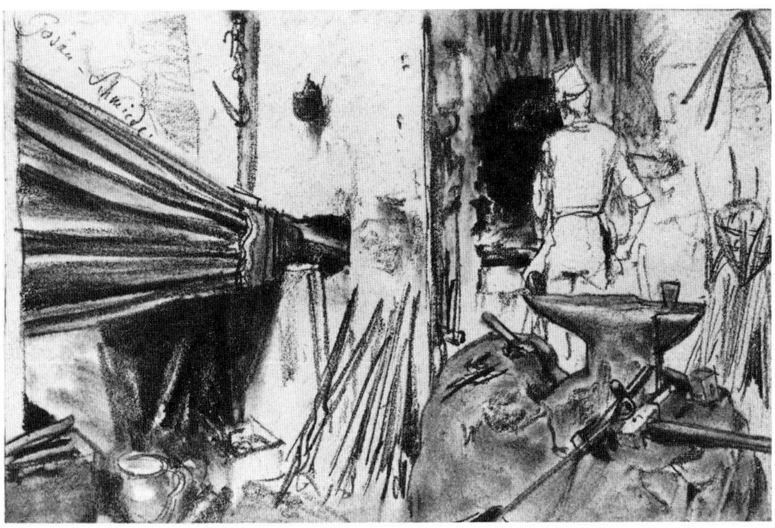

Schmiede, um 1875
Bleistift, 12,9 × 20,2 cm

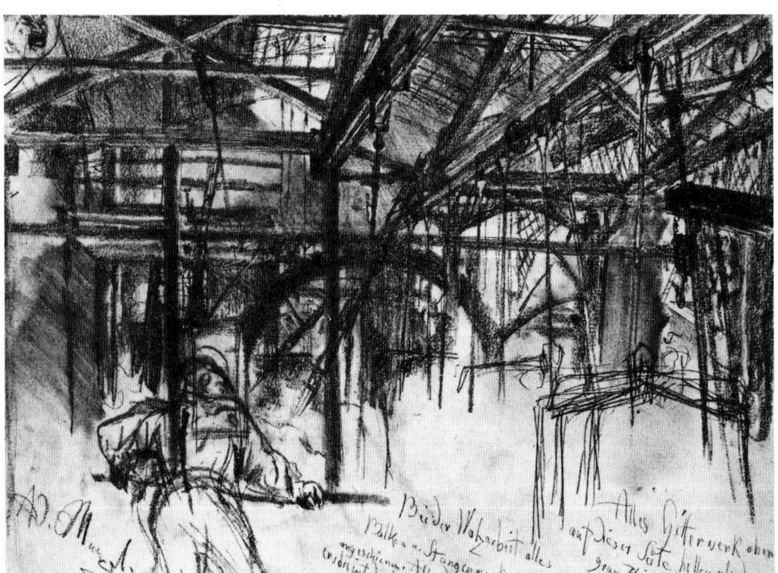

Arbeiter im Eisenwalzwerk, um 1875
Graphit, 24 × 33 cm

etabliert: weil diese »Revolution« auf der Leinwand sie nicht im geringsten an das erinnerte, was ihre Geschäfts-Instinkte hätte schwächen können; einen George Grosz dagegen faßten sie nicht mit der Feuerzange an – es gibt *keinen einzigen*, vermutlich, noch 1990 in einer Schweizer Galerie! So wenig in Winterthur, in den zwei so hochbedeutenden Sammlungen Oskar Reinhardt je ein Expressionist zugelassen worden wäre! Und so wenig man in Menzels Zeiten in der Schweiz einen einzigen Menzel gekäuft hätte: Der Friedrich-Maler, verständlicherweise, interessierte vom Sujet her nicht; der Realist aber war *anstößig*... Es ist gradezu rangmindernd, wie abwertend in unzählbar vielen Briefen sich der sonst so große Jacob Burckhardt gegen den Realismus ausspricht. In trostloser Übereinstimmung mit seinem und seiner Epoche Schönheits-Ideal – der »göttliche« Raffael, der »häßliche« Rembrandt – gab er immer wieder Bemerkungen schriftlich, wie am 30. 3. 1886, als er mit ausgezeichnetem Spürsinn den künstlerischen *Realismus* – eine sehr große Ehrenbezeugung, meine ich – gleichsetzt mit dem *Willen des Volkes*, das zu Burckhardts Entsetzen immer »linker« wählt, denn »der Liberalismus hat seiner Zeit alle Schranken jeglicher Art niedergeworfen und wundert sich nun, daß sie nicht mehr da sind«. Er schreibt einem Basler Maler nach Paris: »Ihr gediegener Abscheu am réalisme tout cru freut mich sehr. Die enormen Schätze an darstellender Kraft, welche man an dieses genre in neuerer Zeit verwandt hat, sind für die kommende Zeit nichts als weggeworfene Verschwendung. Je curioser sich in allen Ländern von Westeuropa das edle ›Volk‹ zu benehmen beginnt, desto weniger wird die Zukunft dessen Darstellung im Bilde auch nur ertragen können.« Er hatte am 9. 1. 1886 mit dem Gemälde eines Zeitgenossen, den er besonders liebte, einen Briefpartner nach Basel locken wollen: »Übrigens könnten Sie in der Sammlung unseres Museums vielleicht den lieblichsten ›Backfisch‹ unseres XIX. Jahrhunderts sehen... nämlich die Charmeuse von Gleyre.« Als er Mai gleichen Jahres von den Salons in Paris und der geplanten großen Berliner Ausstellung hört, kommentiert er das: »Wie friedlich kann man leben, wenn man gar nichts liest. Gerne hätte ich die exposition Baudry gesehen, denn für diesen Maler habe ich Sympathie, seit ich vor langen Jahren seine Venus mit Amor im Luxembourg gesehen und später seine Malereien in der Oper und anderswo. Seine Weibsleute sind vornehm und doch sans prétention; es ist der Maler, der mich *wirklich* an Paolo Veronese erinnert, während so Unzählige gerne an ihn erinnern *möchten*, und nicht können. Wenn doch nur ein Pariser Verleger auf die Idee käme, eine wohlfeile Edition aller Compositionen Baudry's, in Contour oder leicht schattirt, unter die Leute zu bringen. Denn er hält den Contour aus, und heute hat man ja ohnehin alle möglichen Methoden, die Zeichnungen zu facsimiliren«... Da war für Courbet, für Leibl, für Menzel, für Frank Buchser, den Schweizer Landsmann, nicht Raum! Als er im November des gleichen Jahres – alle Zitate Burckhardts sind ja den Briefen nur eines einzigen Jahres entnommen! – noch einmal seine Verabscheuung des Eiffelturms ausspricht, der aber erst in drei Jahren, 1889 erbaut sein wird, fertig – bedrängt er noch einmal den Basler Maler, dem Realismus aus dem Wege zu gehen:

»Idealismus – Realismus... als ich anfangen wollte nachzudenken, fand ich daß mein ganzes Denkvermögen über lebende Kunst völlig eingerostet ist. So viel aber empfinde ich noch, daß ich die Execration einer vielleicht gar nicht mehr fernen Zukunft gegen den ganz rohen Realismus voraussehe, mag derselbe mit noch so viel Talent vorgetragen sein. Die Photographie hat für Wiedergabe von gleichgültigen oder widrigen Gegenständen ja immer noch viel mehr Talent.

Bleiben Sie nur bei der idealistischen Richtung; nur ein Anblick welcher einem Künstler hat irgendwie lieb werden können wird auch Andern auf die Dauer lieb sein. Nur solchen Werken läßt sich *nachsinnen*, während der Realismus seine Patronen sogleich verschießt; denn das Erstaunen vor dem rendu bei odiösen Gegenständen hält nicht lange vor, der Ekel aber bleibt. Auch braucht man keine Engel mit Fäckten zu malen um Idealist zu sein.« (17. 11. 1886)

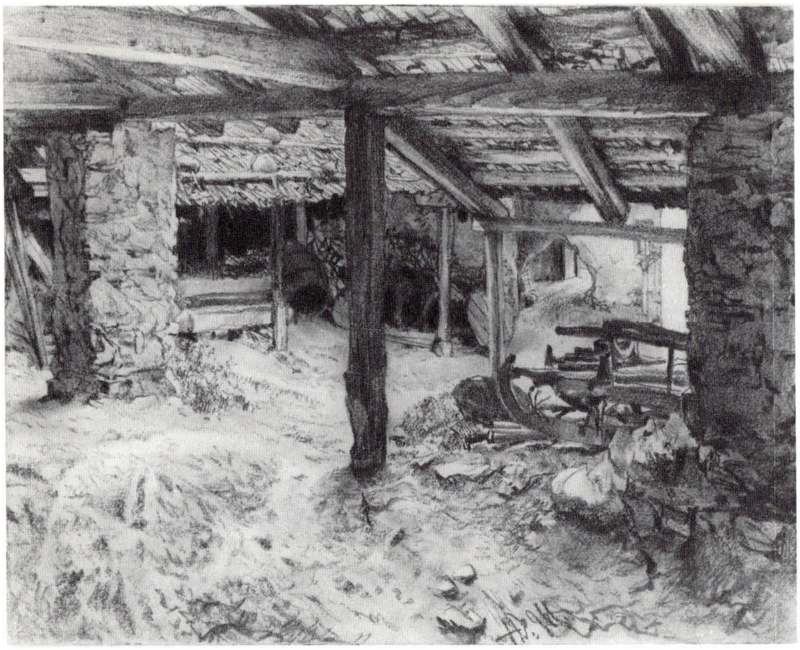

Scheuer, o. J.
Bleistift, Maßangaben fehlen

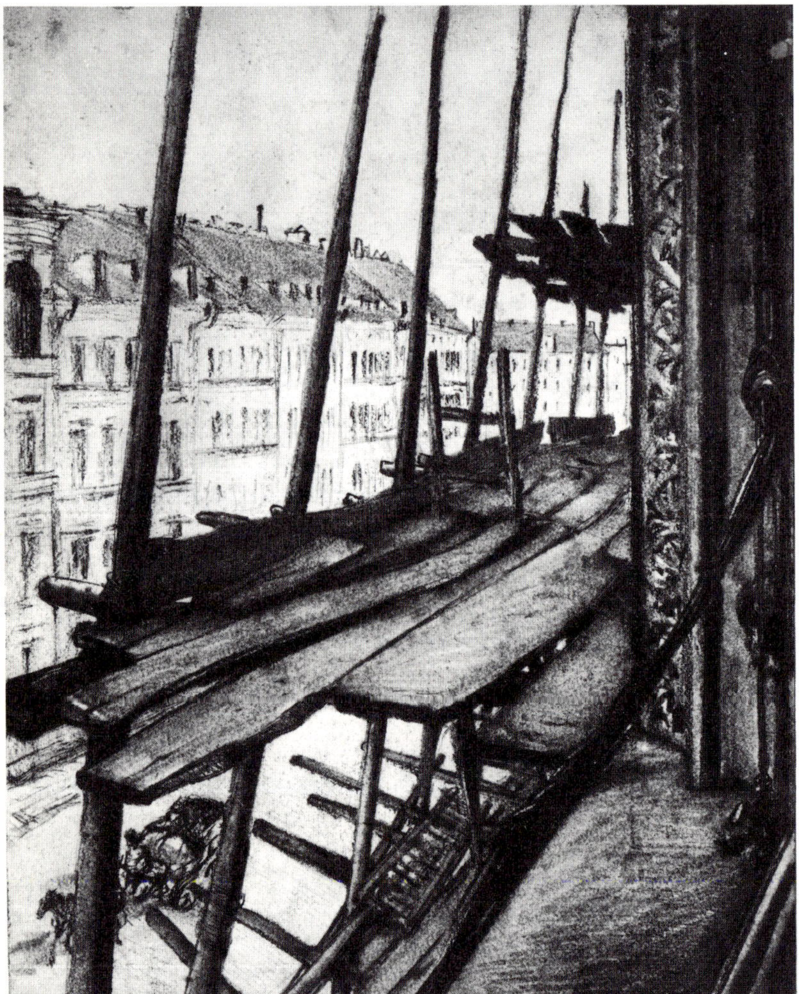

Baugerüst, um 1875
Bleistift, 26,1 × 20,4 cm

Endlich sagt Burckhardt (30. 12. 1886) dem Realismus ein Ende in Gelächter voraus, etwa für das Jahr 1920:
»Wenn in Frankreich nicht tausend faiseurs, mit Pinsel oder Feder bewaffnet, Alles in Confusion brächten, so hätte Baudry ungefähr von seinem vierzigsten Jahre an eine ganze Reihe von monumentalen Aufträgen bekommen müssen, und nicht erst so spät den foyer der großen Oper und die paar andern Sachen. Er soll kaum recht wohlhabend gestorben sein. Merkt Euch dieses! Von der Zukunft der Malerei ist bös weissagen, ich glaube aber fast, Du wirst eine Zeit erleben da das tout cru des Realismus vollständig Bankrott gemacht haben wird. Im Jahre 1920 circa, wenn es noch eine Kunst geben wird notabene, wird man an die jetzige Menschheit, die sich im Realismus so präsentabel findet, nicht ohne Lachen und Widerwillen denken.«
Bedenkt man, welche *Autorität* Burckhardt verkörperte, ja, daß er *der* Maßgebende war als Kunsthistoriker, der vielleicht mit Herman Grimm höchstgeschätzte deutscher Sprache in seiner Zeit: so kann man einkalkulieren, erst abschätzen, welchen *künstlerischen* Mut ein Realist aufbringen mußte! (Nicht auch bürgerlichen Mut, denn als Bürger war der Künstler ein absolut freier Mensch: Es gab überhaupt keine Zensur in der Bismarck-Zeit; unter Wilhelm dem Letzten dann gab es eine – rasch vorübergehende – gegen Dramatiker wie Hauptmann, Wedekind, Sudermann, aber auch nicht gegen bildende Künstler.)
Also nicht der Mut vor der Polizei, sondern der vor Galerie-Direktoren und Kunsthändlern, die darüber befinden, was ›in‹ ist: mußte einer aufbringen, der gegen den Geschmack die Wirklichkeit so wie Menzel malte: Wie 1865/67 seine Pariser Straßen und Parks, wie 1884 seinen Markt in Verona – »die Schönheit« wurde ihm abgesprochen, wie durch Emilie Fontane, die aber – wir sagten es schon – natürlich die unzähligen Mädchen- und Frauenbildnisse in Menzels Mappen nicht gekannt hat... Schönheit die Fülle, *Magie* – bei Autoren das von Carl J. Burckhardt dem Rationalisten Voltaire zugeschriebene Dichterische; beim Realisten Menzel eher das Verdichtete zu nennen: wahrhaftig, es setzte den ihm von Fontane am höchsten angerechneten *Mut* voraus wie keine andere Tugend! Es waren ja dies die Jahrzehnte, in denen Makart – so bewunderswert bis heute er auch bleibt als Maler schöner Frauen – doch nicht ein einziges Bild geschaffen hat, das die Epoche berührte, in der es entstand! Und Makart war vorübergehend der vermutlich höchstbezahlte als höchstgeschätzter der Maler. Mut war auch nötig, in Jahren, in denen Lenbach, der einst so wenig vergessen hatte, daß er als Sohn eines Maurermeisters vom Dorfe gekommen war und seinen herrlichen ›Hütejungen‹ und sein Erntebild: ›Roter Schirm‹ gemalt hatte – dann aber in aberhundert Porträts keinen einzigen Underdog mehr! – da war wie nichts sonst *Mut* nötig, um wie Menzel Alltägliche und den Alltag zu malen... Zugegeben, Courbet hat noch bewundernswerter seine Unabhängigkeit von den Herrschenden behauptet, war als Bürger – nicht auch als Künstler – noch freier als sogar Menzel.
Denn daß Menzel die ›Aufbahrung der Märzgefallenen‹ 1848 malte, wäre nur dann eine nicht geringere revolutionäre Tat als Courbets: ›Steineklopfer‹ von 1849 – hätte Menzel sie ausgestellt und vollendet. Doch nicht Mangel an Mut, sondern die Übermacht seiner Resignation hat ihn vermutlich auf beides verzichten lassen: das Bild zu beenden und es zu zeigen... Das riskierte Menzel erst nach 40 Jahren. Bismarck hatte noch in einem Brief an seine Braut die Märzgefallenen »Verbrecher« genannt und war doch selber Sohn einer »nur« bürgerlichen Mutter...
Magie – sie drückt sich auch noch aus in der sonst bei keinem anderen Künstler derart ausgeprägten *Triebhaftigkeit*, Realität hereinzuholen ins Werk, auch dort noch, wo Zeitgenossen nichts Malerisches, nichts Zeichnenwertes entdeckt hätten, ja noch in der erschlagenden *Fülle* der Menzel-Bilder: 77 Skizzen*bücher* allein in der Nationalgalerie, viele tausend Zeichnungen in Kupferstichkabinetten und Privatsammlungen, 6925 Bilder in der Berliner Gedächtnis-Ausstellung seines Todesjahres 1905! Und man weiß, wie viele Arbeiten Menzel, als ihm unzulänglich erscheinend: *vernichtet* hat...

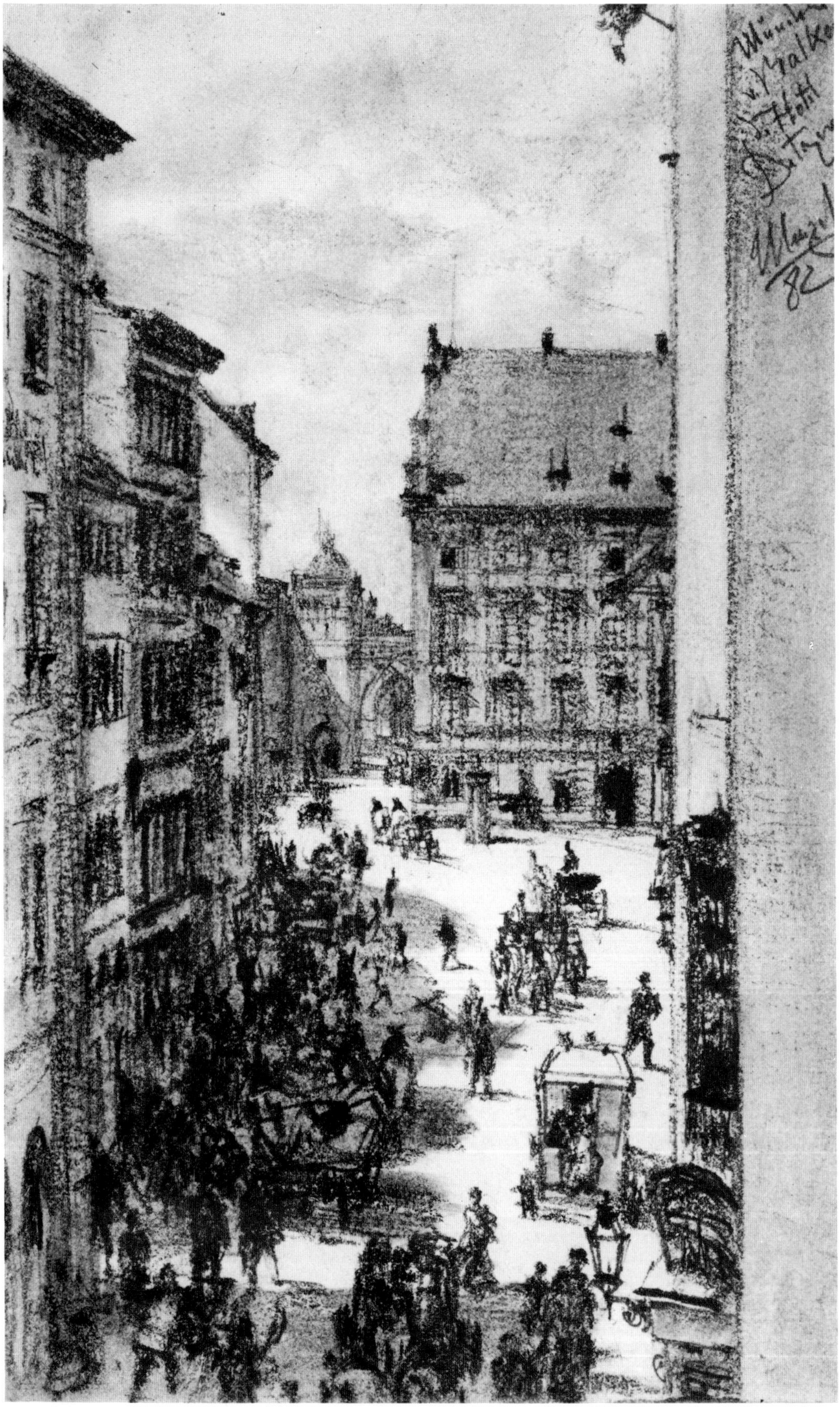

Blick in die
Neuhauser Straße
in München, 1882
Bleistift,
17,9 × 14,5 cm

VII

Das Untersuchungs-Ergebnis Ortega y Gassets: Exakt mit dem 30. Lebensjahr würden zumeist die Genies unter den Künstlern ihrer Epoche *das* Beglaubigungsschreiben abliefern – trifft auch zu auf Adolph Menzel, seit 1898: von Menzel. Der 30jährige schuf 1845 – als Manet 13 Jahre alt war – mit seinem ›Balkonzimmer‹ zu Berlin den Impressionismus. Er hatte keinerlei Vorbild gehabt, nicht einmal ein technisches: die Ölmalerei hatte der geborene Linkshänder sich selber beigebracht. Dann aber mit jener Disziplin, die ihn die Maxime finden ließ: »Genie besteht zu 99 Prozent aus Transpiration, zu *einem* Prozent aus Inspiration« – sich angedrillt, auch rechts zeichnen und malen zu können... Denn da er von 9 bis 21 Uhr zu arbeiten vorhatte, auf seinen zahllosen Reisen nicht ganz so lange: ermüdete die linke Hand einige Stunden, bevor Menzel seine Tagesarbeit abschloß: Der ein Meter und vierunddreißig Zentimeter »hohe« Zwerg – hatte auch kein Privatleben: Er bekannte in seinem Testament – »für Euch allein«: nur für Schwester, Neffe und Nichte –, daß er sich »zeitlebens jeglicher Beziehung zum weiblichen Geschlecht als solchem entschlagen« habe... Die reizvollsten Mädchen-Zeichnungen und Pastelle seiner Zeit glückten Menzel, weil er in ihrer gemeinsamen Wohnung seine (dann mit dem Musiker Krigar verheiratete) Schwester immer wieder zeichnete und malte, bei Lampenlicht, bei Sonne, schlafend oder im Salon... So wie er die 30 Aquarelle und Deckfarben-Blätter aus dem Berliner Zoo deshalb malte, weil er Sonntagnachmittag Neffe und Nichte in den Tiergarten führen mußte. (Der gründlichste Kenner Menzels in der DDR, der Chef des Dresdner Kupferstich-Kabinetts und dortige Generaldirektor Prof. Werner Schmidt: »Heute aus geschichtlichem Abstand wagen wir es, Menzels Kinderalbum in Nachbarschaft mit dem Höchsten zu setzen, was es an Wasserfarbenmalerei in der deutschen Kunst gibt: Mit Dürers Aquarellen!«) Die Kinder, bei diesen Zoobesuchen, waren ebenso »groß« wie der zwischen ihnen im Zylinder gehende Onkel, der noch 20 Zentimeter kürzer war als der eminenteste Zwerg der Schweiz: Gottfried Keller. Die Berliner nannten den Geadelten einfach und immer: »Die kleine Exzellenz« – der Populärste der Unzugänglichen.

Neben seinem Freund Theodor Mommsen war Menzel der weitaus höchstrespektierte unter des Reiches Künstlern... Im Gegensatz zu Fontane, da ja Maler und Musiker viel, viel seltener als Schriftsteller »anecken« bei den Offiziellen, früh hoffähig – was Fontane niemals wurde als sogenannter: »freier« Schriftsteller. (Mommsen aber doch; da zeitweilig Rektor der Universität, zähneknirschend bei Hofe geduldet; ehemaliger 48er Revolutionär.) Als der 83jährige Menzel heimkam von der Beerdigung Fontanes, öffnete er das Kuvert, das die Witwe gewordene Emilie Fontane ihm gegeben hatte, als Menzel ihr kondolierte. Es enthielt Menzels Fotografie, auf deren Rückseite Fontane das Distichon geschrieben hatte:

»Gaben? – wer hätte sie nicht!
Talente: Spielzeug für Kinder.
Erst der Ernst macht den Mann,
erst der Fleiß das Genie!«

Wer ist ein Genie?

Thomas Mann definiert: Jemand, der mit bisher nicht gekannten Mitteln bisher nicht entdeckte Themen *zuerst* der Kunst erschließt. Diese Definition trifft exakt auf Menzel zu: Niemand auf der Welt war vor 1845 auf die Idee gekommen, Sonne und Wind allein um ihrer selbst willen zu malen, wie dieser 30jährige sie nicht »nur« mit ›Balkonzimmer‹, sondern auch 1846 mit ›Bauplatz mit Weiden‹ und mit ›Palaisgarten des Prinzen Albrecht‹ gemalt hat.

Also, wie gesagt, mit dreißig. Ortega nennt das 26. Lebensjahr zwar »die Zeit der großen Erleuchtung, der ersten Ekstase, in der die mächtigen Lämmergeier seiner künftigen Ideen ihre Krallen in das Hirn des Denkers schlagen und ihn wie ein unschuldiges Lamm in die Höhe reißen. Denn die großen Ideen sind nicht unser Besitz, wir sind vielmehr ihre Beute. Schon lassen sie uns für den Rest unseres Lebens nicht mehr los: wild und hartnackig hacken sie ohne Unterlaß in die Eingeweide des Prometheus... Nach all

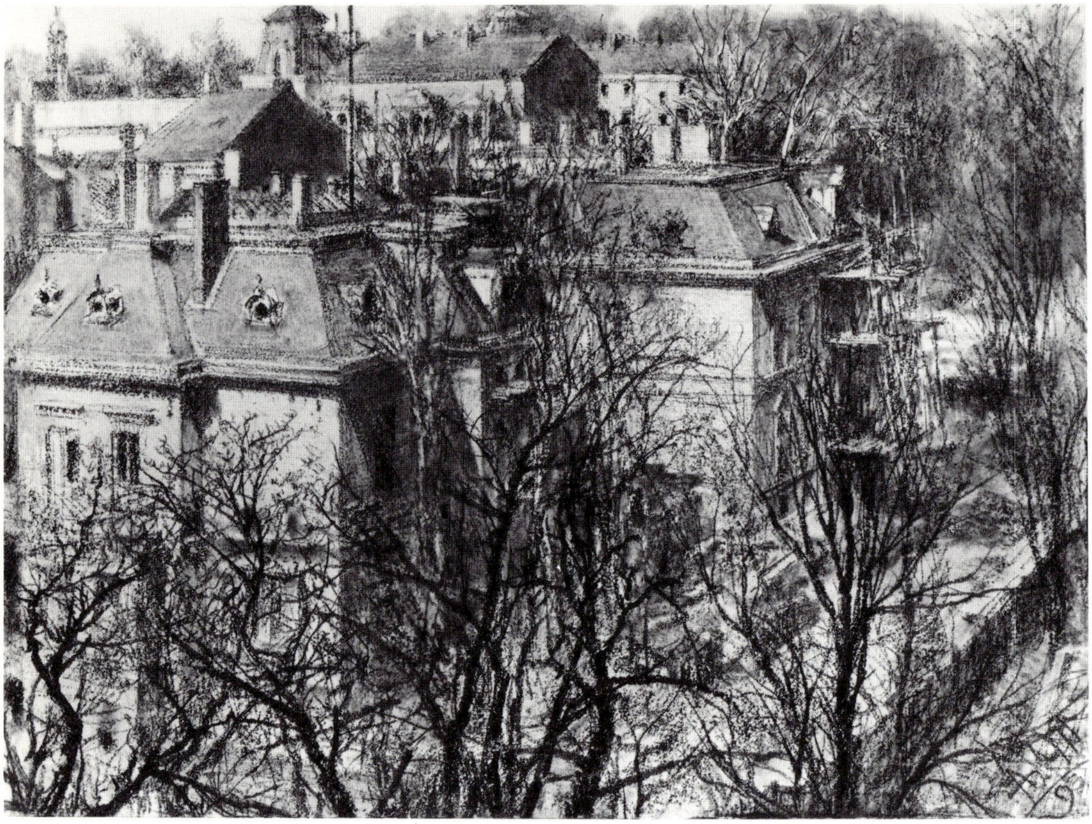

Blick auf Häuser und Bäume, 1893, Bleistift, 22,9 × 31,2 cm

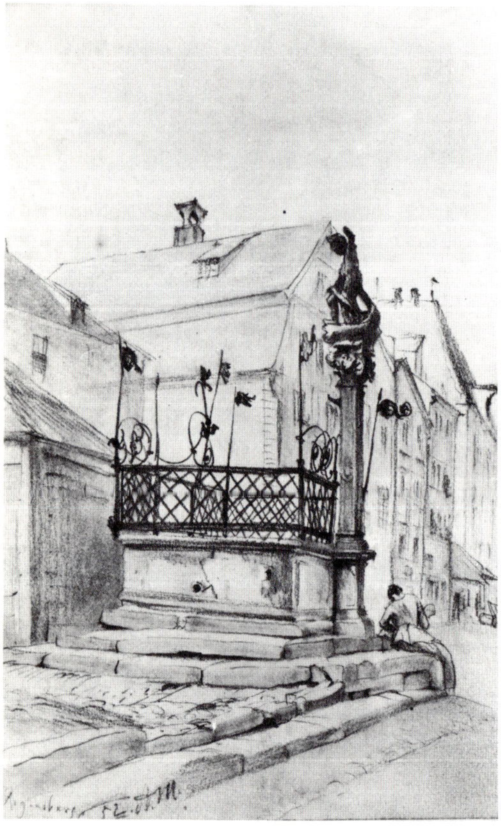

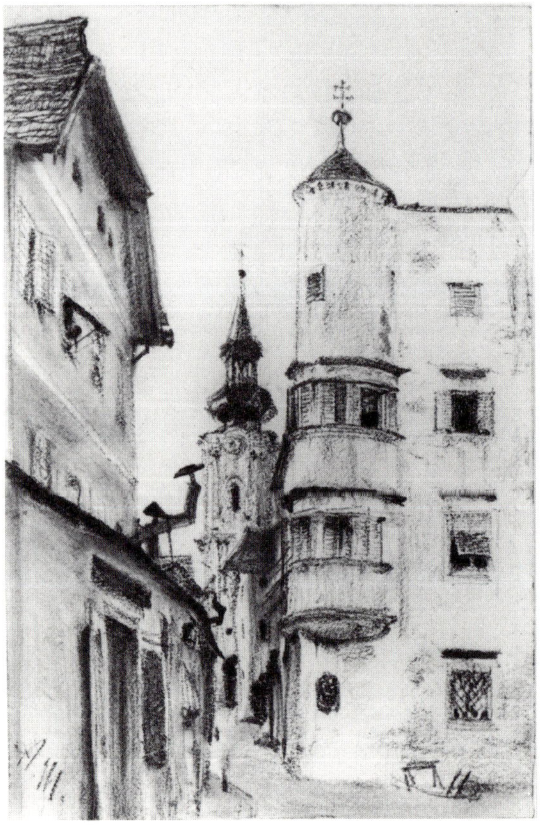

Brunnen am Fischmarkt in Regensburg, 1852, Bleistift, 20,6 × 13 cm

Ortsansicht mit Barockkirche in Süddeutschland, o. J., Bleistift, Maßangaben fehlen

dem ist dieses Lebensdatum keineswegs geheimnisvoll. Es ist das Jahr, in dem wir normalerweise aufhören, vorwiegend empfangend zu sein, und mit geschultertem Schulsack und unberührter Netzhaut der Welt entgegenwandern… Dieses Alter ist somit nicht irgendein beliebiges. Die lebendige Zeitrechnung ist sehr streng. Sie gewährt im einen Jahre nicht ohne weiteres dasselbe wie im anderen. Es ist das sechsundzwanzigste Jahr« … Nur bei den sehr Großen – bei Lyrikern wie Eichendorff, wie Hofmannsthal, bei Epikern wie Goethe, Melville, Tolstoi, Thomas Mann, bei Menzel, dem all dies von Ortega Aufgezählte durch die Begegnung mit der geistigen Gestalt Friedrichs II. widerfuhr, liegt der Coup de foudre ein wenig früher – sehr selten, so bei Hofmannsthal, der mit 17 bis 19 seine unsterblichen Gedichte schrieb – dann keine mehr –, liegt er schon so früh wie bei den meisten Mathematikern. Und bei so vielen Musikern. Und bei dem *Zeichner* Menzel. Goethe sagte, was Thomas Mann oft zitierte, denn es traf ja auf ihn ebenso zu: »Wer mit 25 den Werther macht, der ist eben keine Katze!«

So hat Menzel mit 25 den ›Kugler‹ »gemacht«, Liebermann seine ›Gänserupferinnen‹, Tolstoi seine frühesten Erzählungen, Thomas Mann – die unbegreiflichste aller Frühleistungen der Epik – schon ›Buddenbrooks‹! Melville 1819 als Jahrgänger Courbets geboren, sagt auch, mit 25 habe seine geistige Entwicklung begonnen, er schrieb seine mehr oder weniger »nur« Tatsachenberichte, war aber dann mit 30 – ganz genau wie Menzel mit ›Balkonzimmer‹, wie Courbet mit ›Steineklopfer‹ – *als Klassiker da*, als Dichter von ›Weißjacke‹ und vor allem von ›Moby Dick‹…

Und so auch Menzel, wenn man mit Meier-Gräfe jenen das Genie nennt, der den Impressionismus vorwegnahm, den Maler des Lichts, das fast allein – auch Lampenlicht ist Licht, auch nächtliche Feuersbrünste – ihn zum Pinsel greifen ließ. Und oft auch zu seinem dicken Zimmermanns-Bleistift, deren viele er in den *acht* Taschen seines Paletots bei sich trug; eine der Taschen mit Wachstuch ausgeschlagen, weil Menzel mit nassem Brot radierte. Denn ganz viele *der* Zeichnungen, in denen er seiner Epoche um zwei Generationen vorauseilt an »expressionistischer« Modernität, sind wiederum des Lichts wegen entstanden: spärlich beleuchtete nächtliche Altstadt-Straßen, Sonne, die durch dichtes Weidenbäume-Geäst auf einen schmalen Weg fällt, Särge, auch offene, in einer nachtschwarzen Gruft, von Wind gejagte Wolken bei Mondlicht, Soldaten am Biwakfeuer, Tanzende unter Kerzen, Schlafende bei Petroleumlicht…

Als Kaiser Wilhelm II., der sich nie sonst so menschlich, kunstverständig und sympathisch zeigte wie in einer höchst liebevollen Behandlung Menzels, ihm 1895 zum 80. Geburtstag das erwähnte Flötenkonzert in Sanssouci gab, dessen Personal genau nach dem Ölbild »gestellt« und kostümiert war, das Menzel dort 1850/52 gemalt hat, sagte der Zwerg im Frack, um sein Gerührtsein zu tarnen (Menzels Halsorden-Bänder hatten verkürzt werden müssen, weil sonst Pour le mérite und Schwarzer Adler den Künstler nicht am Halse, sondern auf dem Nabel geschmückt hätten): »Das Licht stimmt, mein Bild kann so bleiben!«

Denn 50 Jahre zuvor hatte der junge Künstler natürlich nicht das Geld und auch die Autorität nicht gehabt, sich die Kerzen der Kron- und Wandleuchter in Schloß Sanssouci einmal anzünden zu lassen. Während der Arbeit schrieb am 26. 12. 1851 der 36jährige seinem Freund Arnold, einem Kasseler Tapetenfabrikanten, dessen Tochter er liebte, ohne ihr das je zu gestehen, obgleich Menzels Liebe erwidert wurde von dem schönen Mädchen, das er malte – Menzel schrieb: »… ich darf wohl sagen, ich habe mir meinen Stoff nie leicht gemacht, aber eine solche Aufgabe habe ich mir noch nie gestellt, und zwar (abgesehen von Allem andern) durch die geforderte Beleuchtung: Kerzenlicht *von allen Seiten und von oben*.« (Von Menzel unterstrichen.)

Was ist Menzels »Stoff«? Sein »Stoff« ist das – *Licht*: »Ich habe das Bild überhaupt nur wegen der Kronleuchter gemalt«, sagte er mehrfach. Was nicht ganz stimmt: Menzel mußte es wegen des Geldes malen! Denn er hatte nun schon monatelang am Schlachtenbild: ›Hochkirch‹ – mit

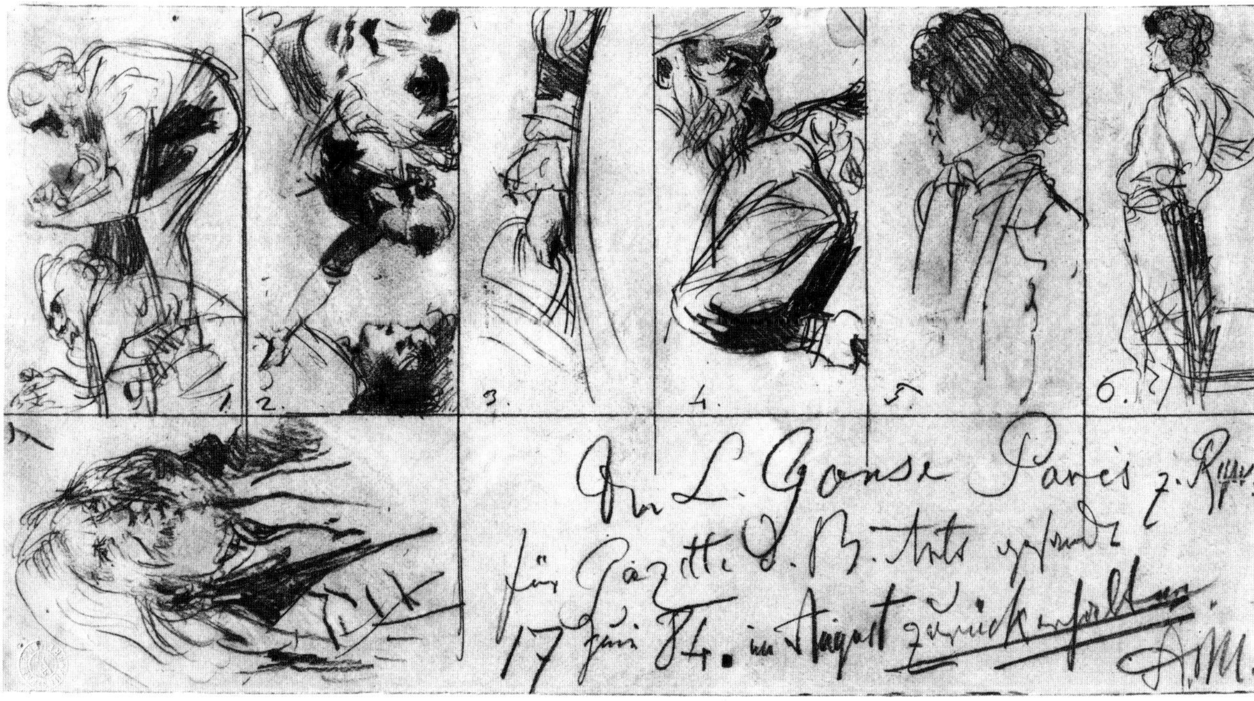

Personenskizzen, 1884, Bleistift, 18,5 × 35,5 cm

Verwundete und Borromäer Schwestern, um 1871
Bleistift, aquarelliert, 12,8 × 20,3 cm

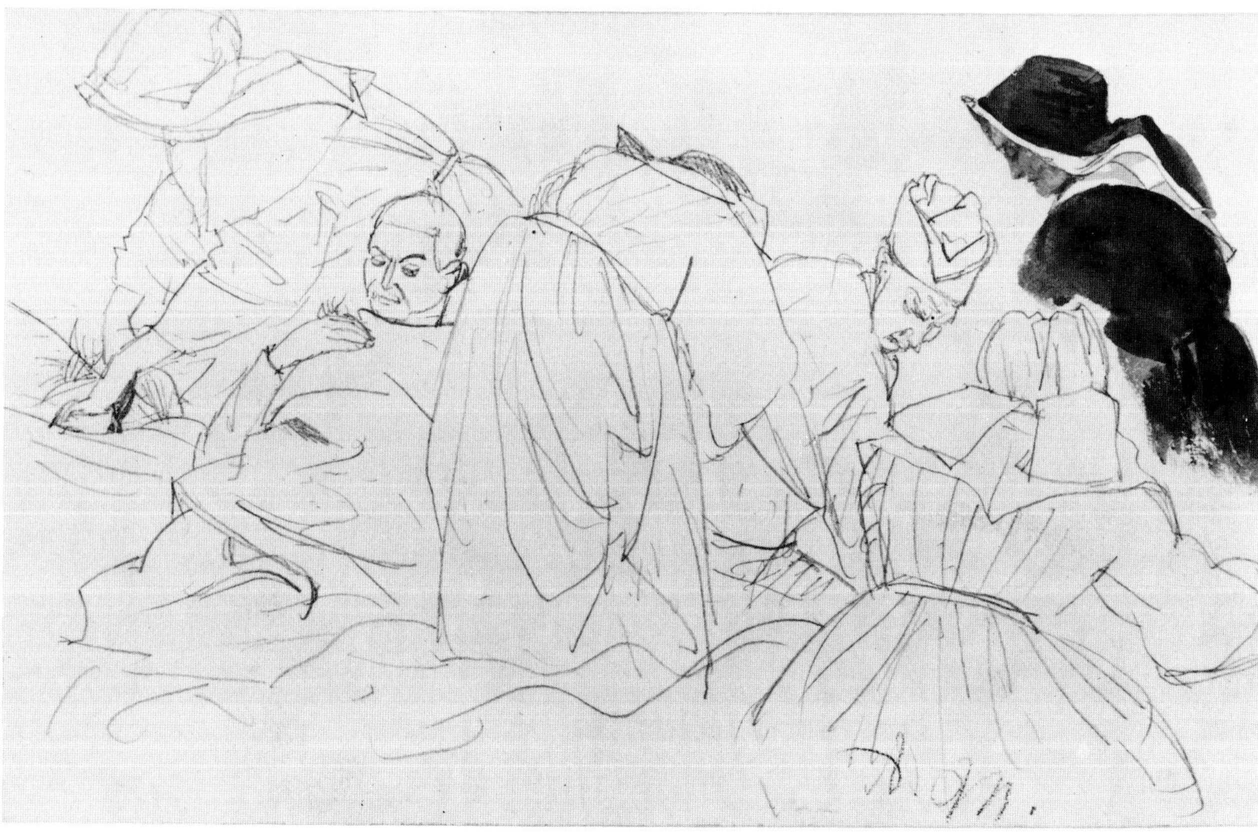

dessen Verkauf nicht zu rechnen war – gearbeitet, und die Schwester drängte, das Geld sei wieder einmal alle. Da kam aus Potsdam zum Glück ein Kommerzienrat Jacob und wünschte sich ein Friedrichs-Bild, aber kein deprimierendes: ›Hochkirch‹ war ja die *blamabelste* Niederlage Friedrichs des Großen; man hatte ihn gewarnt, nicht in einem Hohlweg – einer Todesfalle – mit seiner Armee zu übernachten...

Sondern der patriotische Kaufmann Jacob wollte etwas Erfreuliches in seinen Salon hängen, also den musizierenden Schloßherrn von Sanssouci, wie er in Gegenwart eines Sohnes von Bach, der sein Konzertmeister war, seiner in Potsdam weilenden Lieblingsschwester, der Markgräfin von Bayreuth – die geistvolle Memoiren geschrieben hat –, Querflöte vorblies. Im Sinne von Brechts ›Legende von der Entstehung des Buches Taoteking‹ sei dem Potsdamer Bildbesteller hier auch gedankt: hat doch er es Menzel abverlangt!

»Aber rühmen wir nicht nur den Weisen,
dessen Name auf dem Buche prangt!
Denn man muß dem Weisen seine Weisheit erst
entreißen.
Darum sei der Zöllner auch bedankt:
Er hat sie ihm abverlangt.«

Auftraggeber sind nicht zu verachten – besonders nicht in einer tristen Gegenwart wie unsrer, da sie ausgestorben sind...

Dieser Potsdamer Jacob – wie peinlich stellt er uns heute im 20. Jahrhundert die Frage: ob es Mäzene wie ihn überhaupt noch gibt! Welcher Industrielle oder Politiker – denn unsre Politiker verdienen ja ebensoviel wie Industrielle oder haben jedenfalls eine bessere Altersabsicherung – geht noch zu einem jungen, weitgehend unbekannten Maler und verlangt ihm, das Sujet vorgebend, ein Bild ab? Vermutlich, wie gesagt, war Jacob Jude; schrieb doch schon damals Fontane: »Die Juden finanzieren unser Kulturleben und wir Arier den Antisemitismus!« Die Juden Berlins hatten dem König nicht vergessen, daß er sich mit dem alten Mendelssohn über seine – des Königs – Essays und Gedichte unterhalten hat, als einmal Moses Mendelssohn sie unwirsch rezensiert hatte.

(Der »Schutzjude« Mendelssohn hatte riskieren können, dem ob seiner Kritik an des Königs Gedichten Gekränkten ins Gesicht zu sagen: »Majestät, wer Gedichte schreibt, der schiebt Kegel – und wer Kegel schiebt, der muß sich's gefallen lassen, daß der Kegeljunge seine Sottisen darüber macht!« So liberal war Preußen um 1760: welcher Staat sonst?)

Also um des Geldes willen malte Menzel das Konzert. Doch wegen des *Lichts* – ganz ohne Frage – malte er es als ein *Abend*konzert: von seinen acht großformatigen Ölbildern des Friedrich-Zyklusses, ein Zyklus, der in unserer Malerei den gleichen Rang hat wie in der deutschen Musik Richard Wagners Nibelungen, sind alle bedeutenden (außer der mit ›Hochkirch‹ im Bunker am Zoo 1945 verbrannten ›Tafelrunde‹) Nachtbilder gewesen. (Übrigens merkwürdig: so viele Kunstrichter Malern und Romanciers und Dramatikern hämisch ankreiden, wenn die historische Sujets wählen: den Opernkomponisten wird das niemals zum Vorwurf gemacht!) Auch der Torso: ›Ansprache bei Leuthen‹ zeigt eine in Morgendämmerung übergehende Winternacht. Ebenso bei Nacht und im flackernden Kerzenlicht mehrerer Armleuchter das Treppenbild von Lissa: Kunsthalle Hamburg. Abgesehen davon, daß die dort hängende ›Atelierwand‹, 1872 und das weitaus berühmteste der Paris-Bilder Menzels: ›Das Théâtre Gymnase‹ von 1856 und auch drei Jahre später sein ›Bauerntheater in Kufstein‹ ebenso Nachtbilder sind wie die zahllosen Gemälde der Friedrichsgrachte, der Hausflure, Zimmer, Ballsäle und Straßen Berlins und dessen frühesten Industrie- und Bahnhofsgebäuden: nur Rembrandt noch war ebenso wie Menzel von den *Schwierigkeiten* angelockt, das Licht – oder dessen Abwesenheit – bei Nacht zu malen!

Es ist nicht zu viel gesagt, wenn man ›Hochkirch‹ (1850/56) und ›Eisenwalzwerk‹ (1875) die zwei einzigen in Deutschland entstandenen Gemälde nennt, die neben ›Nachtwache‹ bestehen können... Doch Menzel, dem an schöpferischen Jahren nahezu doppelt so viele vergönnt waren

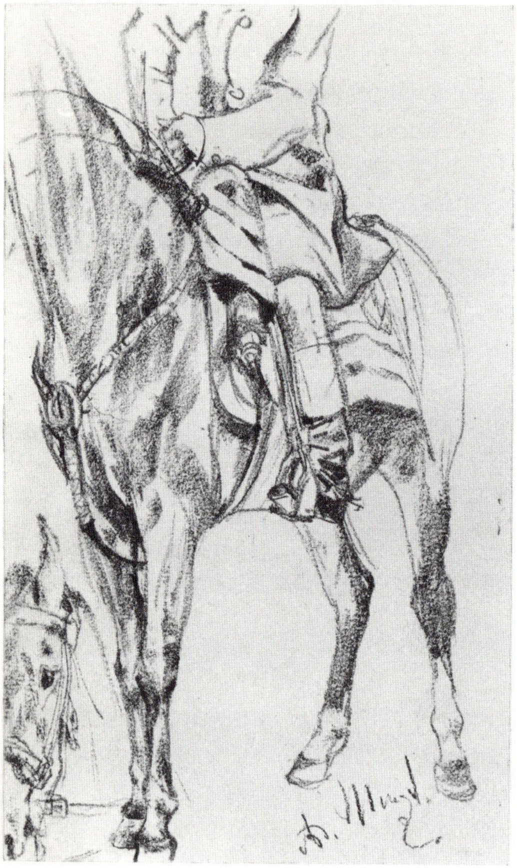

Pferd mit Reiter, 1873
Bleistift, 20,6 × 12,6 cm

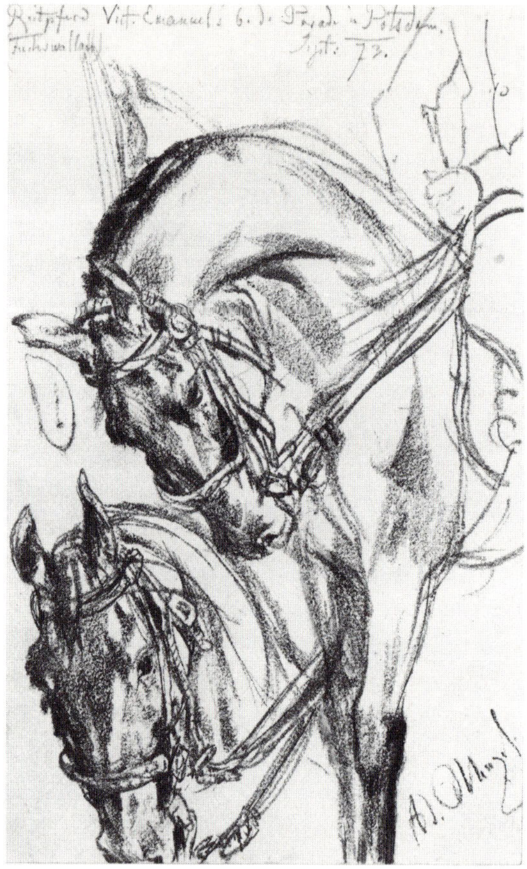

Studie eines Pferdekopfes, 1873
Bleistift, 20,4 × 12,7 cm

Geschirrtes Lastpferd, 1894, Bleistift, 12,9 × 21,1 cm

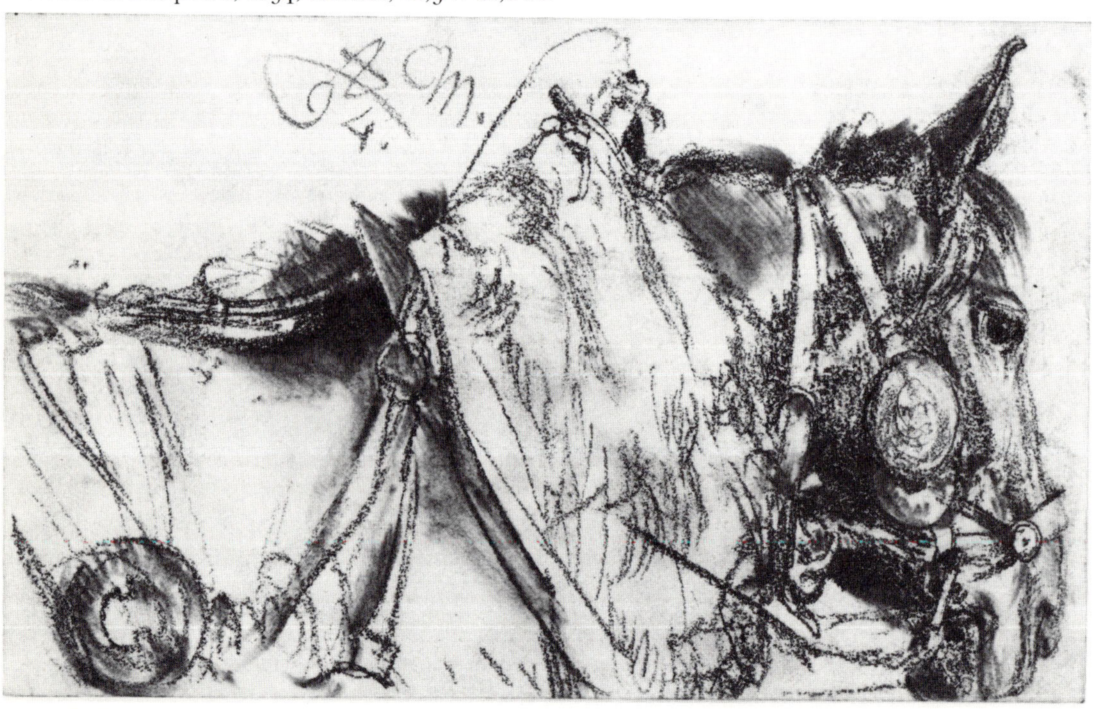

wie Rembrandt, malte auch Tageslicht zu jeder Stunde:
Licht dominiert nicht nur dort, wo ein Bild – so ›Balkonzimmer‹ – allein gemalt zu sein scheint, um Sonne, Sonnenflecken auf dem Parkett und windgebauschtes Gardinenweiß – und dies alles abermals in einem wandhohen Spiegel –, zu zeigen. Nein, Licht dominiert sogar, wo Menzel auch ungezählte Menschen auf einem Platz versammelt: so (1884) auf Veronas ›Piazza d'Erbe‹ (heute in Dresden). So zentral und mächtig ist auch dort das flimmernde italienische Mittagslicht auf Budenbesitzern, Häusern, dem Brunnen – daß dagegen die Menschen Gewimmel werden. *Sie* hat Menzel, diese Italiener, viel eindrucksvoller in seinen zahllosen Bleistiftstudien verewigt: mit dem dicken, schwärzenden Zimmermannsbleistift.
Natürlich hat Menzel die Pariser Impressionisten entzückt: sie lernten seine Bilder kennen, weil Menzel nicht nur die Weltausstellungen damit beschickt hat. Degas ließ sich sogar hinreißen zu dem Versuch, ›Das Ballsouper‹ von 1878 zu kopieren. Das hätte er *nicht* tun sollen! Denn drastischer sind die Grenzen dieses großen Franzosen – er benutzte ja bereits Fotoapparate, was Menzel hohnlachend als verächtlich abgewiesen hat –, sind seine Grenzen nicht nur als Zeichner, sondern auch als Maler des Lichts niemals deutlich geworden.
Menzel schätzte Courbet sehr hoch, Delacroix wurde auch von Menzel bewundert, doch einschränkend sagte er: den Bildern des Delacroix »hingen zu viele Gebrauchsanweisungen aus dem Munde«.
Max Liebermann, *der* Fortsetzer Menzels, wenn denn ein Klassiker »fortgesetzt« werden kann, nicht aber einen Endpunkt in der Kunst darstellt – Liebermann überliefert, mit welchem »Bürgerstolz vor Fürstenthronen« Menzel sogar vor Bismarck seine Souveränität zu wahren wußte: Als der Kanzler Seine Exzellenz bitten ließ, in diesem Jahre auf eine Beteiligung zu verzichten an einer Pariser Ausstellung, da eine Verstimmung zwischen Wilhelmstraße und Quai d'Orsay eingetreten sei und auch die anderen deutschen Maler sich diesem Boykott-Verlangen anschlossen – ließ Menzel Seiner Durchlaucht dem Fürst-Reichskanzler ausrichten, er habe 70 Jahre lang keiner Anweisungen für gutes Benehmen bedurft; er werde auch in diesem Jahr seine Bilder in Paris zeigen. Und tat's!
Ein ausgedienter Ulanenoffizier aus der begabten Familie von Bülow, der sich als Biograph: Joachim von Kürenberg nannte und die bis heute gültige Menzel-Biographie 1935 gerade noch veröffentlichen konnte, dann fiel Kürenberg bei den Nazis in Ungnade, denn er hatte zu positiv über den Juden Liebermann und über den nach Holland entflohenen Kaiser geschrieben – Kürenberg überliefert, daß Menzel seine Nobilitierung folgendermaßen kommentierte: Als der Ritter des Schwarzen Adlers – mit der Verleihung dieses Ordens war der Adel verbunden; nie zuvor hatten die Preußen (wohl aber die Wittelsbacher) einen Künstler geadelt – zum erstenmal im Ornat der Ordensritter fotografiert werden mußte, sagte er zum Fotografen, der Menzels Zylinder aus dem Bild wegnehmen wollte: »Lassen Sie mir den Zylinderhut... bisher haben nur Fürsten und Feldherren den Schwarzen Adler erhalten: man soll sehen, daß ich ein Bürger bin!«.
Zurück zum ›Ballsouper‹ von 1878: es zeigt den sogenannten ›Weißen Saal‹ – der ›silberne‹ wäre exakter gewesen –, in dem bei Hofbällen meist gegessen wurde; im Stehen essend die Herren, Sektkelch und Teller balancierend, den Zweispitz zwischen den Beinen. Einer der Prachtsäle jenes Schlüter-Schlosses, das ein britischer Kunsthistoriker als den bedeutendsten barocken Profanbau nördlich der Alpen noch in den dreißiger Jahren des 20. Jahrhunderts gefeiert hat. Ulbricht ließ 70 Jahre nachdem Menzel dort ›Ballsouper‹ gemalt hat, das Schloß schleifen: eine Untat, die allein den Namen dieses preußenhassenden Sachsen überliefern wird; und die auch nicht damit entschuldigt werden kann, daß die Sozialdemokraten Braunschweigs einige Jahre später das Stadtschloß der Herzöge ebenso vernichtet haben... Schon Wilhelm I. hatte Menzel zu seinen Bällen eingeladen; meist stand Menzel auf einem Tisch, wenn er skizzierte. Und so überwand denn Menzel in nie

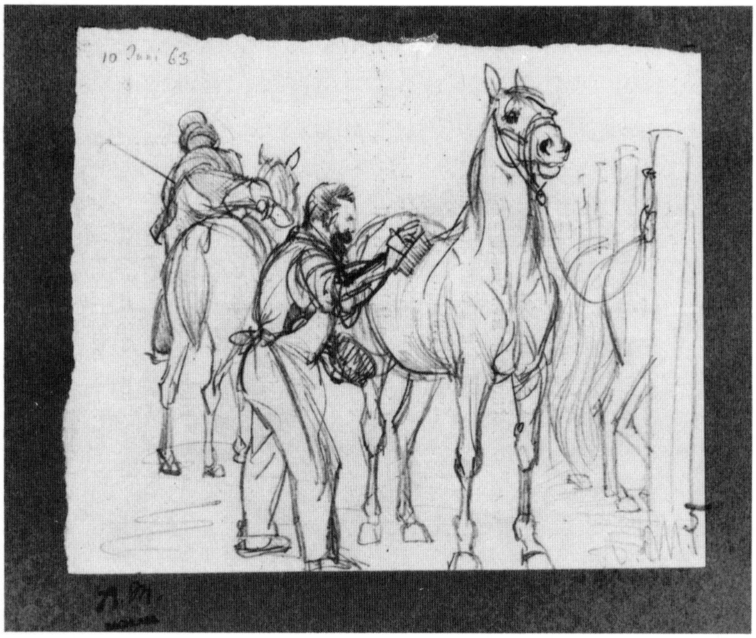

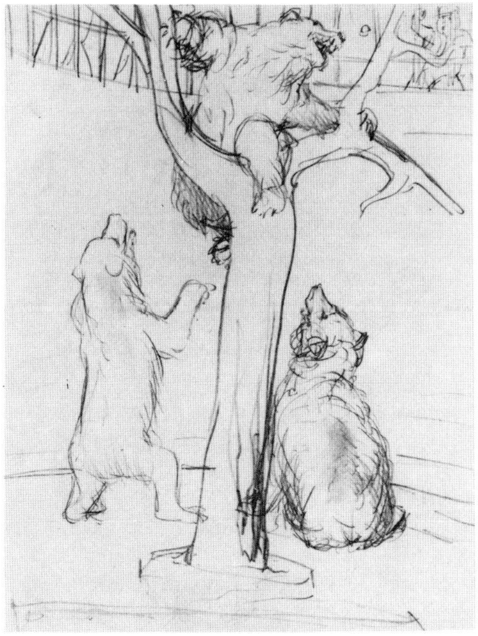

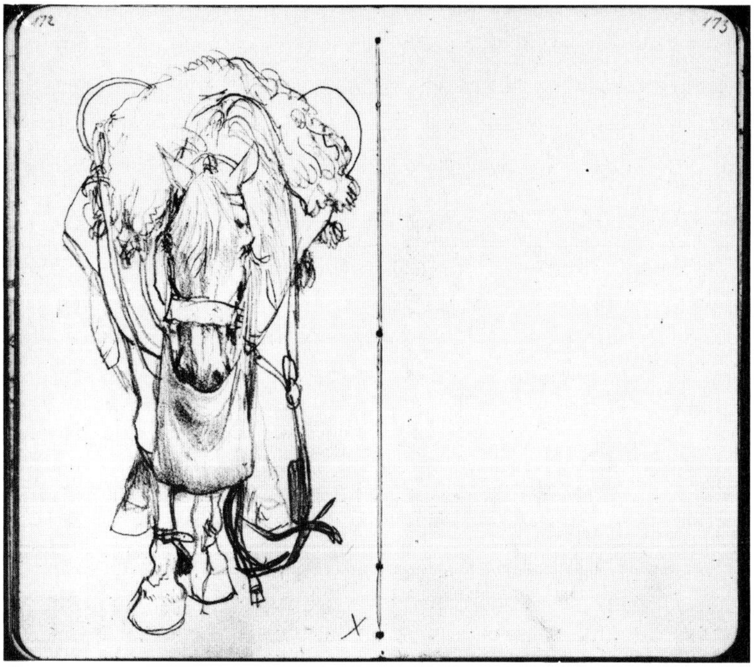

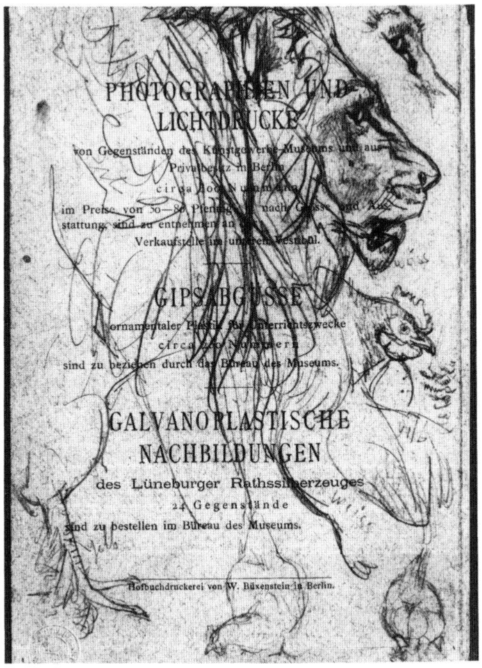

Pferd beim Striegeln, 1863
Bleistift, Maßangaben fehlen

Drei Bären im Zwinger, um 1880
Bleistift, Maßangaben fehlen

Pferd mit umgehängtem Futtersack, o. J.
Bleistift, Skizzenbuch

Tierstudien auf einem Prospekt, o. J.
Bleistift, 18 × 12 cm

gezählten Zeichnungen die erdrückenden – selbst *ihn* schier erdrückenden – Schwierigkeiten, Licht und Gegenlicht in einem Spiegelsaal mit Hunderten von Menschen zu malen. Dieses lichtüberflutete Menschengewimmel auf einem vergleichsweise kleinen Format: 71 × 90 (Westberliner Nationalgalerie). Kein einziges Porträt auf ›Ballsouper‹. Nicht also, nachweislich *nicht*, um Hofschranzen, die in Prachtuniformen wandelnden Schellenbäume, zu verewigen, hat Menzel den Ball gemalt, sondern wegen des gleichsam feuervergoldeten Bronze-Glanzes, dem Juwelier-Licht über allem. Die Menschen – nicht nur hier, viel krasser noch auf anderen Bildern, so auf Gemälden von Eisenbahn-Coupés oder Kissinger Brunnen-Promenaden oder Theater- und Konzert- und Ausstellungs-Besuchern oder Beerdigungen –, die Menschen hat Menzel oft hart karikiert. So fragte denn auch Kaiserin Augusta ihren Ältesten: »Fritz, sind wir denn wirklich so häßlich, wie der Menzel uns malt?« Der Kronprinz: »Ja, Mama, so häßlich sind wir!«

Nur in der atemberaubend meisterlichen Bleistift-Zeichnung: ›Musiksalon der Frau von Schleinitz‹ und in dem kleinen Ölbild: ›Cercle‹ (1879) zeigt Menzel außer dem Licht auch die Menschen bezaubernd schön: so in Bleistift die Gastgeberin Schleinitz und – auf dem Ölbild – den 82jährigen Wilhelm I., dem eine blutjunge, sehr entzückende Debütantin von ihrer häßlichen Mutter vorgestellt wird. Wie im ziegelroten Rock des Kaisers, dessen Freude an der Siebzehnjährigen sein Gesicht verschönt, die Wandleuchter und der Lüster ihren Abglanz haben, natürlich auch auf den Orden des Monarchen oder in dem goldschimmernden Helm, den er an der Hand trägt, das muß dem Maler Probleme gemacht haben, deren Bewältigung kein anderer in der gesamten Geschichte der Malerei sich je hat zutrauen *dürfen*. Und sich je zugetraut hätte... So auch die in Stuttgart hängende Gouache: ›Masken-Souper‹. (Hier Seite 94.) Und vor allem im frühesten und bis heute bedeutendsten jener Gemälde, die unser ganzes Industrie-Zeitalter charakterisieren, im riesigen ›Eisenwalzwerk‹ von 1875: Heute der Stolz der Ostberliner Nationalgalerie. Die DDR feierte in den aberhundert Zeichnungen, die Menzel von Arbeitern, speziell von Bauarbeitern, aber auch Weißbindern, Fensterputzern, Bauern geschaffen hat, *den* Künstler der »Werktätigen«. Ebenso feierte sie im Maler der ›Aufbahrung der Märzgefallenen‹ (Kunsthalle Hamburg) den Bürger, der zwar zu Hofe ging, aber wie der Liberale Mommsen frei blieb in seiner Gesinnung: Der sehr alte Mann *wußte* natürlich, er werde sich den Zorn seines Gönners, des jungen (und letzten) Kaisers zuziehen, wenn er der Anfängerin Käthe Kollwitz die Goldmedaille der Königlichen Akademie für ihren Zyklus von Radierungen: ›Der Bauernkrieg‹ verleihen werde. So hat der sehr berühmte Theaterkritiker (und nicht sehr ernstgenommene Romancier) Fontane seine ganze Autorität für den jungen Gerhart Hauptmann eingesetzt. »Weitergeben mag zuletzt der Sinn des Lebens sein«, schrieb auch der 80jährige Flake in seiner Pianisten-Novelle... So gab der alte Menzel den unglücklichen Stauffer-Bern, der das beste Menzel-Porträt radierte, und dessen Schülerin, die Kollwitz und Lesser Ury und Liebermann »weiter«... Und mit Recht wies stets die offizielle Ästhetik der DDR stolz darauf hin, daß nie irgendwo auf der Welt ein Künstler auch nur annähernd so viele Bilder gemalt und Skizzen von »Werktätigen«, den Besitzlosen gezeichnet hat und von denen ohne Rente...

Und woher hatte dies alles Menzel? Es wird viel hergemacht von der Ausstellung, die bald nach dem Tode des großen britischen Landschafters John Constable (1776–1837) von einigen seiner Bilder in Berlin zu sehen war: natürlich hat Menzel sich von dem, was an ihnen neu war, inspirieren lassen, nachweislich zu ›Gewitter am Tempelhofer Berg‹, (1846) (hier Seite 96) oder 1847 zu ›Berlin-Potsdamer Eisenbahn‹ – soweit es die Behandlung alles *Landschaftlichen* betrifft. Doch vergebens würde man bei Constable schon eine Eisenbahn – die Engländer hatten früher Eisenbahnen als die Deutschen – gesucht haben. Endlich: Die Entdeckung von *Sonne* als *dem* zentralen Motiv selbst in einem *Stadt*bild, ja einem *Interieur*: nämlich im ›Balkonzimmer‹ – *war Menzels Genie-Streich*! Sein allein ihm zugehöriges geistiges

Eigentum. War *Menzels* Mitgift in die Geschichte der Kunst.

Und so auch selbstverständlich in Deutschland, ebenso früh wie Courbet das für Frankreich geleistet hat, die Entdeckung der Vertreter des vierten »Standes« für die Kunst. Womit die Definition Ortega y Gassets über das entscheidende 30. Jahr im Leben der Genialen und Thomas Manns Definition der zwei Kriterien: was ein Genie ausmache – von Menzel abgeleitet zu sein scheinen. (Was nicht der Fall ist: Der Spanier wird ihn kaum gekannt haben; und auch Thomas Mann hatte eher Musiker und Dichter, vor allem aber – sehr zu Recht – sich selber im Blick: Er hatte nicht »nur« mit 25 ›Buddenbrooks‹ bereits veröffentlicht: sondern mit 27 in ›Tonio Kröger‹ bis dahin nie für möglich gehaltene Mittel: nämlich *den Essay* zum integrierenden Bestandteil einer Erzählung gemacht.)

VIII

Aus meiner lebenslänglichen Liebe zu Menzel – wem Wahrheit und Genauigkeit Synonyme sind, der kommt gar nicht umhin, diesen genialsten Zeichner der Kunstgeschichte, sogar noch den Pedanten in Menzel, zu seinem unerreichbaren Lehrherrn zu machen, gleichgültig ob er selber malt oder nur schreibt, was sicher ein weit geringeres Können voraussetzt –, aus dieser Liebe kam meine Antwort an Fritz J. Raddatz, als er hundert Leute in aller Welt aufforderte, ihr Lieblingsbild im Magazin der ZEIT zu kommentieren. Ich sagte, ich könne nur mitmachen, wenn ich ein Bild vorstellen dürfe, das *farbig* – im Gegensatz zu allen anderen dort vorgestellten – nicht mehr existiere, da es 1945 im Berliner Bunker am Zoo verbrannt sei. Also schrieb ich am 15. Juli 1988 über Menzels – so der vollständige Titel, den der Maler diesem Bild 1856 gegeben hatte: ›Friedrich und die Seinen bei Hochkirch‹:

»Das Lager bei Hochkirch hatte der König gewählt«, gibt Friedrich II. zu in seiner ›Geschichte des Siebenjährigen Krieges‹, in der er von sich selber (wie Cäsar und wie de Gaulle) in der dritten Person spricht.

Was König Friedrich, den nicht erst die Nachwelt den Großen nennt, sondern schon die Mitwelt nannte ihn so – Goethe erzählt, wie er sich hütete, den Sizilianern, die ihn begeistert nach dem Preußenkönig ausfragten, mitzuteilen, der große Friedrich sei voriges Jahr gestorben –, was Friedrich der Große in seinen Memoiren verschweigt: Daß er als besserwissender Tölpel handelte, denn er war *eindringlich gewarnt* worden, ausgerechnet in einem Hohlweg mit seiner Armee zu biwakieren! Der Überfall ward ihm von klugen Generalen vorausgesagt...

Aber er wußte – wieder einmal – es besser! Morgens um vier griffen die Österreicher an, unter Daun – und es wurde nicht »nur« Friedrichs furchtbarste Niederlage neben der von Kunersdorf (12. 8. 1759), sondern nahezu die Vernichtung. Dieser 14. Oktober 1758 war überhaupt der unglückseligste Tag im Leben des Mannes: der ihm nächststehende Mensch starb, seine Schwester, die Markgräfin von Bayreuth, nachdem schon am 12. 6. jener Neffe gestorben war, den der Kinderlose als seinen Liebling zur Thronfolge ausersehen hatte. Bei Hochkirch waren neben 3000 namenlosen Preußen auch ihr Feldmarschall Keith und der Prinz Franz von Braunschweig gefallen, der König verwundet worden. Die Armee überlebte, weil Daun nicht übersah, wie total er gesiegt hatte. »Ja, es wäre ganz um Preußen geschehen gewesen, hätten seine Feinde das gleiche Geschick, mit dem sie zu siegen verstanden, auch bei der Ausnutzung ihrer Siege gezeigt«, schreibt der König, den es besonders erbitterte, daß der neue Papst Klemens XIII. »dem Feldmarschall Daun einen geweihten Hut und einen geweihten Degen sandte, weil er die Preußen bei Hochkirch geschlagen hatte. Solche Geschenke pflegt der römische Hof sonst nur Feldherren zu geben, die über die Ungläubigen gesiegt oder wilde Völker gebändigt haben. Dieser aufseherregende Schritt mußte den Papst also notwendig mit dem König entzweien, den er doch schonend hätte behandeln sollen, da viele preußische Untertanen katholisch waren« ...

Menzel, allem Pathos abhold, hat diese Niederlage gemalt, nur sie – *nie einen Sieg der Preußen*! Zwar *wollte* Menzel die Ansprache des Königs an seine Generale *vor* der Schlacht von Leuthen malen; und auch die Begegnung Blüchers mit Wellington nach Waterloo zeigt nicht das Schlachtfeld, sondern nur den Händedruck des Preußen mit dem Briten *nach* der Schlacht.

Warum malte Menzel kein einziges Kriegsbild mehr, als er Zeitgenosse der »siegreichen« drei Kriege Bismarcks geworden war – ja Augenzeuge der »Abfälle« des Gemetzels vom Schlachtfeld Königgrätz 1866? Menzel war nach Böhmen gegangen und zeichnete auf Stroh sterbende oder schon gestorbene Soldaten; Zeichnungen, auch Aquarelle, die nie mehr vergißt, wer sie je sah... so schauerliche Anklagen des Krieges, daß der, der sie schuf, zweifellos unfähig geworden war, noch einen Sieg zu malen. Blätter, die Rilkes menschlichste Zeile vorwegnehmen: »Wer spricht von siegen – überstehen ist alles!« Nun wisse er, schrieb Menzel einem Freund vom Schlachtfeld, woher Schlüter seine Masken der sterbenden Krieger am Berliner Zeughaus habe...

Wer da erstmals in seinem Leben die Opfer der Generale liegen und leiden und sterben sah: Konnte gerade dann, wenn er selber als Zivilist nie der Gefahr ausgesetzt war, ins Feuer geschickt zu werden, auch in denen, die das für den »gemeinen Mann« anordneten, keine Heroen mehr sehen. So sagte äußerst verächtlich der Uralte zu Axel Delmar über die Generale, an die der König vor der Schlacht von Leuthen seine Ansprache hält: »Ich konnte sie nicht mehr sehen, die gleichgültigen Fratzen. Keiner wußte, ob er die nächste Nacht noch schnarchen würde, und jeder sieht aus, als ginge es um ein Pfund Wurscht und nicht um die bataille aux ruines!«

Zweifellos hatte ebenso radikal Menzels Einstellung zu dem von ihm früher vergötterten König eine produktionslähmende Wandlung erfahren, die den Künstler lustlos machte, ihn noch einmal lebensgroß zu malen, aufs Leuthen-Fragment. Denn wer Friedrich *auch* war: Ein Unmensch, das hatte Menzel sich in jungen Jahren wohl nicht eingestanden. Er wußte natürlich – und man wagte gar nicht, das zu zitieren, würde es nicht überliefert von dem absolut seriösen Fontane, der es überliefert, obgleich er *doch* ein Friedrich-Fan blieb, zeitlebens: »Kerls, wollt Ihr denn ewig leben!« hat tatsächlich dieser Monarch, für den der Mensch erst beim Intellektuellen oder Offizier anfing, herzlos seinen »Gemeinen« in der Schlacht zugerufen! Ulrich Bräkers 1789 in Zürich veröffentlichte: ›Lebensgeschichte und natürliche Ebenteuer des Armen Mannes im Tockenburg‹ sagen die Wahrheit über die Armee des *auch* Großen Königs. Max Frisch über Bräker: »Der hat uns eine Schlacht beschrieben wie kein Historiker: als Deserteur, der etwas begriffen hat...« Bräker hatte die Schlacht von Lobositz, 1. 10. 1756 in der preußischen Armee mitkämpfen müssen. Die bei Hochkirch hatte aufs Jahr genau 100 Jahre später Menzel zur *Verlegenheit* des Berliner Hofs so gemalt, wie Bräker Lobositz beschrieben hat: Gefallene eine ganze Reihe lang, ein alle viere in den Pulverqualm hochstoßendes, auf dem Rükken verendendes Pferd, neben dem der hysterisierte Schimmel des Königs. Und das Gesicht des Königs unter verrutschtem Dreispitz zeigt neben Schuldbewußtsein die gleiche Angst wie die Gesichter seiner Grenadiere und Offiziere, die den nächtlichen Hohlweg hinaufhasten oder dem Beschauer, schon fallend, eine abwehrende Hand entgegenstrecken... Kein Bild, das Patriotismus fördert, sondern eines, das ihn – mit Lessing – als »heroischen Schwachsinn« anprangert...

(Wochenlang, bis der Kadaver unerträglich zu stinken anfing, hatte Menzel den Kopf eines geschlachteten Schimmels im Atelier gehabt; die Ölstudie, heute in Winterthur, Sammlung Reinhart.)

Wo aber hängt nun ›Friedrich und die Seinen bei Hochkirch‹? Nirgendwo: es ist 1945 im Bunker am Berliner Zoo verbrannt! Ebenso wie ›Friedrichs Tafelrunde in Sanssouci‹! Und es ist – Schande über unsere Kunsthistoriker – dieses ›Hochkirch‹ nicht einmal als *farbige* Reproduktion erhalten! Ist eine undankbarere Nation vorstellbar als unsere? Bis 1944 ist die technisch perfekt aufgemachte Nazi-Zeitung: ›Die Kunst

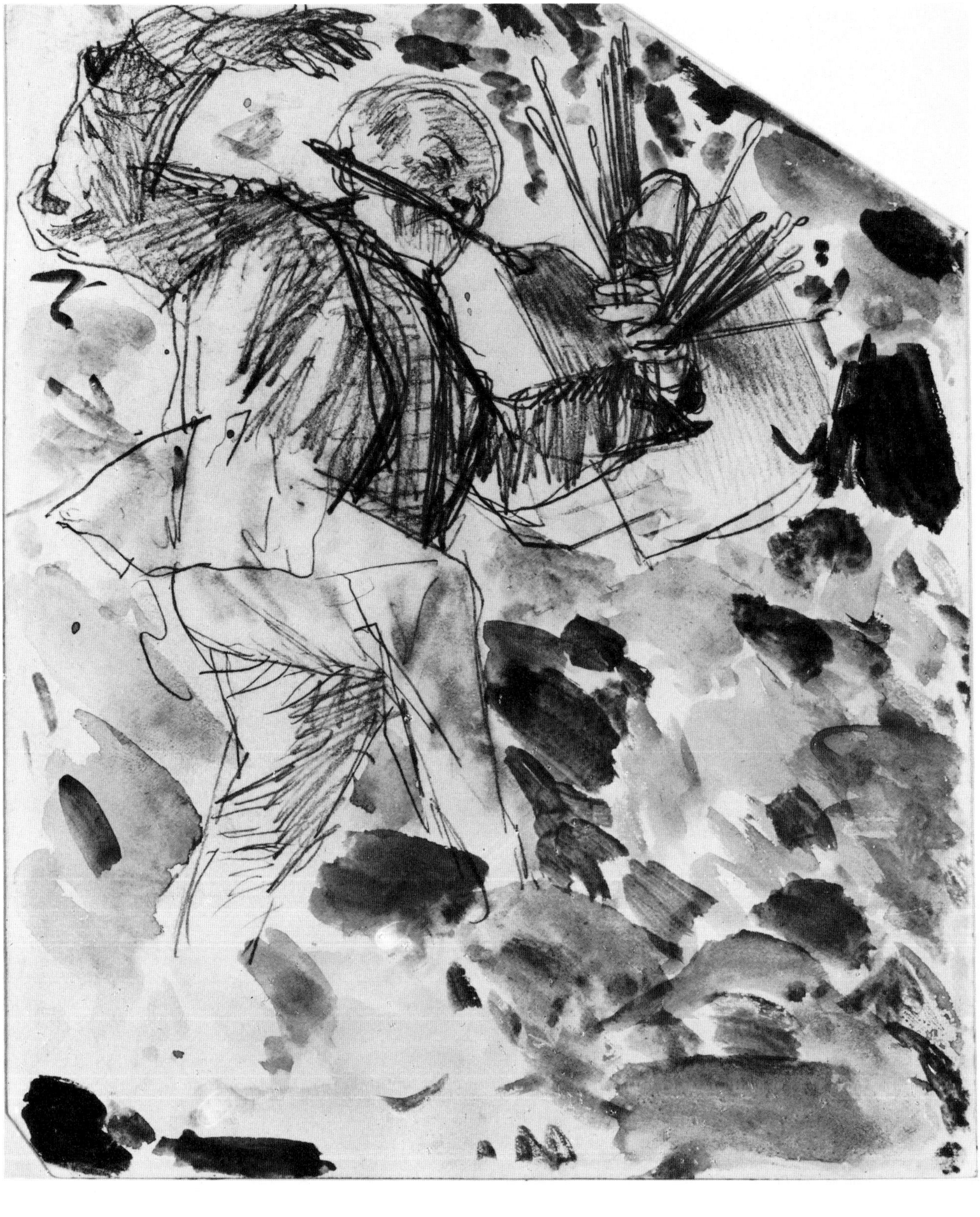

Der Maler tanzt über allem [Selbstbildnis], um 1861
Bleistift, Wasserfarben, 20,1 × 16,2 cm

im Dritten Reich‹ erschienen; jedes Heft enthielt auch Farbseiten mit klassischem Museums-Bestand. Kunsthistoriker, die sich nach Hitlers Tod als Anti-Faschisten aufspielten, aber auch – stramme Nazis wie fast *alle* Lehrstuhlinhaber – in dieser Zeitung regelmäßig publiziert hatten und alte Kunst abbildeten und kommentierten; und die selber die Kunstdiktatur der Nazis, die sie nach 1945 in Büchern anklagten, mitverkörpert, mitpraktiziert hatten: hielten 1941 nicht für nötig, dieses einzige bedeutende Schlacht-Bild, das überhaupt die Deutschen besaßen – vergleichbar allein der ›Übergabe von Breda‹ des Velasquez –, einmal *farbig* zu drucken! Obgleich sie hätten wissen müssen, wie gefährdet durch Bomben diese dann ausgelagerten Gemälde noch immer waren. Auch Leibls ›Jäger‹, das Meisterporträt des Herrn von Perfall, das mit Menzels ›Hochkirch‹ verbrannt ist, scheint nicht farbig gedruckt worden zu sein! Wir sind das Volk, das seiner großen Künstler niemals wert war, wenn der Maßstab die Behandlung ist, die wir ihnen zuteil werden ließen. Hätte Menzel sich nicht so treu dem König von Preußen gewidmet, sondern etwa auch den Schlachten von Blenheim oder Borodino oder Trafalgar: sehr wahrscheinlich hätten auch Briten oder Russen Menzel-Bilder gekauft. Und *die* wären erhalten: Londoner, Moskauer Galerien hatten so wenig wie sogar die Leningrader Bilderverluste im Hitler-Krieg, obgleich doch Leningrad jahrelang von Deutschen eingeschlossen war, wodurch 600 000 Zivilisten verhungerten...

Das Riesenbild setzte Studien von Bränden und Fackelzügen bei Nacht voraus: mehrere eindrucksvolle Bilder sind so entstanden während der sechs Jahre 1850/56, die Menzel sich Zeit ließ zu malen, was er – bis dahin und auch später noch – für sein Opus magnum hielt. Sechs Männer erschienen im Atelier und versuchten, das Riesenbild – noch ungerahmt, der Rahmen lag in der Akademie, wo am nächsten Morgen die Ausstellung eröffnet wurde – aus dem Treppenhaus herauszubekommen: was erst möglich war, als Menzels beherzter Hauswirt den Pfosten des Treppengeländers abgesägt hatte. Der Zwerg schritt mit einer Fackel voran, die noch nasse Leinwand, 295 × 378 cm wurden von den Sechsen hinter ihm getragen; in der Akademie, am anderen Morgen, sah Menzel eine Palette – sofort nahm er sie auf, um noch an seinem schon von Kollegen bewunderten Werk zu »verbessern«: sie packten ihn und warfen ihn hinaus, wohl wissend, der Pedant könne nur mehr etwas verderben... Am Jahrestag der blutigen Blamage von Hochkirch 1850 begonnen – war Menzel deshalb erst sechs Jahre später fertig, weil das Geld zum Leben den dreien, die Menzel zu ernähren hatte (seine Mutter war gestorben), natürlich nicht mit einem Bild dieser so verheerenden wie selbstverschuldeten Niederlage verdient werden konnte, sondern nur mit gefälligen Sujets. Zuvor hatte Menzel die – ebenfalls farbig bisher niemals, erst heute hier (Seite 89) reproduzierte – ›Bittschrift‹ gemalt; dann die immerhin noch in einem Piperdruck und als Skizze vorliegende ›Tafelrunde in Sanssouci‹.

Dann mußte die Hochkirch-Arbeit abgebrochen werden, um Herrn Kommerzienrat Jacob ›Das Flötenkonzert‹ zu malen. Symbolisch, daß der Vorgänger Menzels, der »Pferde- und Paradebild-Krüger« gerade ›Hochkirch‹ noch sehen konnte, um zu erkennen, hier sei dem 18 Jahre Jüngeren etwas geglückt, für das es in der Malerei noch keine Kategorie gab – dann stirbt Krüger, am 21. 1. 1857: er hatte, kinderlos, den Tod seiner Frau im August nicht verwinden können... Schadow war 1850 gestorben, in eben dem Jahr, in dem Menzel sein ›Hochkirch‹ begonnen hatte, das in seiner illusionslosen, vollständig der klassizistischen Ästhetik Hohn sprechenden Modernität – nie zuvor war ein Schlachtfeld so *grausam* gemalt worden – dem Schöpfer der Quadriga auf dem Brandenburger Tor höchst verächtlich und zuwider gewesen wäre... Auch Schadow war kühn gewesen in früheren Jahren: Kennt die deutsche Bildhauerei Erotischeres als – Nationalgalerie – Schadows nacktes, auf dem Bauch liegendes sehr junges Mädchen? Aber das war lange her. Geradezu bösartig verständnislos und für den finanziell aufs schwerste bedrohten Menzel auch existentiell verheerend, hatte der Hofbildhauer und Freund Friedrich Wilhelms IV. am 26. März

1840 – da war Menzel gerade erst 24 Jahre »alt« geworden – in den ›Berliner Nachrichten‹ losgezetert, der Jüngling habe mit seinen 400 Holzschnitten zu Kuglers Geschichte Friedrichs des Großen »Ausartungen, die man Griffonagen oder Kritzeleien nennen kann ... der neuen Mode folgend« abgeliefert ... Sehr schlimm, fast ruinös für das so junge bahnbrechende Genie! Doch wie Krüger gerade noch ›Hochkirch‹ gesehen hatte, ehe er starb, im Bewußtsein, eine neue Zeit habe einen neuen Stil gebracht, der seinen obsolet gemacht habe – so erfuhr auch Schadow das noch »am eigenen Leibe«: Resigniert sagte er: »All mein Ruhm ist in Rauch aufgegangen!« – ein Witz, der die Bitterkeit des mit 86 1850 Sterbenden angesichts seines Nachfolgers als Hofbildhauer: Christian Daniel Rauch aussprach, der ein Jahr nach Schadows Tod sein Friedrich-Denkmal Unter die Linden stellte ...

Schadow gegen Menzel: der zeitlos in allen Epochen auszukämpfende Streit zwischen den Traditionalisten und den Revolutionären. So wie Menzel, so unfeierlich, so realistisch, hatte noch nie jemand gewagt, die Friedrich-Epoche ins Bild zu setzen ...

So zögerte Majestät sehr lange, bis endlich der Hof für ›Hochkirch‹ einen höchst bescheidenen Preis aushandelte. Dann verschwand das Bild zu Menzels Kummer. In der bleibenden Biographie, die 1935 Kürenberg publizierte, ist auch nachzulesen, was der Maler empfand: »Das demütigende Nachspiel wurde der Platz, den die nicht hoffähige Niederlage im blitzblauen Marinezimmer nach dem Hof (des Schlosses) hinaus erhielt. In diesem Raum reinigten bei Hofbällen die Lakaien Teetassen, gewissermaßen als Hohepriester auf dem Abwaschaltar, vor meinem Schmerzensbild!«

Die Kunst aber verdankt mehr als dem Friedrich-Maler Menzel die Tatsache, daß er in Berlin erstens den Realismus, zweitens den Impressionismus geschaffen hat – zwei Großtaten, deren jede einzelne wahrlich »genug« wäre für die Geschichte! ... Und Menzels impressionistische Bilder haben denn auch alle den Krieg heil überstanden – einige wurden nach dem Kriege gestohlen und werden hoffentlich später wieder im Handel auftauchen. Warum überstanden sie? Weil sie von Format klein genug waren, um in die Förderkörbe jenes Thüringschen Salzbergwerks hineinzupassen, in dem die Gemälde der Nationalgalerie den Bombenkrieg überdauerten. Jedoch ›Hochkirch‹ war wie Leibls ›Jäger‹ und gar nicht so wenige andere Werke zu ausmaßig, als daß man es in das Bergwerk hätte hinablassen können ... Auch ›Tafelrunde‹

IX

So weit an jenem 15. Juli (dem Geburtstag Rembrandts) meine Klage in der ZEIT. Jedoch ein 1988 Italien bereisender Goslaer, der sich dort die Zeitung gekauft hatte – zu Hause in Goslar kaufte er sie nie! –, sagte zu seiner Gefährtin: »Wie kann der H. behaupten, das Bild sei farbig nie gedruckt worden? – hängt doch bei uns in Öl!« Ja, unglaublich aber wahr: dieser Mann besitzt es als Öldruck, nach welchem es hier (Seite 98) nun gedruckt werden konnte! Niemand in den beiden Berliner Nationalgalerien hatte gewußt – ich hatte ausdrücklich geforscht –, daß je ›Hochkirch‹ *farbig* gedruckt worden sei! Professor Werner Schmidt, den ich zitierte, teilte meinen Kummer, daß nicht einmal ein Farb-*Druck* von ›Hochkirch‹ existiere. Doch er existiert! Und so wurde das Bild für die Kunstgeschichte gerettet; ein Schwarzweiß-Druck ist *keine* Überlieferung eines farbig gewesenen Kunstwerks. Dieser Goslaer Öldruck *ist* eine ...

Nicht nur Bücher also, wie das Sprichwort sagt – habent sua fata libelli –, auch Bilder haben ihr Schicksal. Und das der Bilder ist grausamer, weil Katastrophen sie zumeist auf ewig verschwinden lassen. So schien es der gesamten Kunstwelt seit 1945 mit Menzels ›Hochkirch‹ geschehen zu sein – bis ich diese Klage um das Bild in der ZEIT angestimmt hatte. Die Reisenden aus Goslar in Italien richteten an Fritz J. Raddatz den Leserbrief: Hochhuth irre, wenn er beklage, ›Hochkirch‹ sei verbrannt 1945, ohne daß es eine Farbreproduktion gäbe! (Ich hatte den Direktor der Nationalgalerie persönlich gebeten, mir die trostlose Versicherung zu erneuern, kein einziges der aberhundert Menzel-Bücher, die nahezu alle einen Schwarzweiß-Druck des ›Hochkirch‹ abbilden, enthalte eine Farbreproduktion: Berlin, Ost wie West, versicherten resigniert, nein, es gäbe keine Farbreproduktion!) Doch die Goslaer besitzen im stattlichen Format 60 × 120 cm einen über 100 Jahre alten Öldruck des ›Hochkirch‹, der ganz ohne Zweifel unter den Argus-Blicken Seiner Exzellenz des Wirklichen Geheimen Rates Professor Dr. h.c. Adolph von Menzel *originalgetreu* entstanden ist! Menzel, *berüchtigt* schon, seit er Kuglers Geschichte des Königs mit 400 Federzeichnungen in vier Jahren illustriert hatte, für die Schärfe, mit der er den Holzschneidern auf die Finger guckte, ob sie auch seine Blätter originalgetreu wiedergäben – hat zweifellos mindestens ebenso wachsam den Öldruck seines ›Hochkirch‹ überprüft. Denn ›Hochkirch‹ hielt er für sein Opus magnum! (Wir glauben seit Meier-Graefes bahnbrechendem Buch: ›Der junge Menzel‹ das nicht mehr, sondern halten den frühesten Impressionisten, den Maler des ›Balkonzimmer‹, für den noch Genialeren.) Und Menzel mußte auch selber vom Besitzer des Bildes bis 1918, von Seiner Majestät Kaiser Wilhelm II. die Genehmigung zur Reproduktion in Farben einholen – das heißt: das Werk *ausleihen*! Denn ein so komplizierter Ölfarbendruck – ein sehr aufwendiges, so teures Verfahren, daß man aufhörte, es zu praktizieren, sobald preiswertere Farben-Lichtdrucke erfunden worden waren – ließ sich nur in der Öldruckerei selber herstellen: Farbfoto-Apparate gab es noch zwei Menschenalter lang nicht... So können wir uns darauf verlassen, daß mit diesem wahrhaft sensationellen Fund nunmehr der Kunstgeschichte wenigstens ein in den Farben getreues Abbild des 1945 verbrannten Gemäldes vorliegt! Menzel hat es verdient. Denn kein anderer Künstler außer Lovis Corinth hat im Zweiten Weltkrieg derart dafür gebüßt, daß sein Ruhm zu Lebzeiten ihn zum damals teuersten Maler Deutschlands gemacht hat und fast sein gesamtes Werk in der Reichshauptstadt verblieb, wo bedeutende Teile mit dem Reich untergingen. Die Mannheimer Kunsthalle zum Beispiel, die um 1912 durchaus Geld genug hatte, Leibl oder Feuerbach zu kaufen, ja sogar Böcklin oder van Gogh oder Cézanne, hat einen Menzel damals *nicht* bezahlen können. Und besaß daher ebensowenig wie bis 1990 etwa das Kunstmuseum Basel (außer Zeichnungen) einen, bis sie spät den ›Kopf eines alten Juden‹ erwarb, Studie zu einem der Synagogen-Bilder Menzels. Als endlich Zürich sich dazu hinreißen ließ, beim Basler Kunsthändler Bernouilli Ende der sechziger Jahre des 20. Jahrhunderts einen Menzel zu kaufen – hier Seite 88 –, ›Bäume im Mondlicht‹, ließ es dieses Bild meist in seinem Magazin stehen: Wo man Platz hat, dreißig Hodler gleichzeitig auszustellen, ist nicht auch noch Platz für den *einen*

Menzel!

»... Menzel, der letzte große Könner.«
George Grosz am 16. 10. 1937

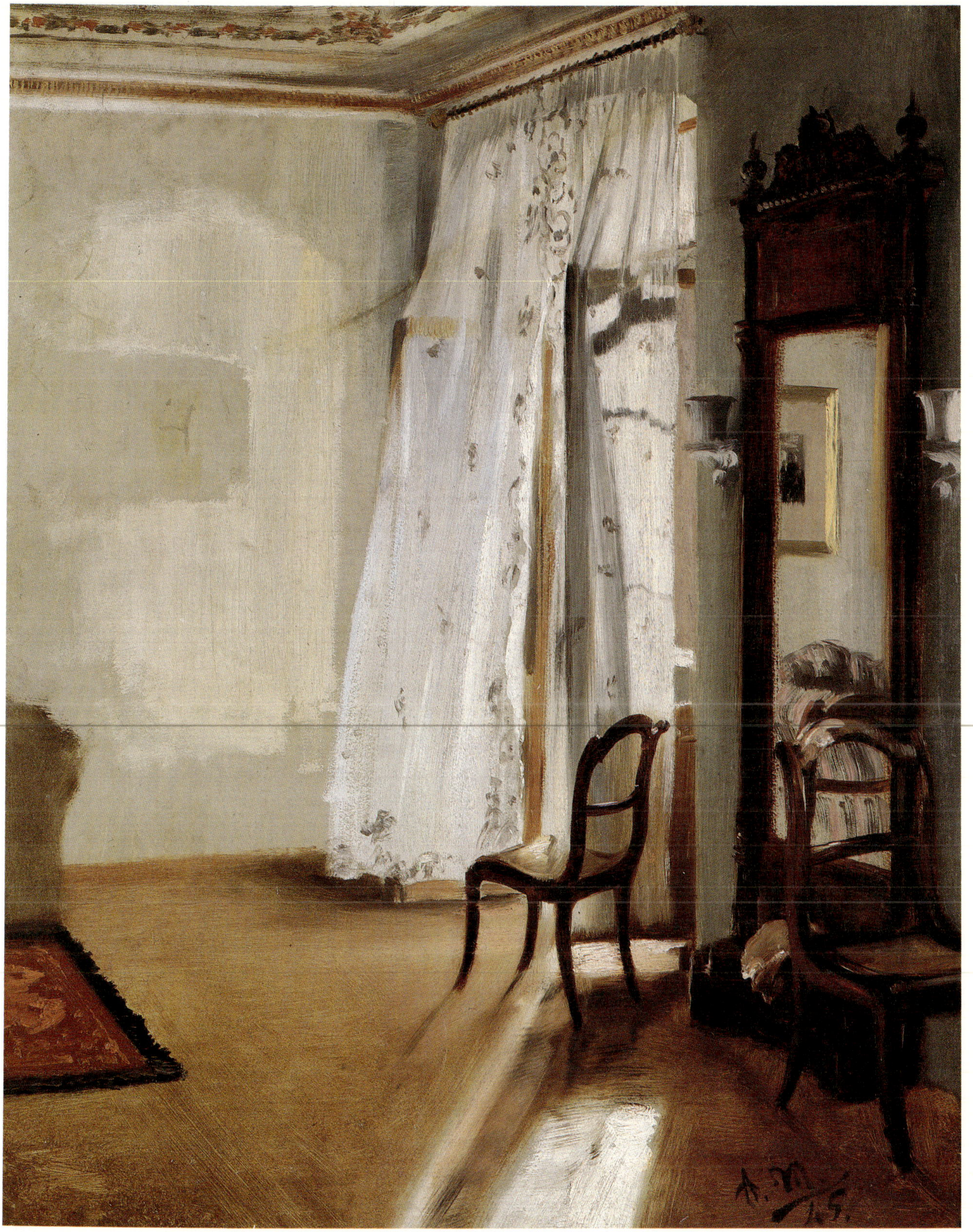

Das Balkonzimmer, 1845
Öl auf Pappe, 58 × 47 cm

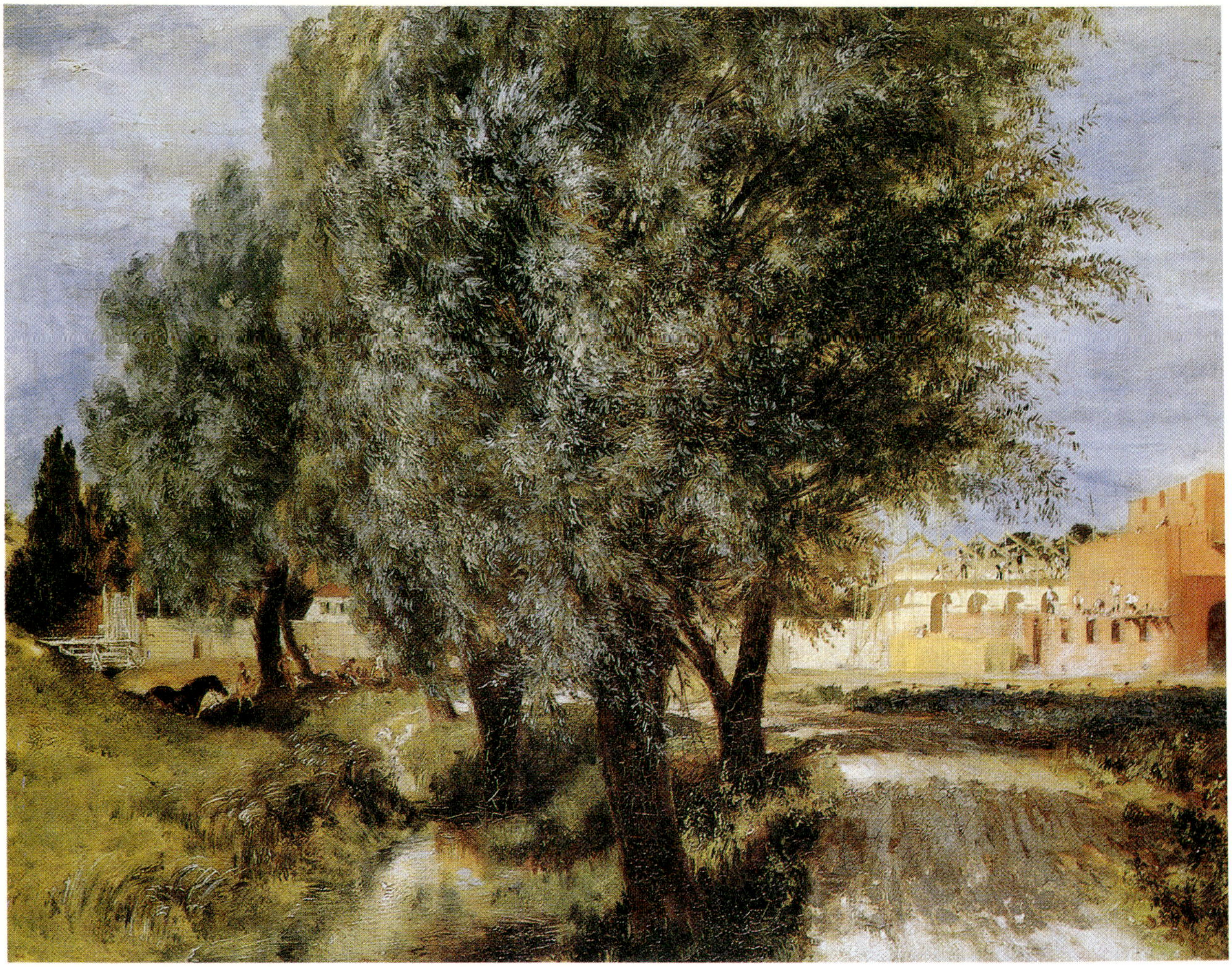

Bauplatz mit Weiden, 1846
Öl auf Leinwand, 41 × 55 cm

Blick auf den Anhalter Bahnhof im Mondschein, 1846
Öl auf Papier auf Holz, 46 × 35 cm

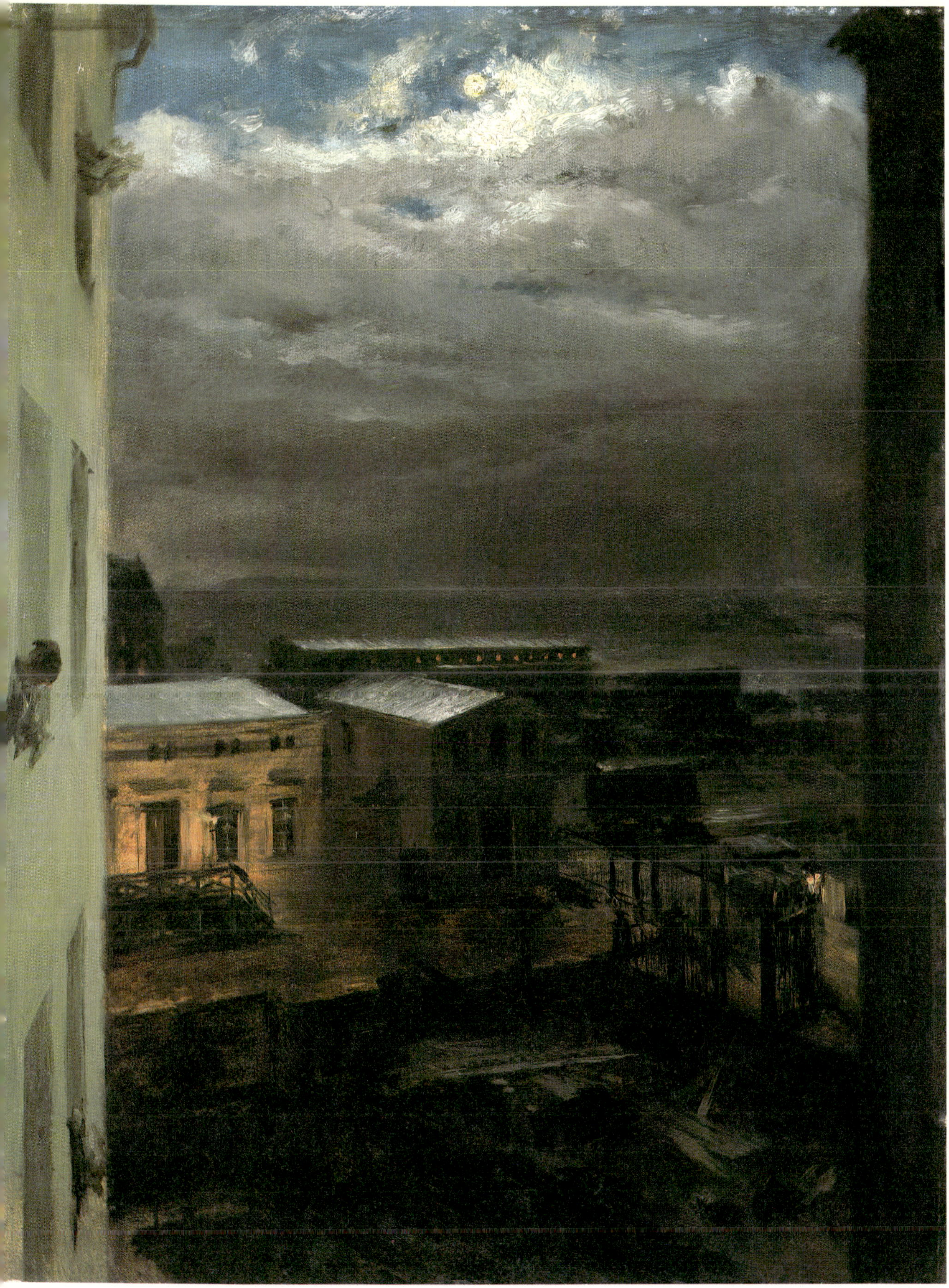

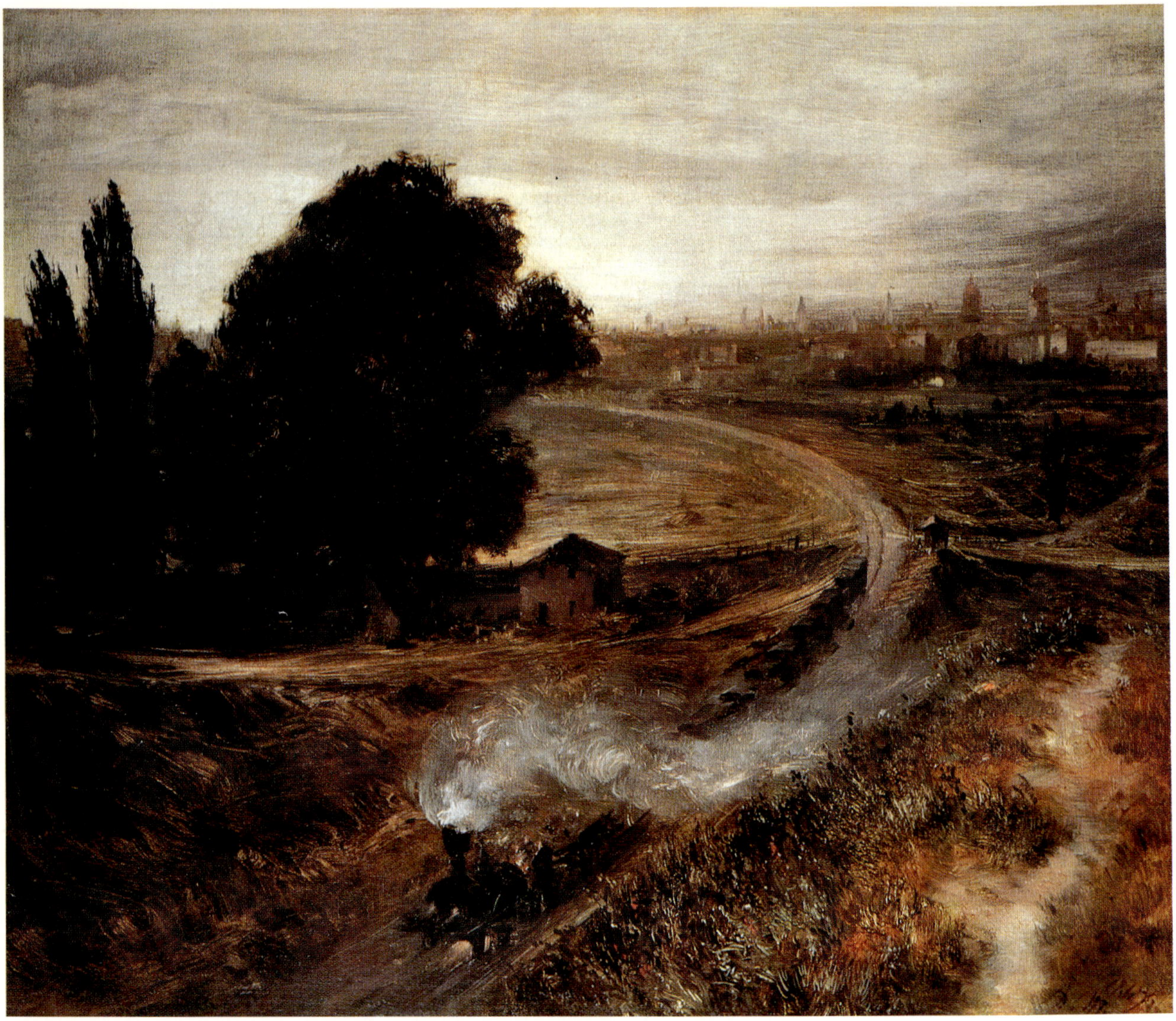

Die Berlin-Potsdamer Eisenbahn, 1847
Öl auf Leinwand, 43 × 52 cm

Berliner Hinterhäuser im Schnee, 1847/48
Öl auf Papier auf Karton, 13 × 24 cm

Schlittengespann, 1849
Wasserfarben, 16 × 26 cm

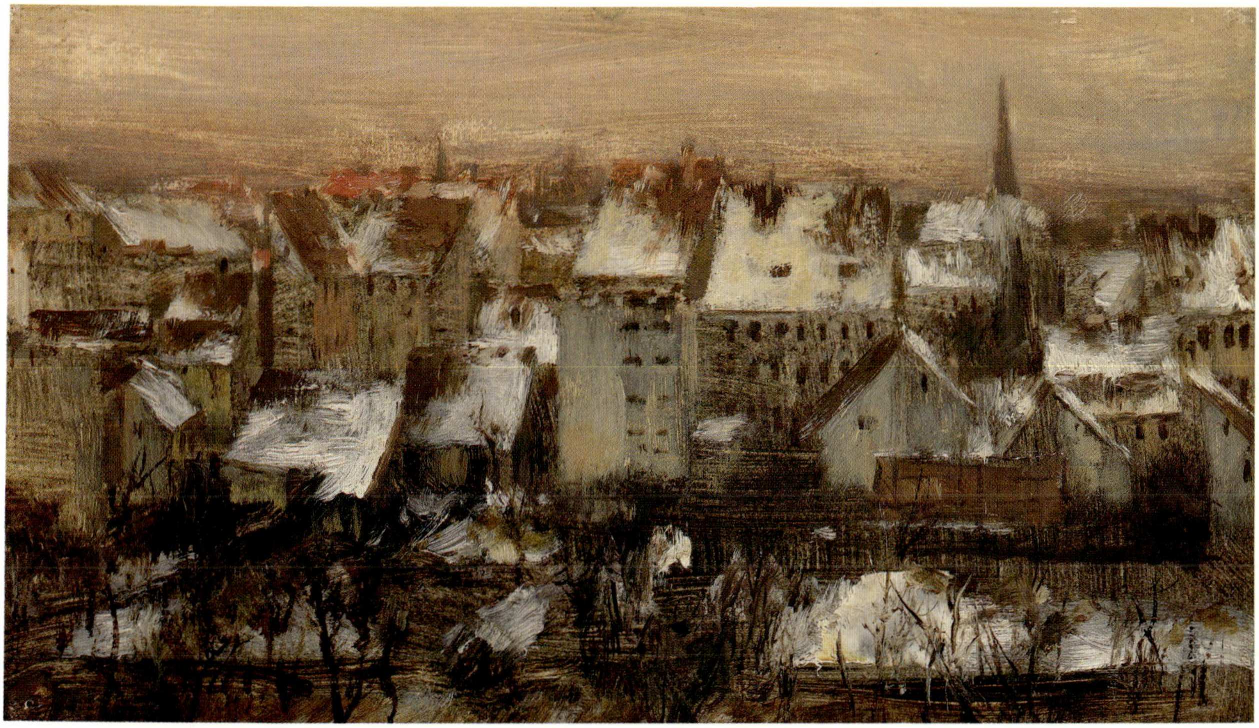

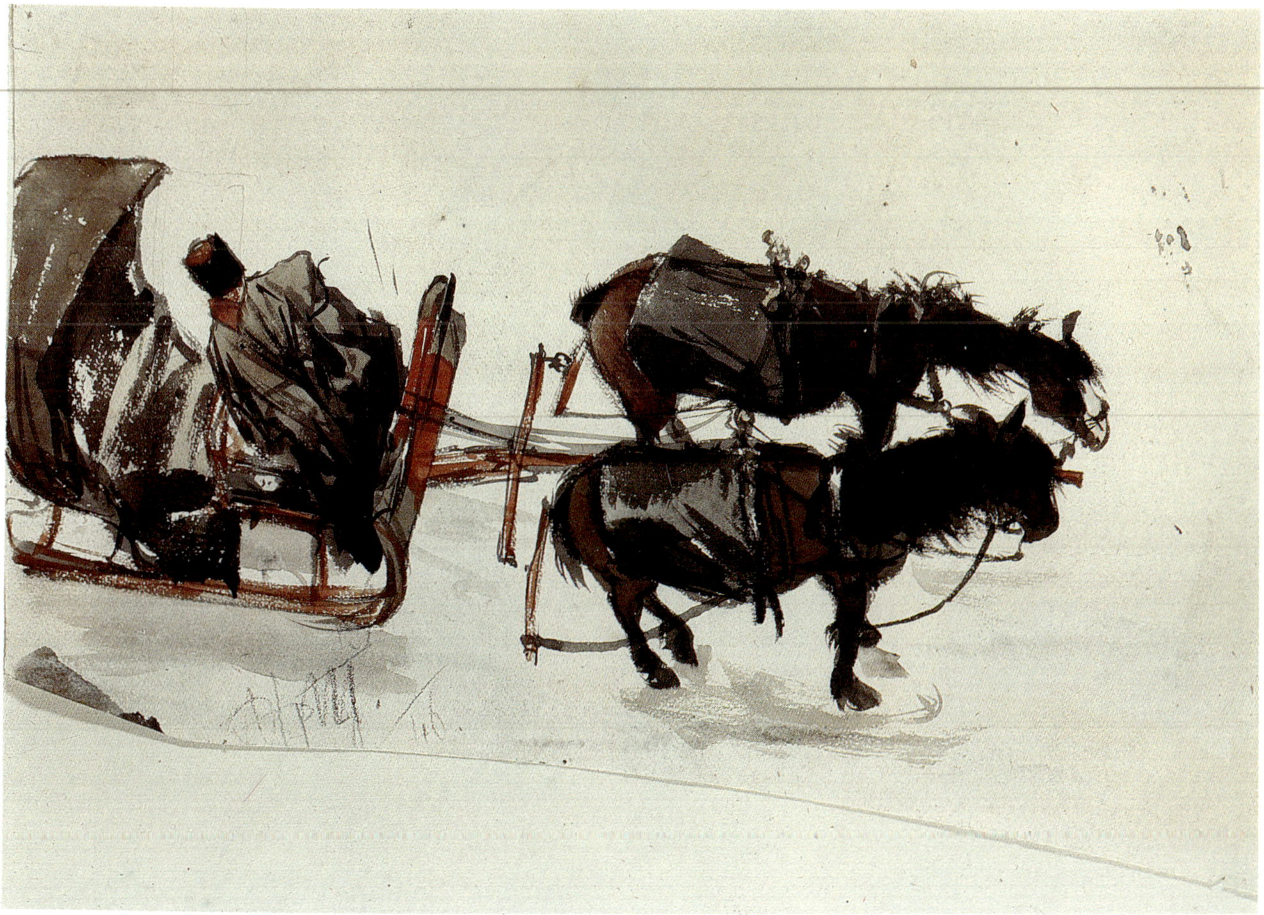

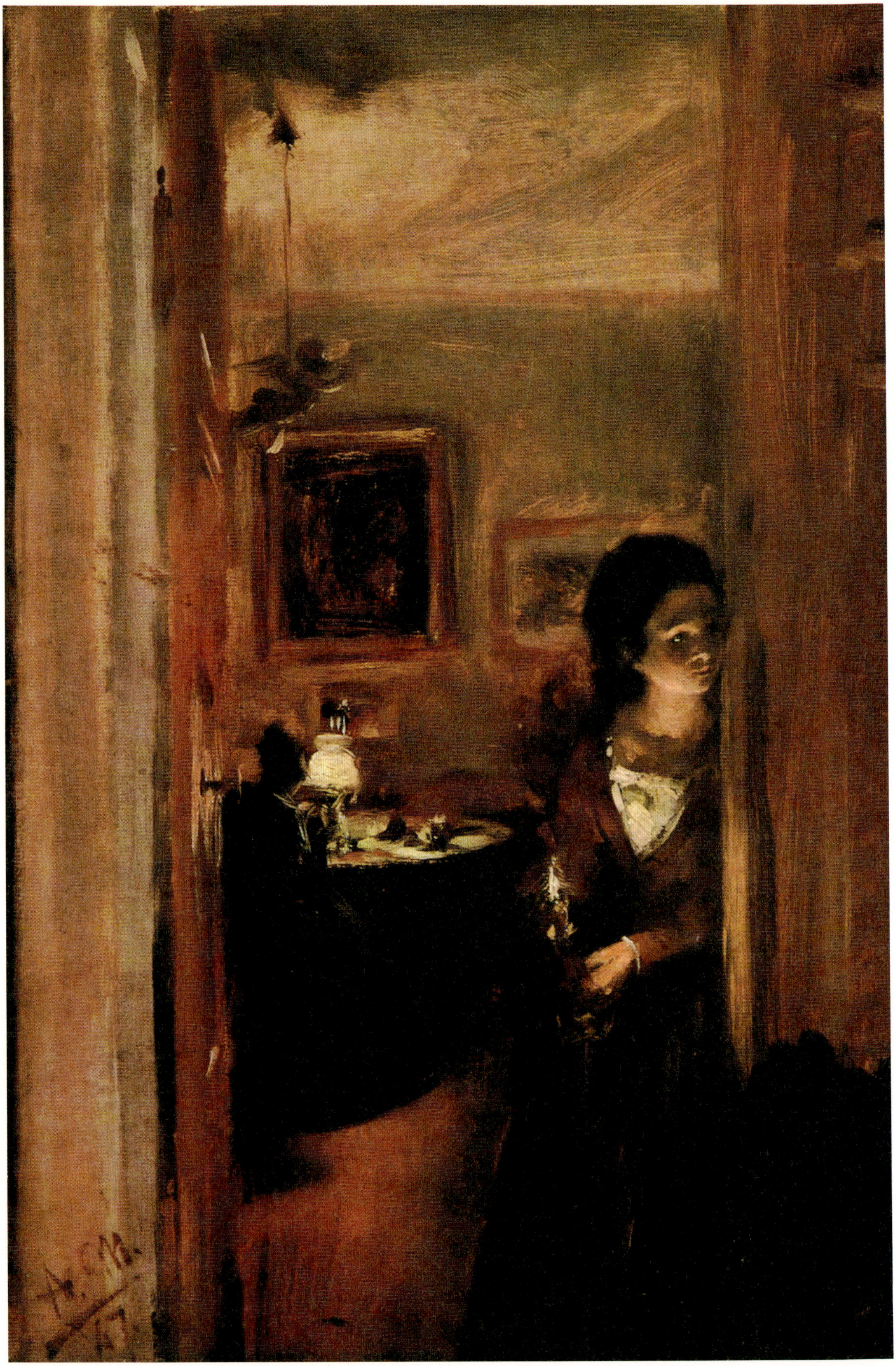

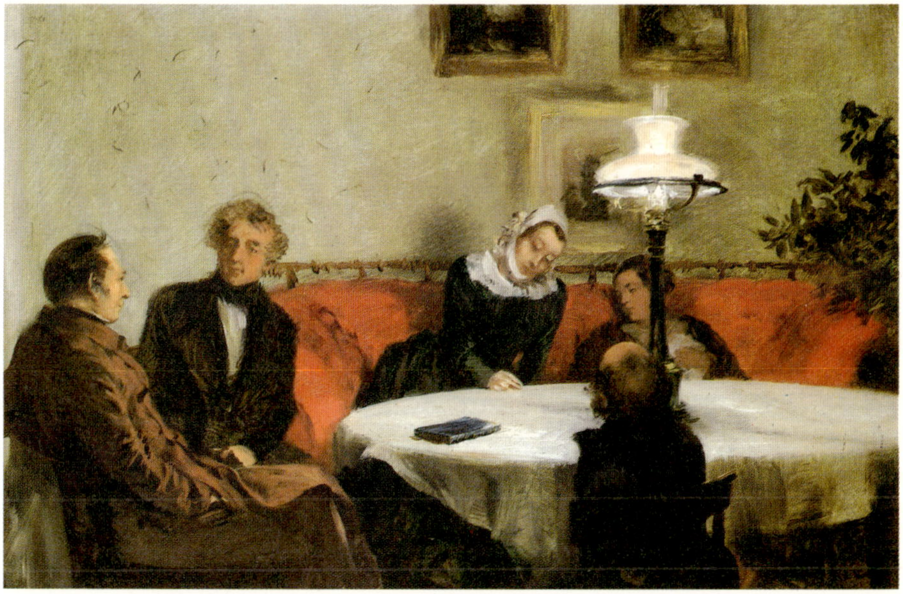

Abendgesellschaft, 1848
Öl auf Papier, 25 × 40 cm

Schlafzimmer des Künstlers, 1847
Öl auf Pappe, 56 × 46 cm

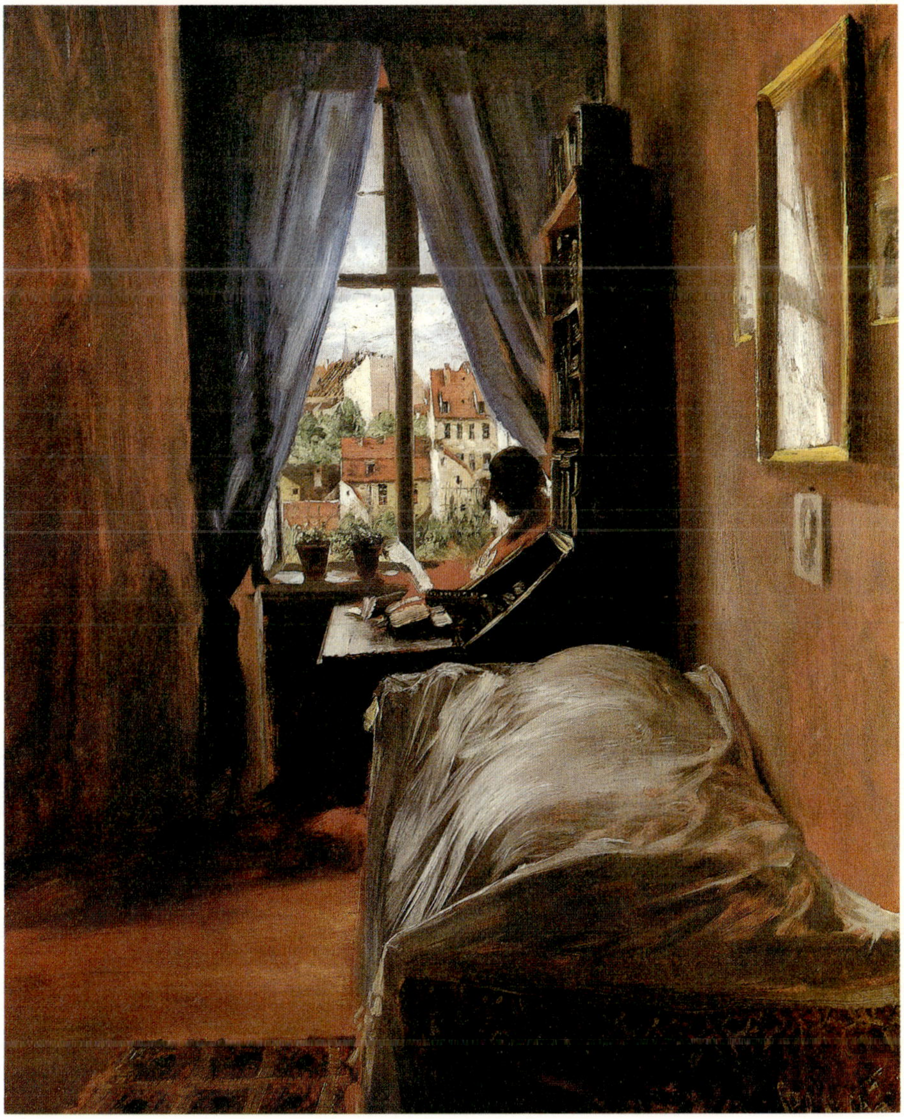

Links
Innenraum mit Menzels
Schwester, 1847
Öl auf Leinwand, 46 × 31,6 cm

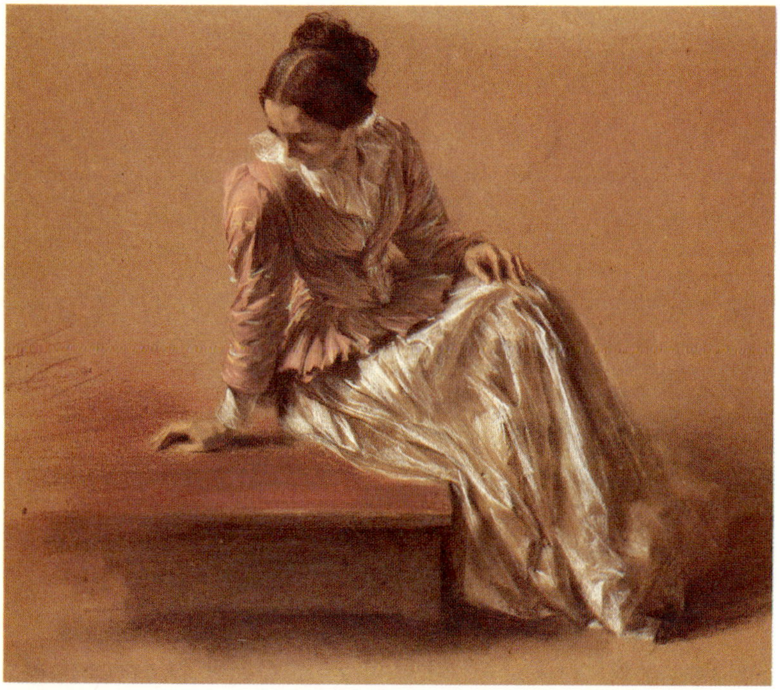

Kostümstudie einer Sitzenden
(Menzels Schwester),
o. J. (1850)
Farbige Kreiden, 22,3 × 28,8 cm

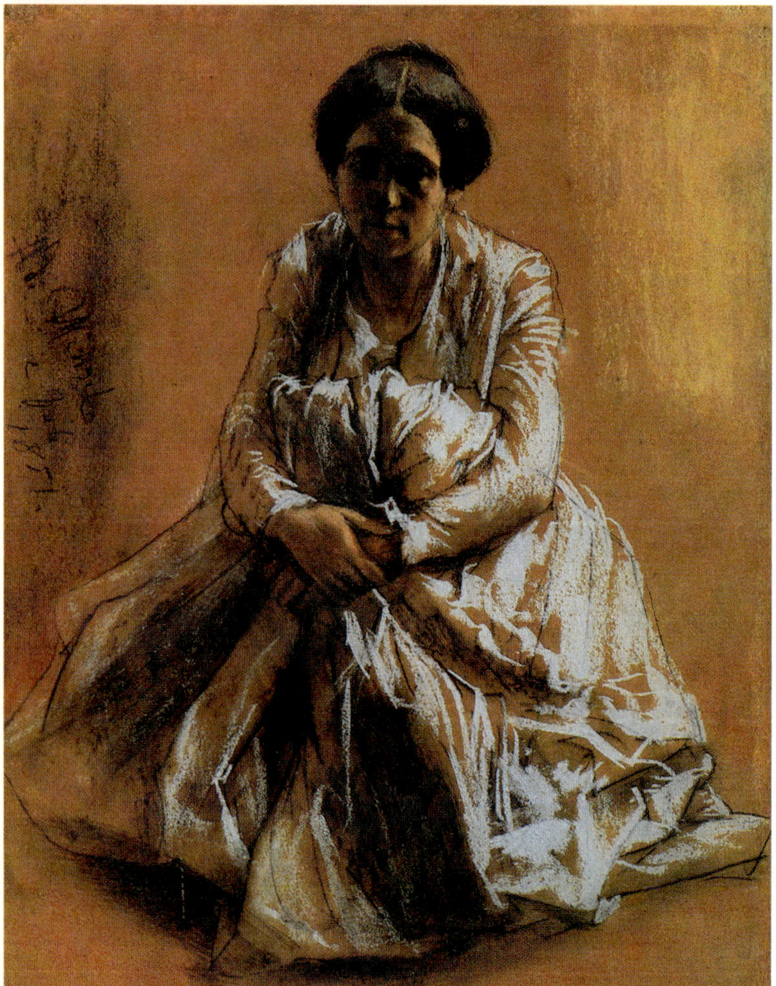

Emilie Menzel, kauernd, 1851
Pastell, 30 × 24 cm

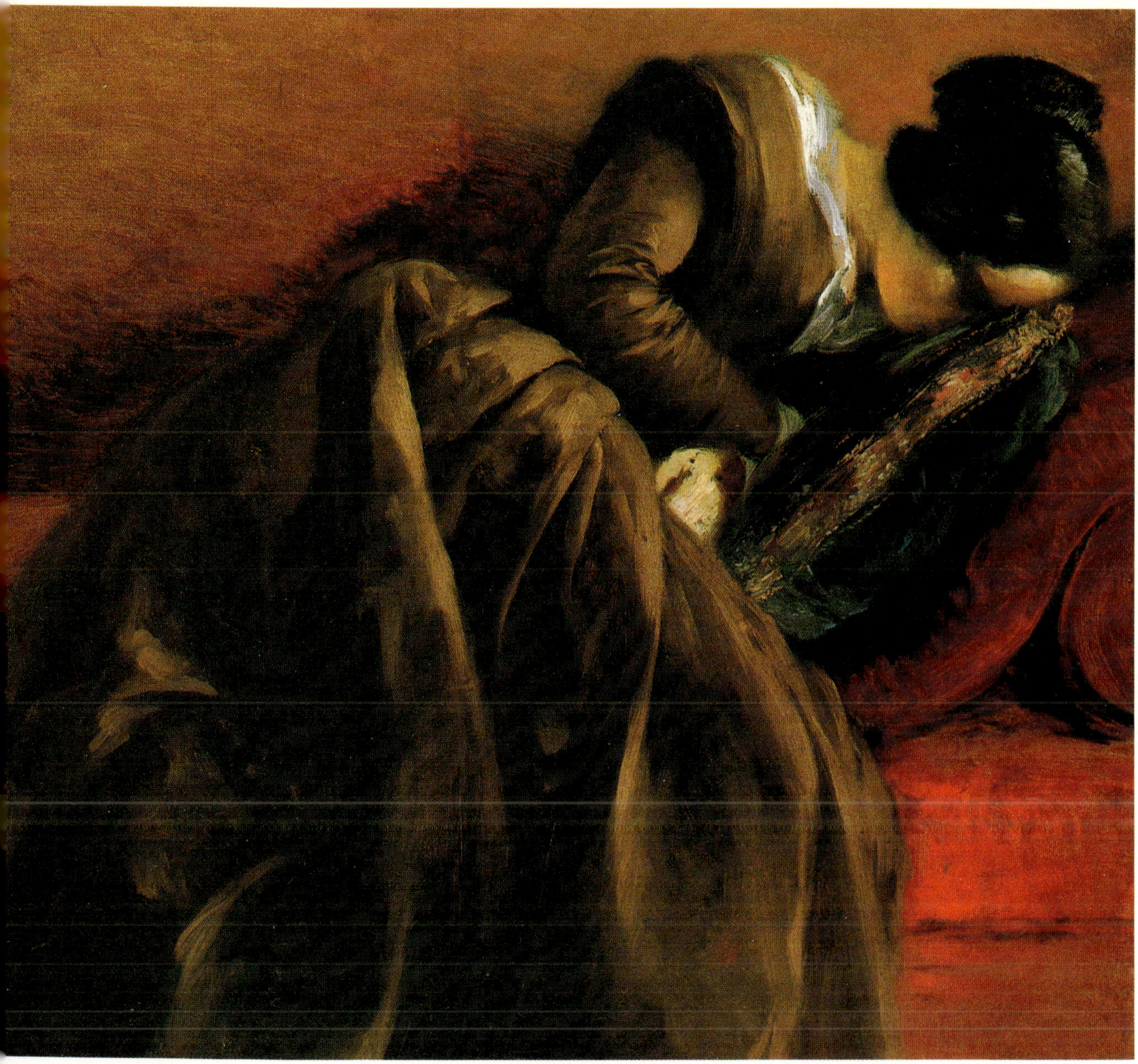

Die Schwester des Künstlers, 1848
Öl auf Papier, auf Leinwand aufgezogen, 46,8 × 60 cm

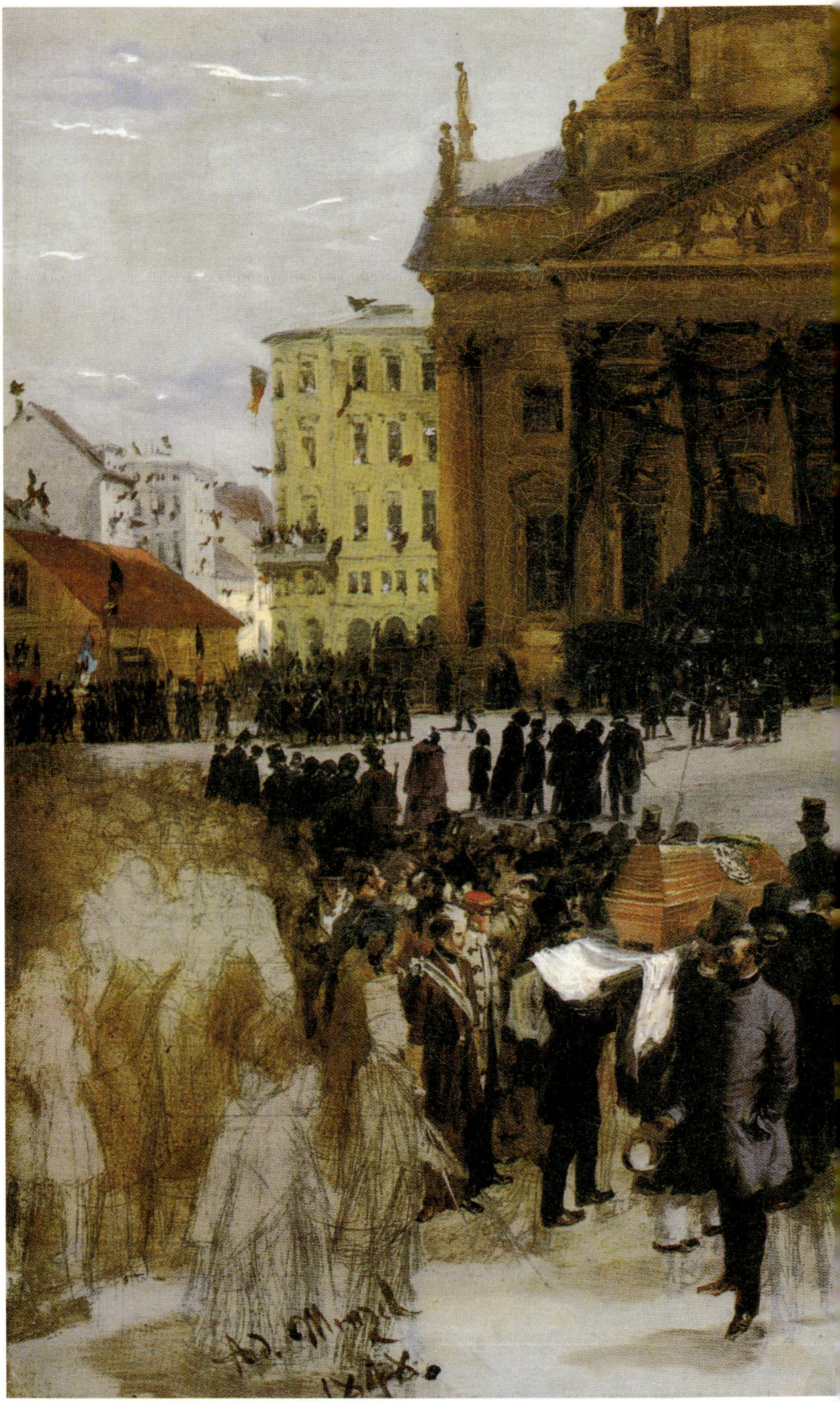

Aufbahrung
der Märzgefallenen,
1848
Öl auf Leinwand,
45 × 63 cm

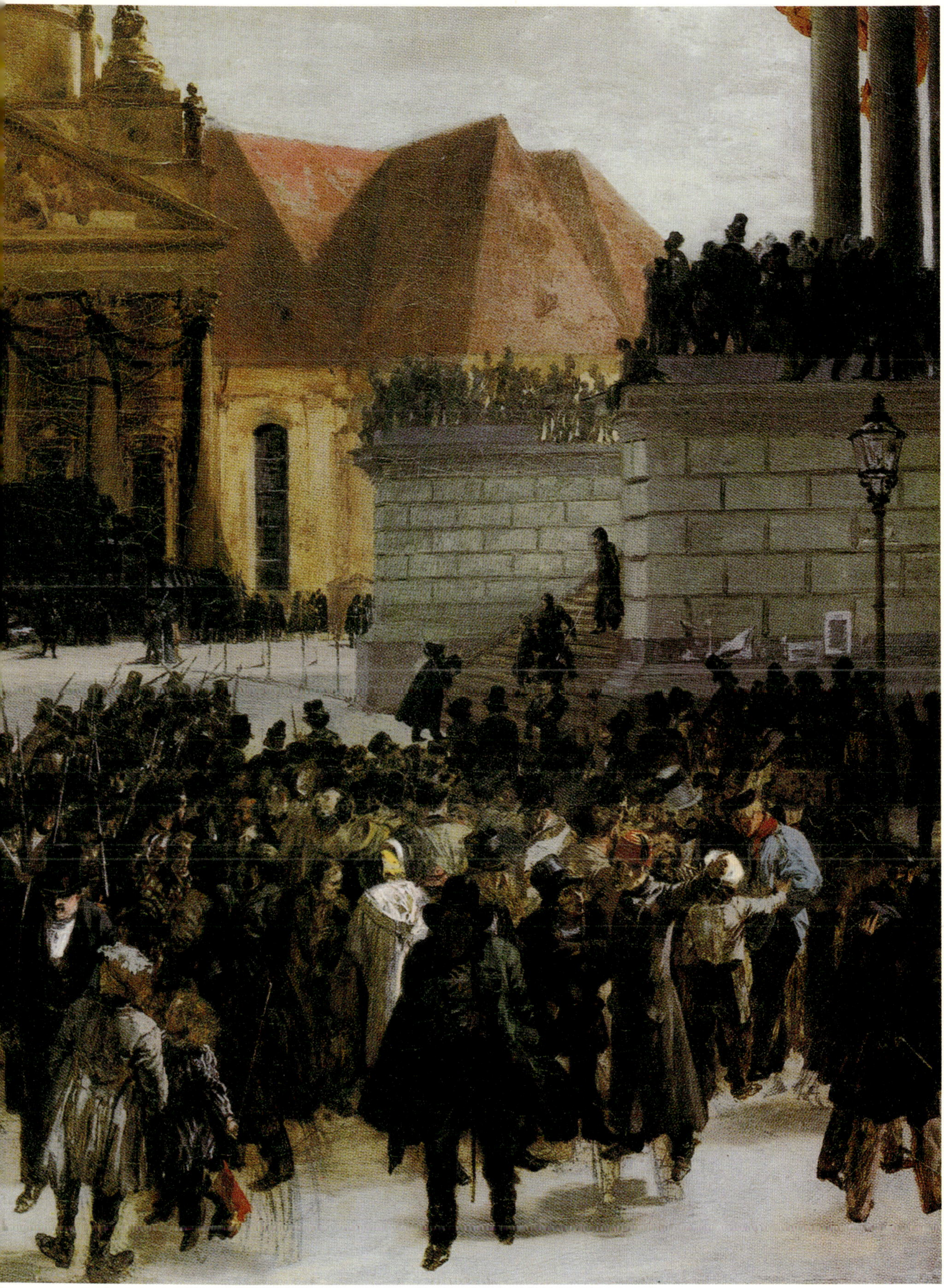

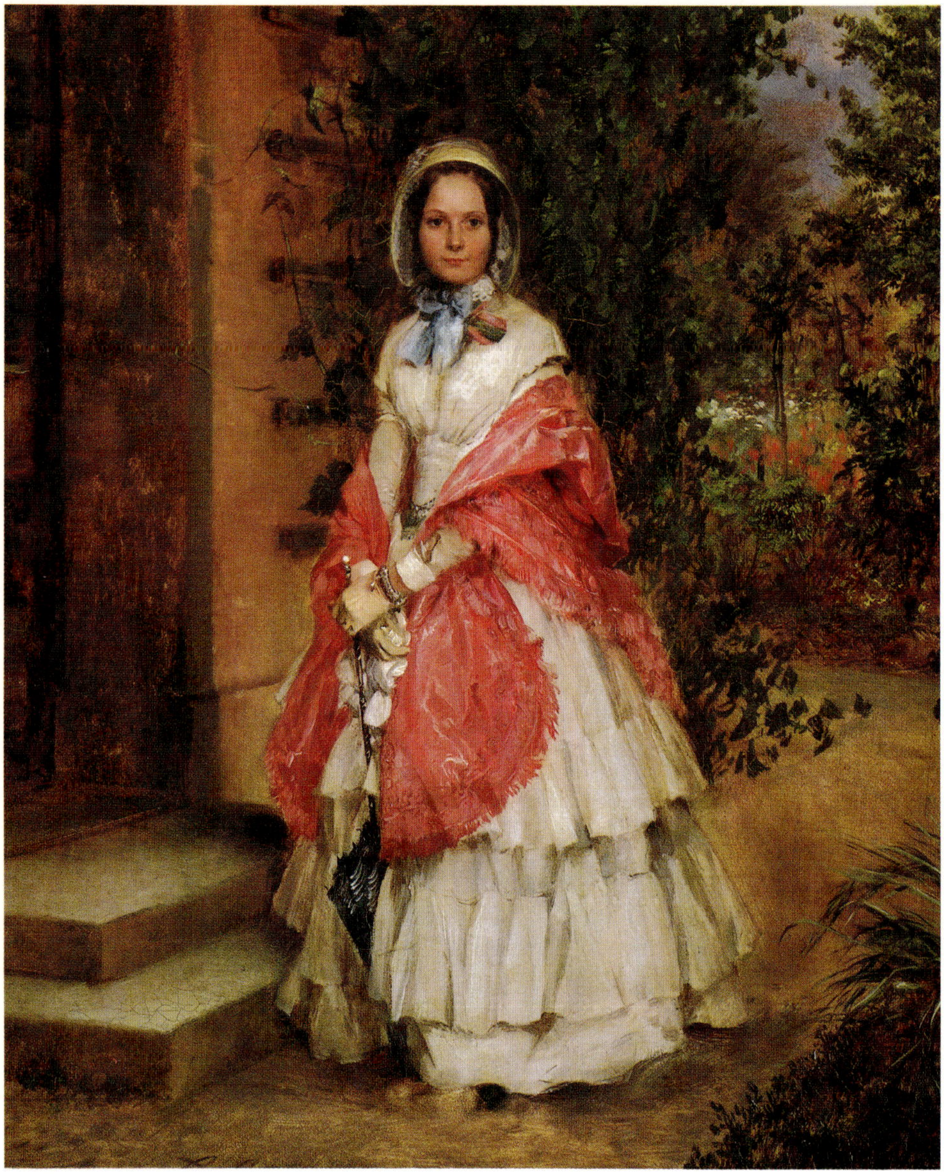

Bildnis Frau Clara Schmidt von Knobelsdorff, 1848
Öl auf Leinwand, 44 × 36 cm

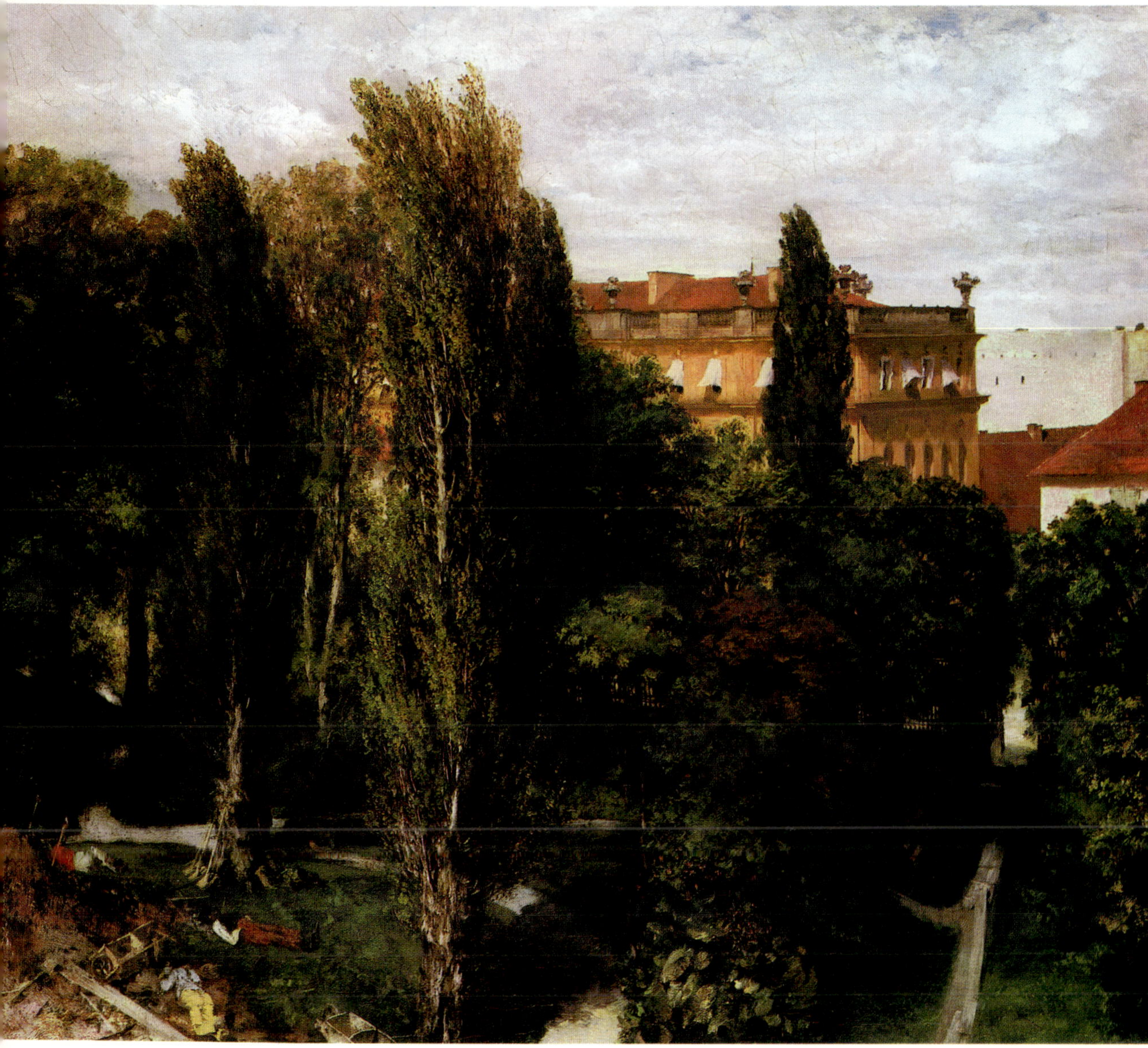

Palais-Garten des Prinzen Albrecht, 1846/1876
68 × 86 cm

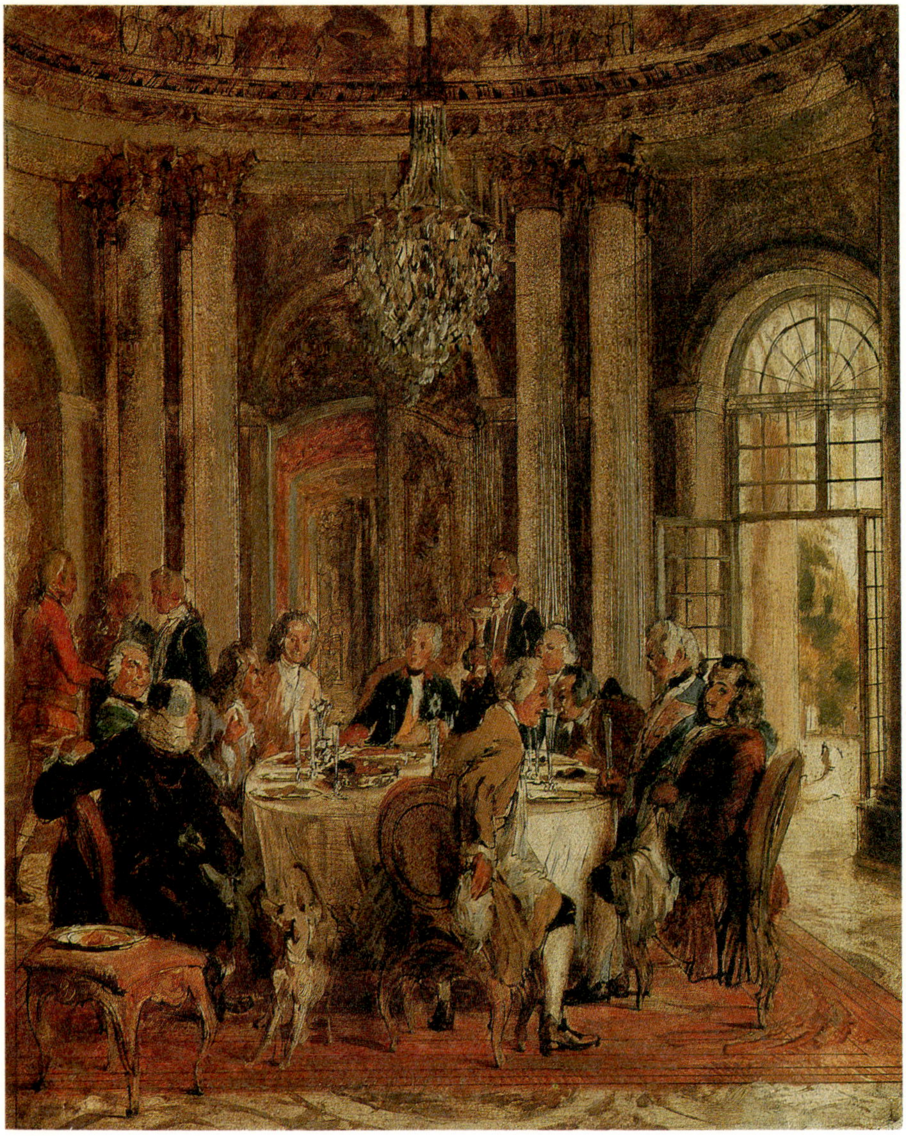

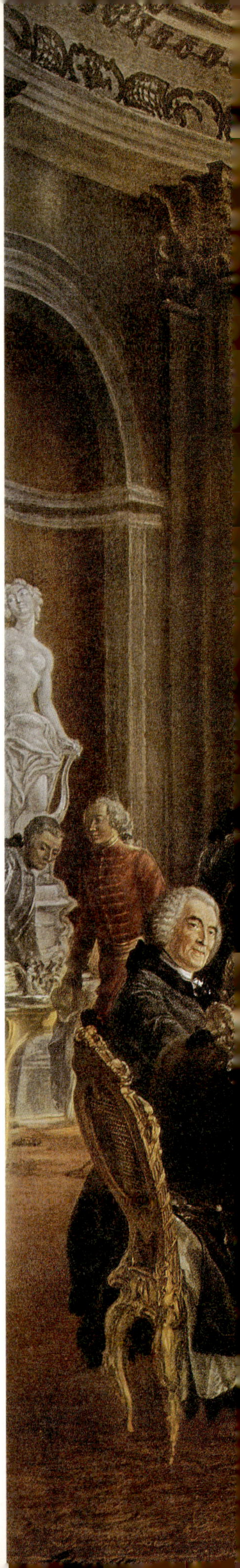

Skizze zur Tafelrunde, 1849
Öl auf Papier, 34 × 27,8 cm

Tafelrunde in Sanssouci, 1850
Öl auf Leinwand, 204 × 175 cm (Kriegsverlust)

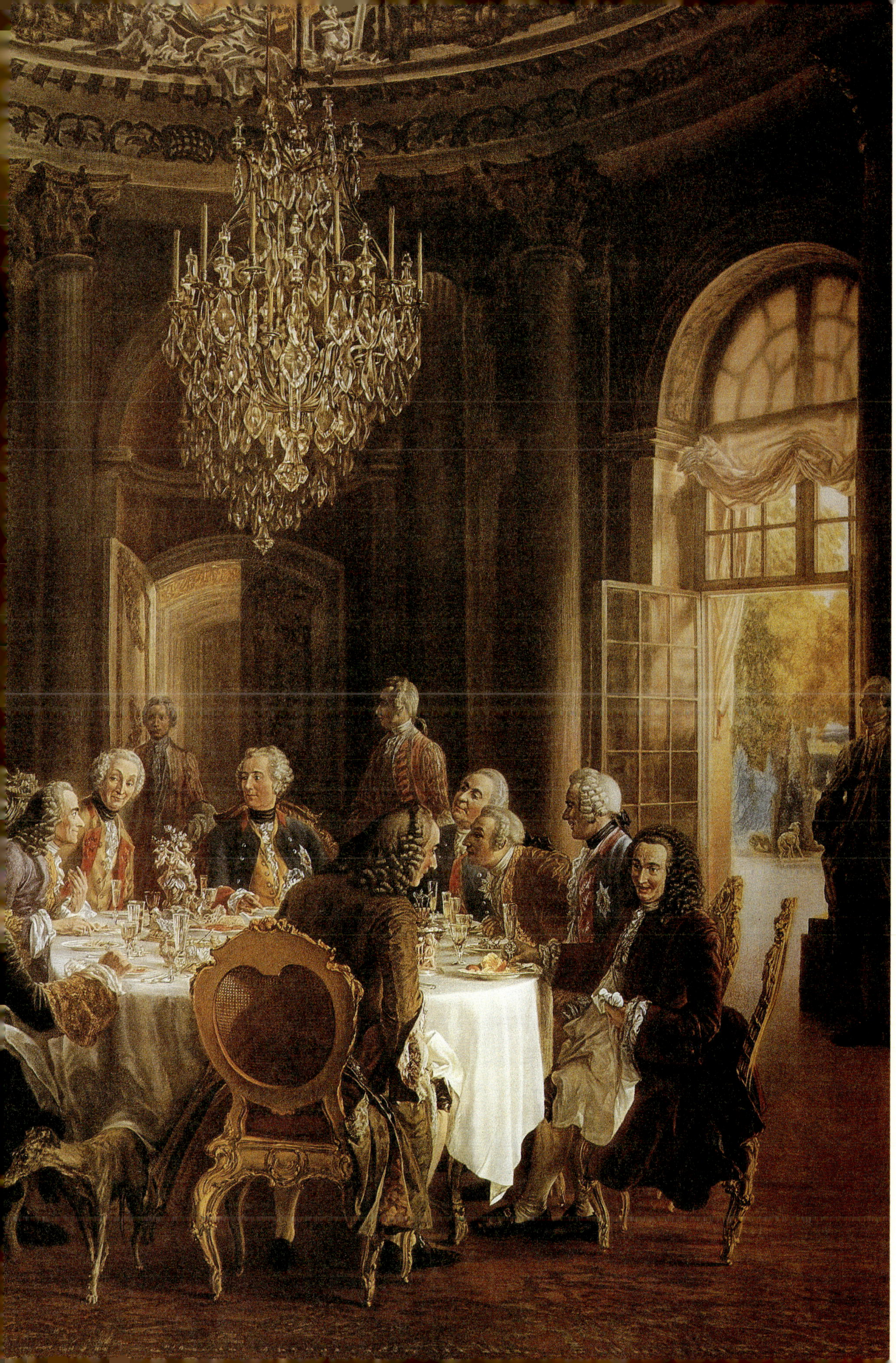

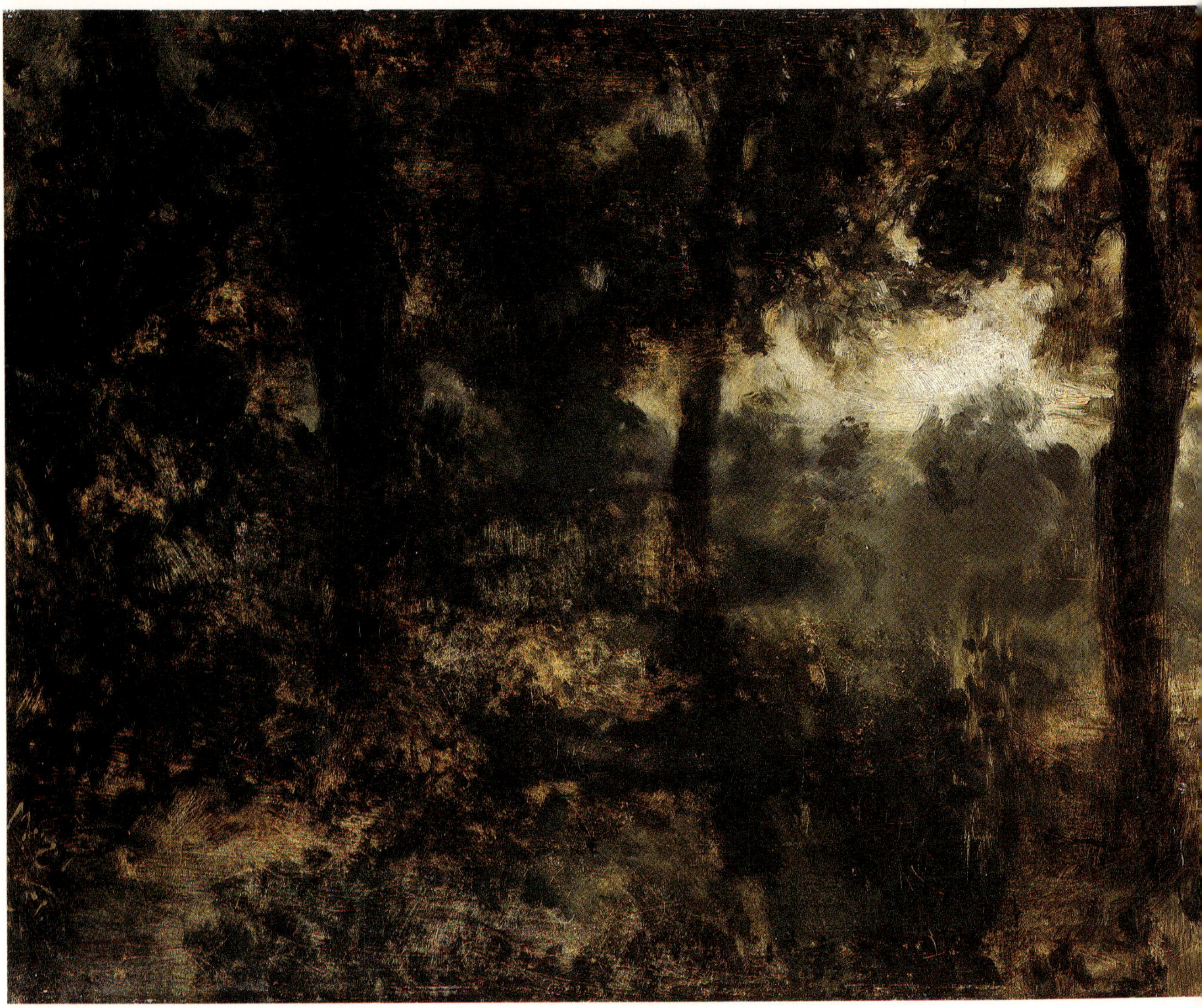

Waldesnacht, 1851
Öl auf Leinwand, 51,5 × 65,5 cm

Die Bittschrift, 1849
Öl auf Leinwand, 60 × 75 cm

Kahnfahrt in Rheinsberg, 1850
Aquarell- und Deckfarben, 20 × 27,5 cm

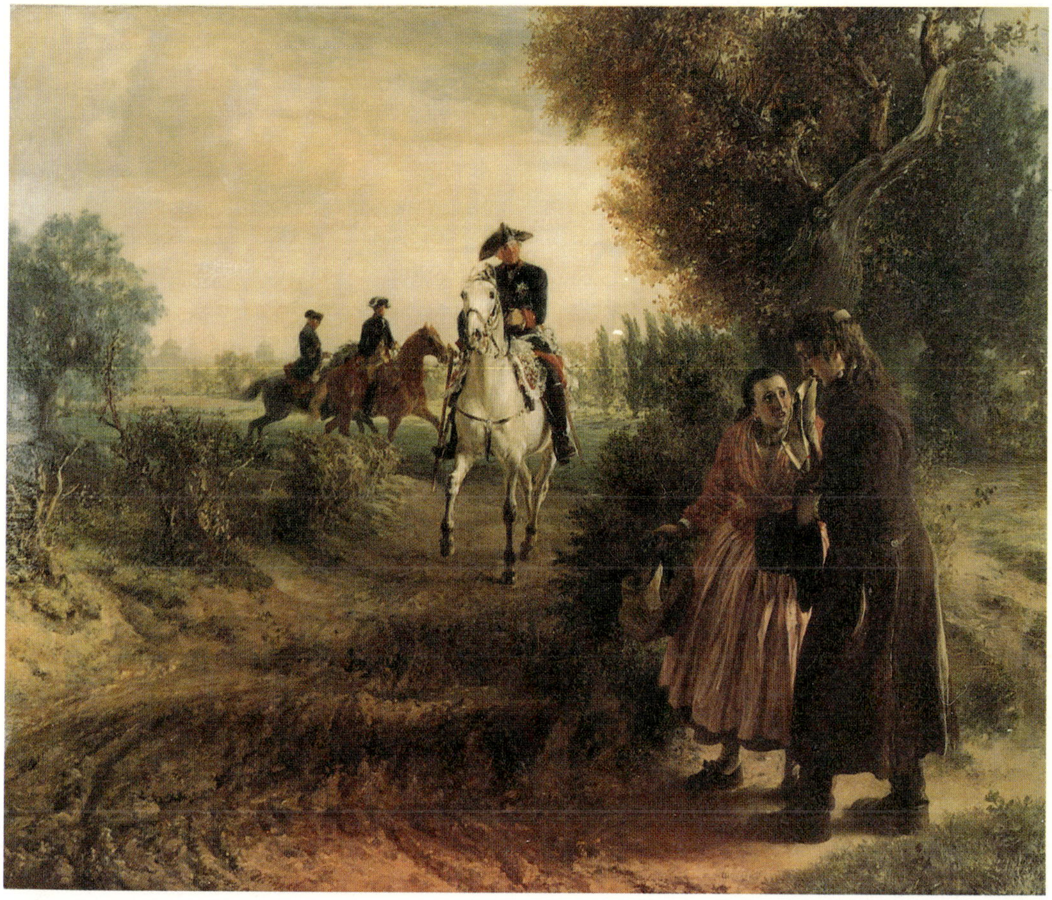

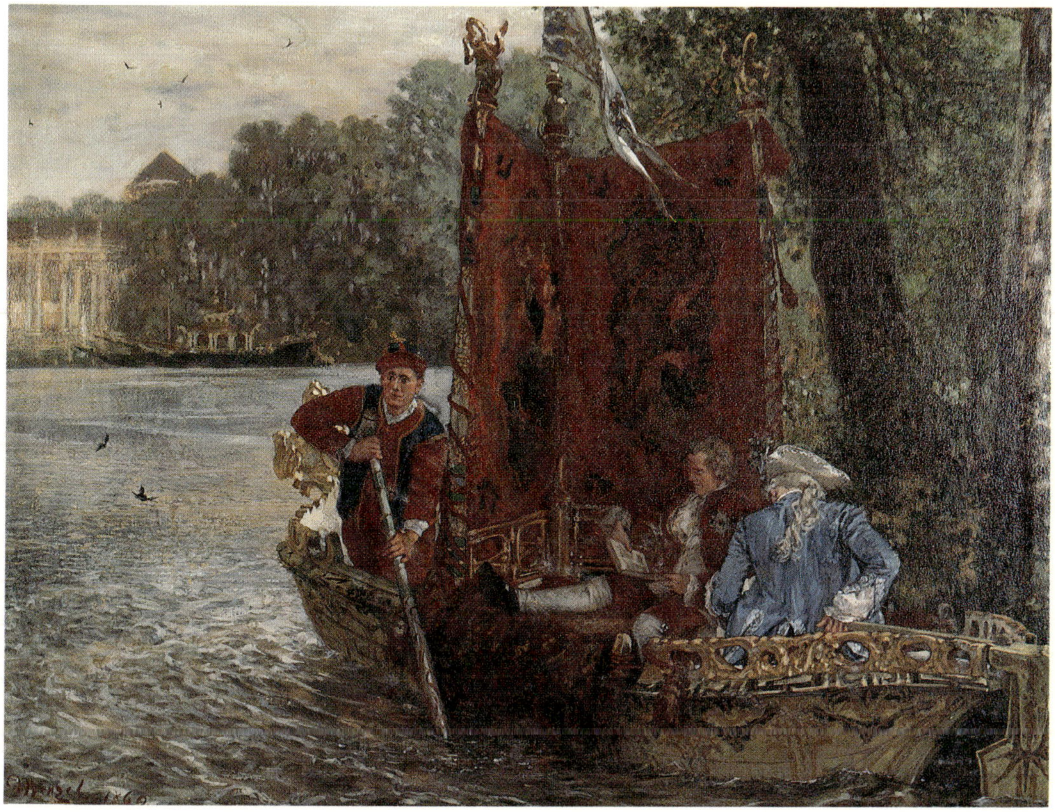

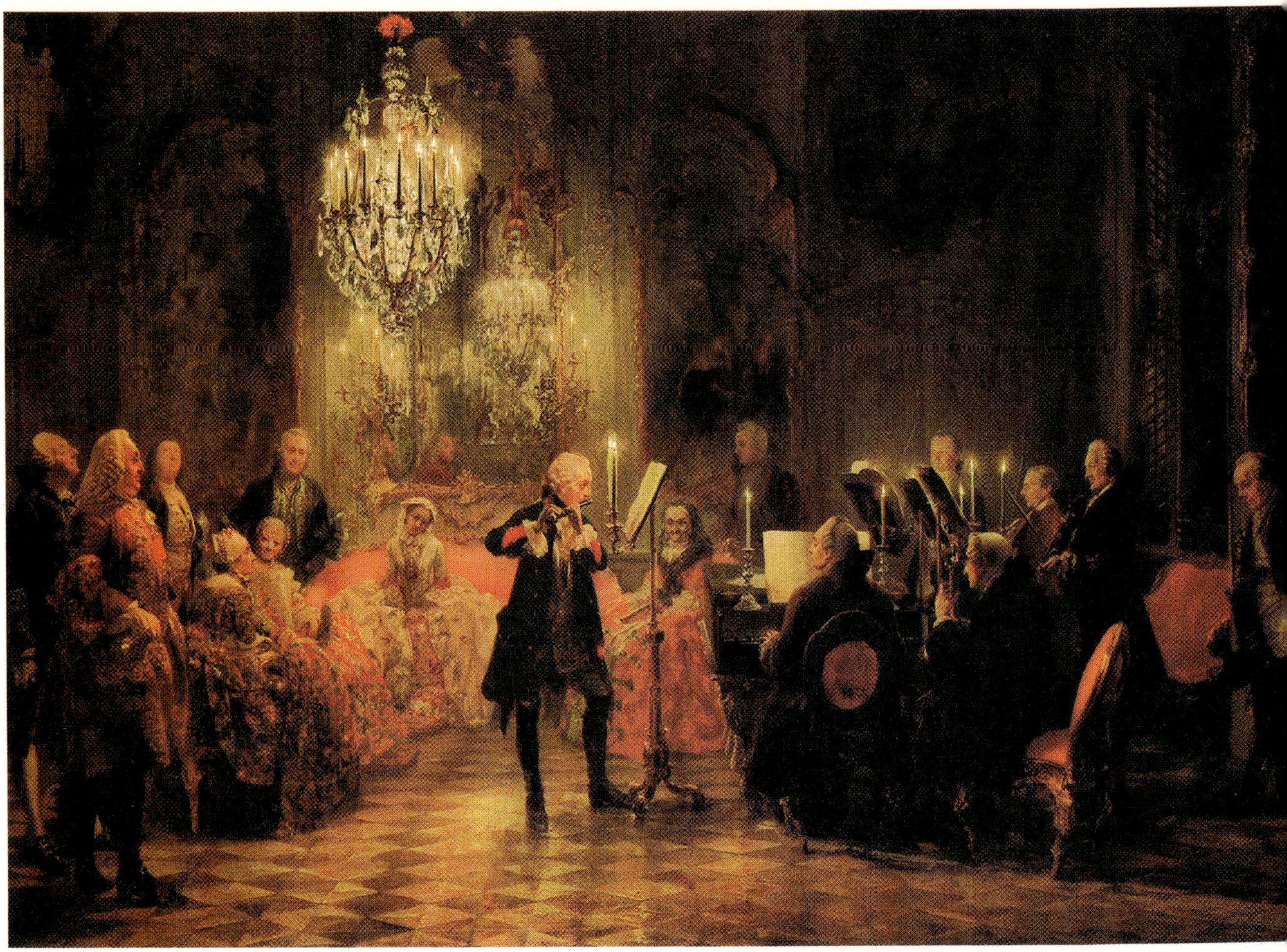

Flötenkonzert Friedrichs in Sanssouci, 1852
Öl auf Leinwand, 142 × 205 cm

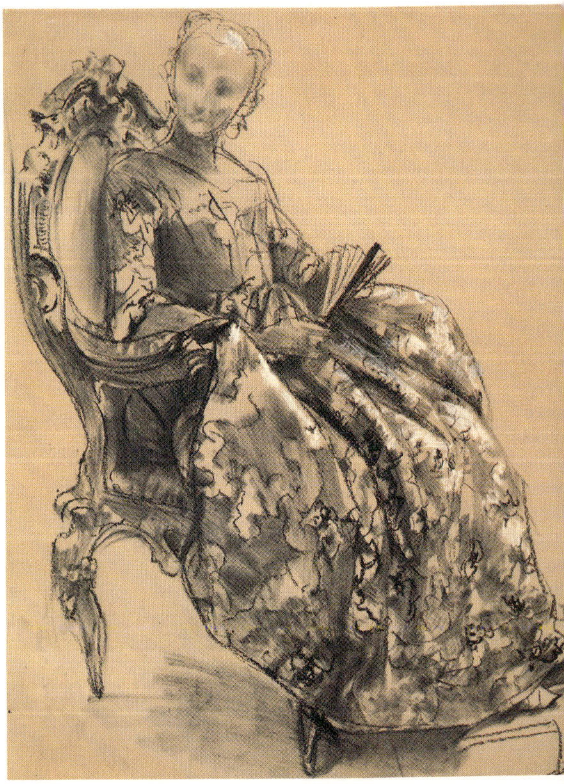

Schwester Friedrichs des Großen, Prinzessin Amalie, 1852
Kreide auf braunem Papier, 37,4 × 30 cm

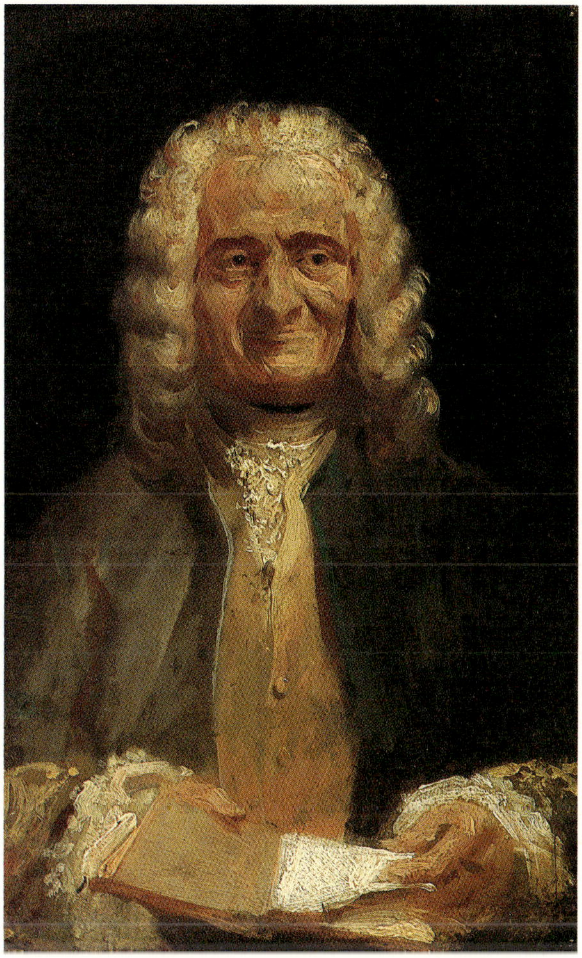

Voltaire,
ein Buch aufschlagend, o. J.
Öl auf Kupfer,
14,3 × 9,5 cm

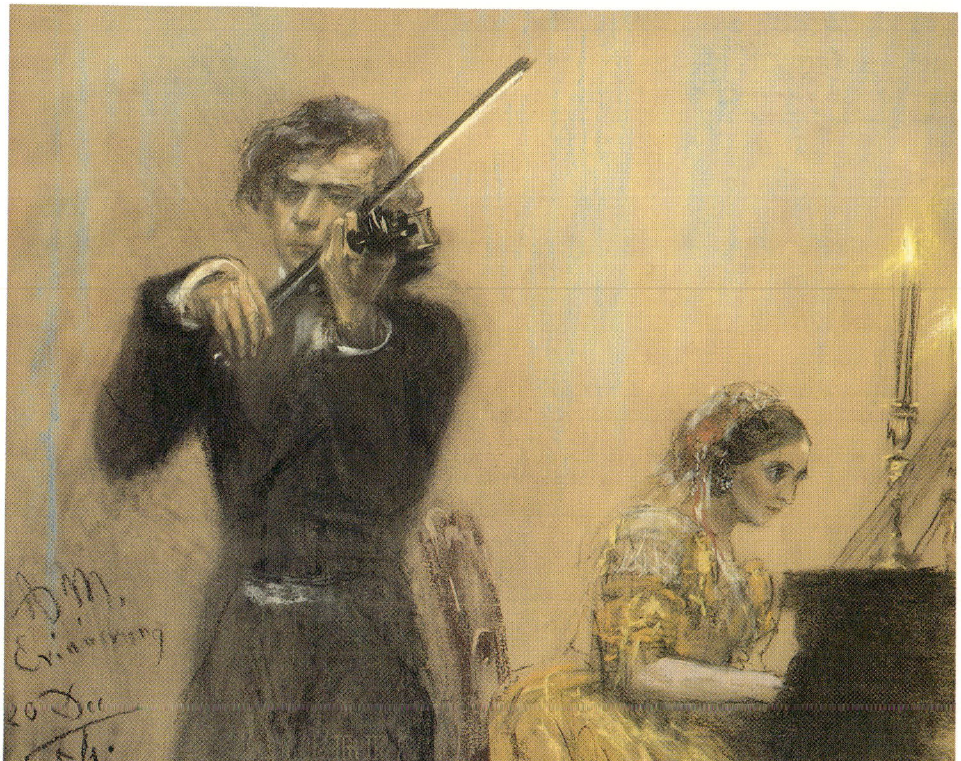

Clara Schumann
und Joseph Joachim,
musizierend, 1854
Pastell, 27 × 33 cm

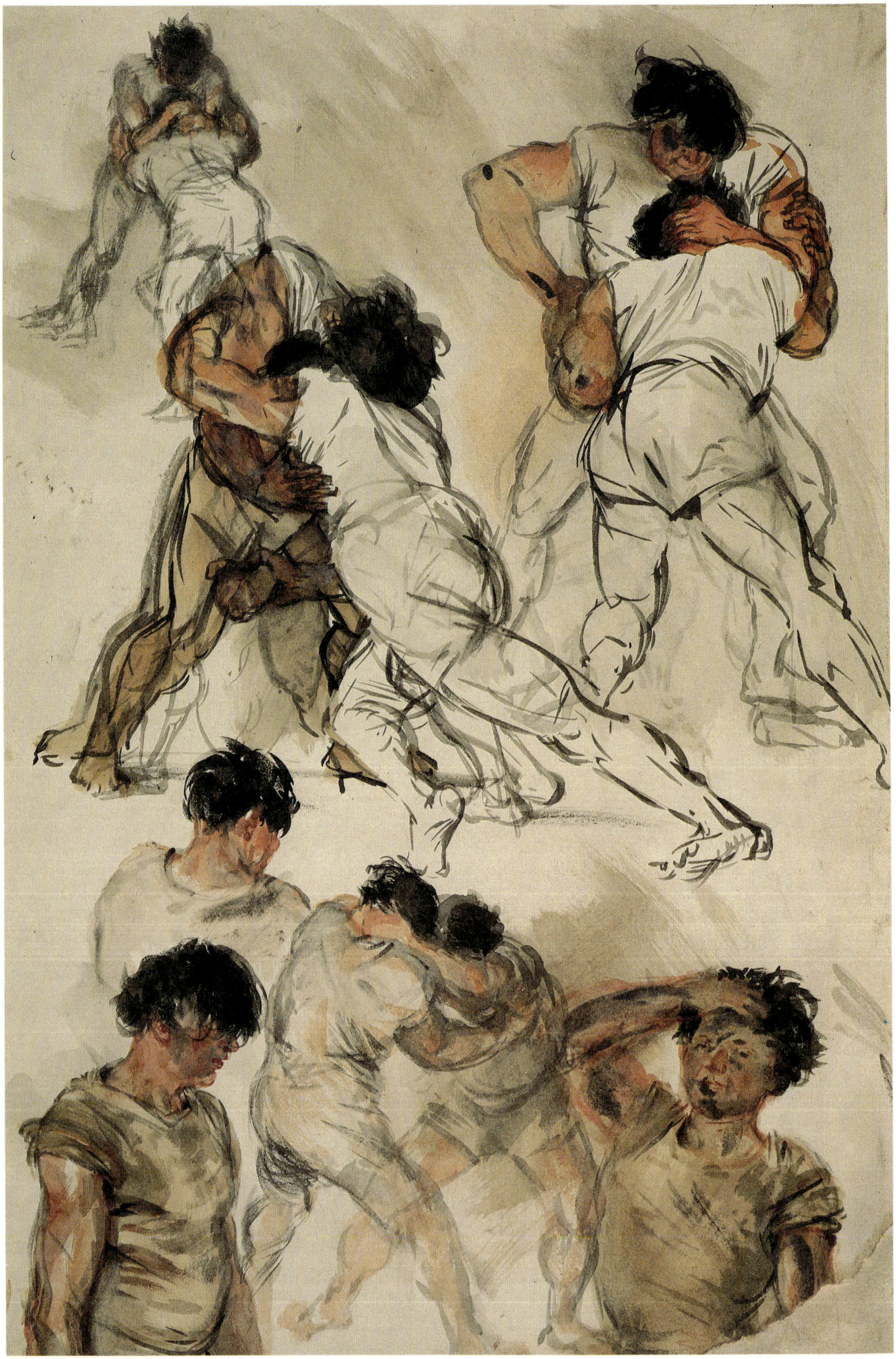

Links
Ringende, 1850-1860
Wasserfarben, 49 × 33 cm

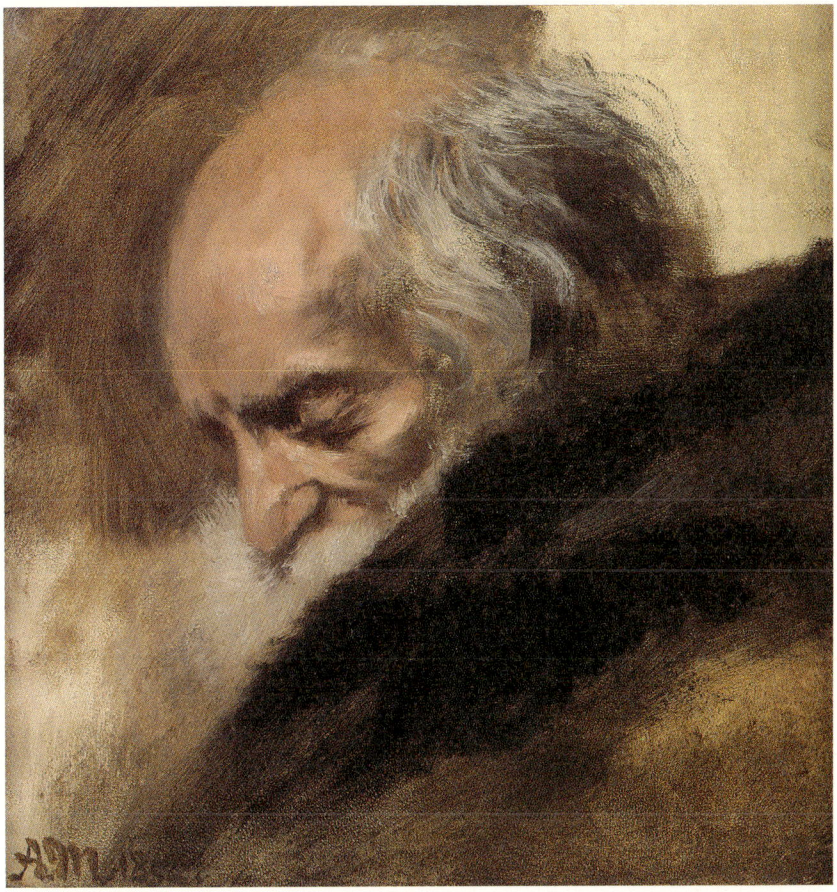

Kopf eines einschlafenden weißhaarigen Juden, 1852
Öl auf Leinwand, 20,5 × 20 cm

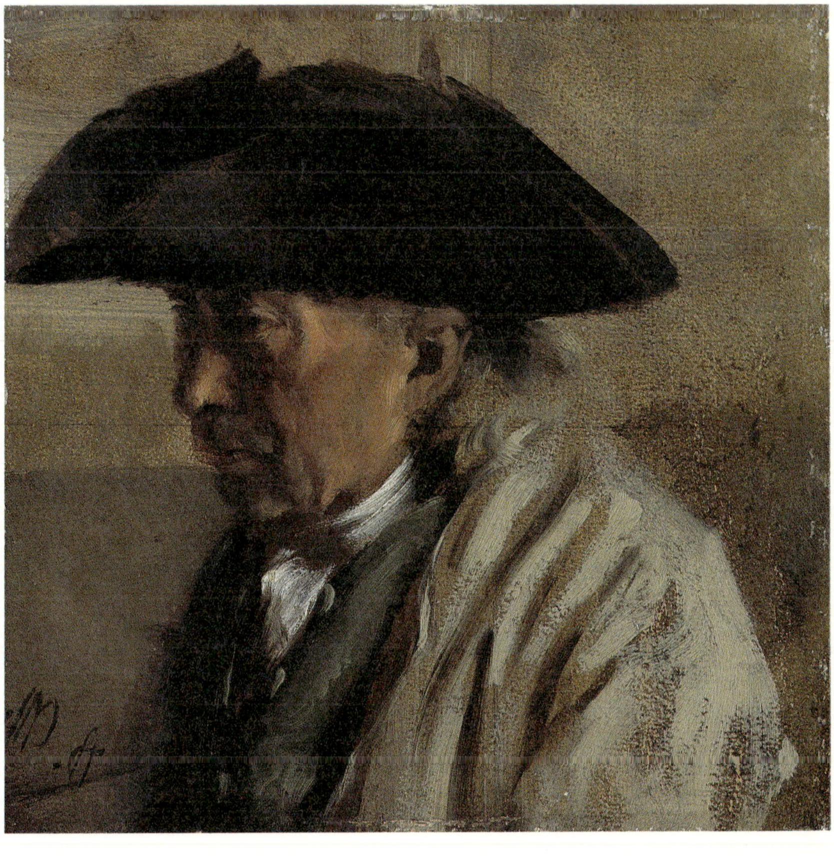

Kopf eines Bauern mit Dreispitz, 1853-1860
Öl auf Papier auf Karton, 22 × 22,5 cm

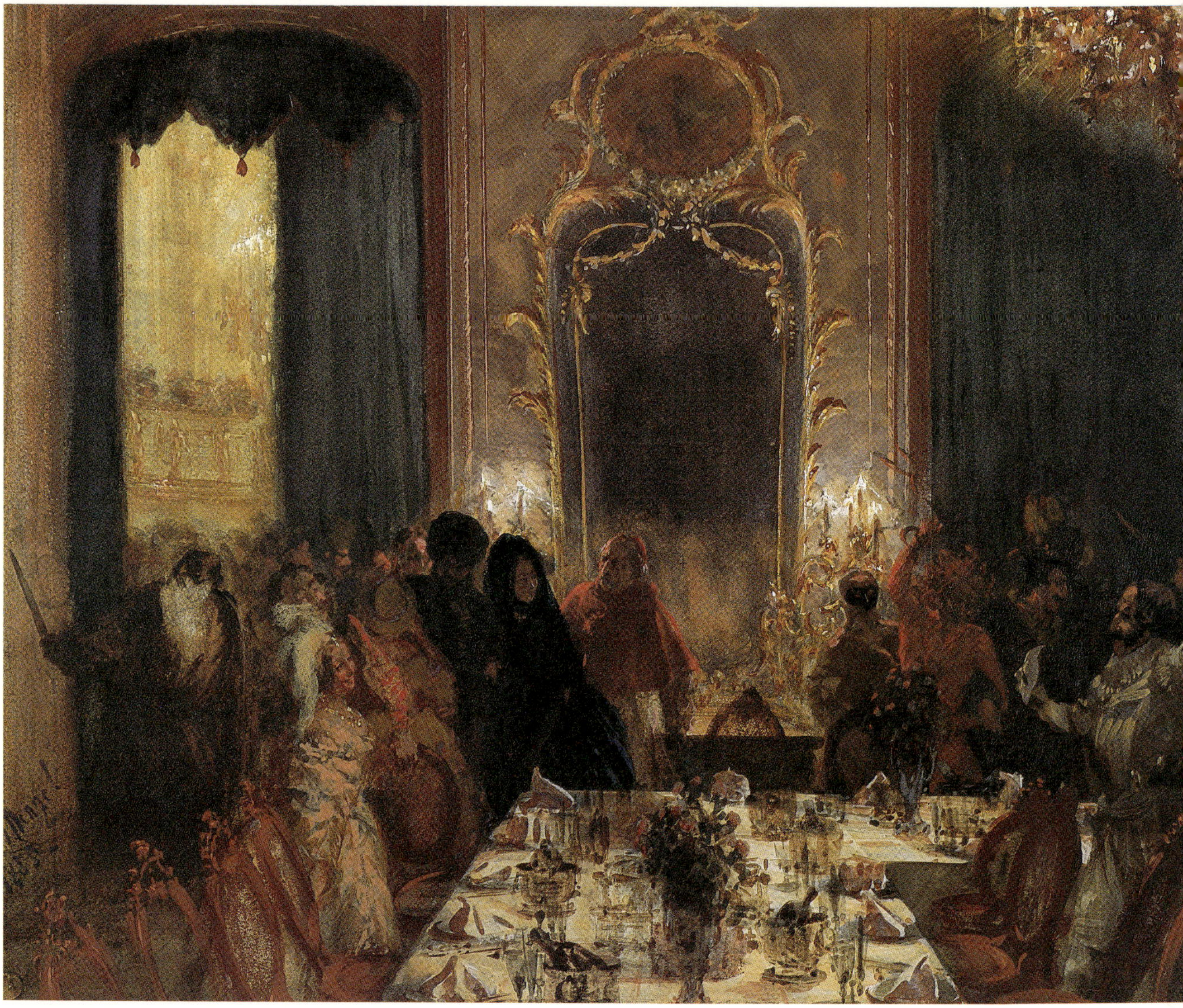

Maskensouper, 1855
Gouache, 34 × 42 cm

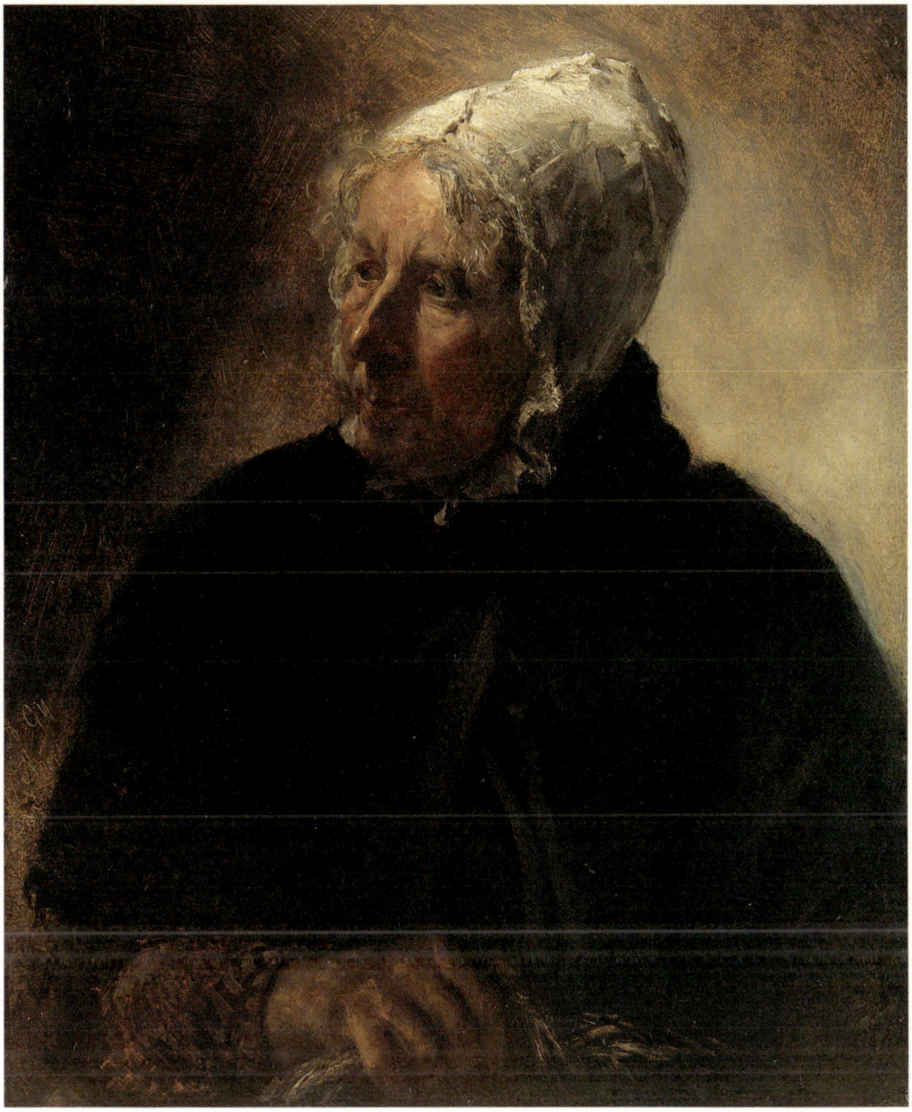

Botenfrau, 1855
Öl auf Holz, 64,8 × 53,7 cm

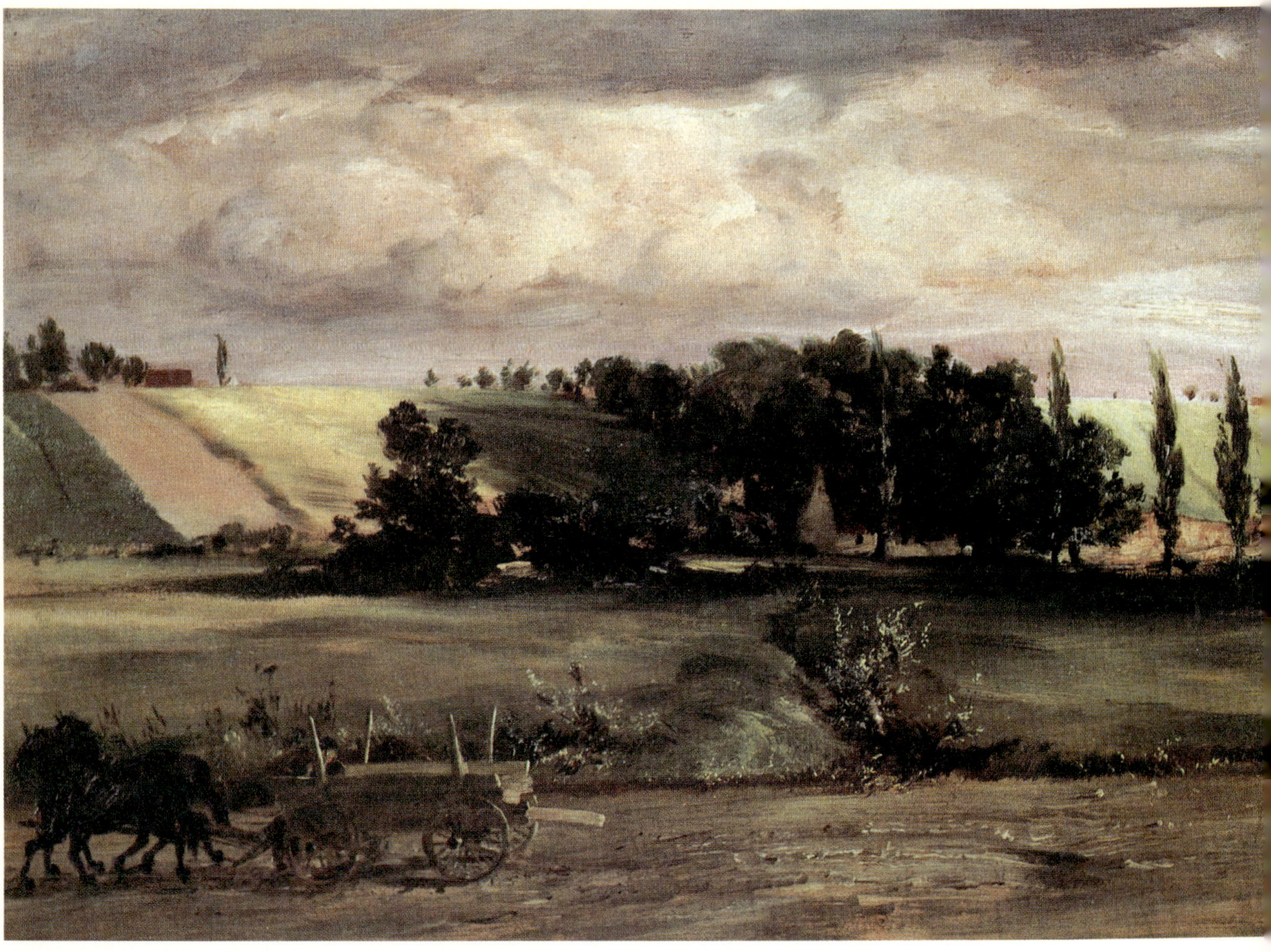

Gewitter am Tempelhofer Berg, o. J. [ca. 1850]
Öl auf Leinwand, 27 × 40 cm

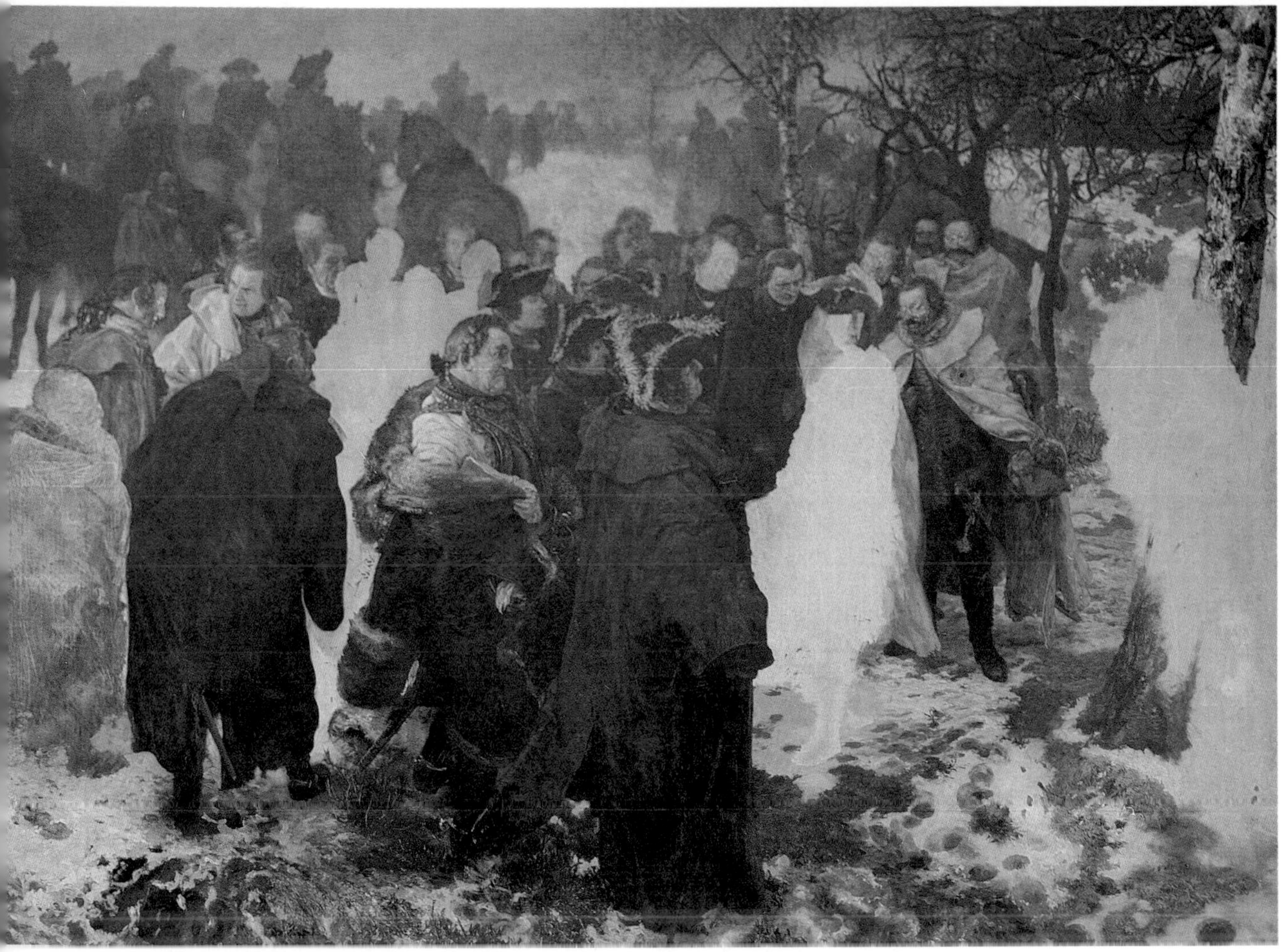

Ansprache Friedrichs des Großen an seine Generale vor der Schlacht bei Leuthen 1757 (unvollendet), 1858-1861
Öl auf Leinwand, 318 × 424 cm

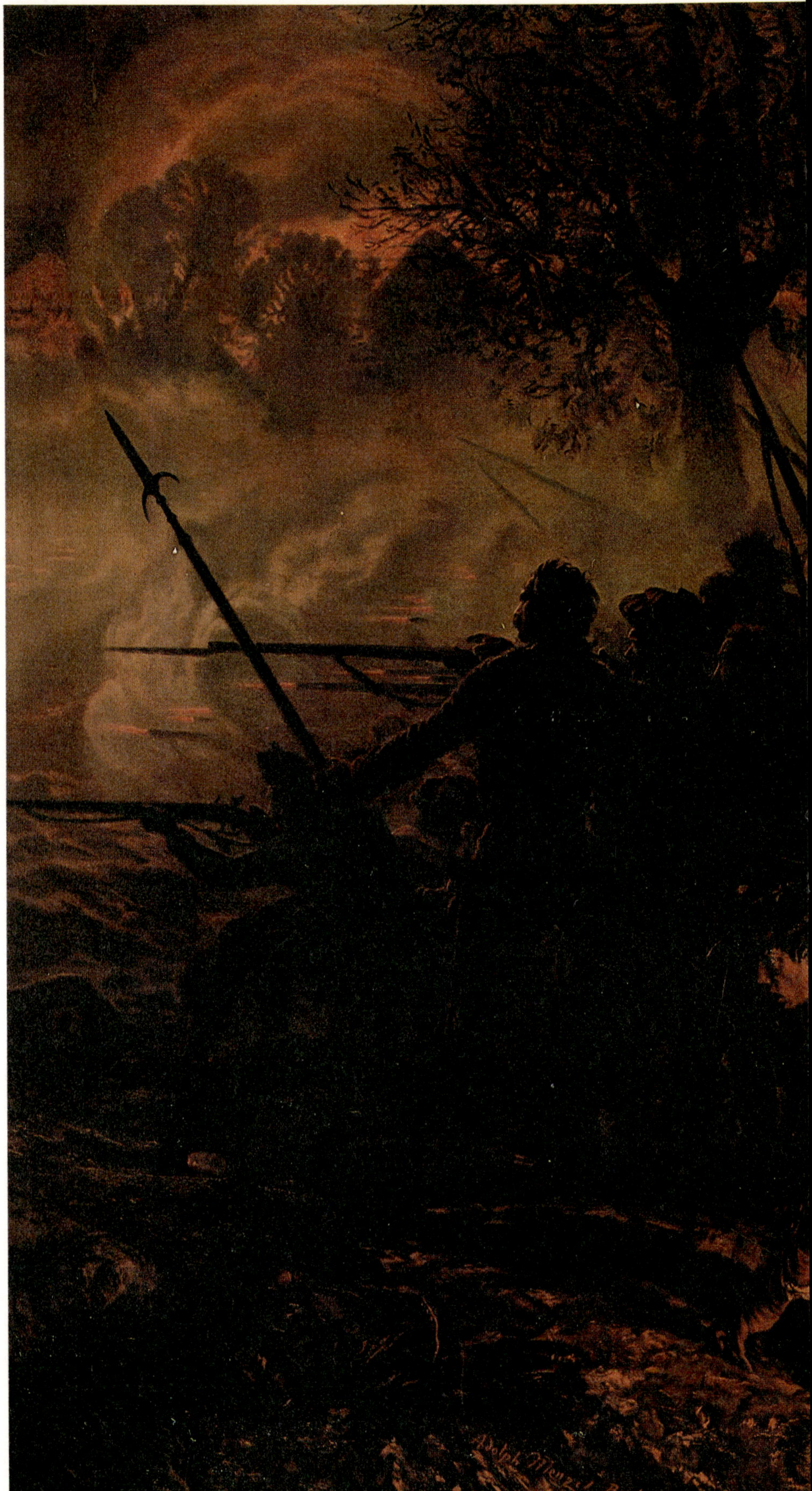

Friedrich und die
Seinen in der Schlacht bei
Hochkirch, 1856
Öl auf Leinwand, 295 × 378 cm
(Kriegsverlust)

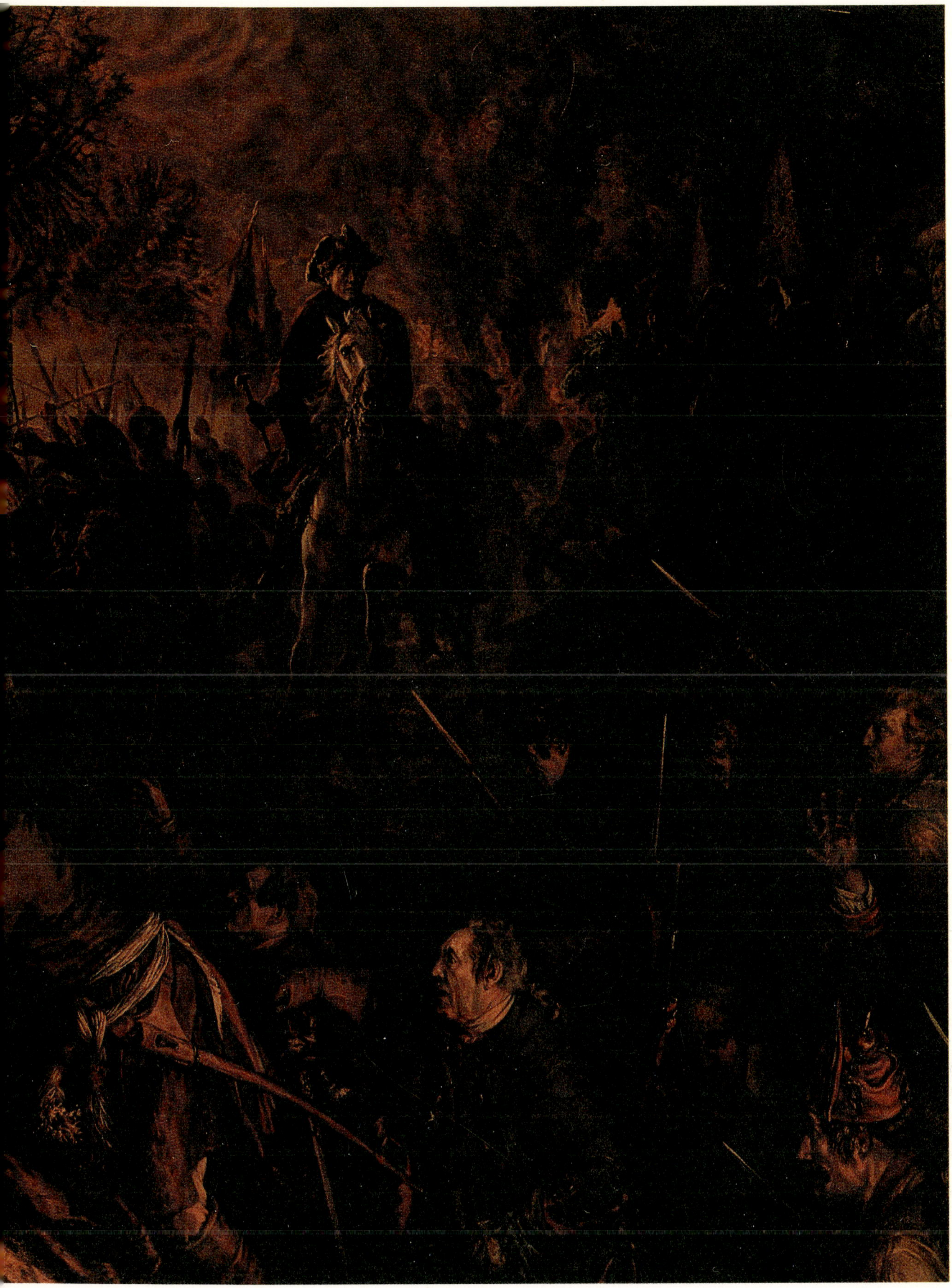

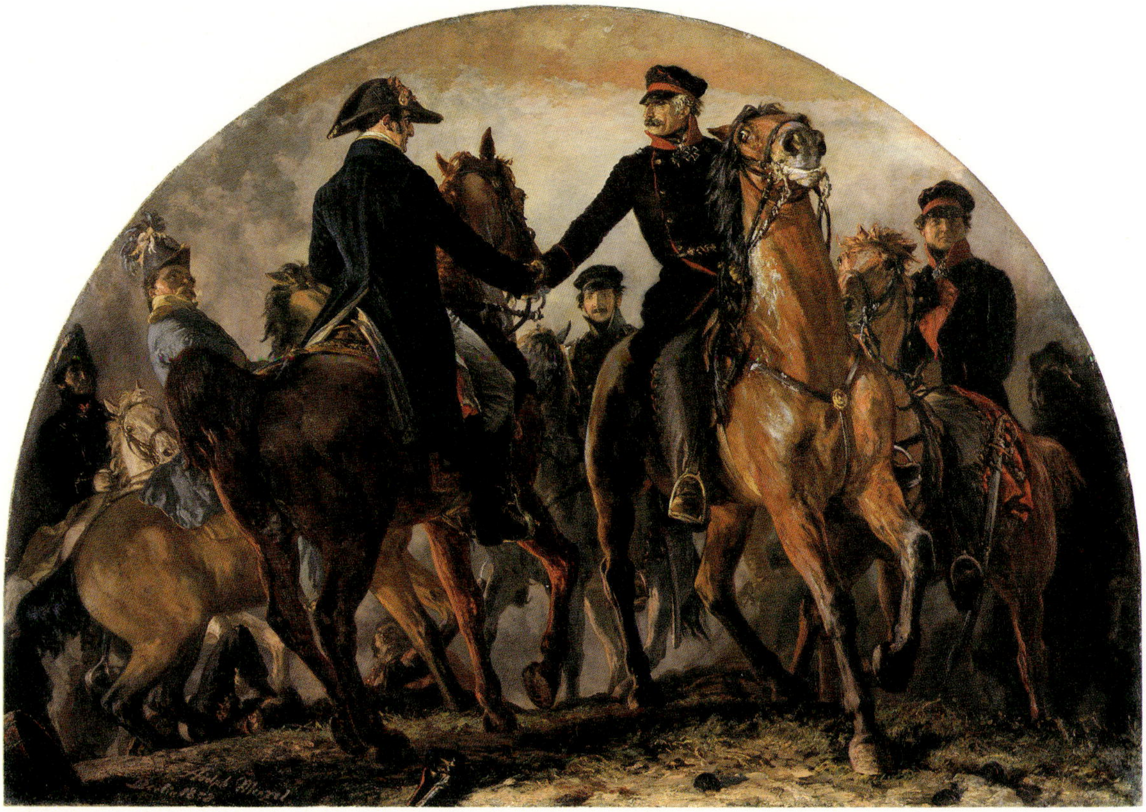

Wellington und Blücher nach der Schlacht bei Waterloo, 1858
Öl auf Leinwand, Breite 302 cm, Höhe 220 cm

Beerdigung, um 1852
Aquarell- und Deckfarben, 28,1 × 39,3 cm

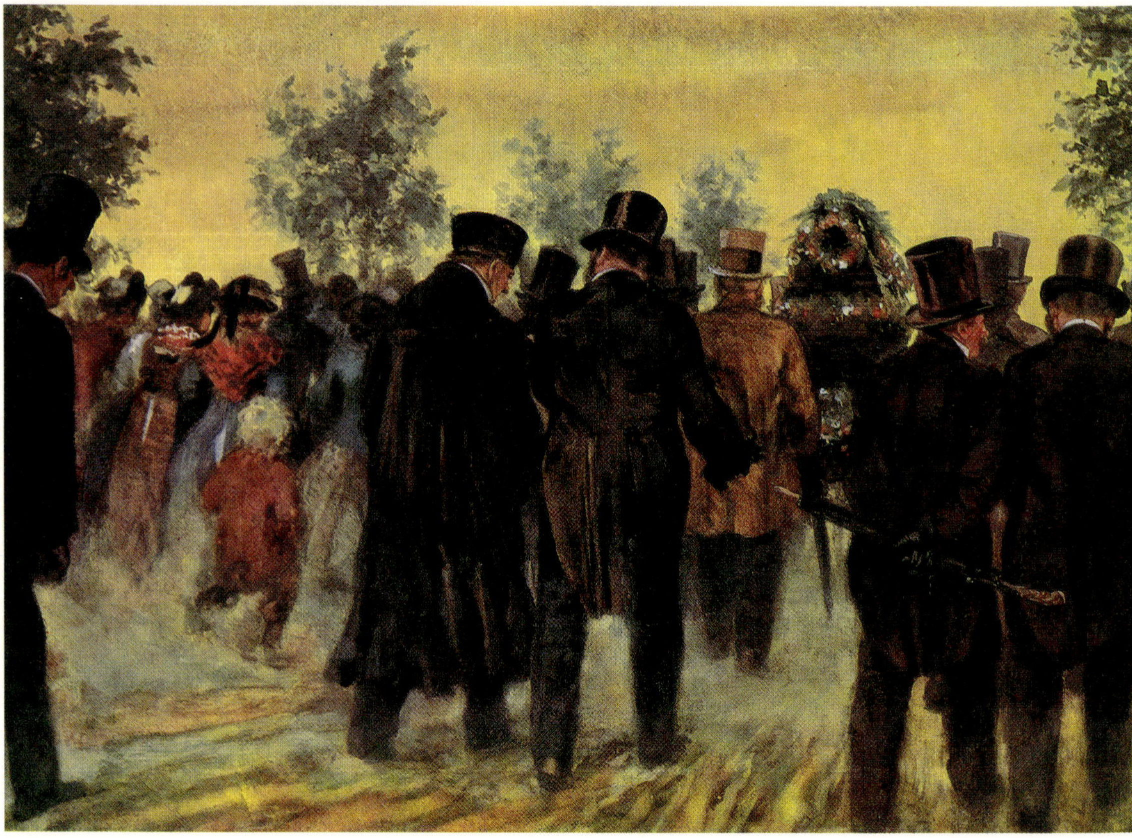

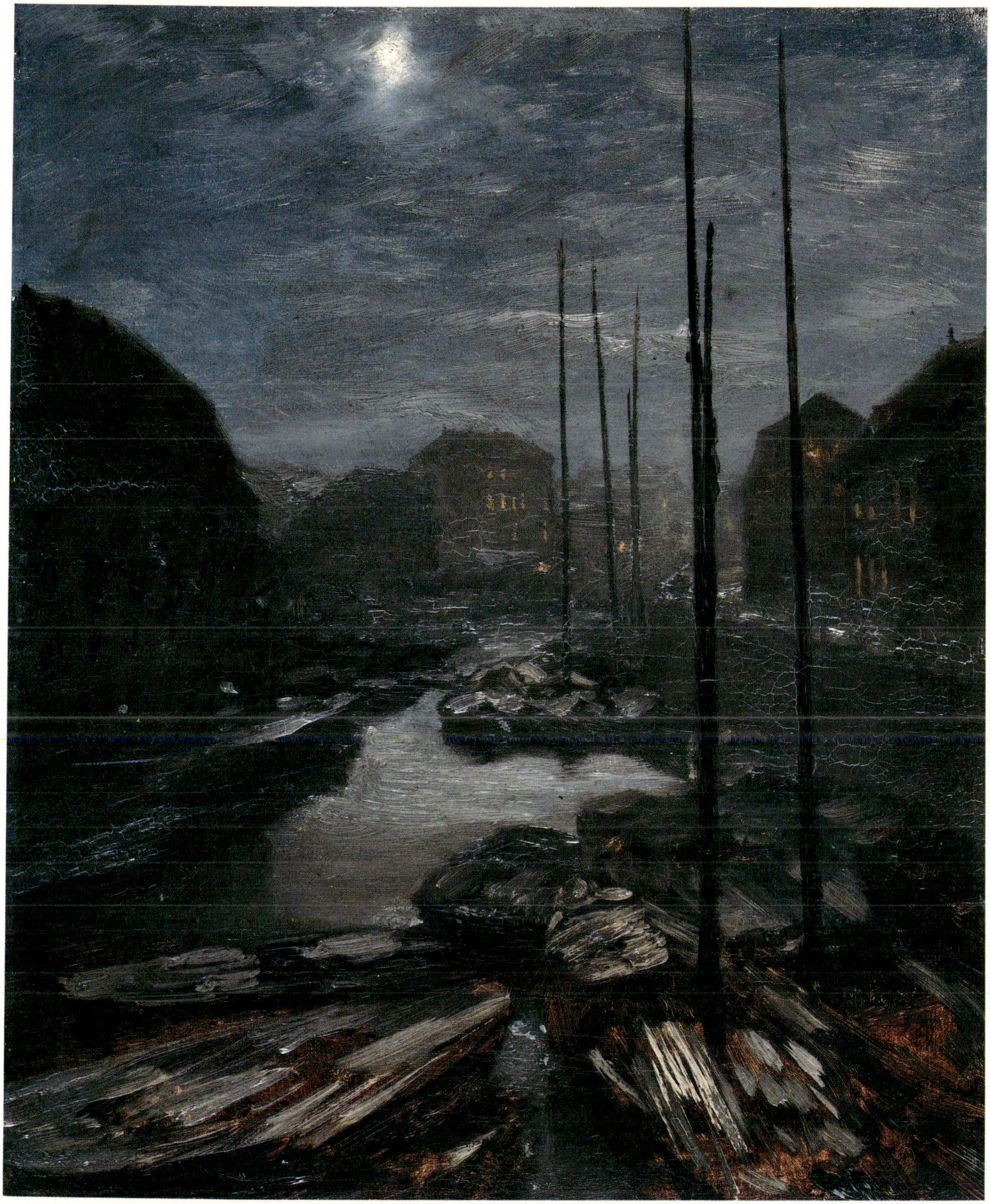

Friedrichsgracht bei Mondschein, o. J. (um 1860)
Öl auf Leinwand, 39 × 32 cm

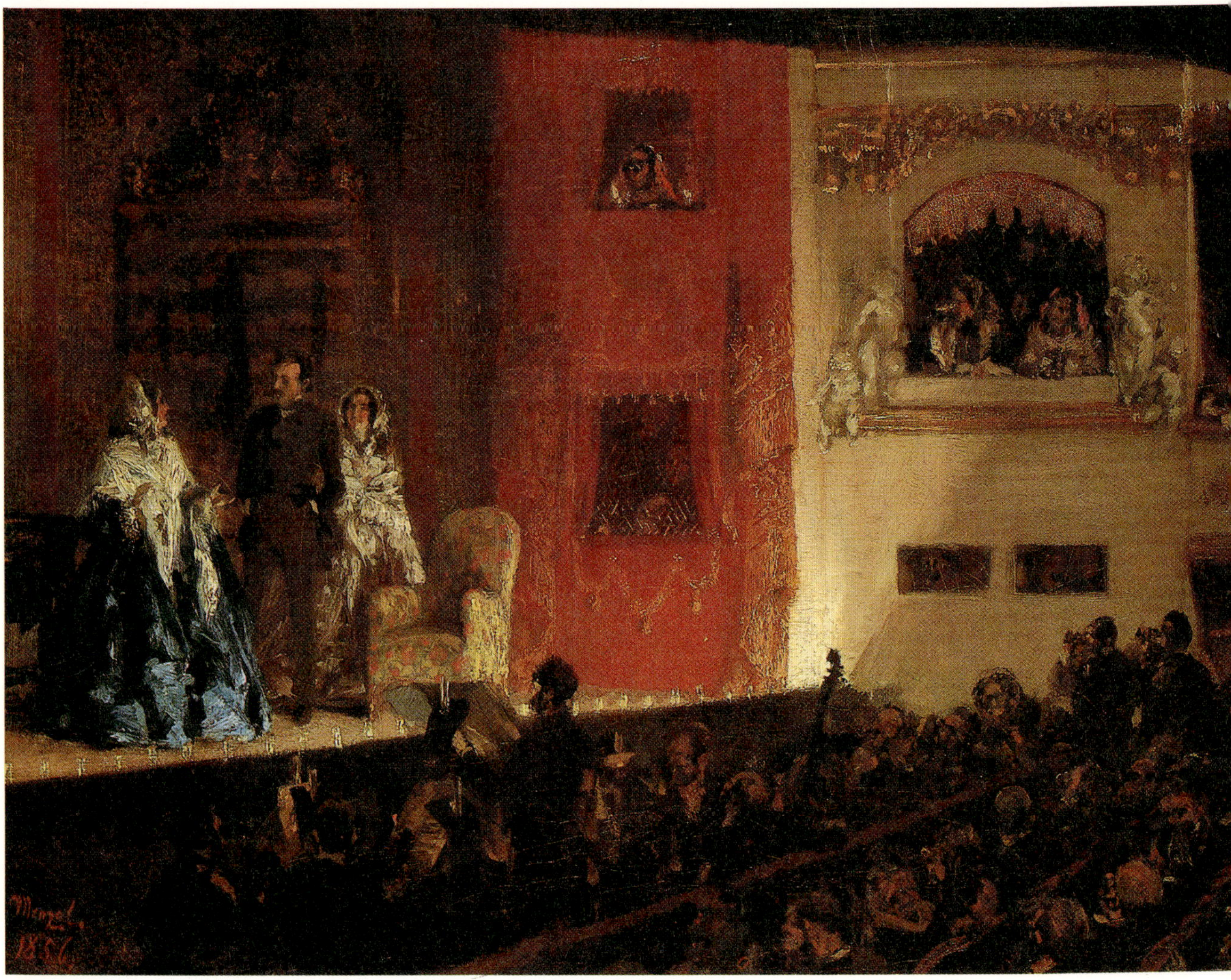

Théâtre de Gymnase, 1856
Öl auf Leinwand, 46 × 62 cm

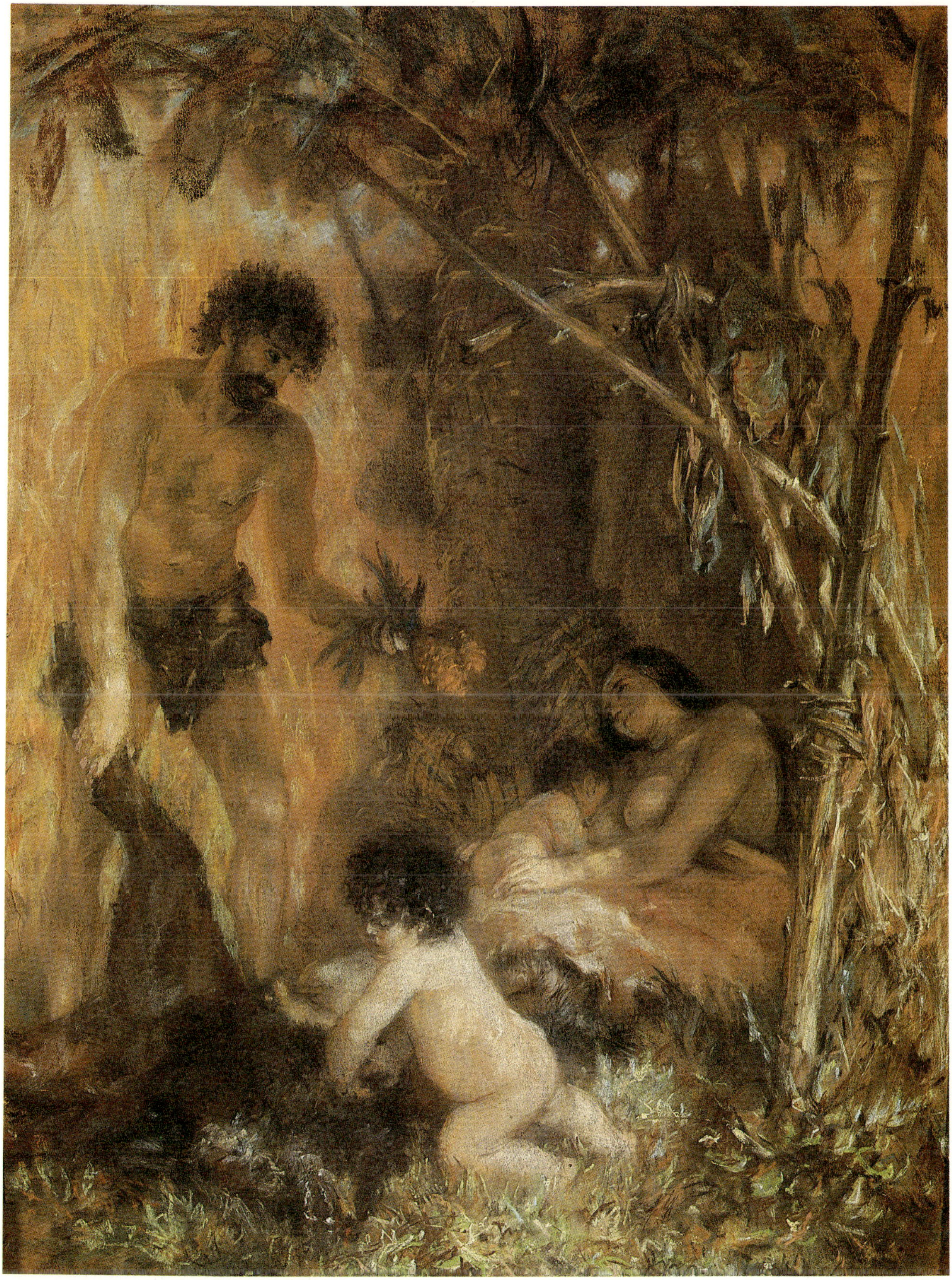

Adam und Eva, 1857
Pastellkreiden auf dunkelbraunem Papier

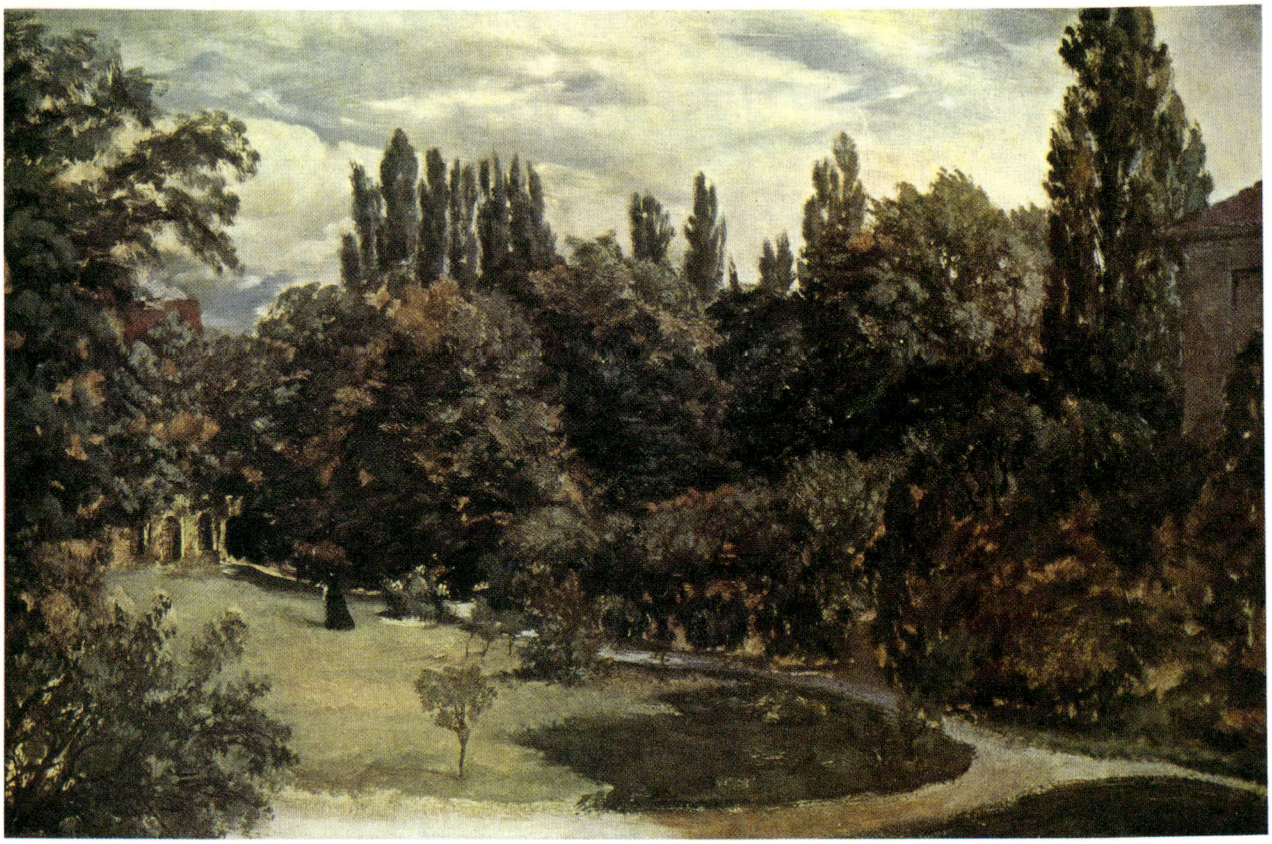

Garten des Justizministeriums in Berlin, 1848
Öl auf Leinwand, 34 × 54 cm (Kriegsverlust)

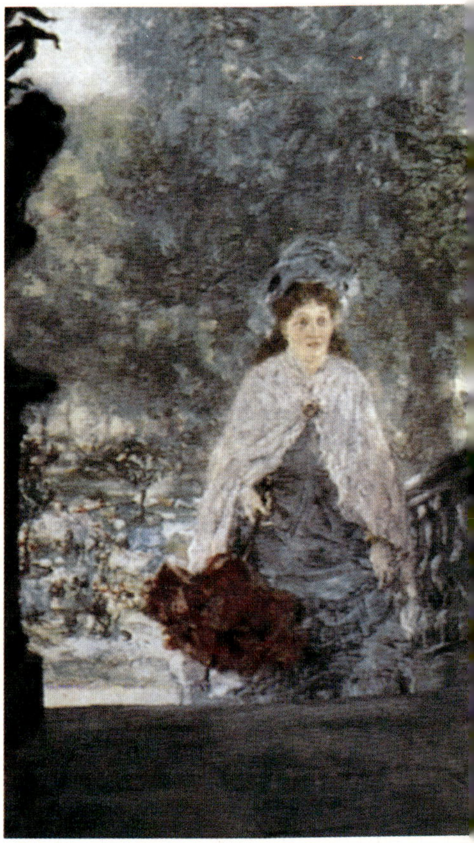

Reisepläne, 1875
Gouache, 15 × 31 cm

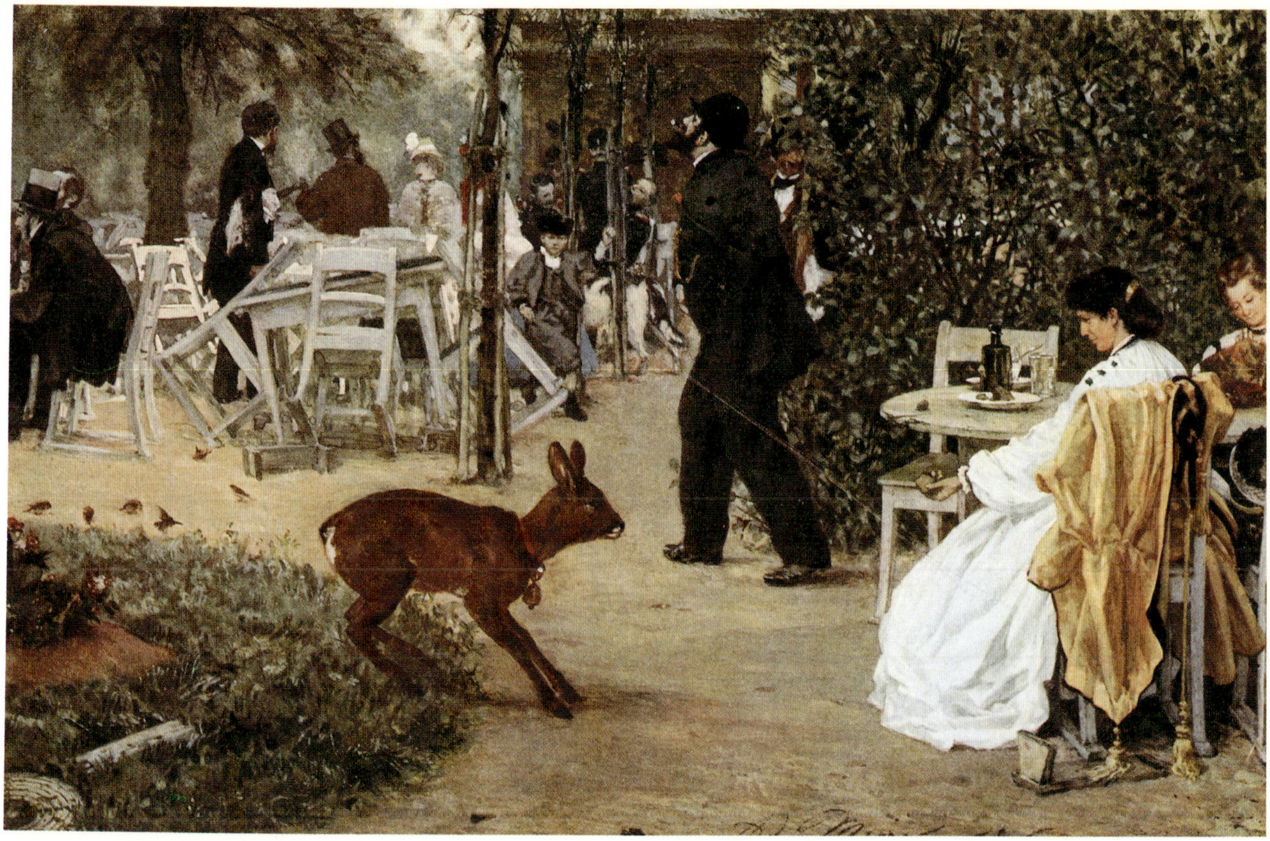

Gastwirtschaft Moritzhof in Berlin, 1864
Wasser- und Deckfarben, 23,4 × 36,1 cm

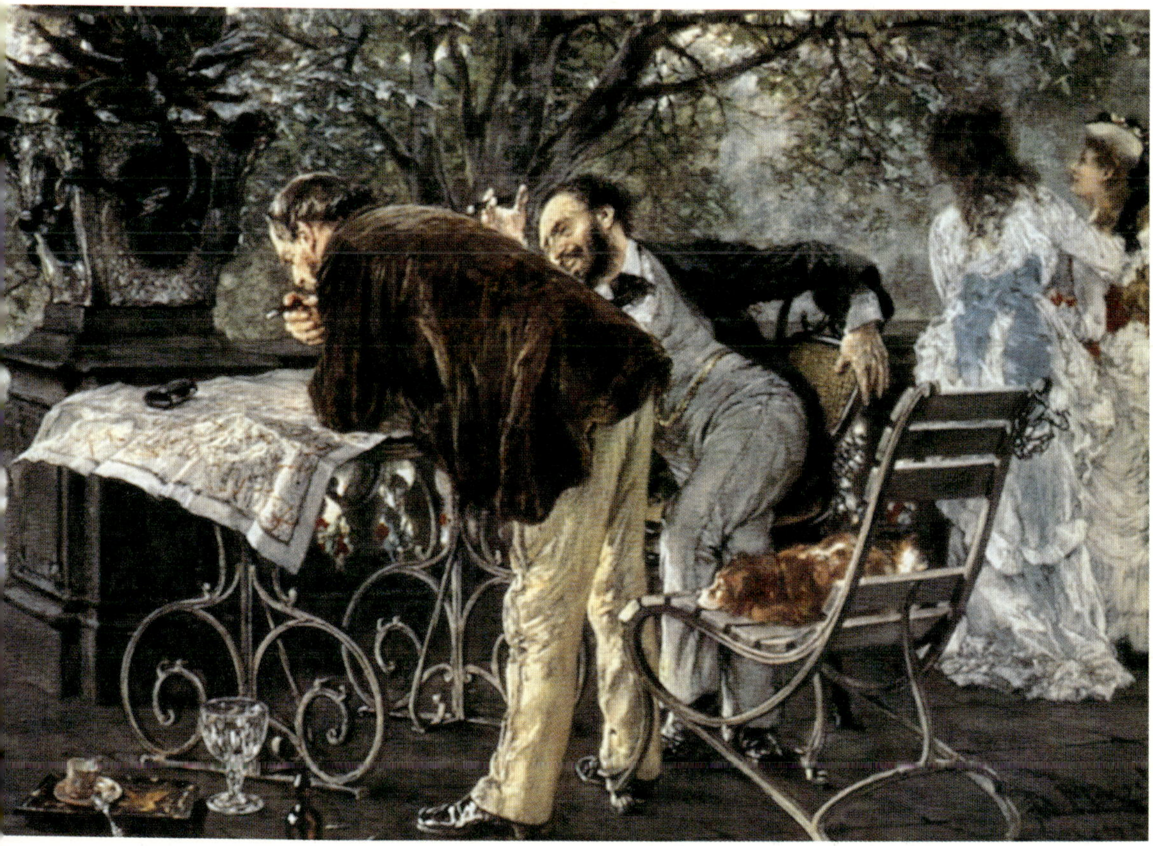

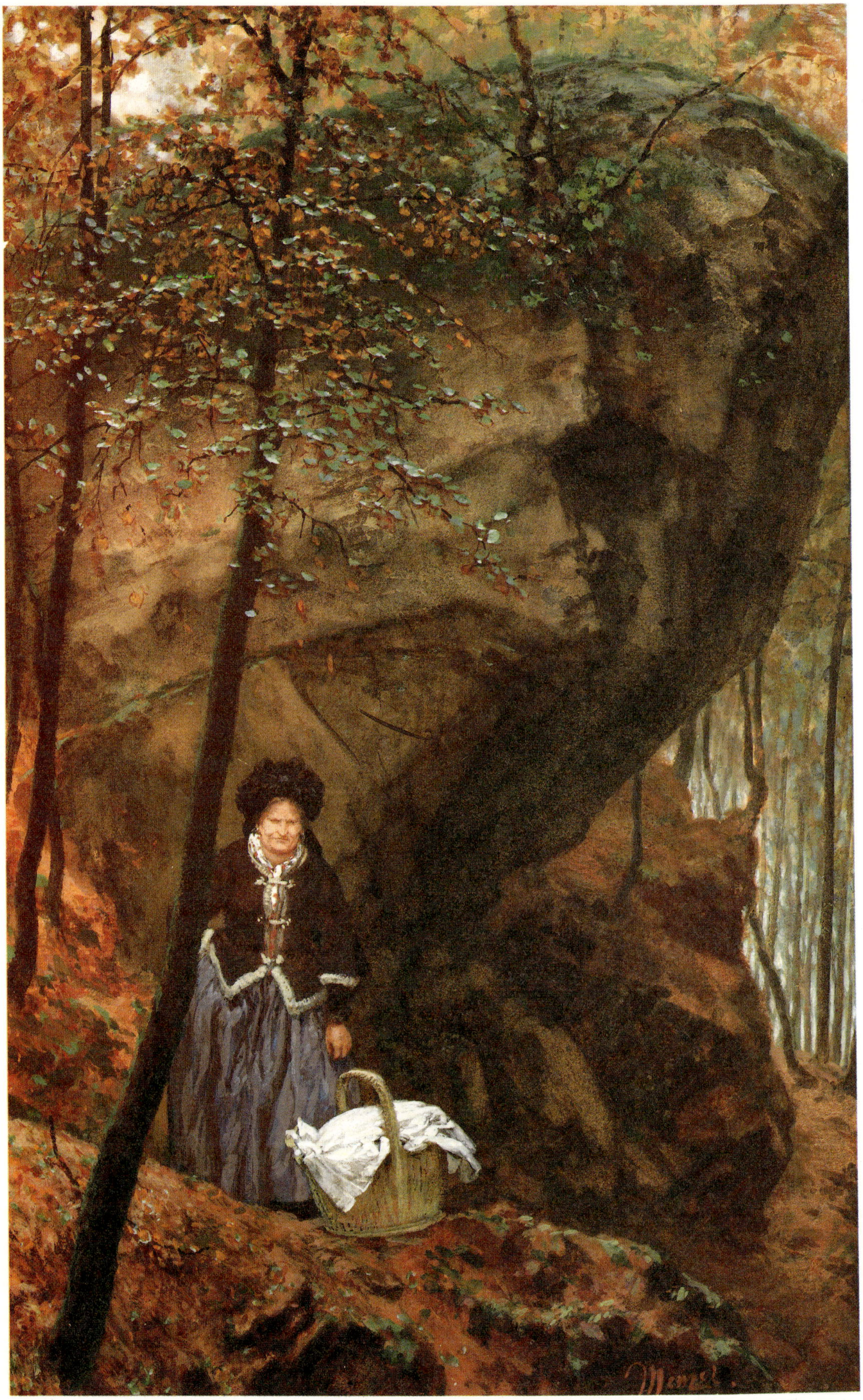

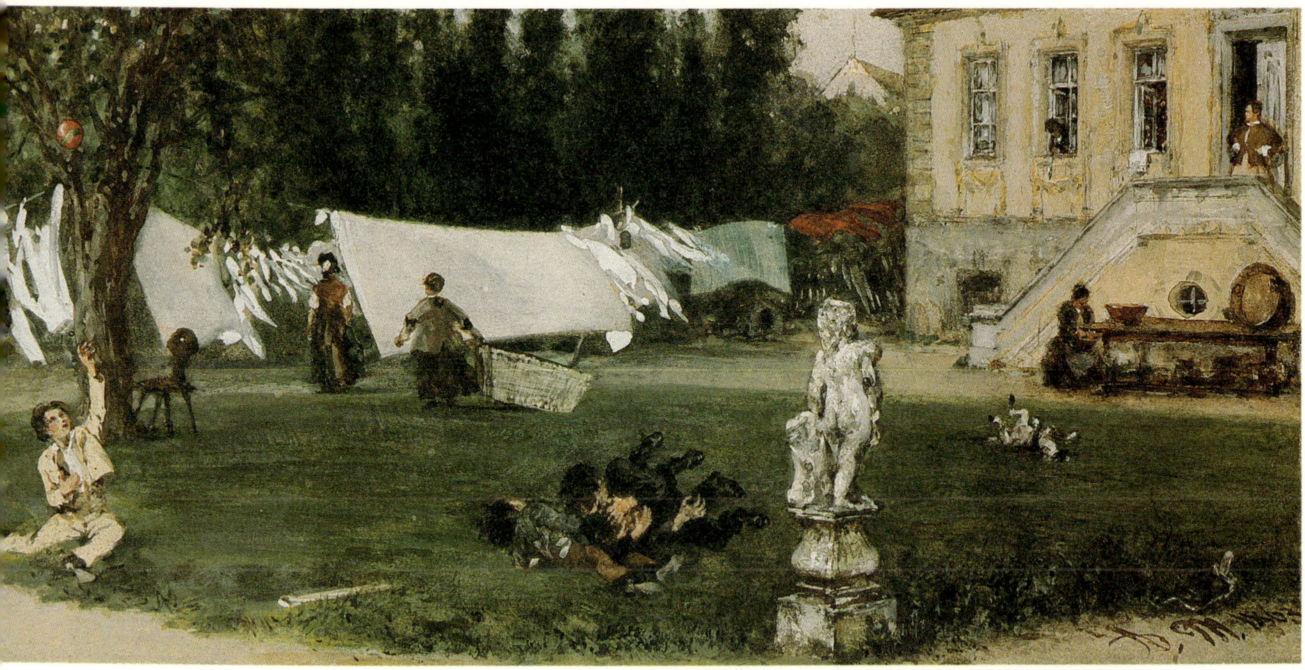

Der Trockenplatz, 1863
Gouache, 13,6 × 27,8 cm

Schuhmacher mit Kind, o. J.
Wasser- und Deckfarben, 22,3 × 10,9 cm

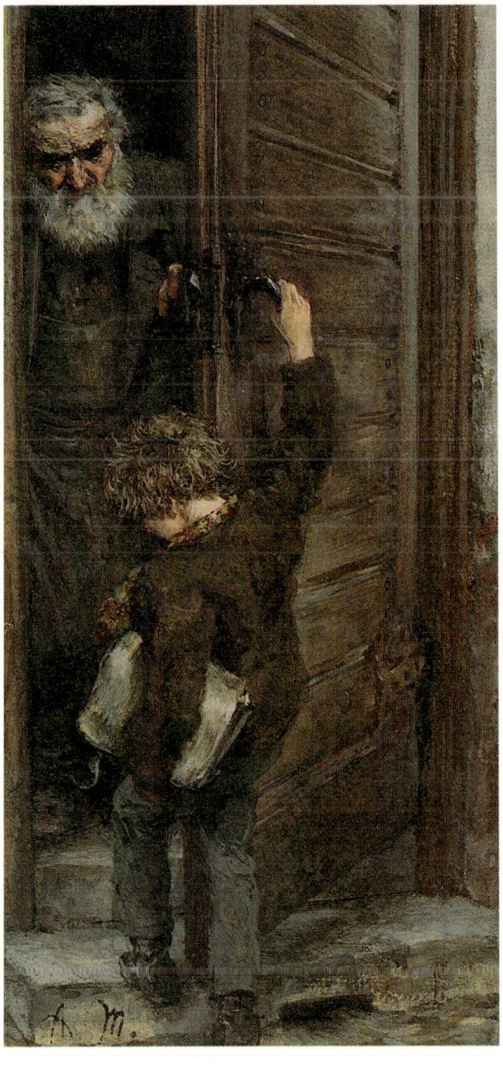

Links
Im Thüringer Wald, um 1860
Pinsel, Tusche, Aquarell- und Deckfarben auf Papier, 35,7 × 22,6 cm

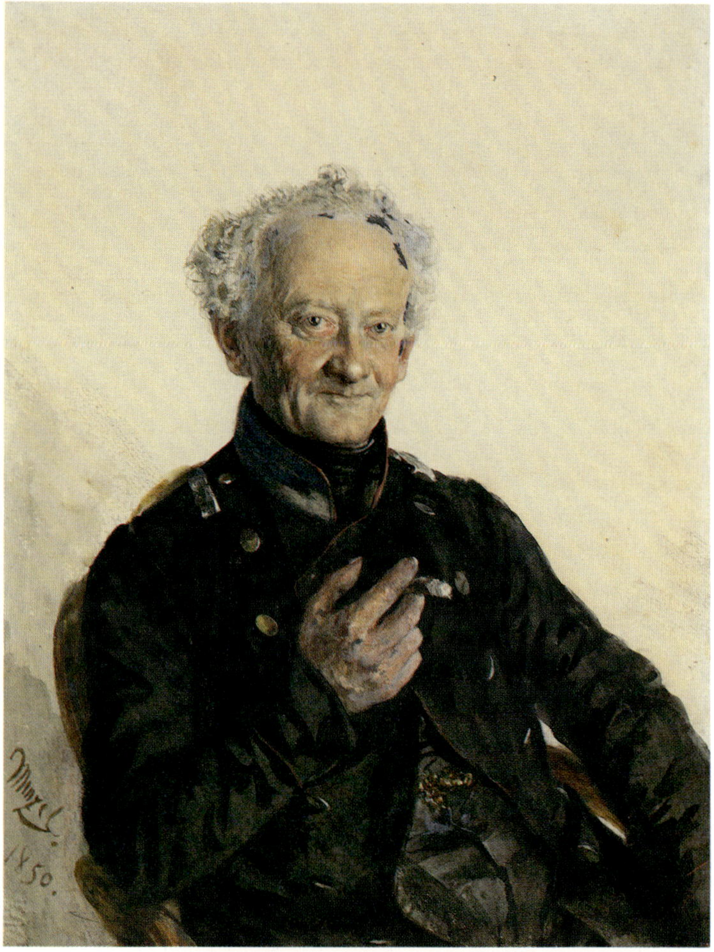

Oberstabsarzt
Dr. Puhlmann, 1850
Wasserfarben,
24,1 × 18,4 cm

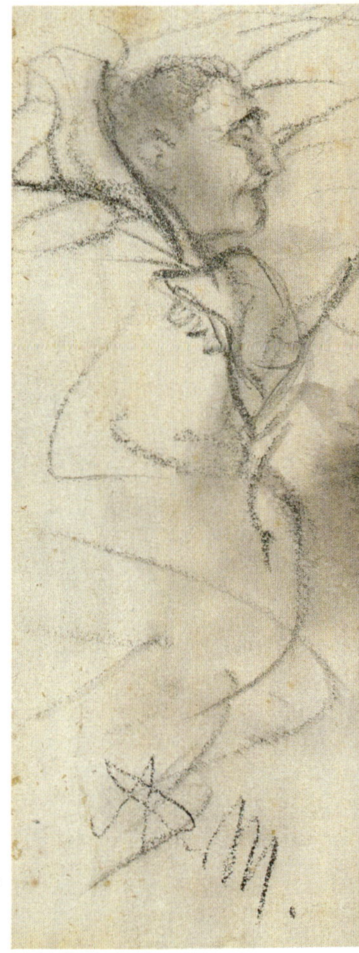

Zwei
tote Soldaten,
1866
Wasser- und
Deckfarben,
17,5 × 28 cm

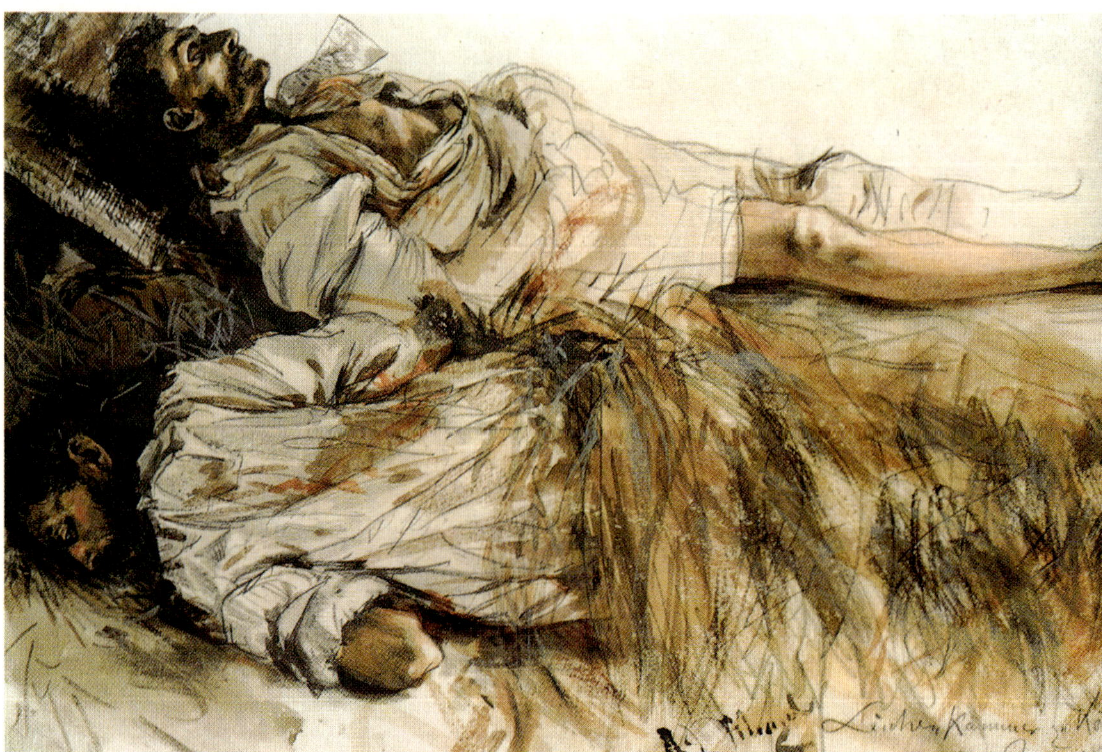

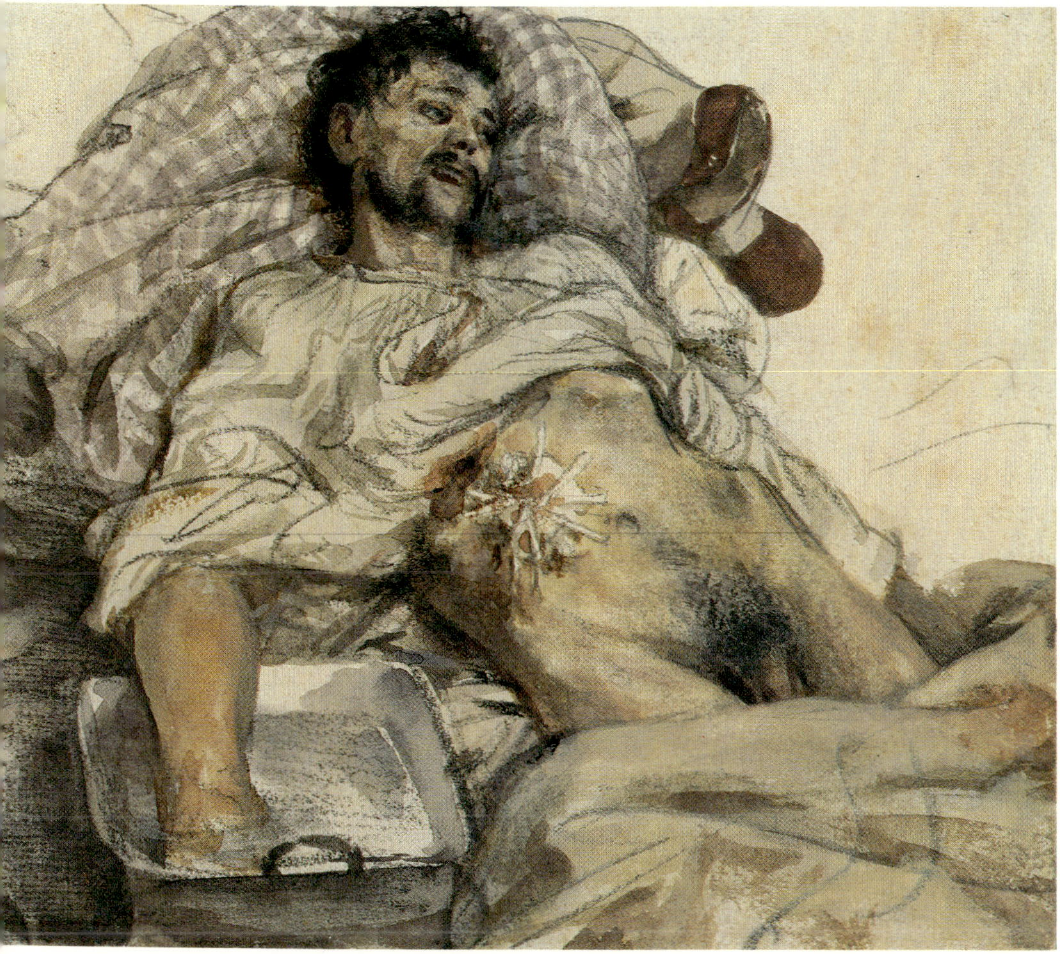

Der sterbende Soldat, 1866
Aquarellfarben und Bleistift auf Papier,
12,8 × 20,2 cm

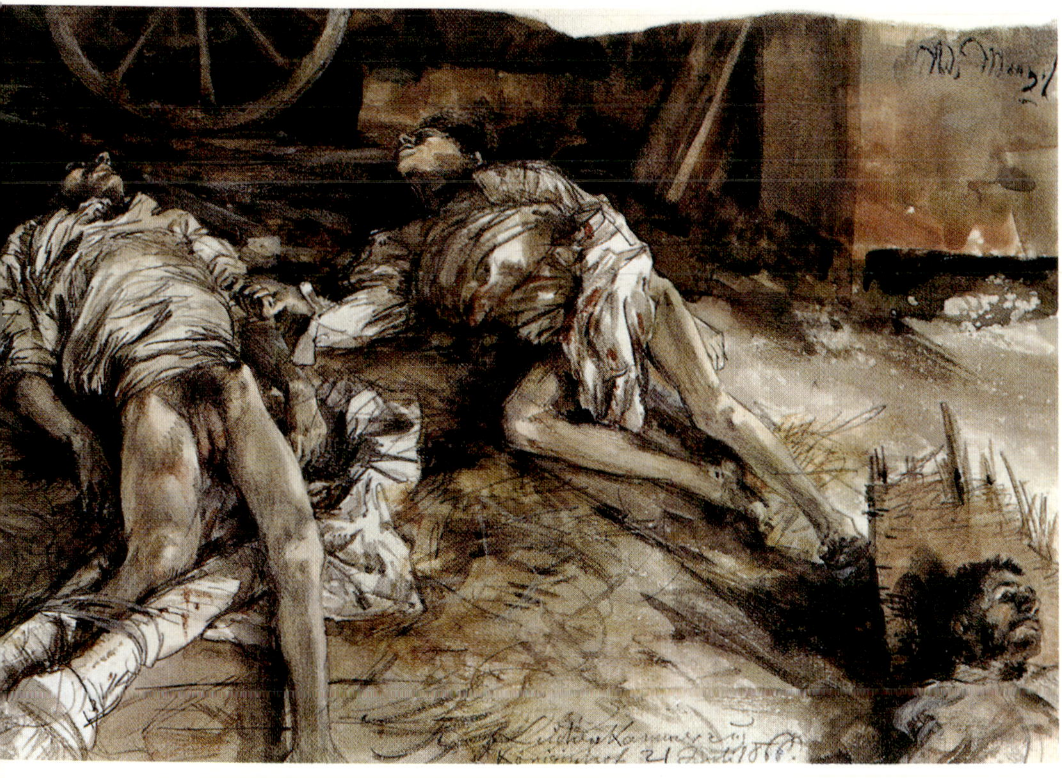

Drei gefallene Soldaten, 1866
Bleistift und Wasserfarben,
18,6 × 27,3 cm

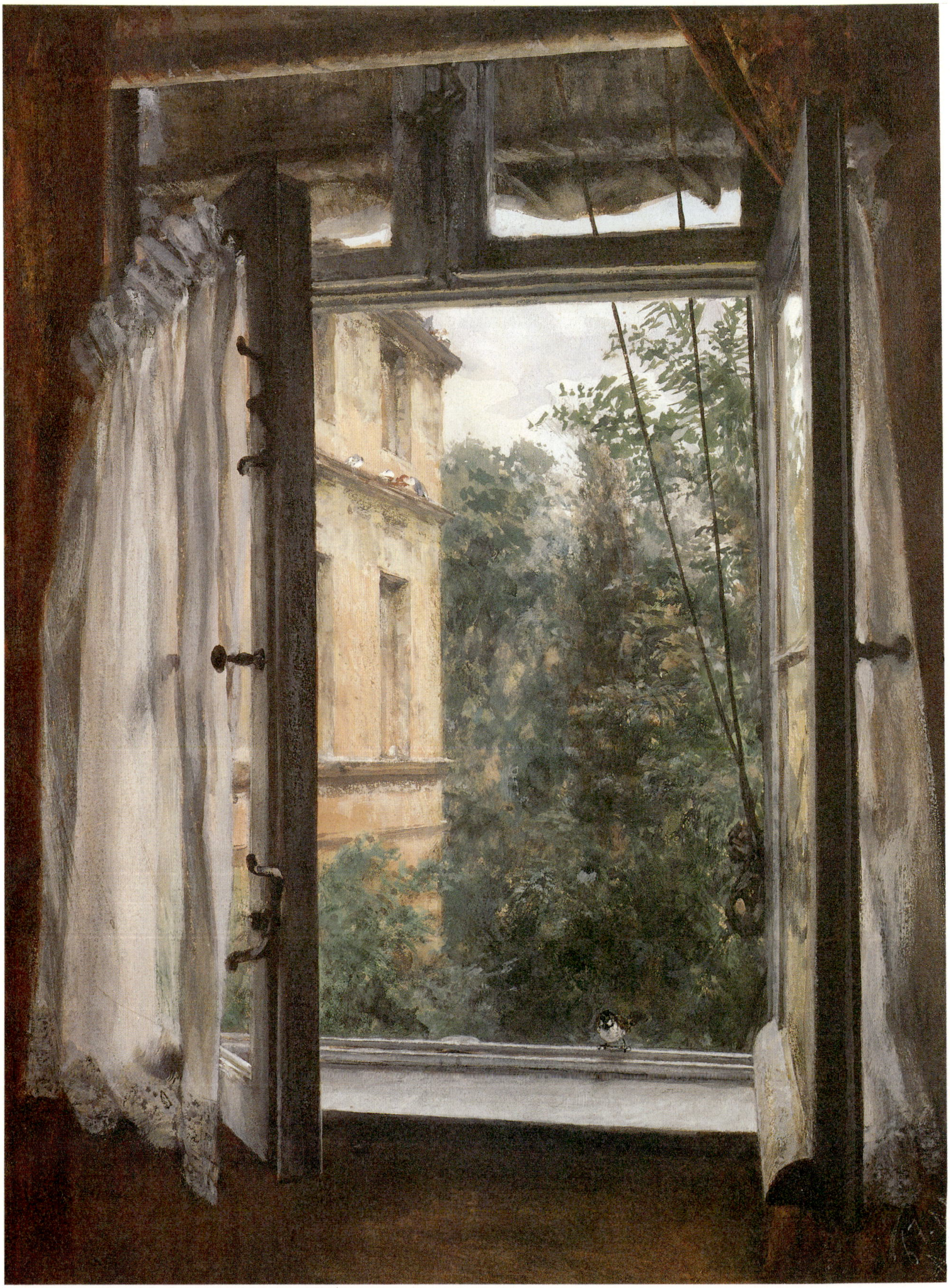

Links
Blick aus dem Fenster der Marienstraße, 1867
Gouache, 29 × 25 cm

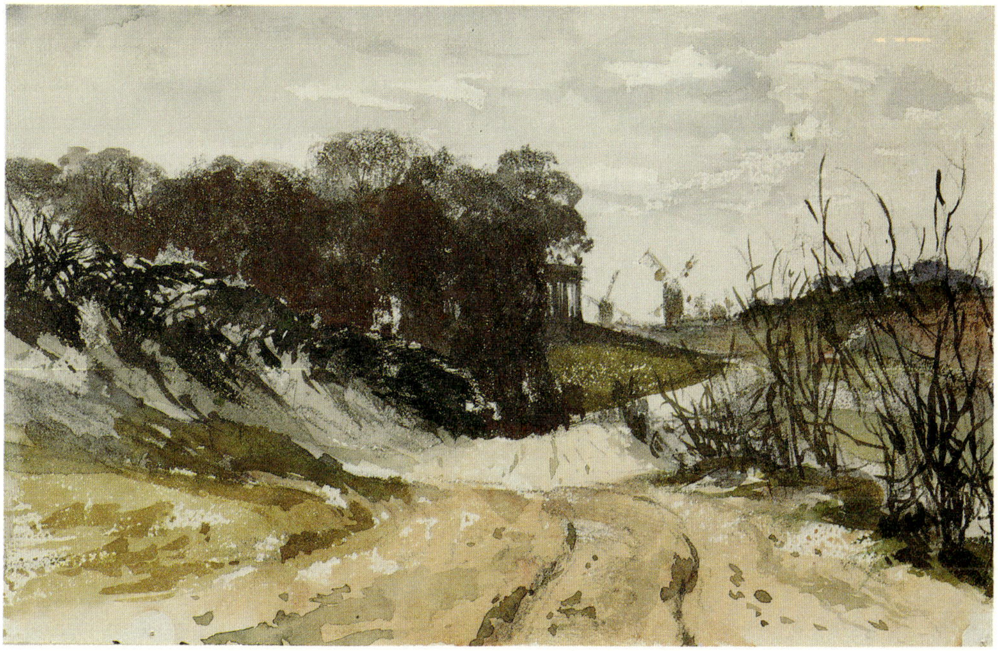

Märkische Landschaft, 1840-1850
Wasserfarben, 12,7 × 20,4 cm

Dame mit blauer Schärpe oder Dame im Garten, 1867
Öl auf Leinwand, 65,5 × 100 cm

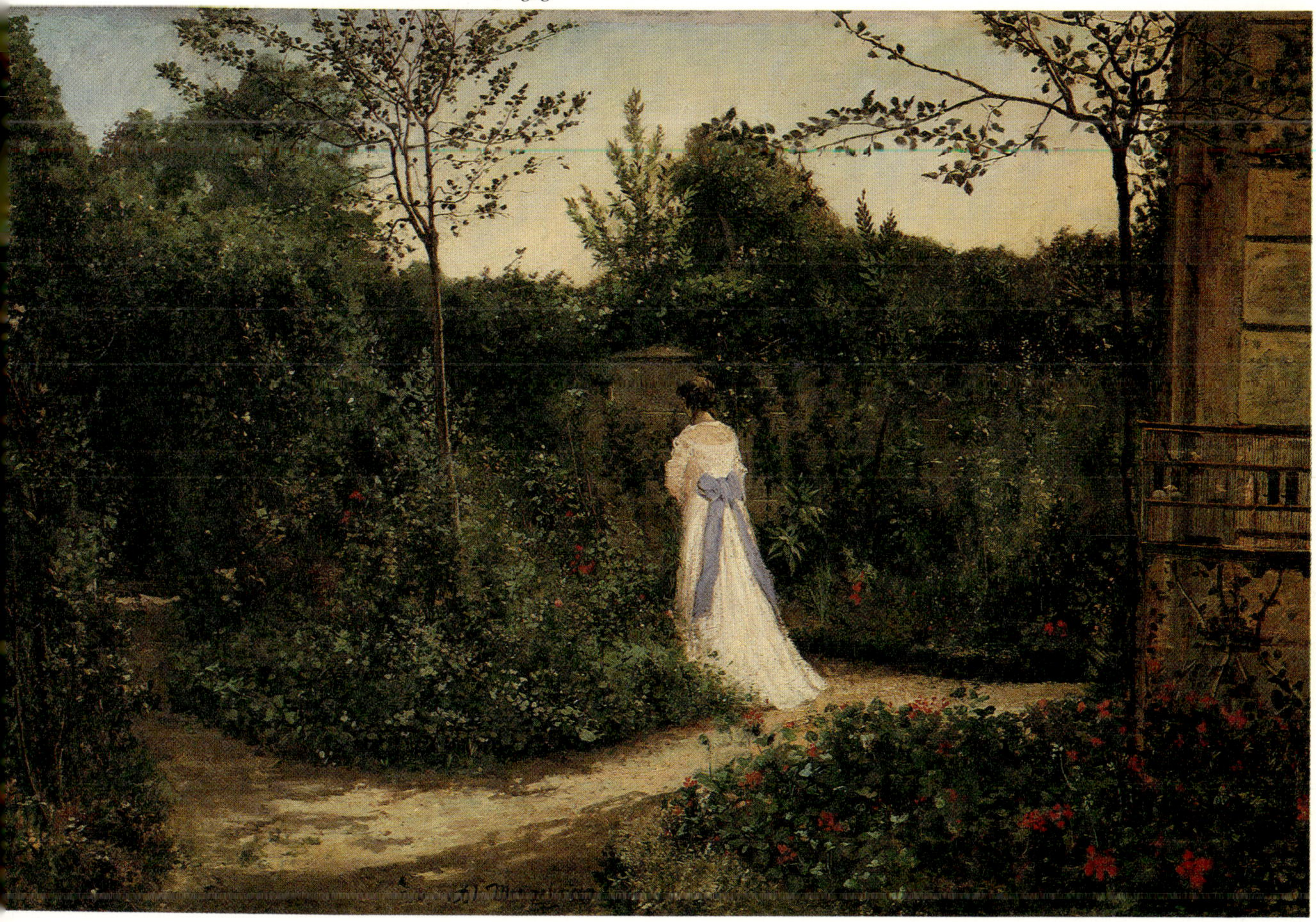

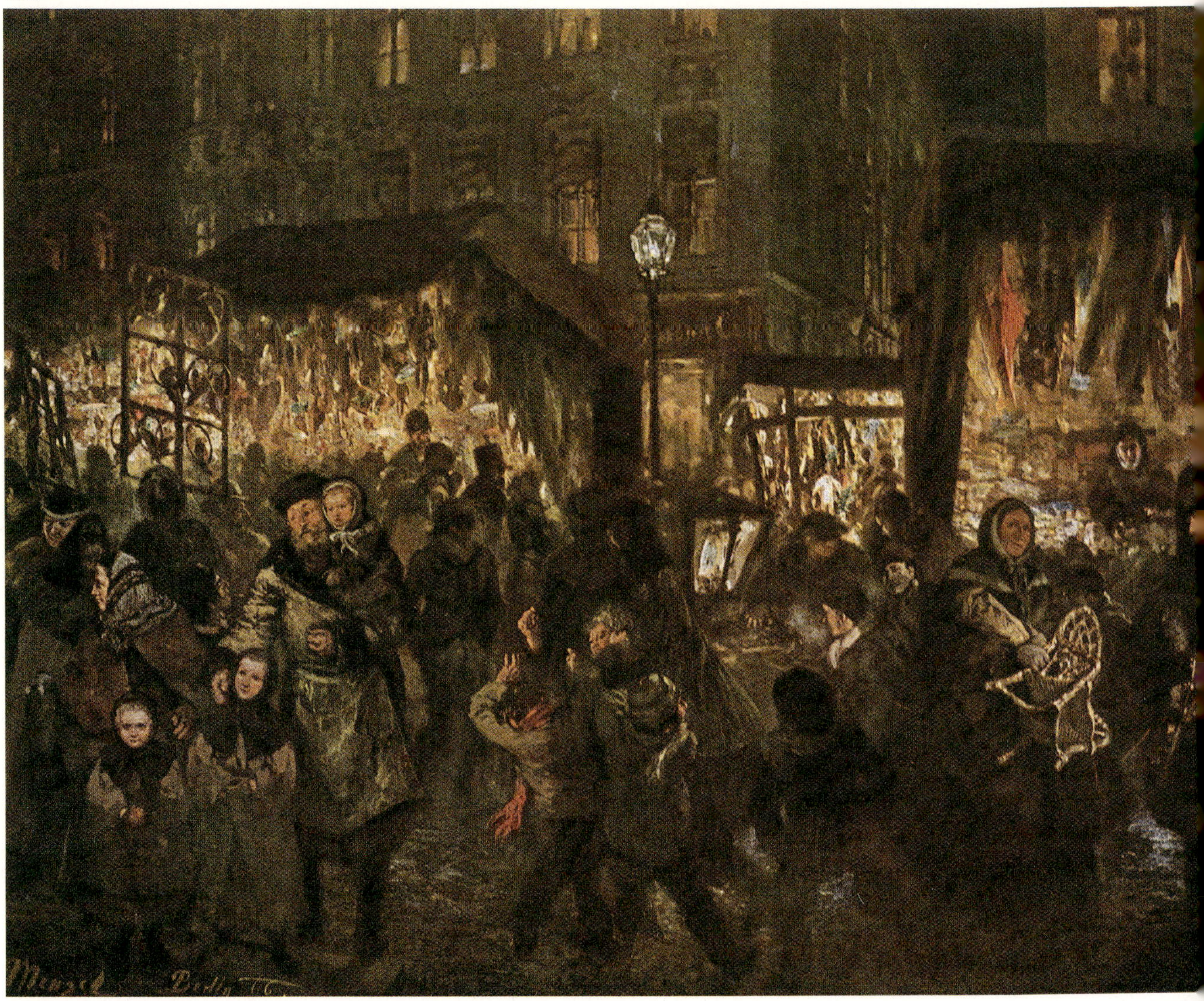

Christkindlmarkt in Berlin, 1866
Öl auf Leinwand, 35 × 45 cm

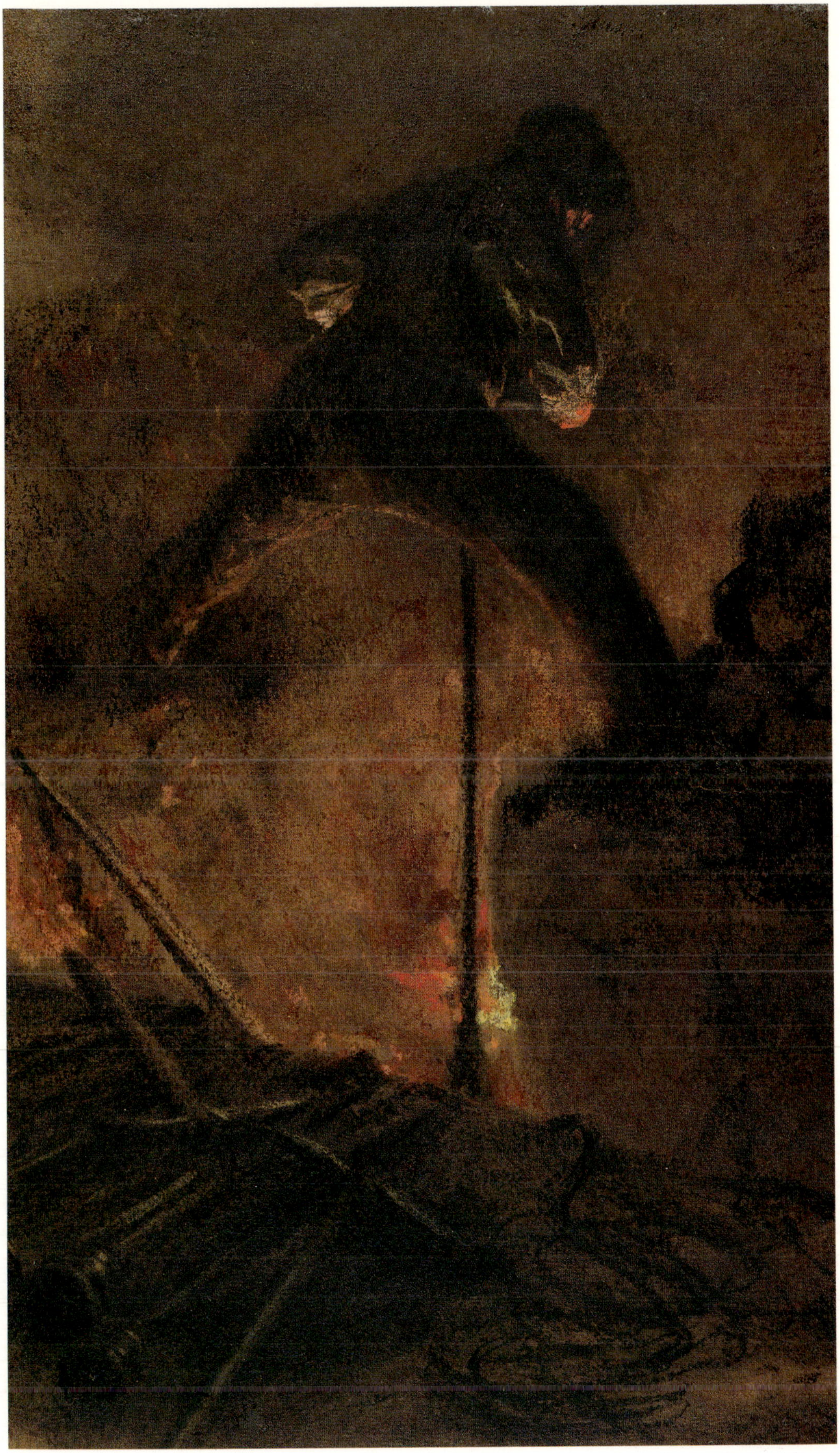

Glasbläser, um 1848
Farbige Kreiden,
25 × 14,9 cm

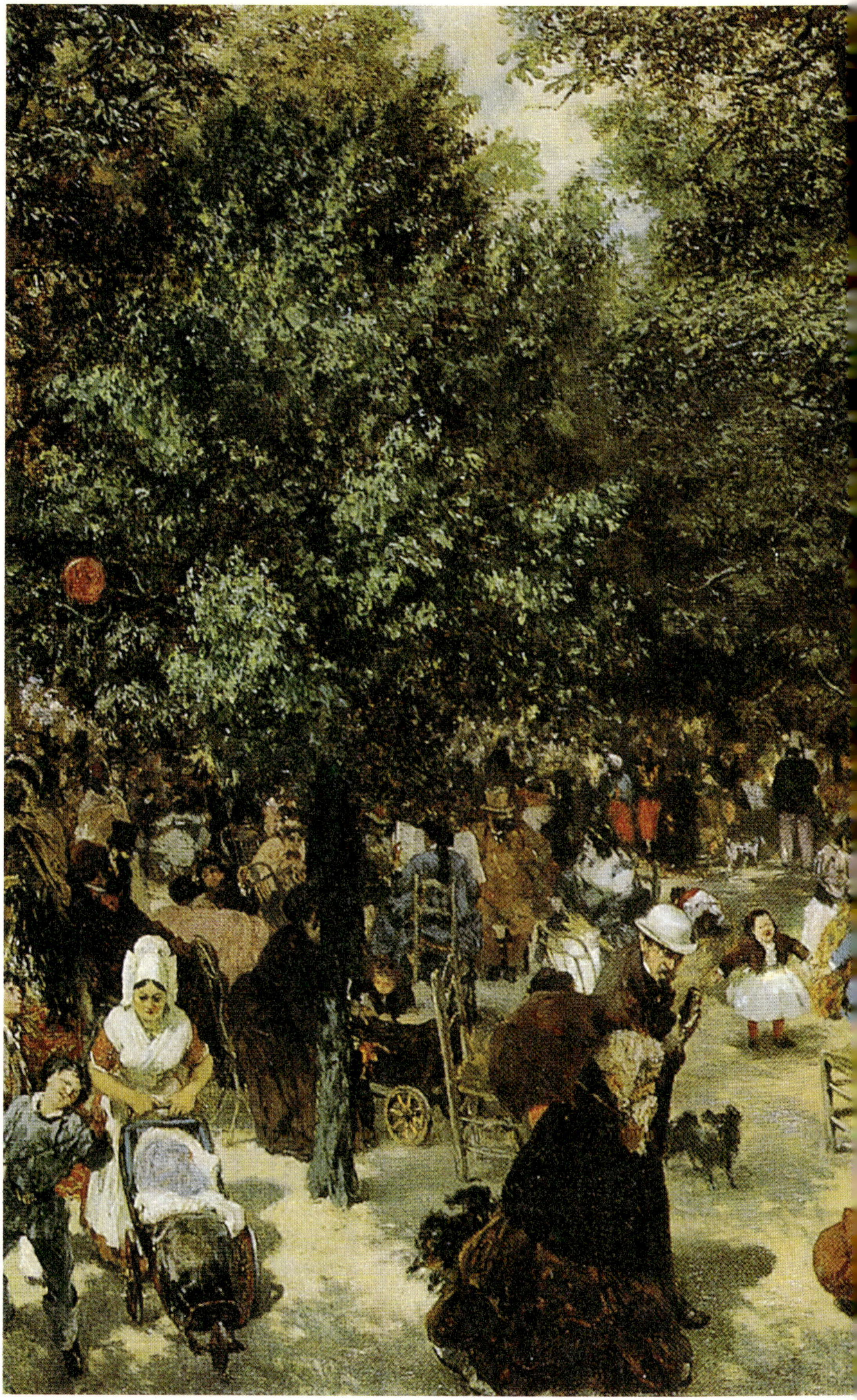

Ein Nachmittag
im Tuilerien-
Garten, 1867
Öl auf Leinwand,
49 × 70 cm

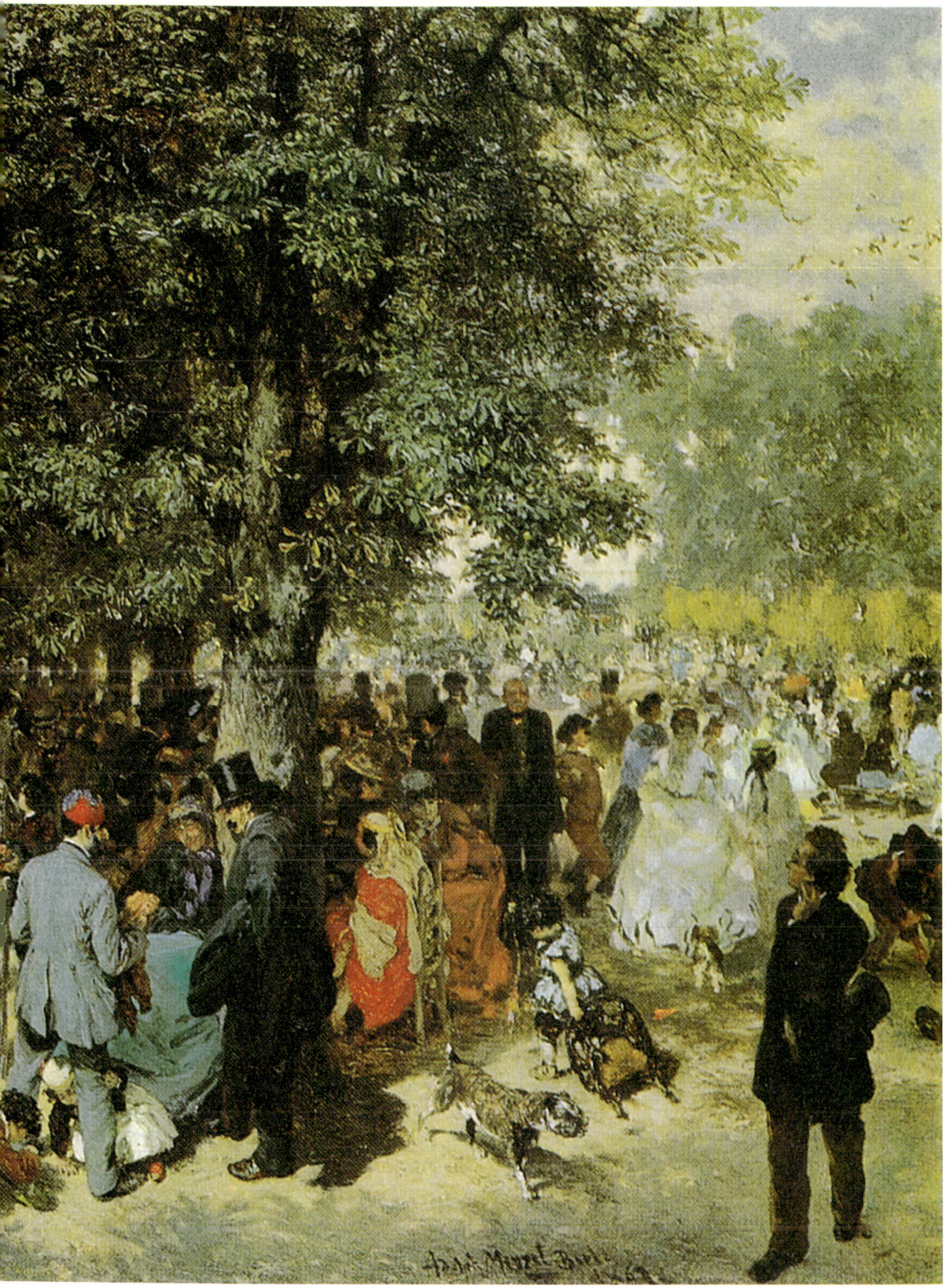

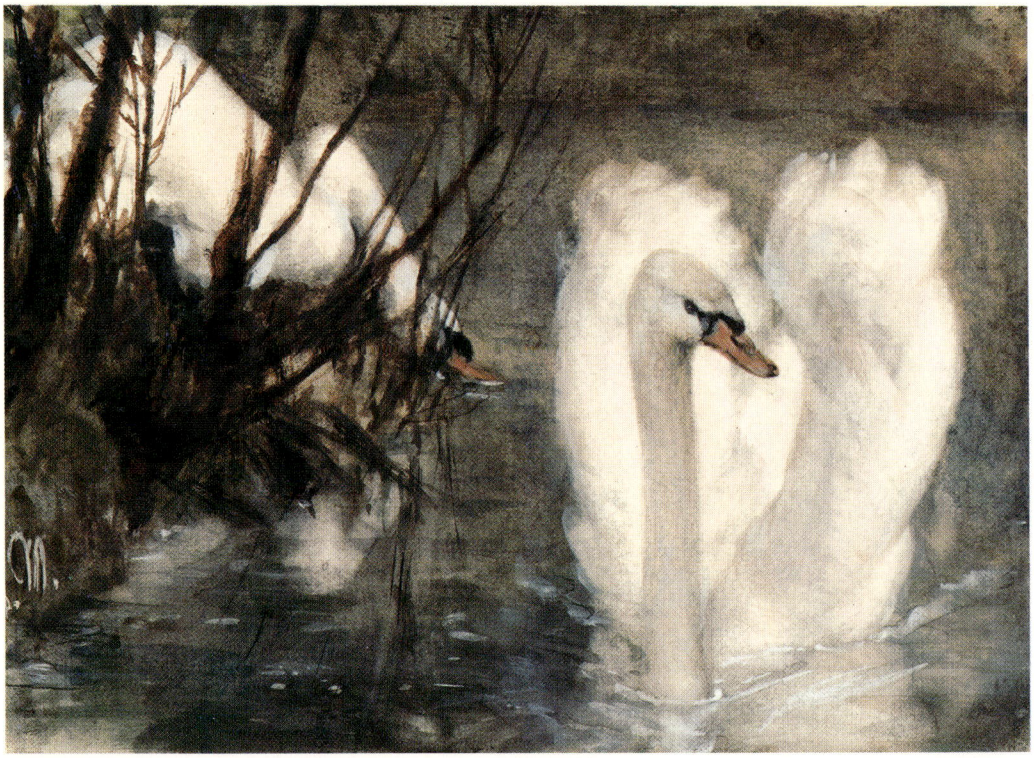

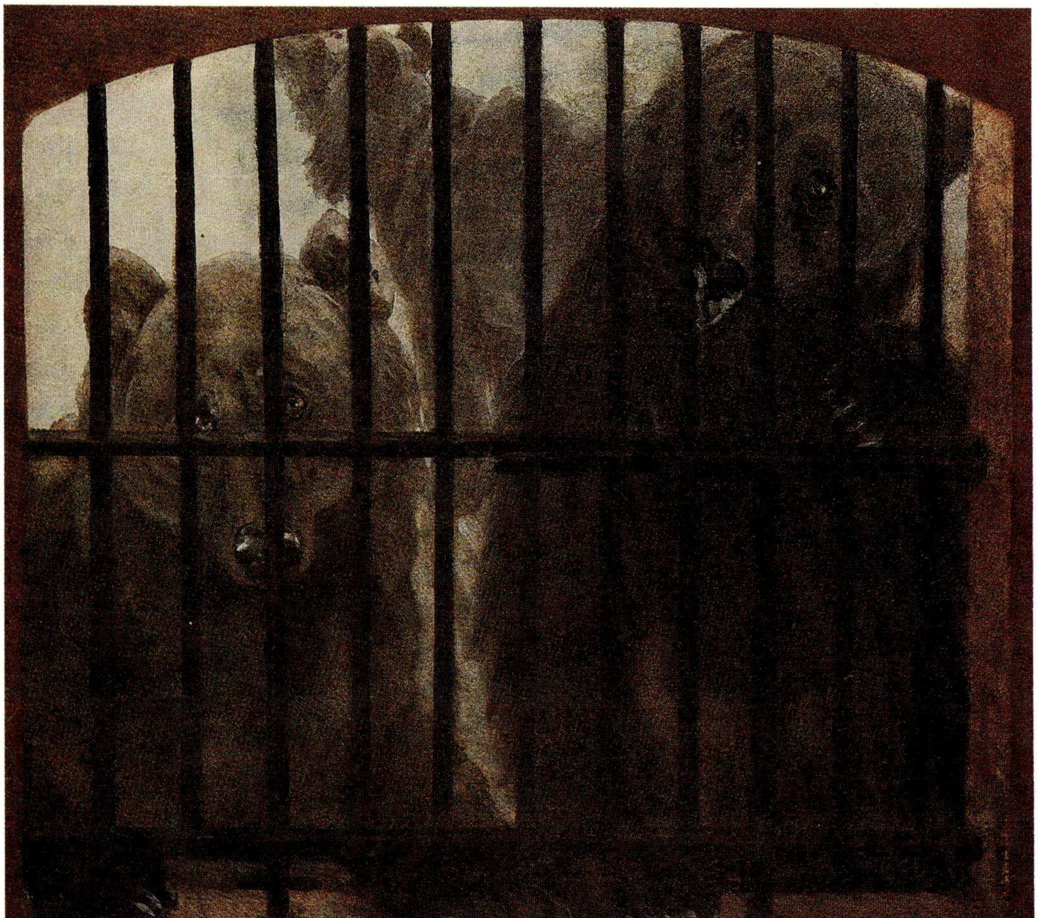

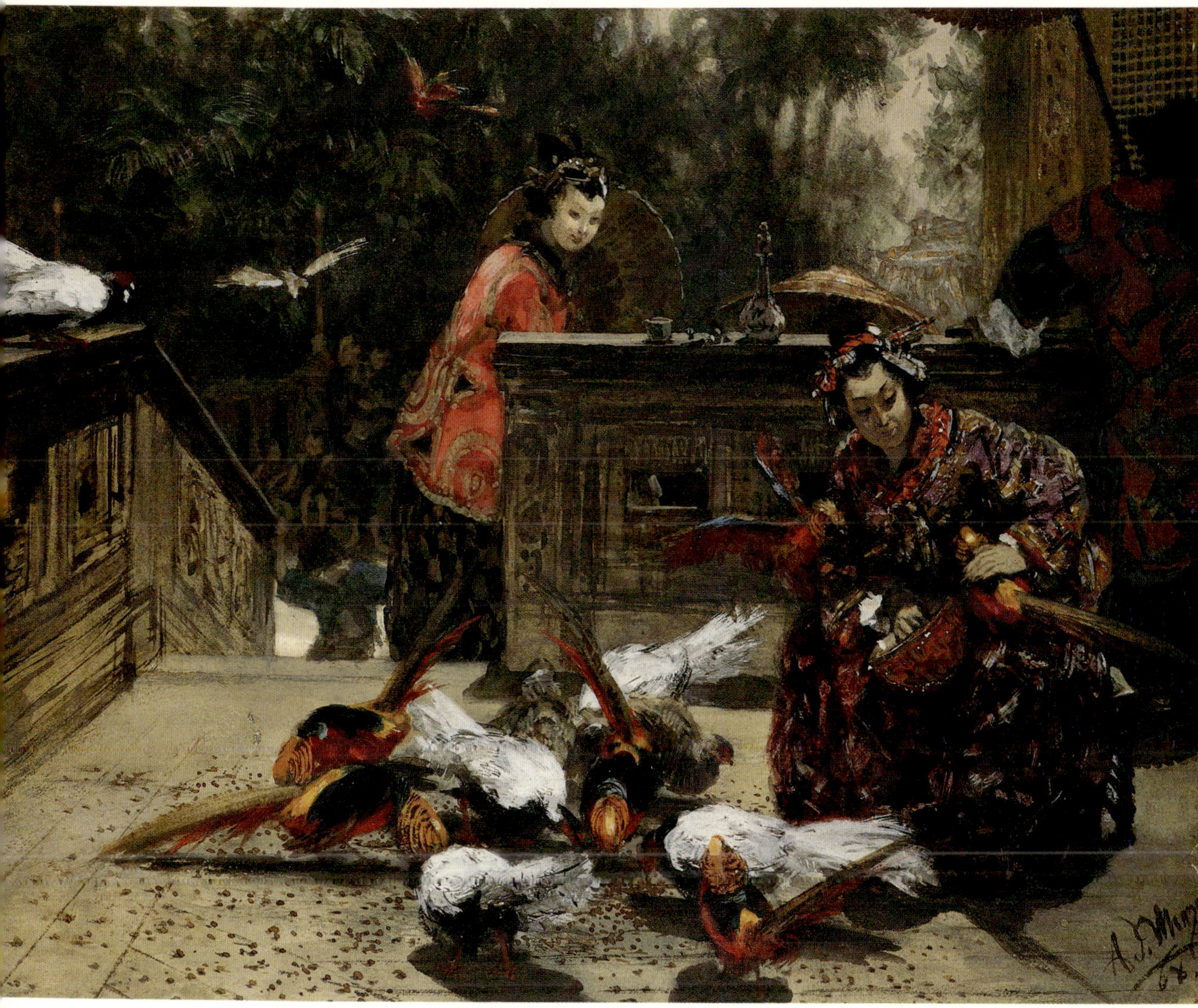

Zwei Schwäne, 1863-1883
Wasser- und Deckfarben, 12 × 17,1 cm

Die drei Bären im Zwinger, o. J.
Wasser- und Deckfarben, 21,6 × 23,9 cm

Chinesinnen, Gold- und Silberfasanen fütternd, 1868
Wasser- und Deckfarben, 19,9 × 25,4 cm

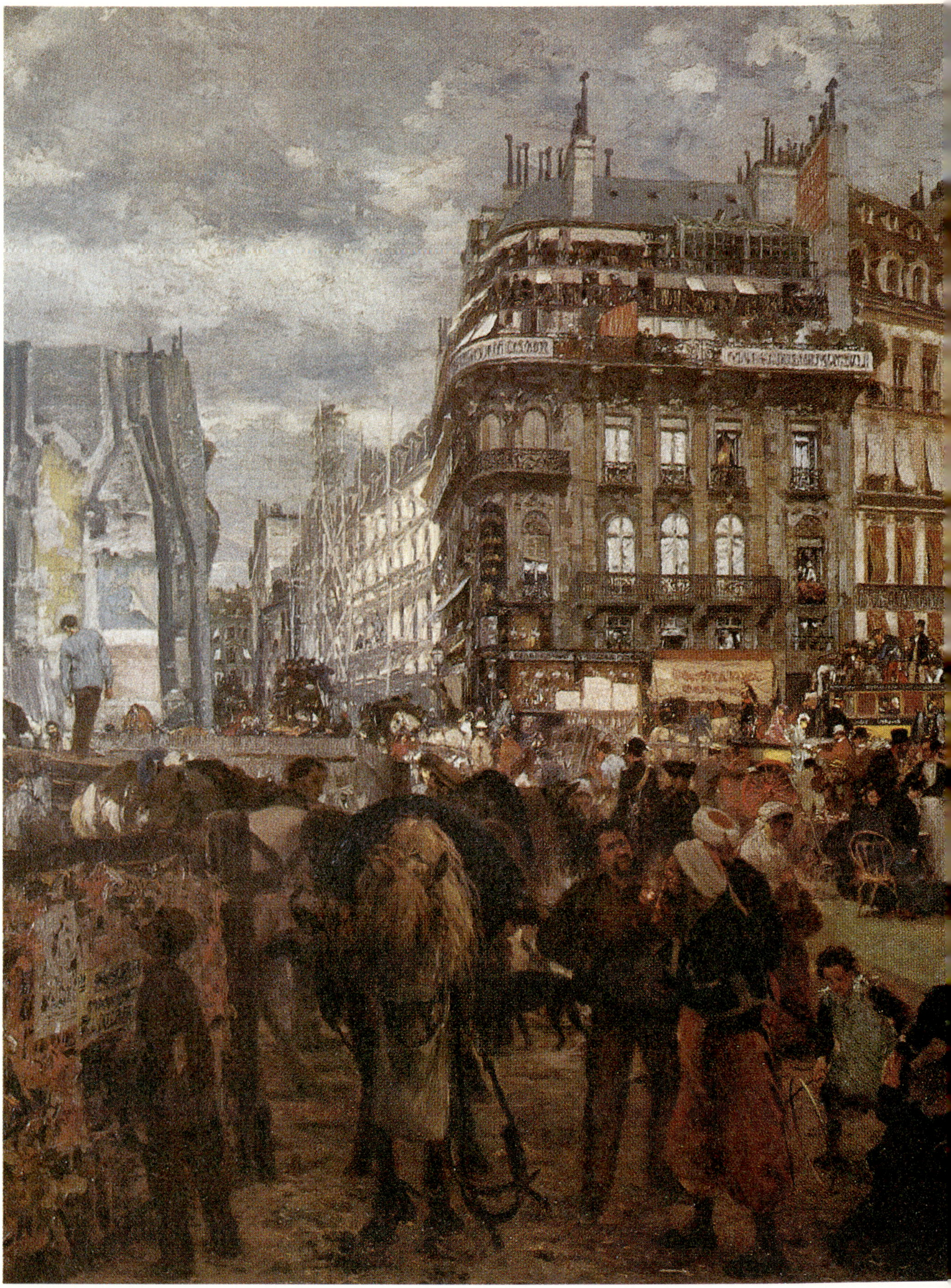

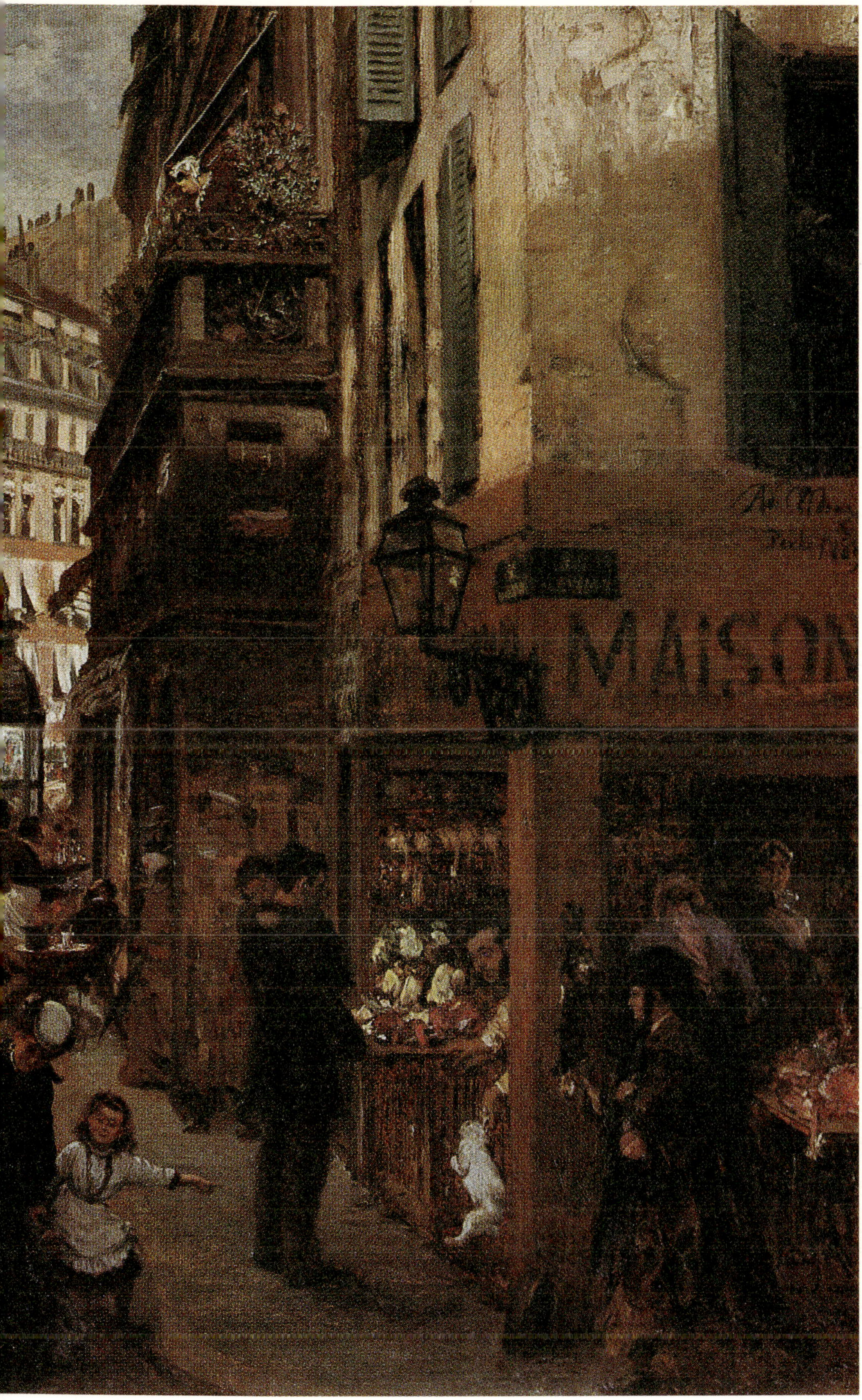

Pariser Wochentag,
1869
Öl auf Leinwand,
48,4 × 69,5 cm

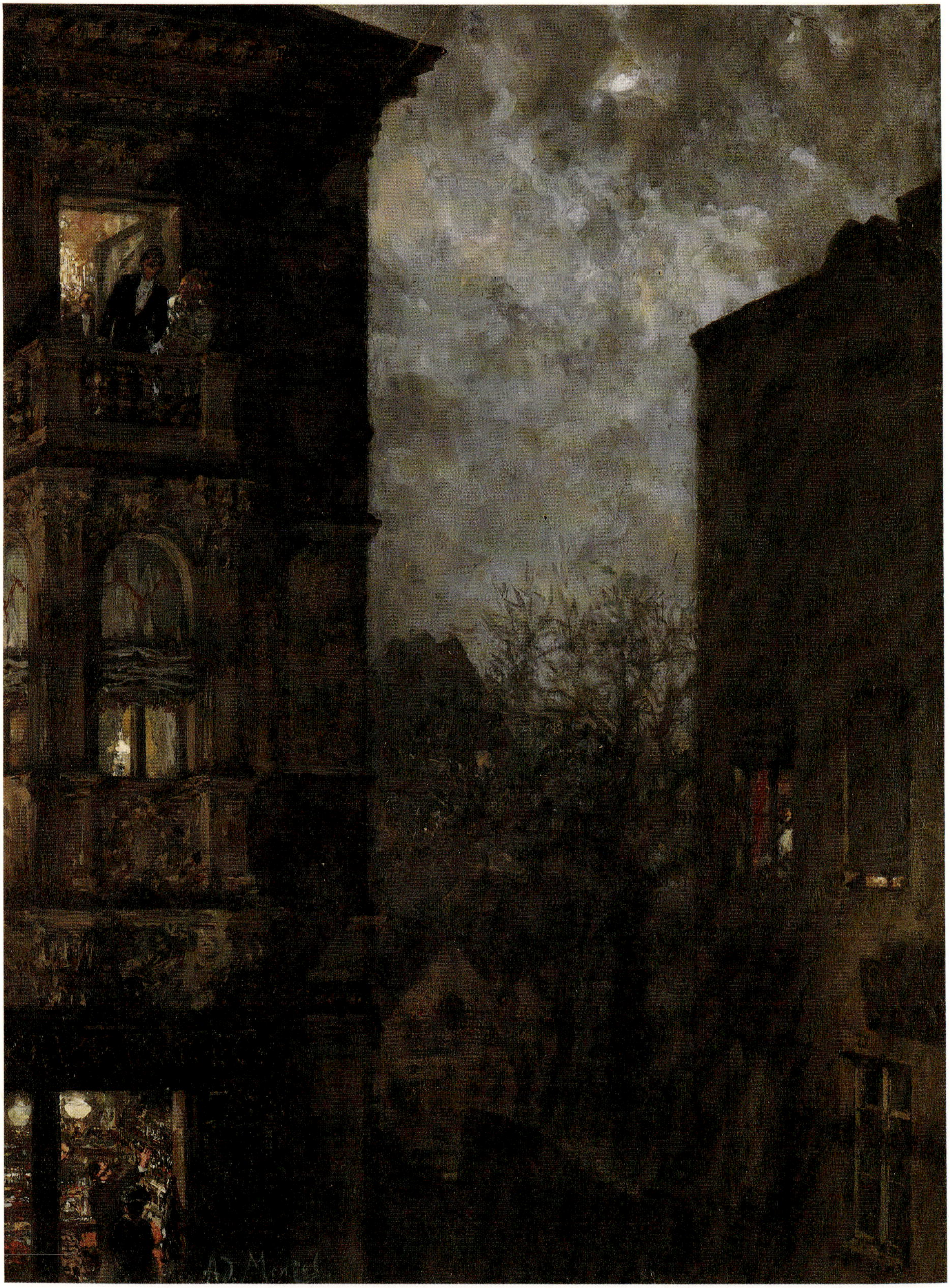

Straßenecke bei Mondschein, 1863-1883
Wasser- und Deckfarben, 27,4 × 20,6 cm

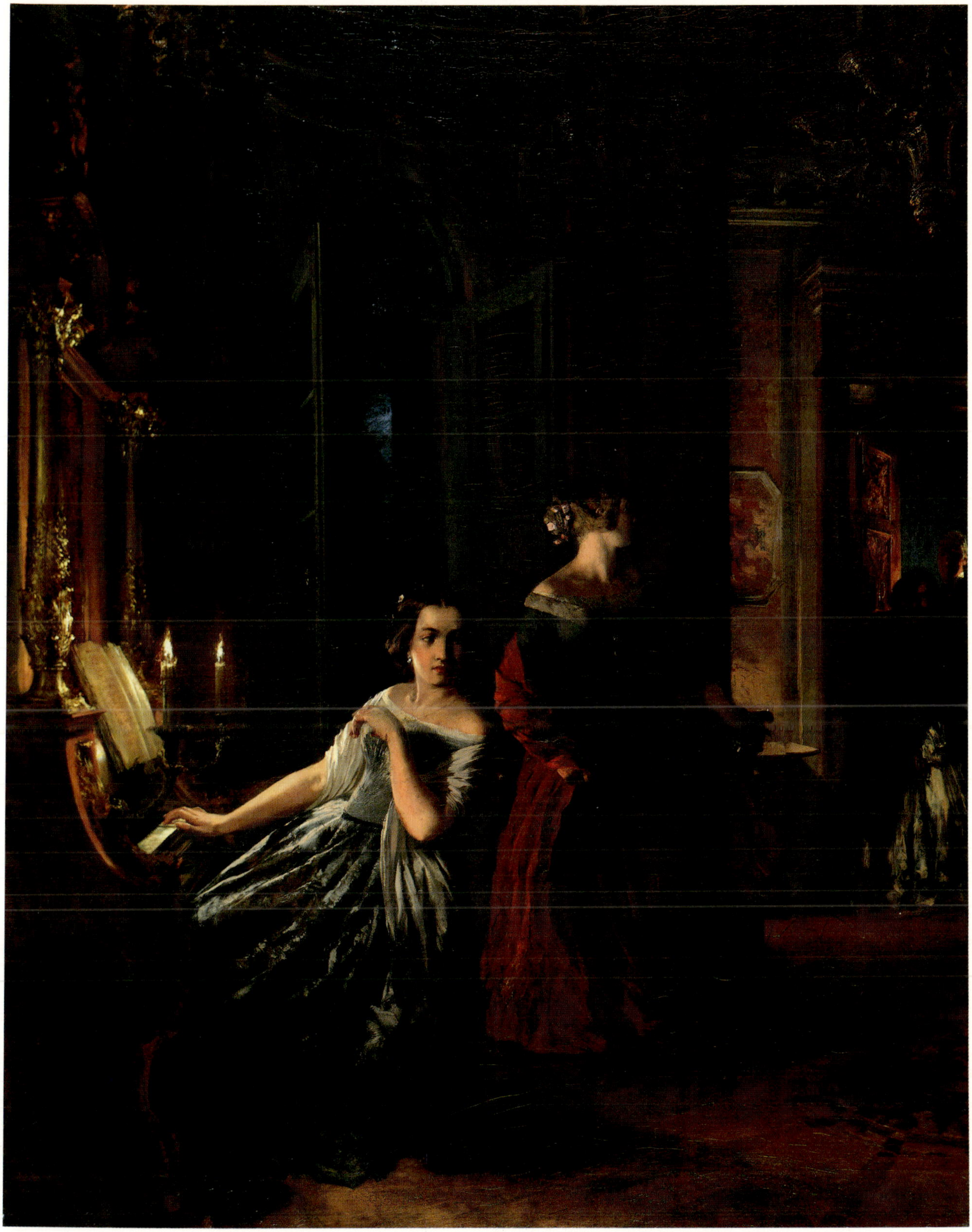

Die Störung, 1869
Öl auf Leinwand, 32 × 28 cm

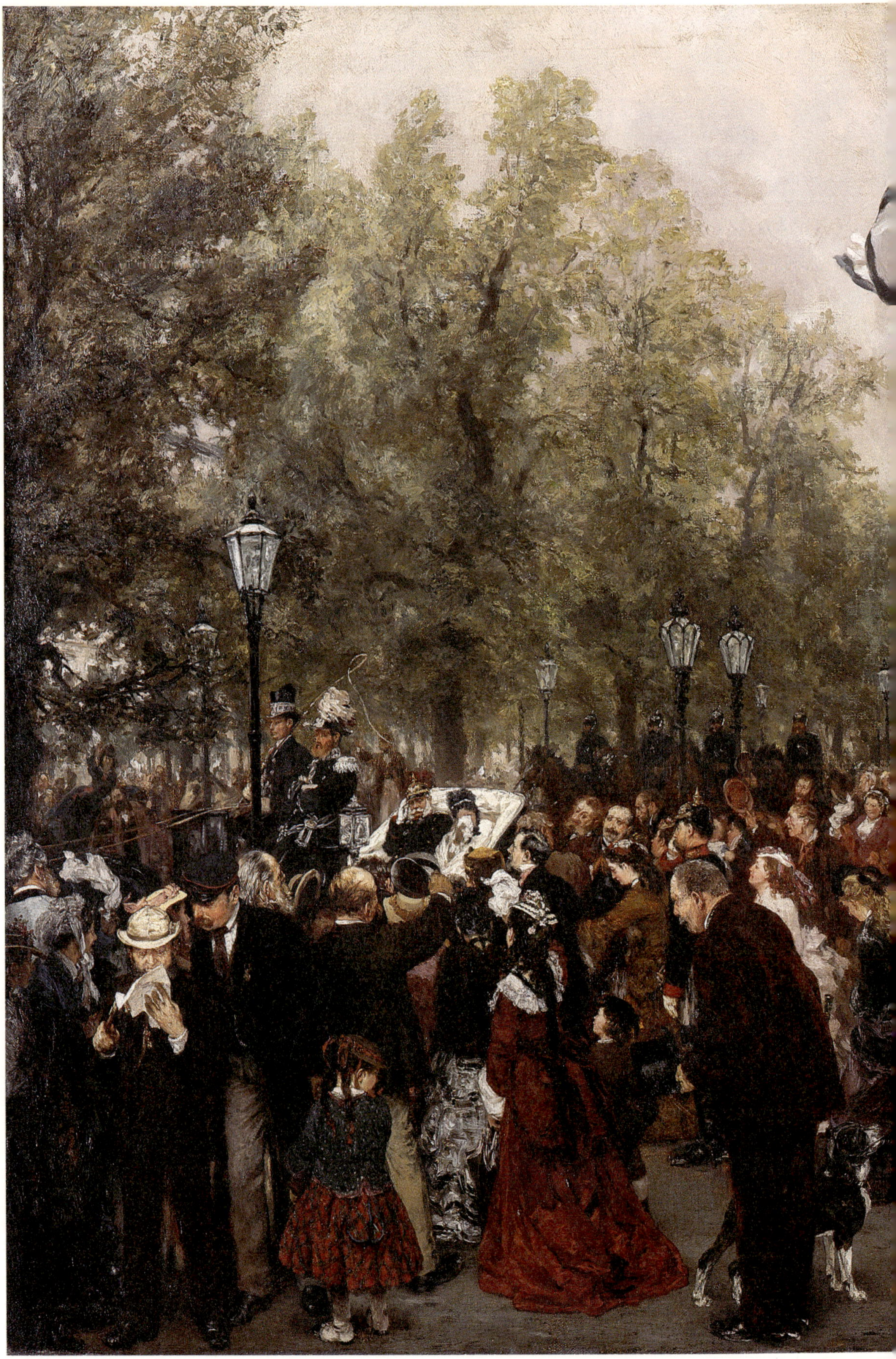

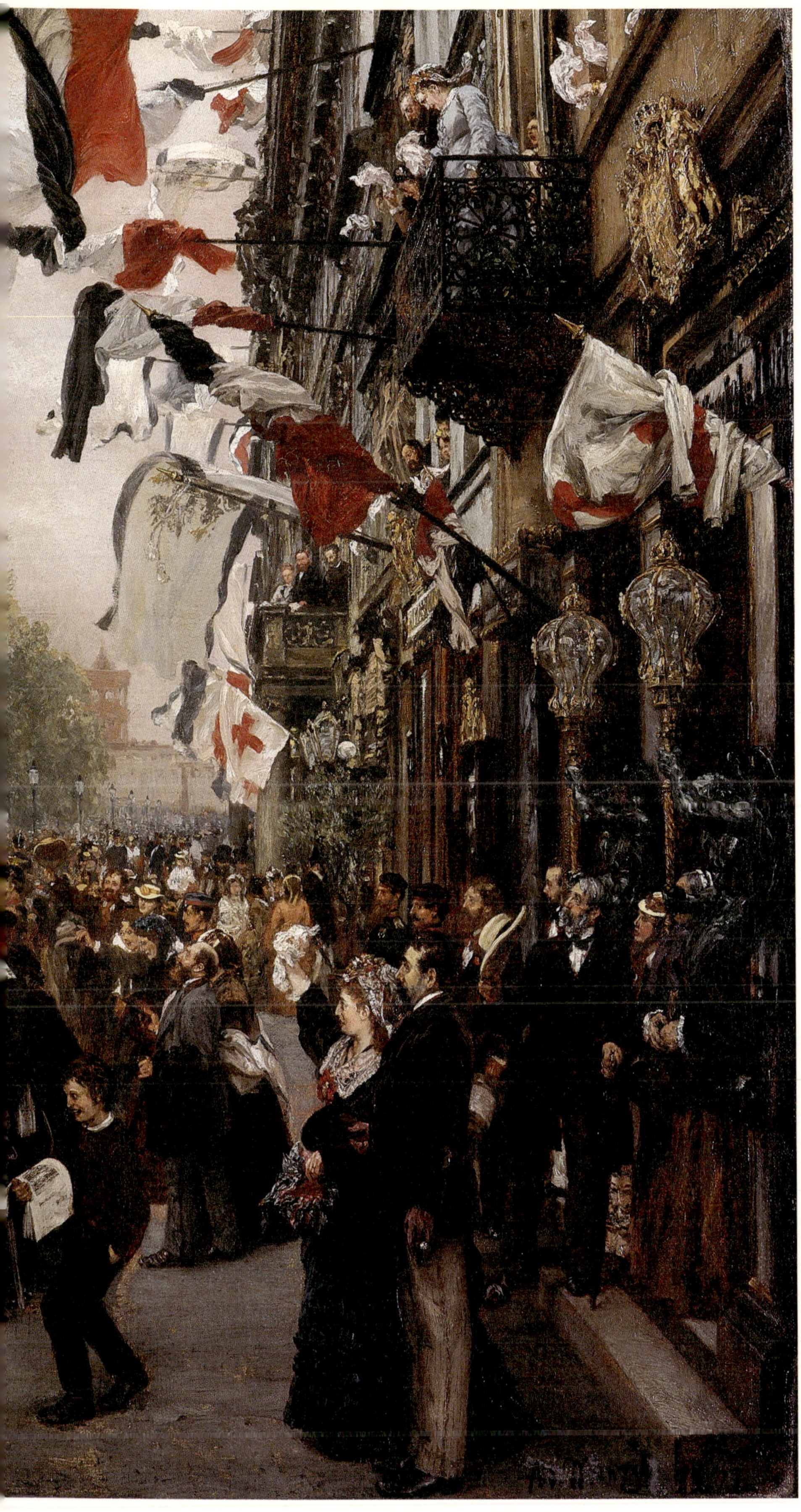

Abreise König Wilhelms zur Armee, 1871, Öl auf Leinwand, 63 × 28 cm

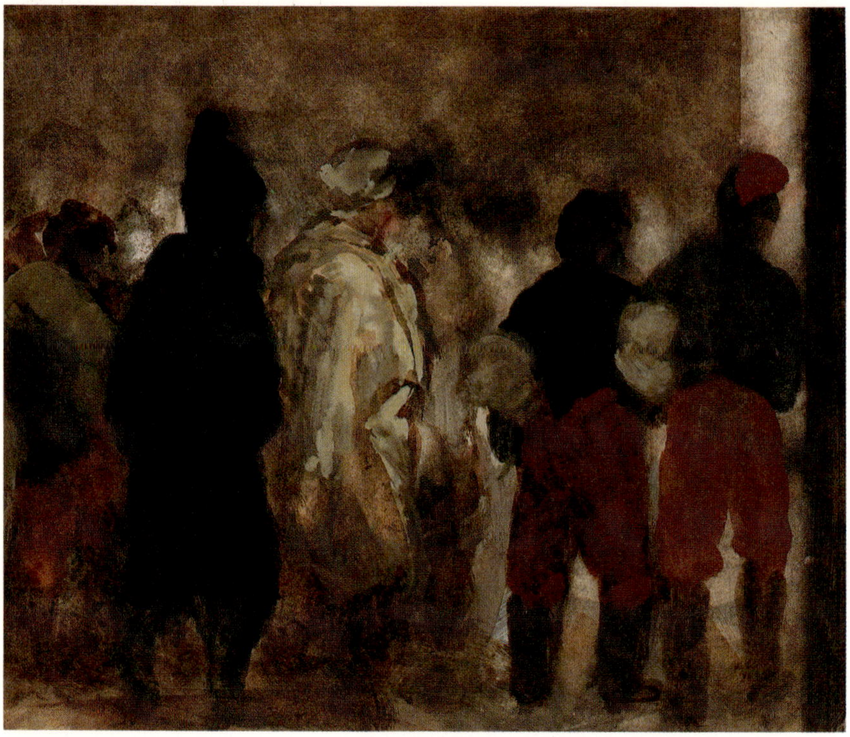

Französische Kriegsgefangene
auf dem Marsch, 1871
Deckfarben, 23,4 × 28,2 cm

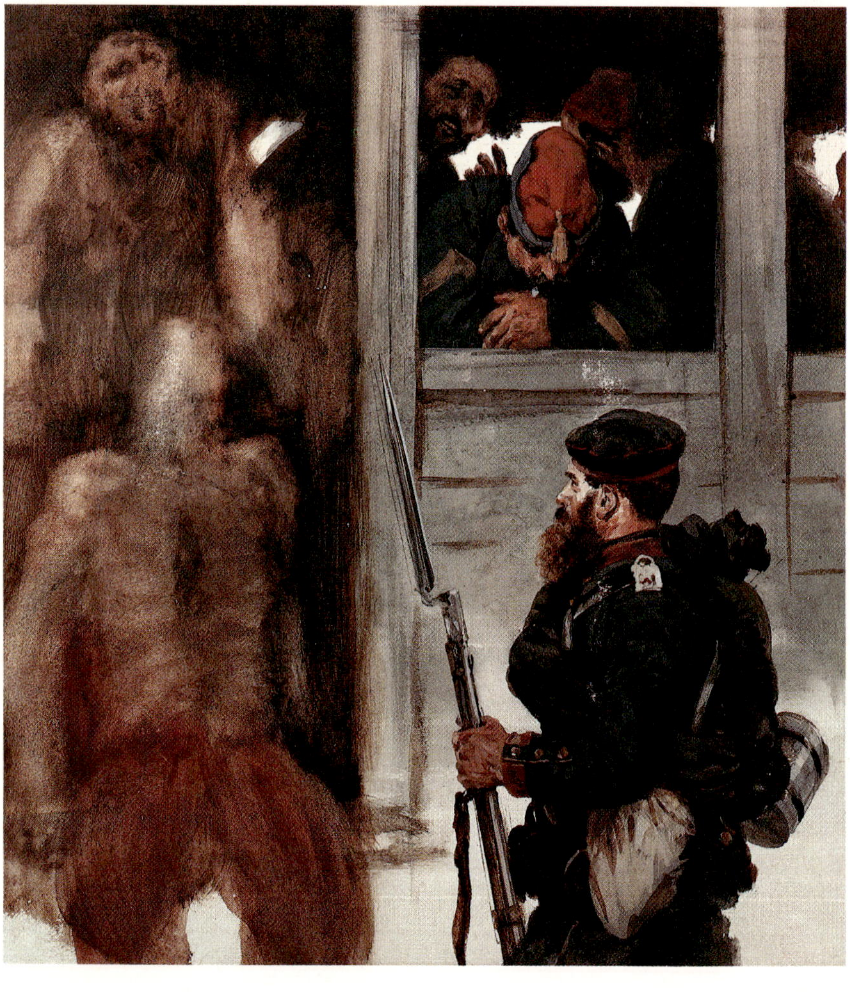

Kriegsgefangenentransport
im Zug, 1871
Deckfarben, 21,1 × 19,2 cm

Rechts
Die Atelierwand, 1872
Öl auf Leinwand, 111 × 79,3 cm

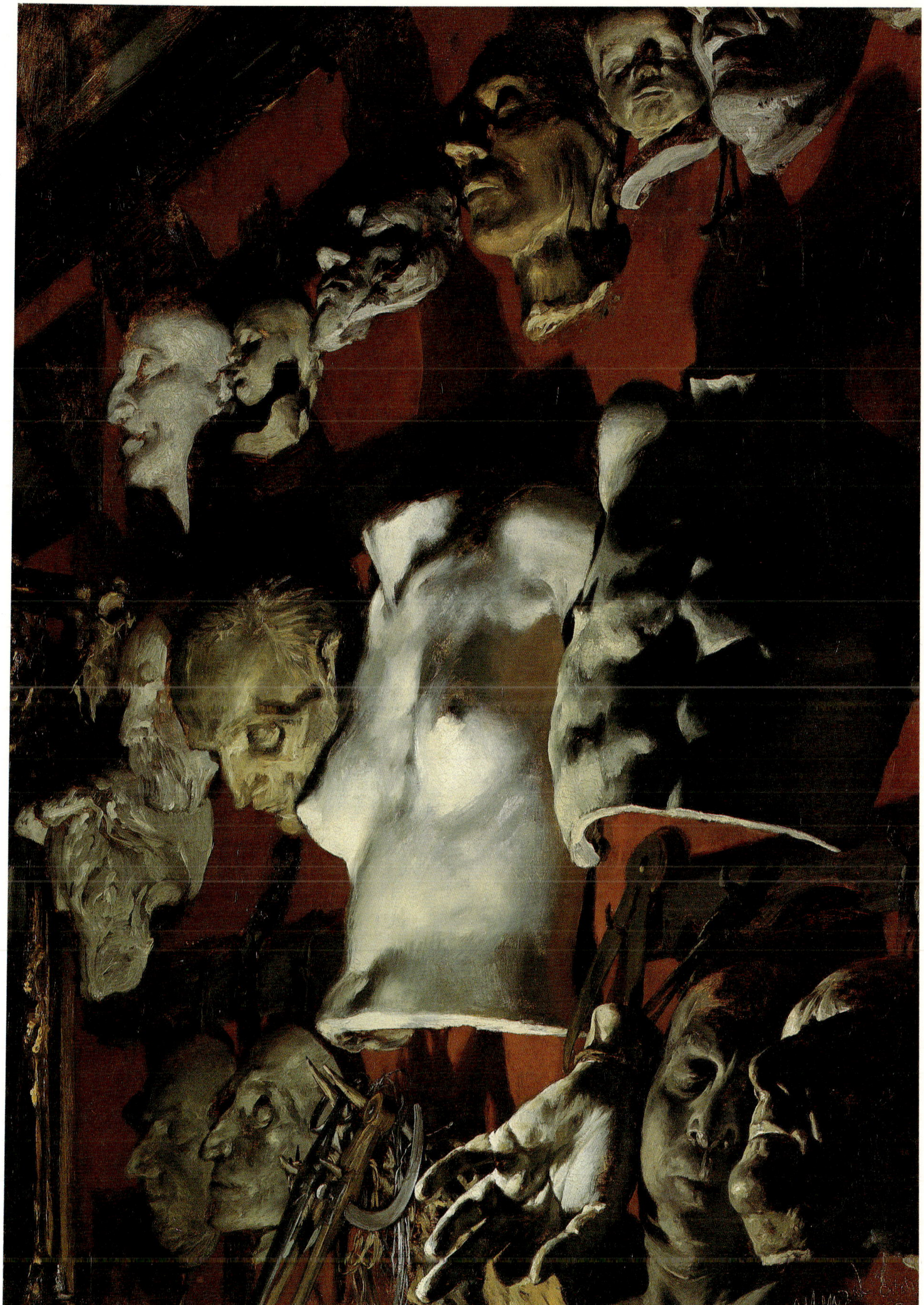

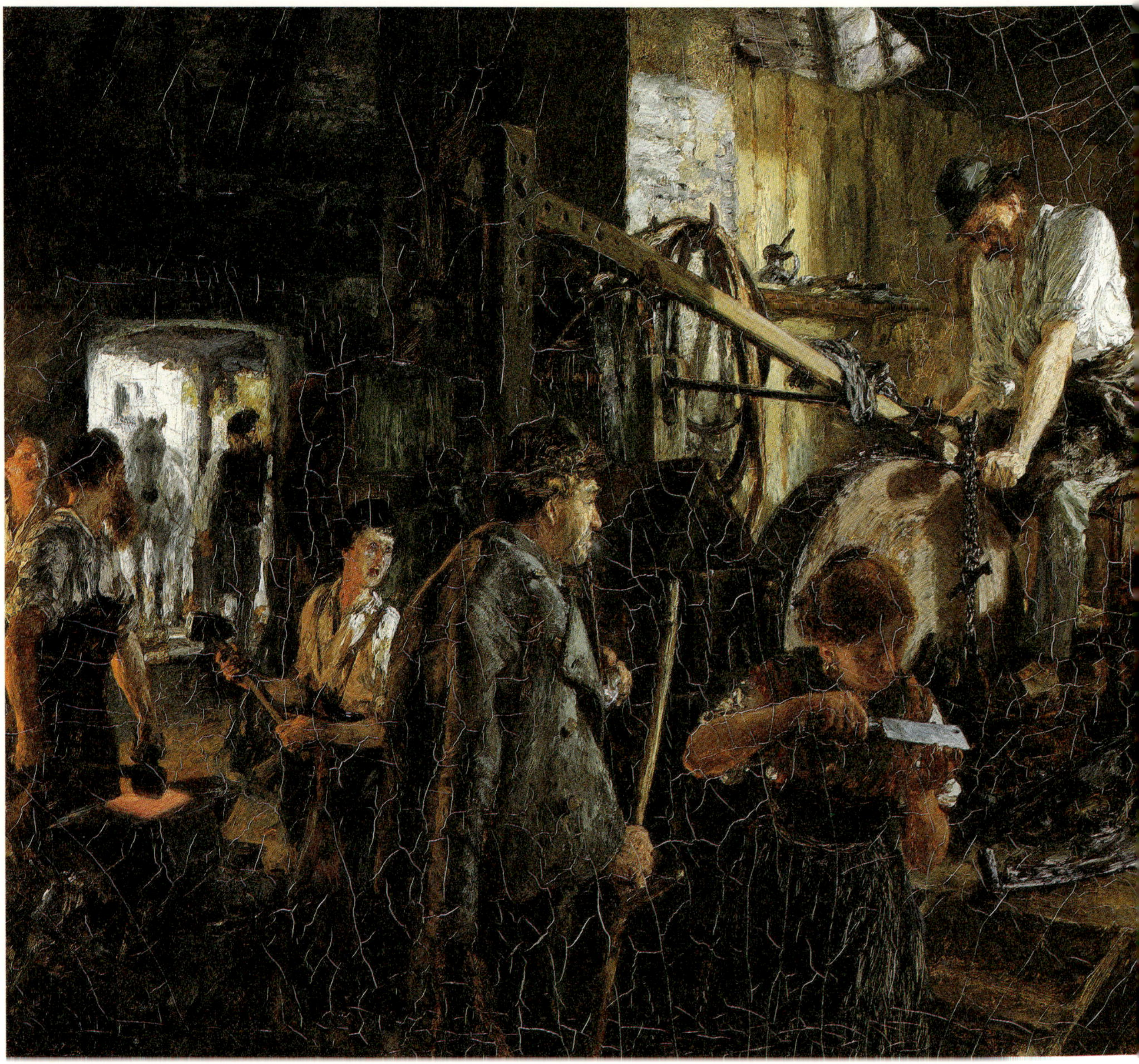

Die Schmiede, 1872
Öl auf Leinwand, 31,4 × 41,5 cm

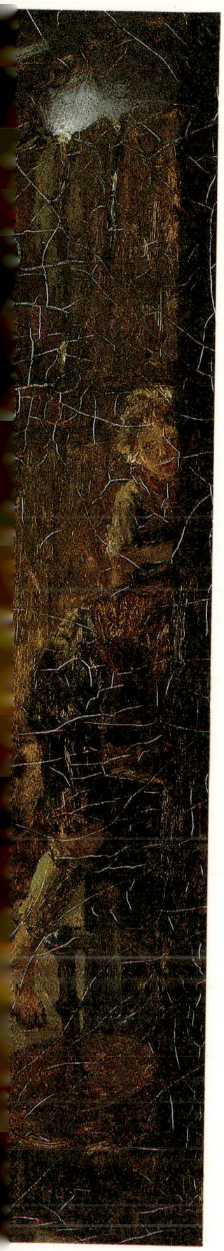

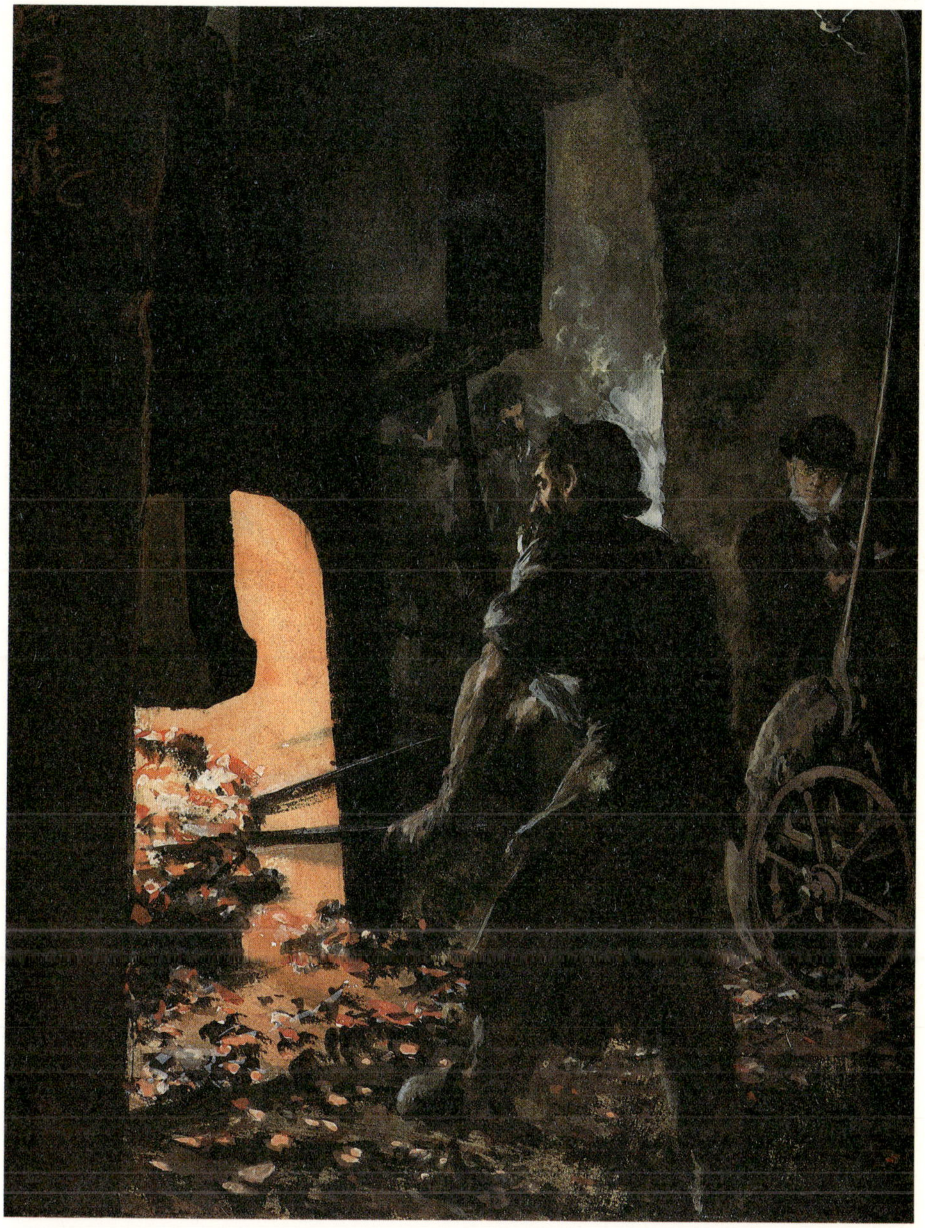

Menzel, einen Eisengießer zeichnend, 1872
Gouache auf Papier, 16,1 × 12,3 cm

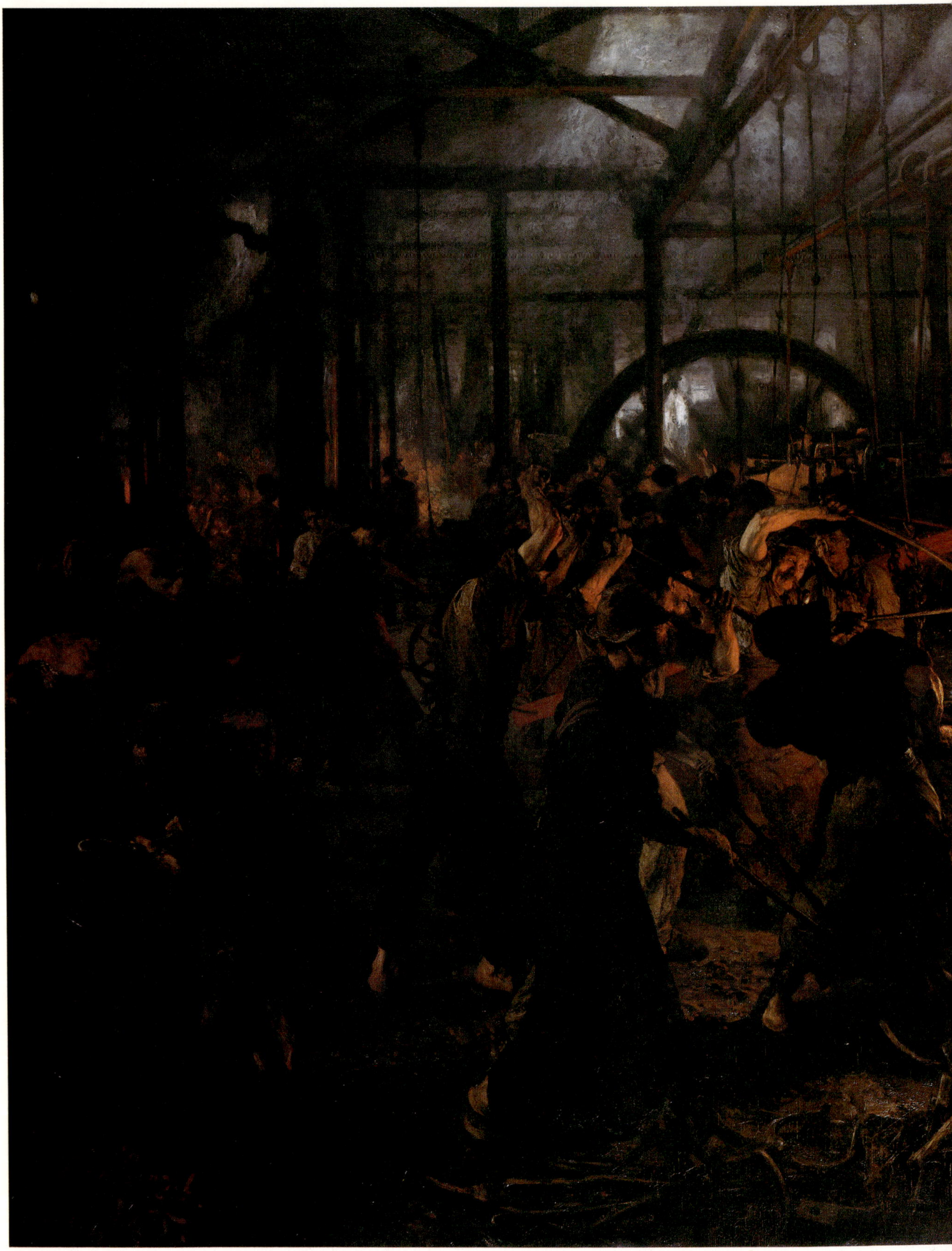

Das Eisenwalzwerk, 1872-1875, Öl auf Leinwand, 158 × 254 cm

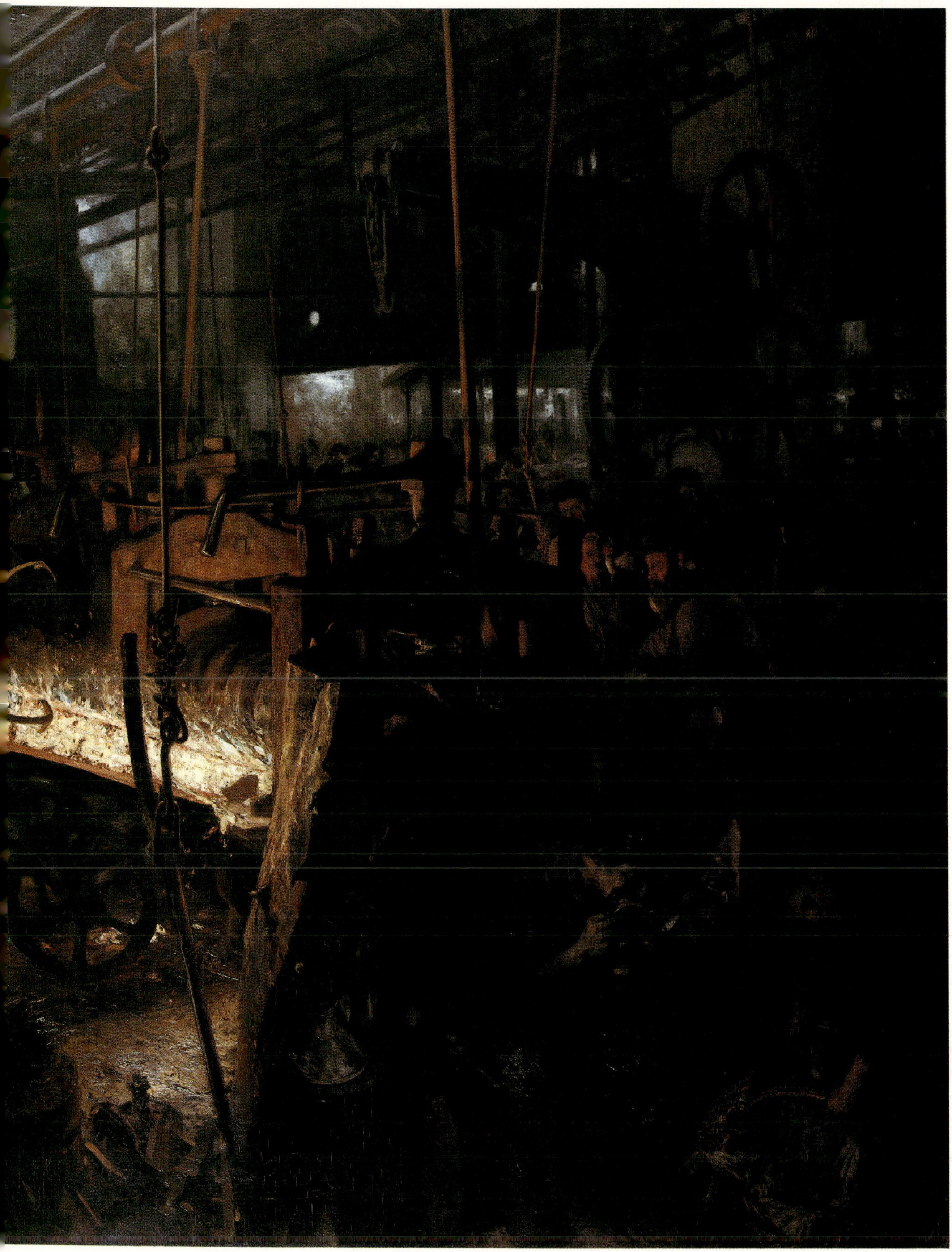

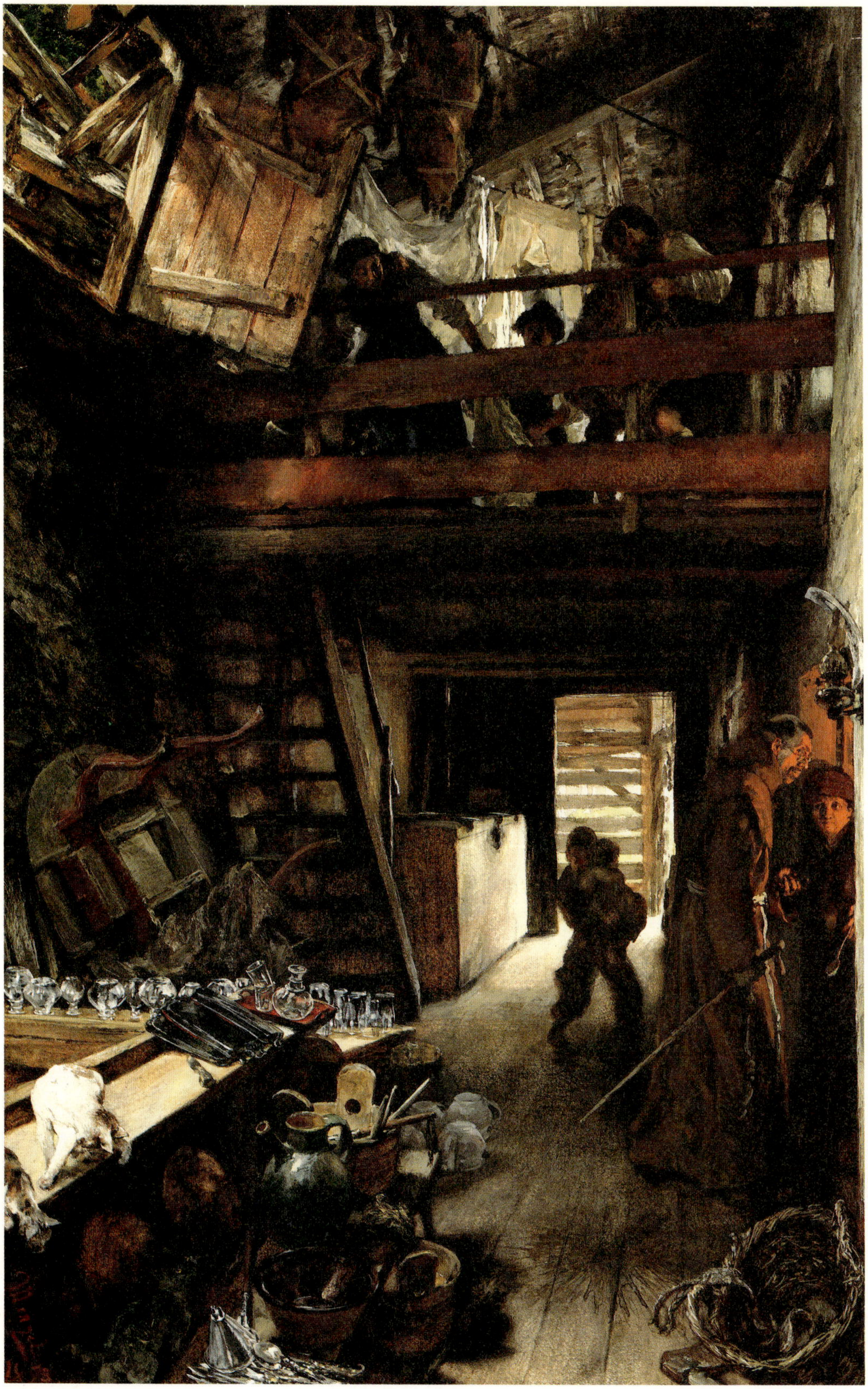

Küche in Hofgastein, 1873
Gouache, 40 × 26 cm

Inneres der Damenstiftkirche zu München, 18
Deckfarben auf Karton, 40,5 × 26,5 cm

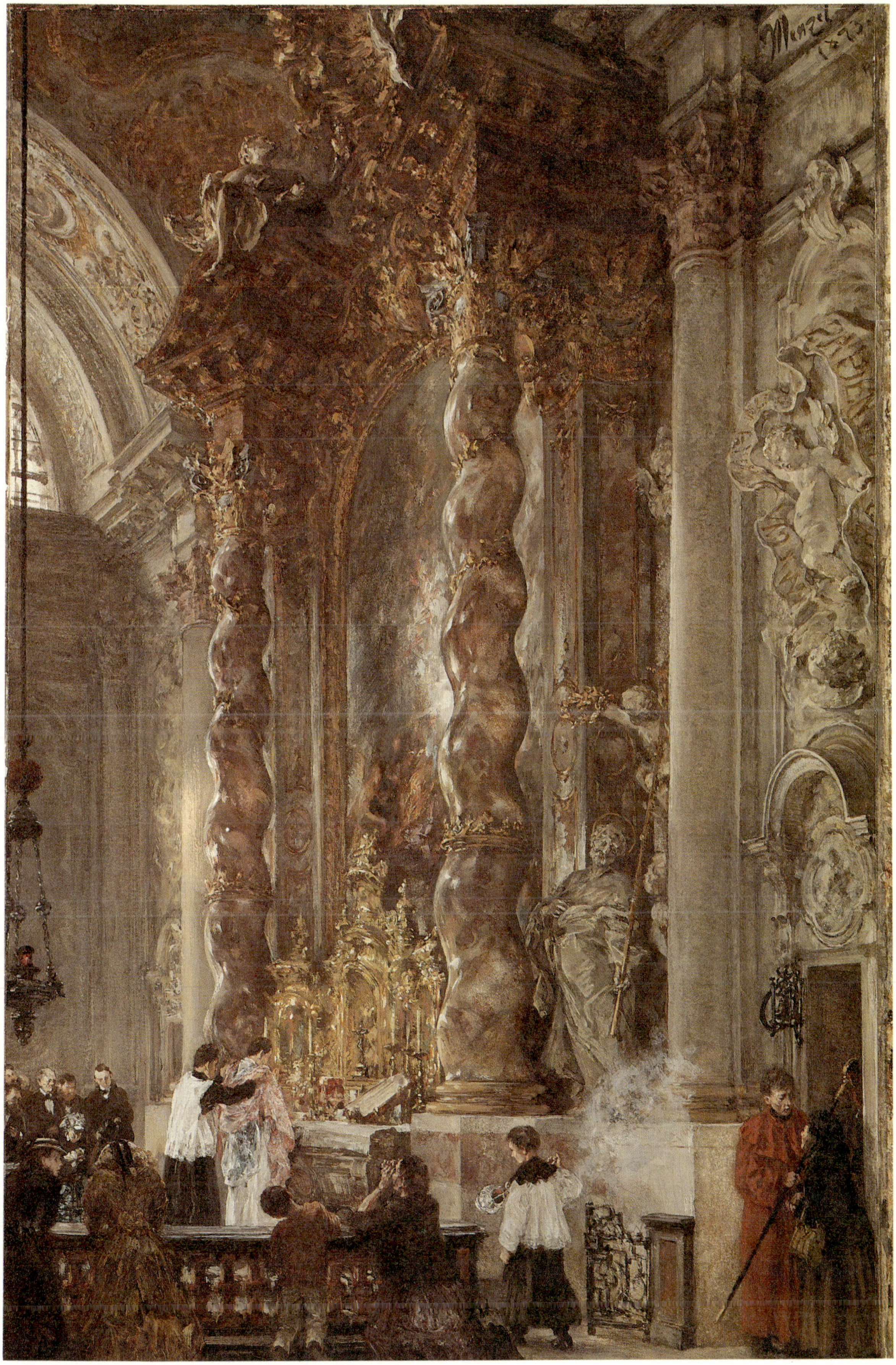

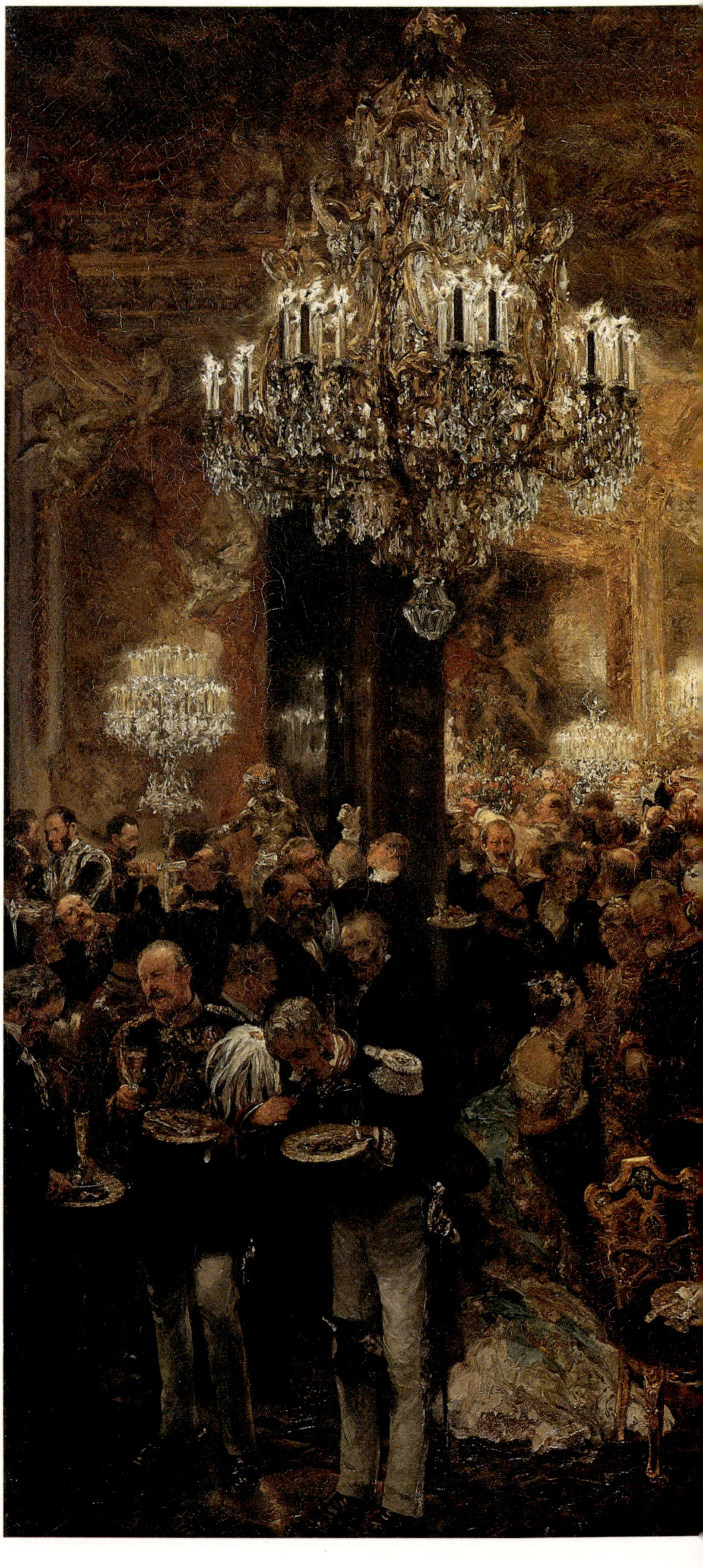

Das Ball-Souper, 1878
Öl auf Leinwand, 71 × 90 cm

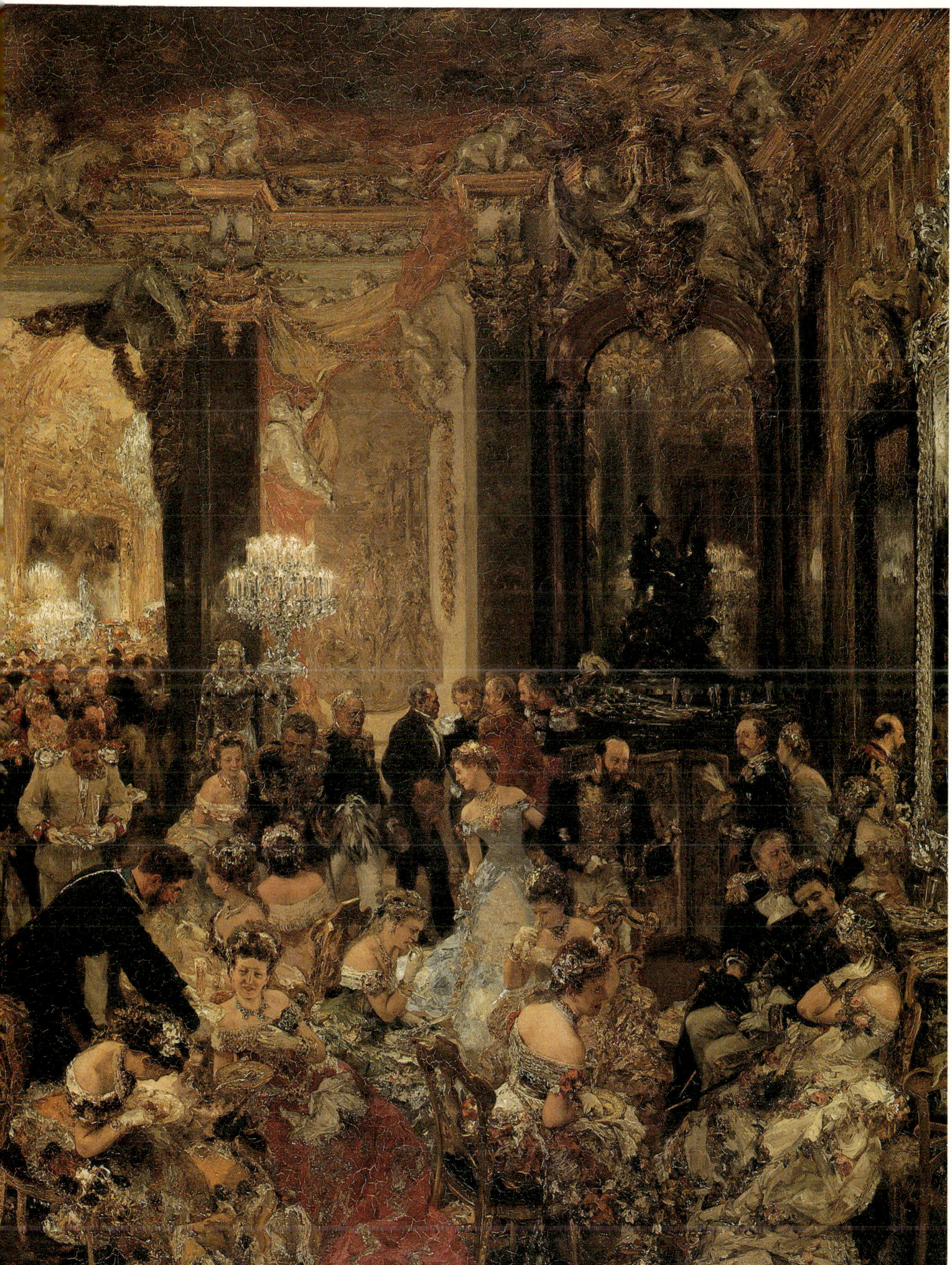

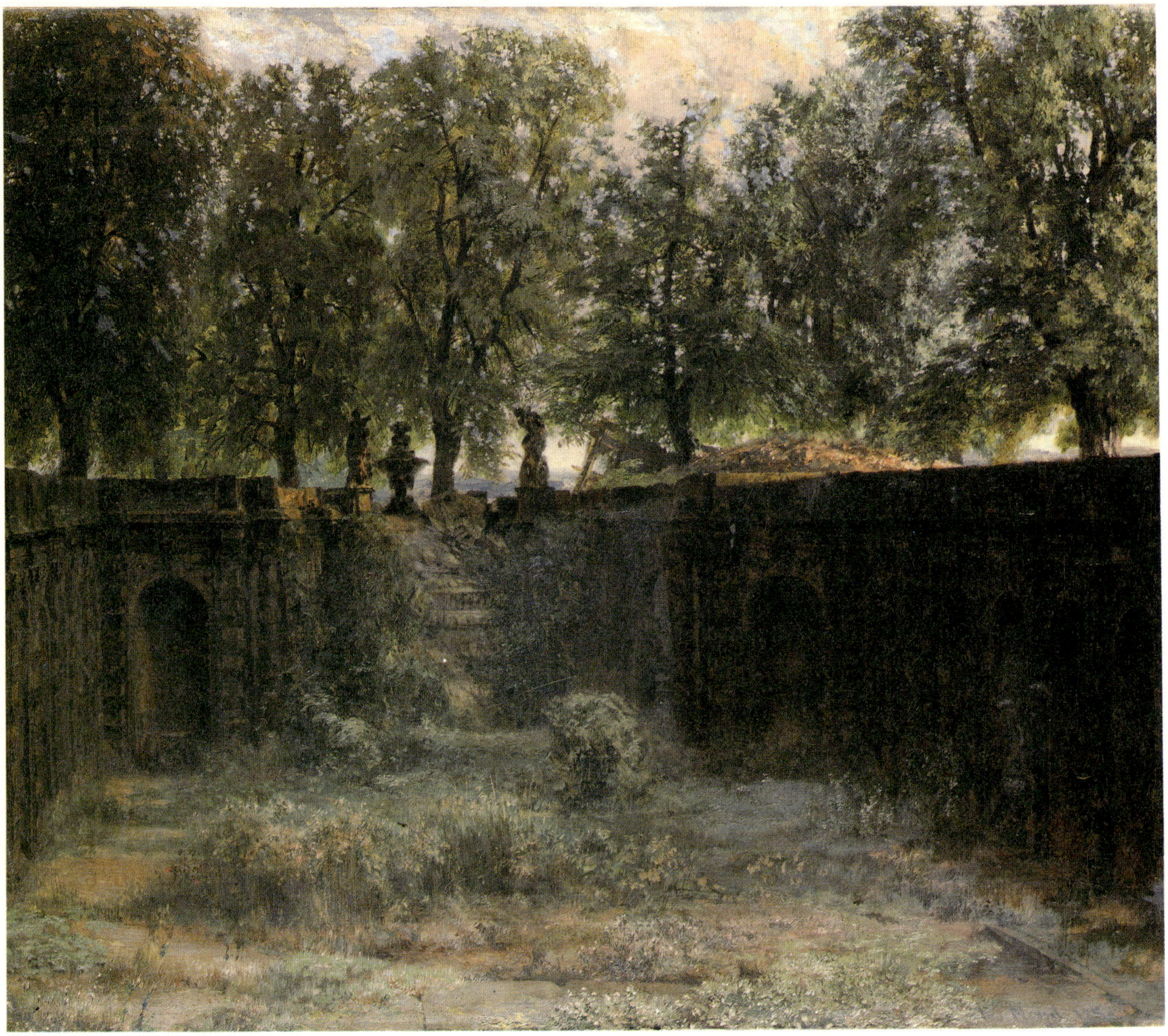

Nymphenbad im Zwinger, 1850
Öl auf Leinwand, 42 × 34 cm

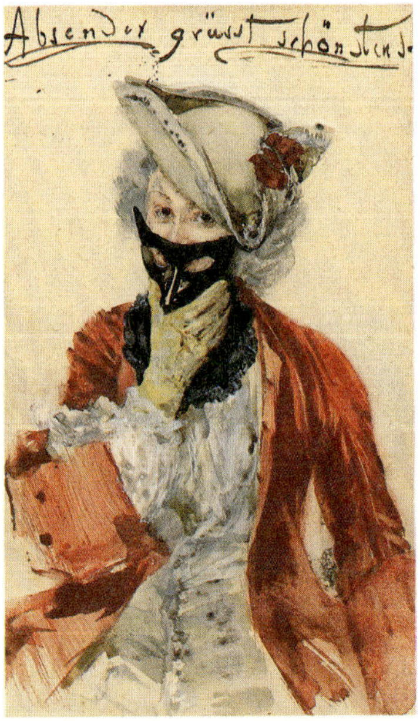

Absender grüßt schönstens –
Dame mit Maske im friderizianischen
Kostüm, um 1883-1885
Aquarell- und Deckfarben
auf Menzels Visitenkarte,
8,8 × 5,3 cm

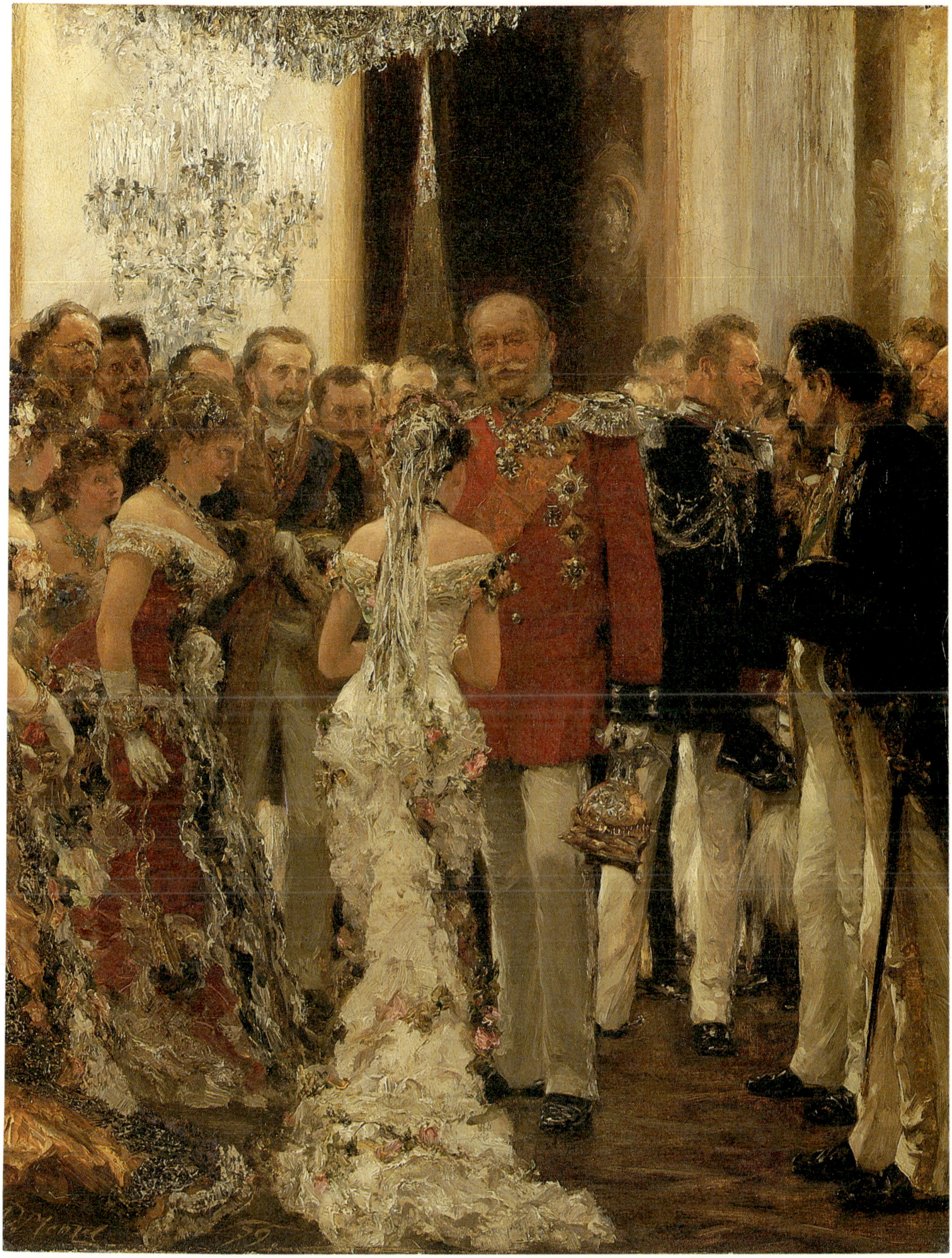

Cercle Kaiser Wilhelms des Ersten, 1879
Öl auf Leinwand, 32 × 25,4 cm

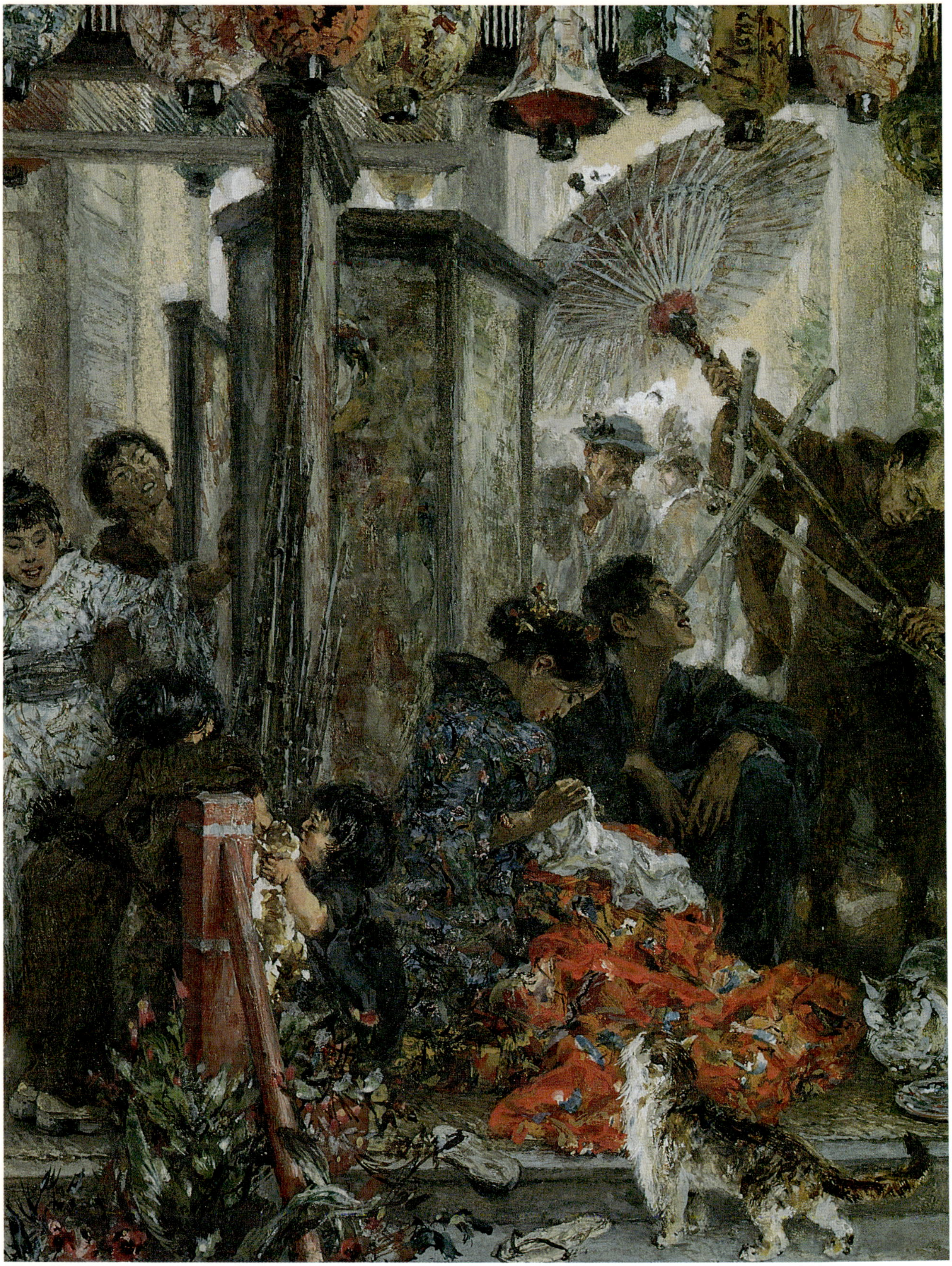

In der japanischen Bude, 1887
Deckfarben, 24,6 × 17 cm

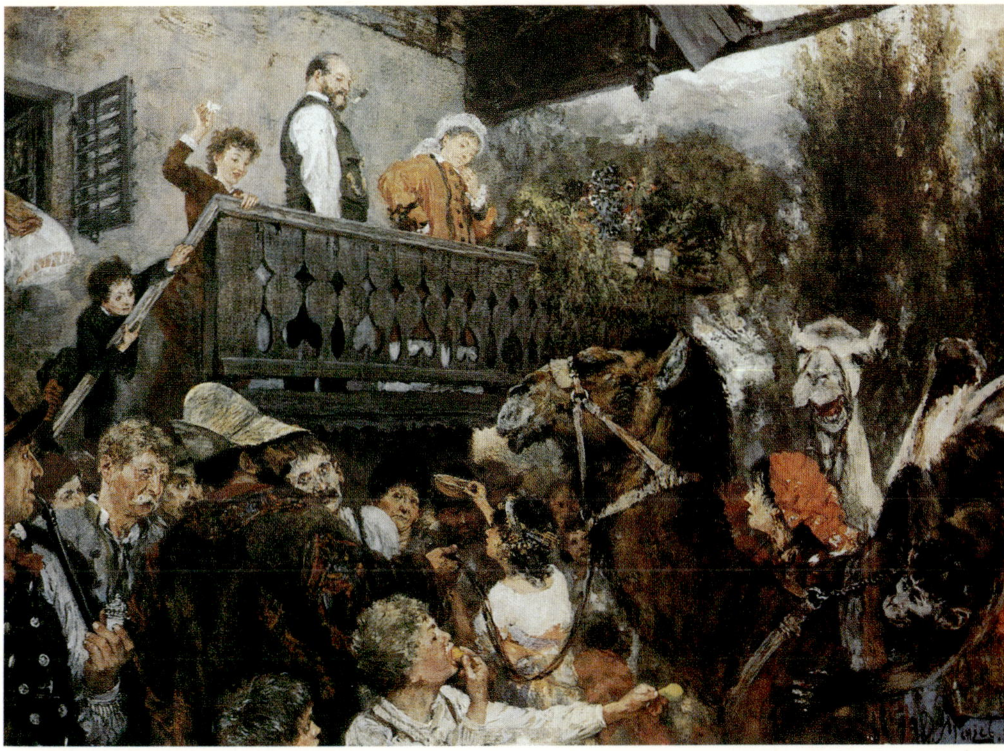

Der Wanderzirkus,
1884
Deckfarben auf Pappe

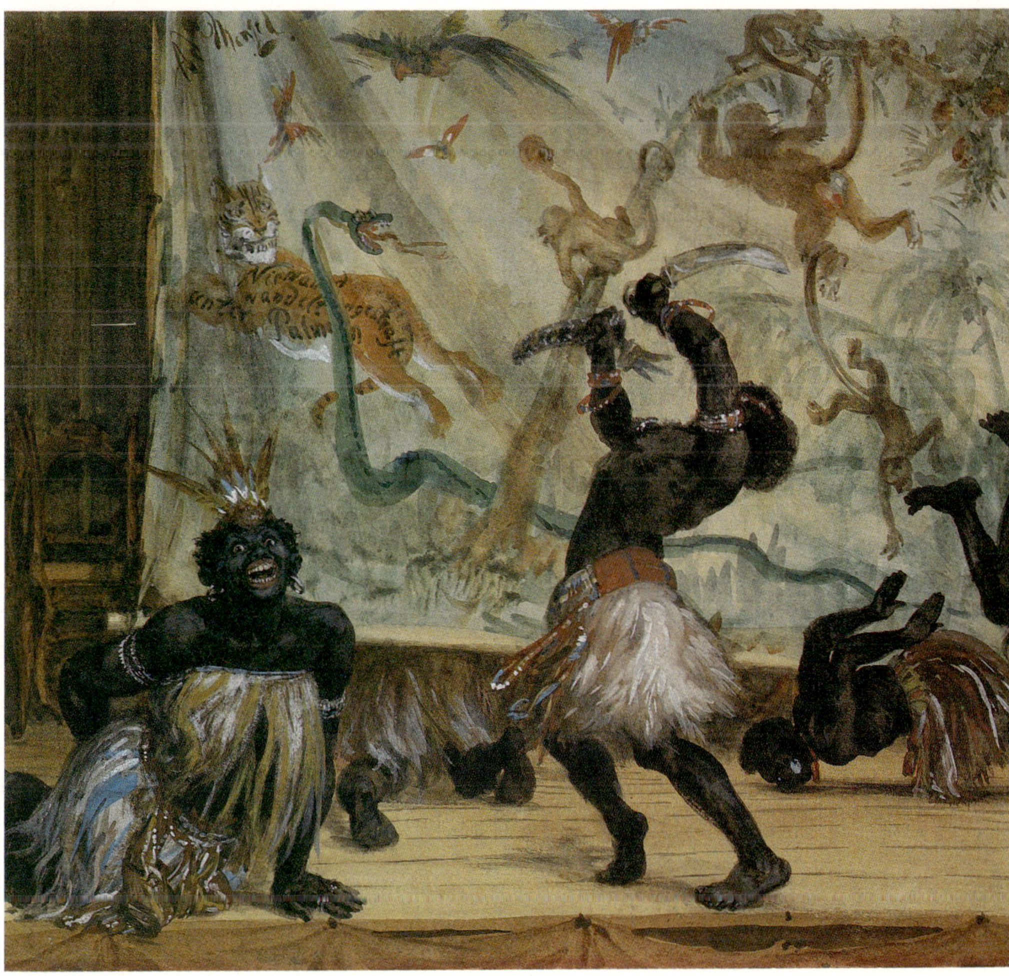

Tanzende Neger,
»Niemand wandelt
ungestraft
unter Palmen«
1882, Deckfarben,
16,6 × 23 cm

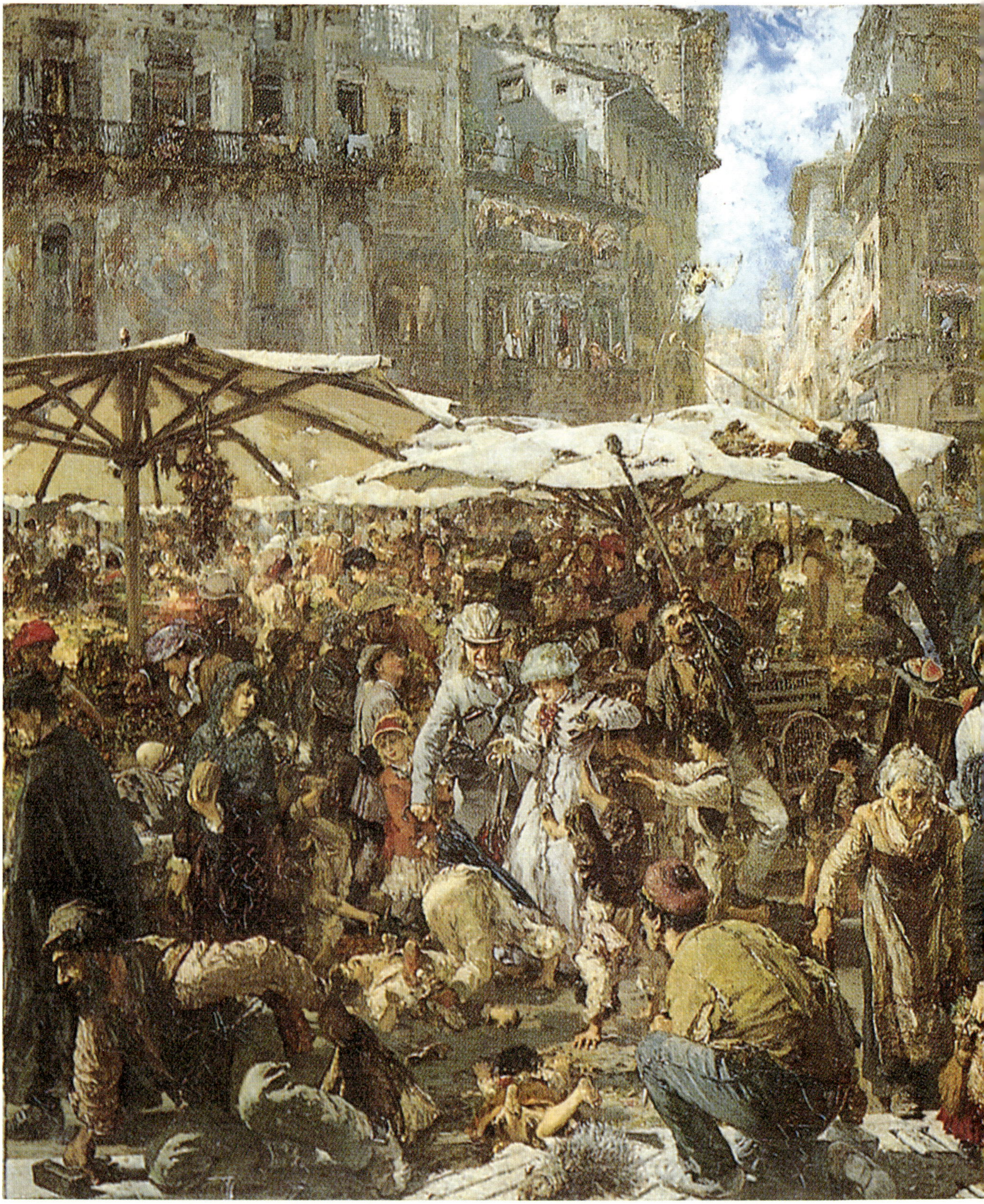

Piazza d'Erbe in Verona, 1884
Öl auf Leinwand, 73 × 127 cm

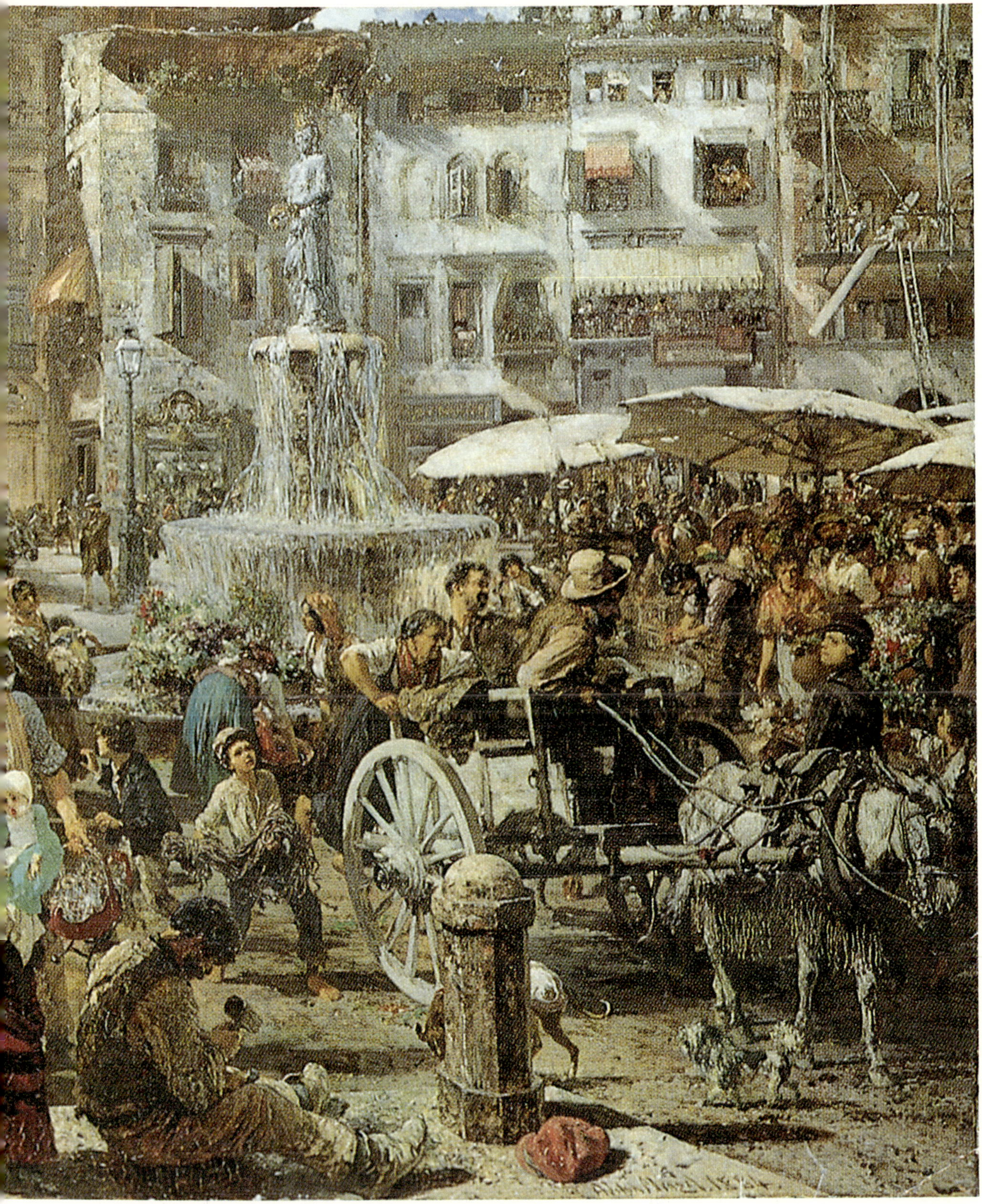

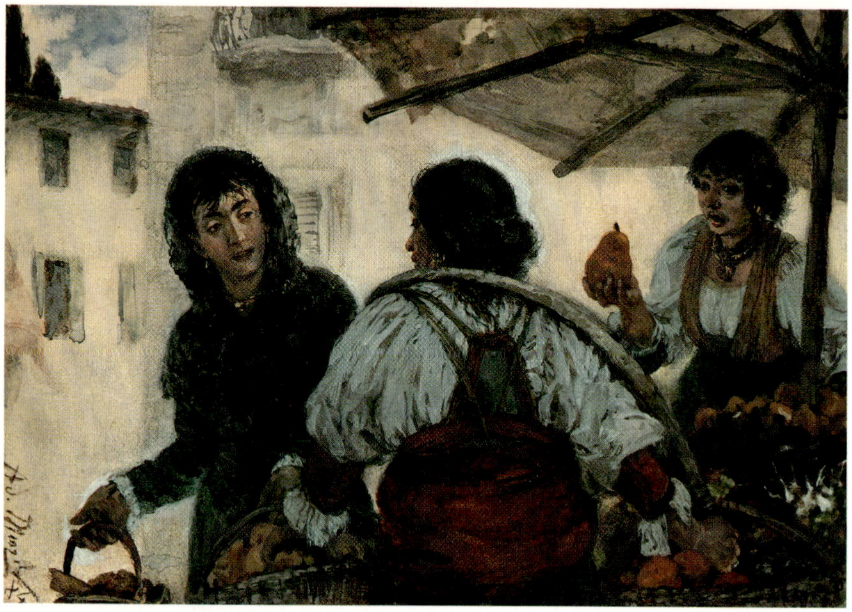

Obsthändlerinnen in Verona, 1884
Wasser- und Deckfarben, 11,6 × 17,4 cm

Rechts
Frühstunde im Café, 1894
Deckfarben, 19 × 12 cm

Münchner Biergarten, 1883
Pinsel, Tusche und Deckfarben auf festem Papier, 13,5 × 17,9 cm

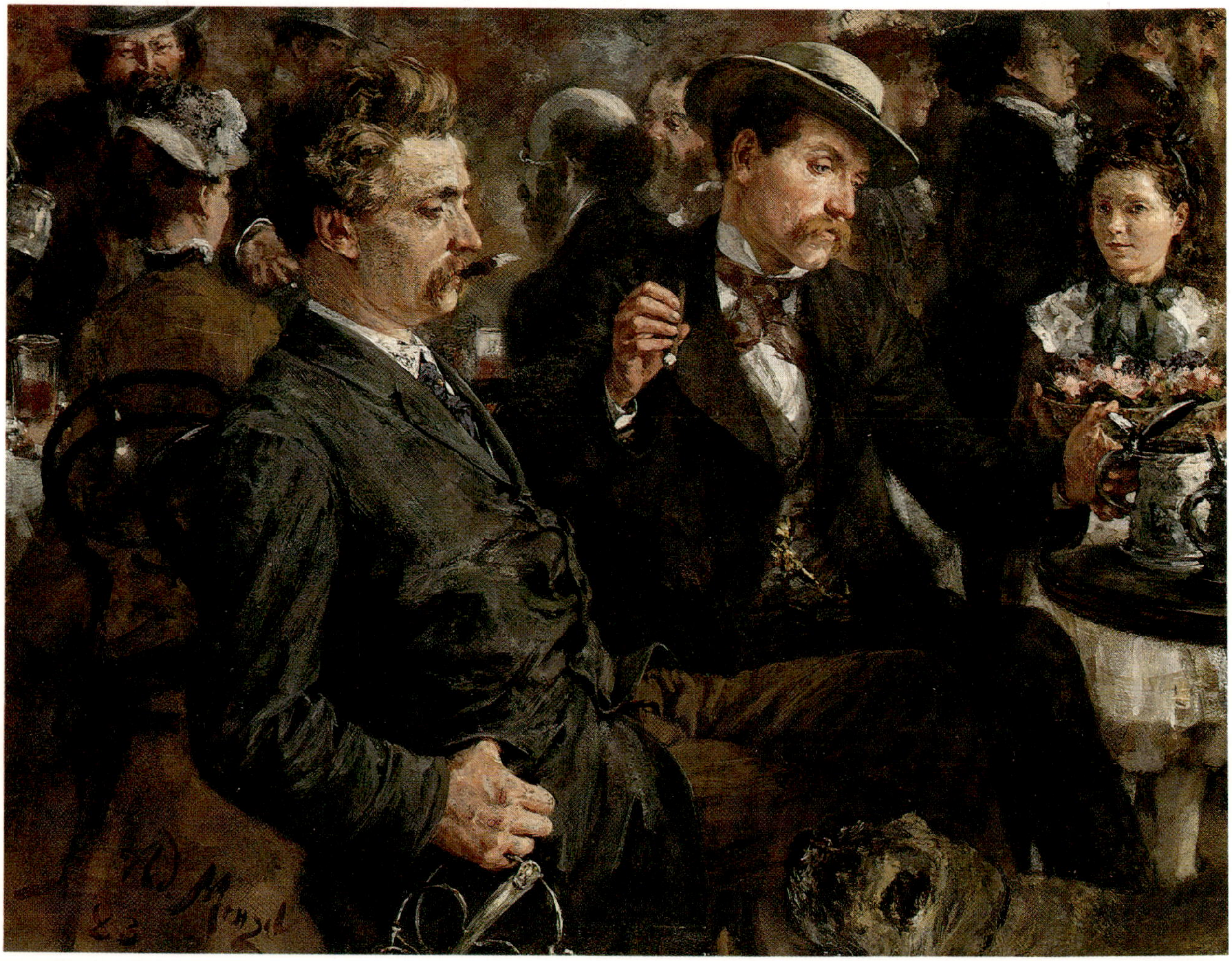

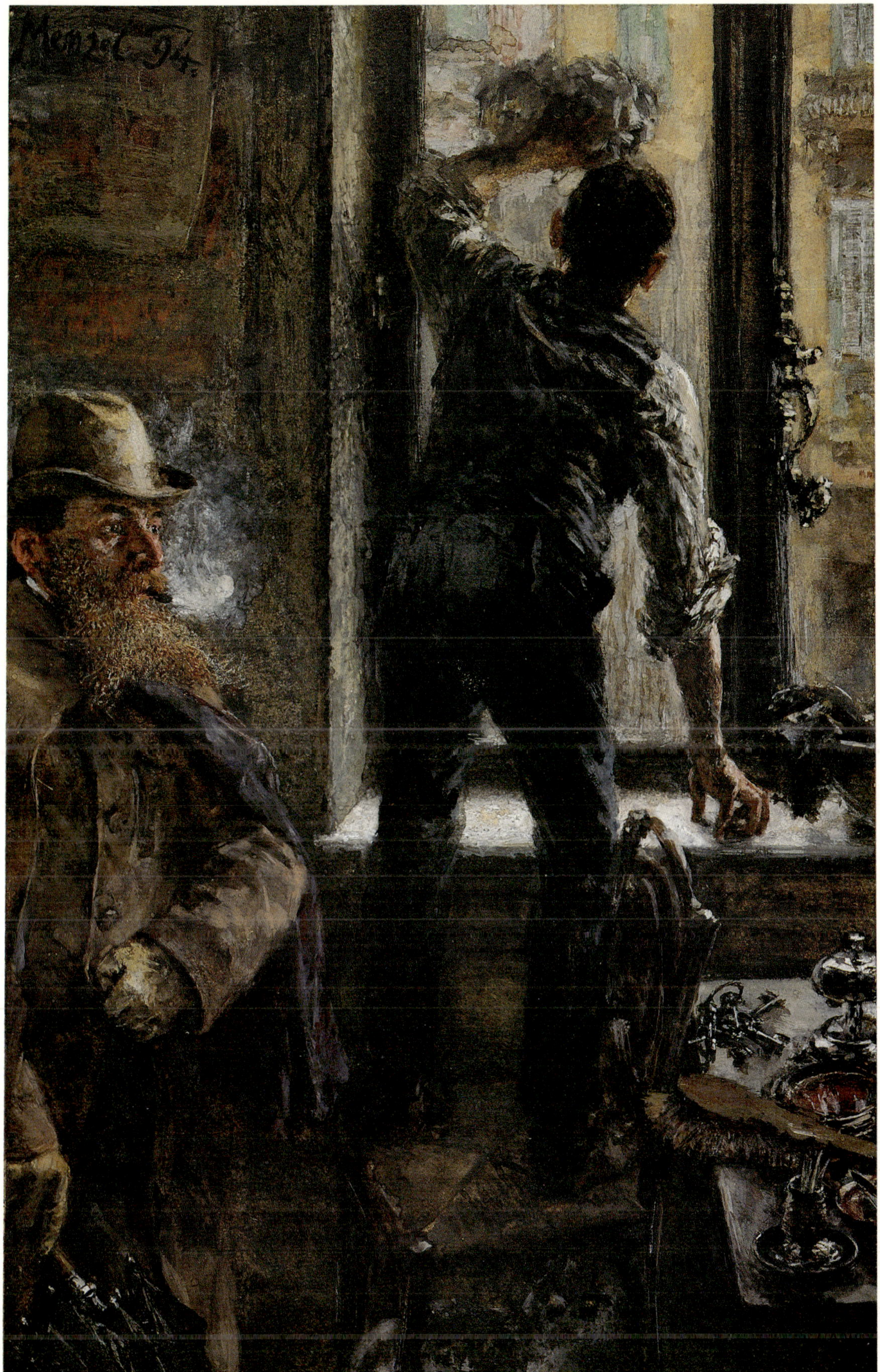
Menzel 94.

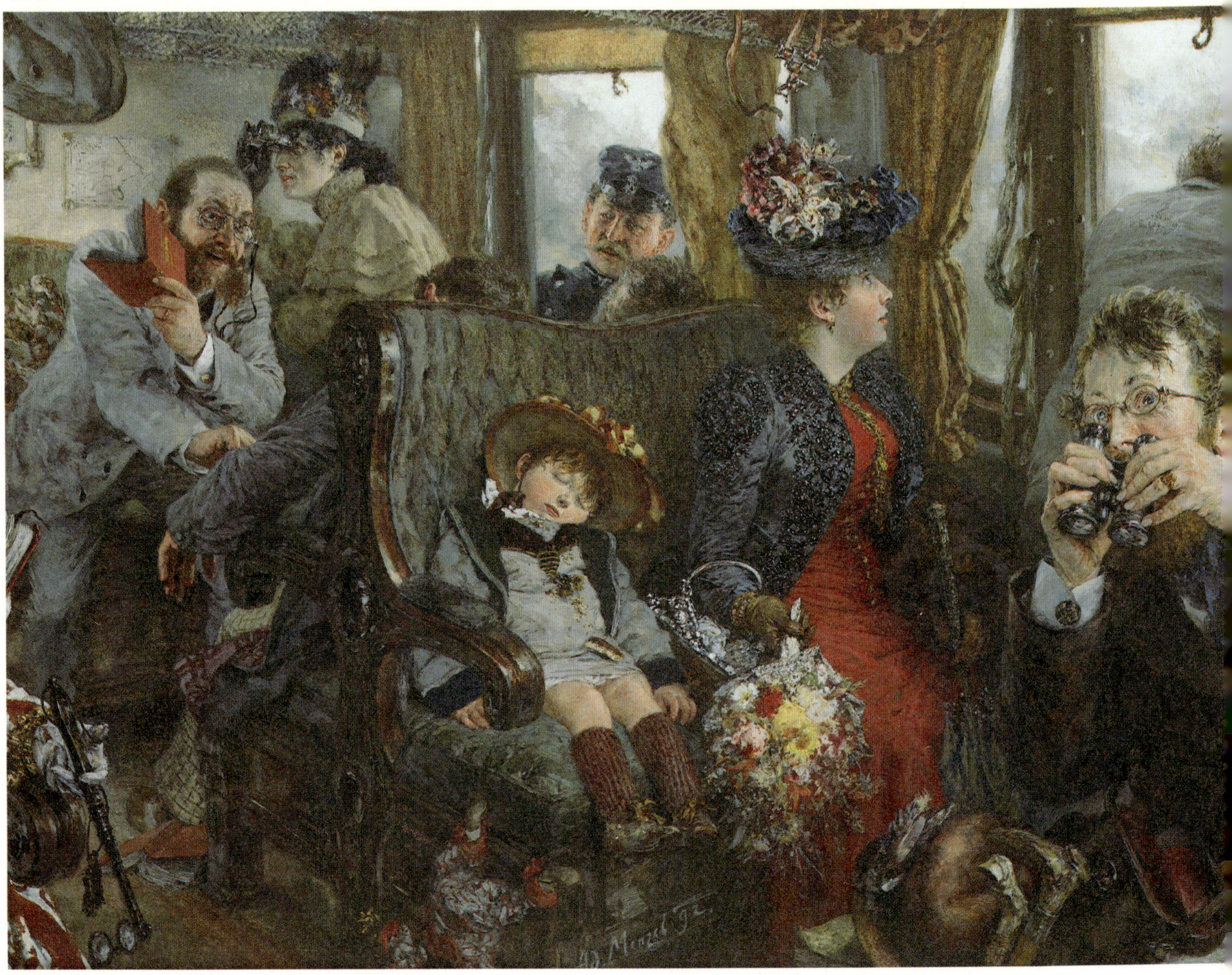

Fahrt durch die schöne Natur, 1892
Deckfarben auf Papier, 27,7 × 37,2 cm

Unter der Leselampe
Deckfarben auf Pappe, 19 × 20 cm
(Kriegsverlust)

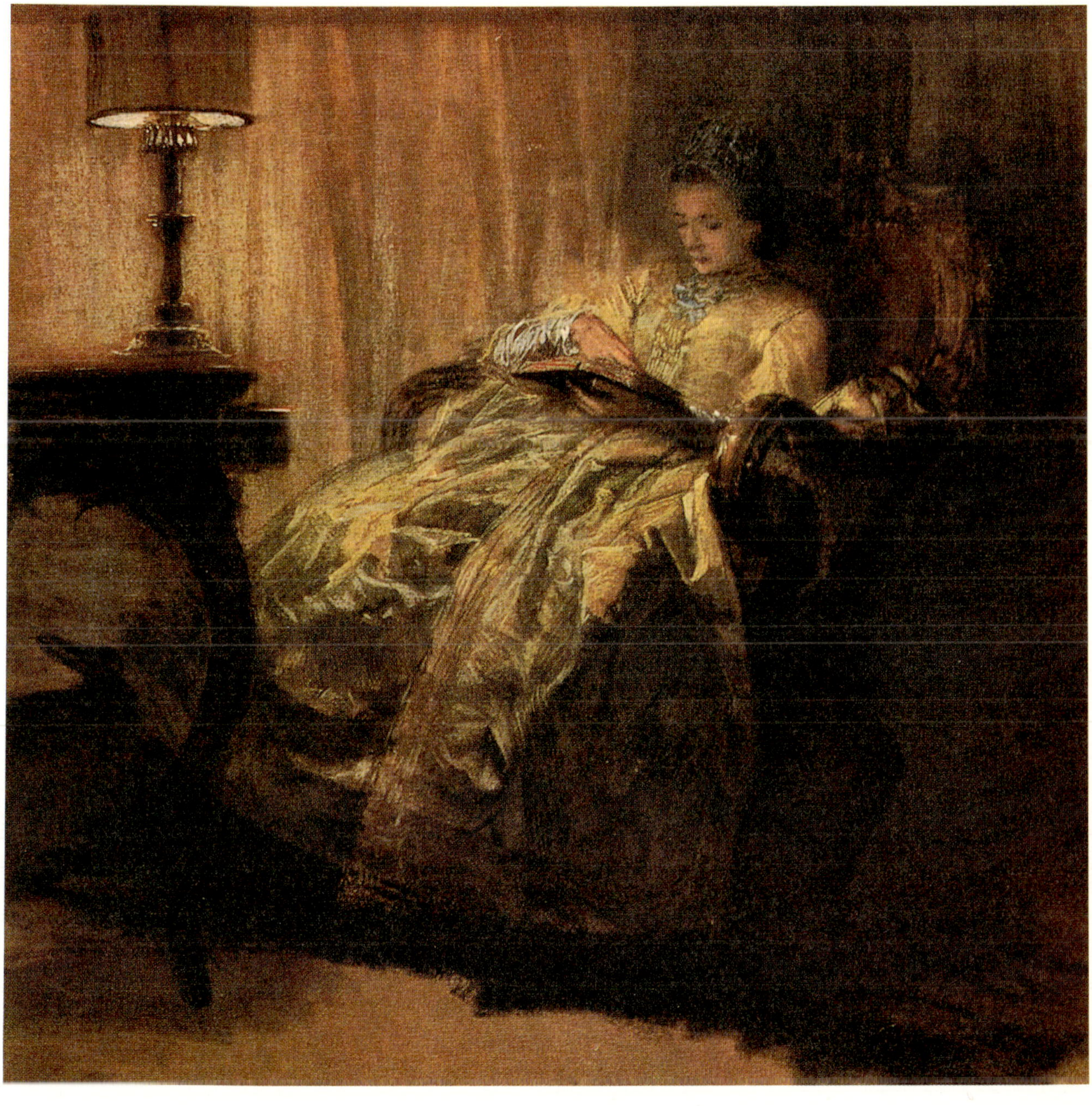

MENZEL
BETRACHTUNGEN UND BERICHTE

THEODOR FONTANE
Adolf Menzel

Am achten Dezember wird Adolf Menzel achtzig. Seit zwei Generationen lebt er in unserer Mitte, seit einem Menschenalter ist er unserer Stadt und unseres Landes Stolz. Die Grenzen ließen sich auch wohl noch weiter stecken.

Er war fünfzehn Jahre alt, als er von Breslau nach Berlin kam, achtzehn, als er mit seinem cyklischen Erstlingswerke »Künstlers Erdenwallen« vor das Publikum trat. Die Menge zu gewinnen, dazu waren diese lithographischen Federzeichnungen nach Form und Inhalt nicht angethan; nur Einzelne, darunter der alte Gottfried Schadow, nahmen Ungewöhnliches darin wahr. Diese Zustimmung Einzelner aber war, wie gewöhnlich, nicht gleichbedeutend mit Förderung oder auch nur Entlastung, und der Achtzehnjährige hatte durch schwere Schulen zu gehen. Das Leben war, von Anfang an, darauf aus, seinen Charakter zu bilden, diesen Urquell seines Könnens.

Menzel begann als Zeichner auf Stein und Holz und erst auf der 1850er Anstellung – nachdem allerdings Einzelnes auf dem Gebiete der Oelmalerei vorausgegangen war – erschien er mit seinem jetzt der National-Galerie zugehörigen Sanssouci-Bilde (»Tafelrunde«), das den bis dahin nur in engerem Kreise Gewürdigten auf einen Schlag unter die Größen einreihte. Seitdem – seine friderizianischen Illustrationen zu dem Franz Kuglerschen Geschichtwerke waren in den vierziger Jahren vorausgegangen – ist er in einer ununterbrochenen Ascendence geblieben, wachsend im Wechsel seiner Aufgaben und Stoffe.

Zunächst freilich hielt er noch an der bis dahin von ihm gewählten Stoffwelt fest und ließ seinem ersten Friedrichsbilde verschiedene Darstellungen aus der selben Epoche folgen, unter ihnen, um nur die bekanntesten zu nennen, das »Abendkonzert Friedrichs des Großen« und »Friedrich der Große bei Hochkirch«, Bilder, die, wie die vorgenannte Sanssouci-Tafelrunde, zum allgemeinen Bildungstand des modernen norddeutschen Menschen gehören, etwa wie die Kenntniß von Wallenstein oder Egmont. Nach der populären Abschätzung rangiren die drei genannten Bilder in der Reihenfolge, wie sie vor dem Publikum erschienen; einzelne Stimmen aber fühlen sich versucht, das Hochkirchbild am Höchsten zu stellen, weil es, neben Dem, was allen Menzelbildern eigen ist, auch noch ein Maß von Kraft und Leidenschaft zum Ausdruck bringt, das, über die blos künstlerische Befriedigung hinaus, zugleich noch das Innerste, die Seele des Beschauers, mit fortreißt. Die aus der Tiefe heraufkletternden Vordergrundsgrenadiere mit ihrem schon an der Hand verwundeten alten Major an der Spitze (der Alte selbst ein pommerscher Schwerinskopf), die schräg durch das Bild hin im Schatten stehende Feuerlinie mit dem Sponton-Unteroffizier am linken Flügel, endlich der König selbst, wie ein Rasender aus der Dorfgasse herausjagend, ohne Hut, das Haar im Winde, – welch ein Bild! Die meisten Schlachtenbilder, selbst die versailler nicht ausgeschlossen, gähnen uns von den Wänden her an; aber auch unter denen, die, wenns sein muß, ohne Weiteres als Schmuck und Zierde gelten können, auch unter diesen ist vielleicht nur eines, das – im Uebrigen allem Menzelschen diametral entgegengesetzt – an poetisch innerlicher Gewalt mit diesem Hochkirchbilde wetteifern kann: die Hunnenschlacht.

Menzel ist der Maler der friderizianischen Epoche par excellence. Sein Ruhm auf diesem Gebiete hat, wie nur zu begreiflich, Andere nicht ruhen lassen und Viele sind dem von ihm eingeschlagenen Wege gefolgt. Aber diese seine Gefolgschaft ist doch zugleich durch eine unüberbrückbare Kluft von ihm getrennt, und wenn die Menzelschen Friedrichsbilder, auch solche, die stofflich von Potsdam und seinen Schlössern weitab liegen, einer Sanssouci-Causerie des Königs mit Voltaire gleichen, so gleichen – ein paar Ausnahmen (vielleicht nur eine) zugegeben – die Bilder Derer, die es Menzel nachthun wollen, einem Perückengespräch mit Rammler oder Vater Gleim.

Die Zeit, während der Menzels Friedrichsbilder und Friedrichsillustrationen entstanden, umfaßt die Jahre von 1840 bis 1860, und wenn man diesen Zeitraum als seine friderizianischen zwanzig Jahre bezeichnen darf, so die zwanzig folgenden als seine wilhelminischen. Dieser Epoche von 1860 bis 1880 gehören neben zahlreichen, in Aquarell ausgeführten und zumeist unsere Tagesgeschichte verherrlichenden Gedenk- und Huldigungblättern, in erster Reihe die »Krönung König Wilhelms in der Schloßkirche zu Königsberg«, die »Abreise König Wilhelms (1870) zur Armee«, das »Ballsouper« und »Cercle beim Deutschen Kaiser« an, Bilder von gleicher Bedeutung wie die der voraufgegangenen Epoche, wenn auch nicht voll von gleicher Volksthümlichkeit. Worin Dies begründet liegt, ist schwer zu muthmaßen, noch schwerer zu beweisen.

Friderizianische Bilder, wilhelminische Bilder – und zwar durch zweimal zwanzig Jahre hin! Und so haben wir uns denn daran gewöhnt, Menzel, mehr oder weniger ausschließlich, als einen Verherrlicher unserer preußischen Geschichte, der vergangenen wie der gegenwärtigen, aufzufassen. Aber neben diesem Menzel der gäng und geben Auffassung ist immer ein zweiter, in vielen Stücken durchaus anderer Menzel, einhergeschritten, der, einer von außen her als Wunsch, Auftrag, Forderung an ihn herantretenden Stoffwelt durchaus abgewandt, in sich selbst gestellten, rein künstlerischen Aufgaben, in der Erfindung immer neuer Techniken und zugleich in der Lösung immer neuer Probleme sein Ideal fand. Eine mit Vorliebe von ihm gepflegte Spezialität wurden die Lichteffekte. Bald aber in der Beobachtung und Wiedergabe des Kerzenlichtes kein Genüge mehr findend, ließ er sichs, in einer sich wie von selbst ergebenden Steigerung seiner nach dieser Seite hin liegenden Aufgaben, angelegen sein, sich an der malerischen Wiedergabe von Roth- und Weißglühlicht zu versuchen. Aus einem dieser Versuche heraus entstand eines seiner merkwürdigsten und epochenmachendsten Bilder: »Moderne Cyklopen«, auch (und wie mir scheinen will, richtiger) die »Schmiede« betitelt. Denn was in dem hier in Rede stehenden Bilde gegeben ist und unser lebhaftestes Interesse weckt, ist, weit über die Menschen als solche hinaus, das Thun dieser Menschen und der Ort, an dem sie thätig sind.

Menzel beherrscht jeden Zweig seiner Kunst, aber freilich mehr noch beherrscht er sich selbst. Der Mensch in ihm wächst noch über den Künstler hinaus. Was dieser in seinem Hochmaß ist, ist er vor allem durch den Menschen, durch seine seltene Inkarnation von Fleiß, Pflicht und Muth. Dieser Muth ist seine vielleicht schönste und größte Seite. Nie schwankend, wos gilt, nie bloßer Lebensklugheit nachgebend, ist ihm innerhalb der moralischen Welt alles Marchandiren fremd. Und nun gar erst Fahnenflucht! Von Kopf zu Fuß loyal, allem Utopistischen abgeneigt, ist er doch zugleich durch und durch ein Mann der Freiheit und als solcher immer da zu finden, wo von alter Zeit her die richtigen Preußen, die Leute von festem Rückgrat, gestanden haben. Und diese haben – Gott sei Dank – vordem wie heute noch immer ihre Widersacher überdauert. Als der alte General v. d. Marwitz vor Friedrich Wilhelm dem Dritten stand, um sich, und zwar nach Verbüßung seiner Strafe, wegen einer Opposition, deren Heftigkeit ihn auf die Festung geführt hatte, respektvollst zu rechtfertigen, antwortete ihm sein gnädiger König: »Weiß schon, weiß schon,... immer Ueberzeugungen gehabt haben«, und als unser Menzel, unser heut achtzigjähriger Jubilar, eben seinen Namen unter eine gegen die geplante Umsturzvorlage sich richtende Petition gesetzt hatte, lud ihn, als Antwort darauf, sein junger Kaiser nach Sanssouci hinauf, um hier, bei einer in Klängen und Bildern veranstalteten Friedrichsfestlichkeit, die große Zeit vor dem Auge Dessen heraufsteigen zu lassen, der, mehr als irgendwer, zu des Königshauses und des preußischen Volkes Ruhm eben diese Zeit darzustellen und zu verherrlichen gewußt hat.

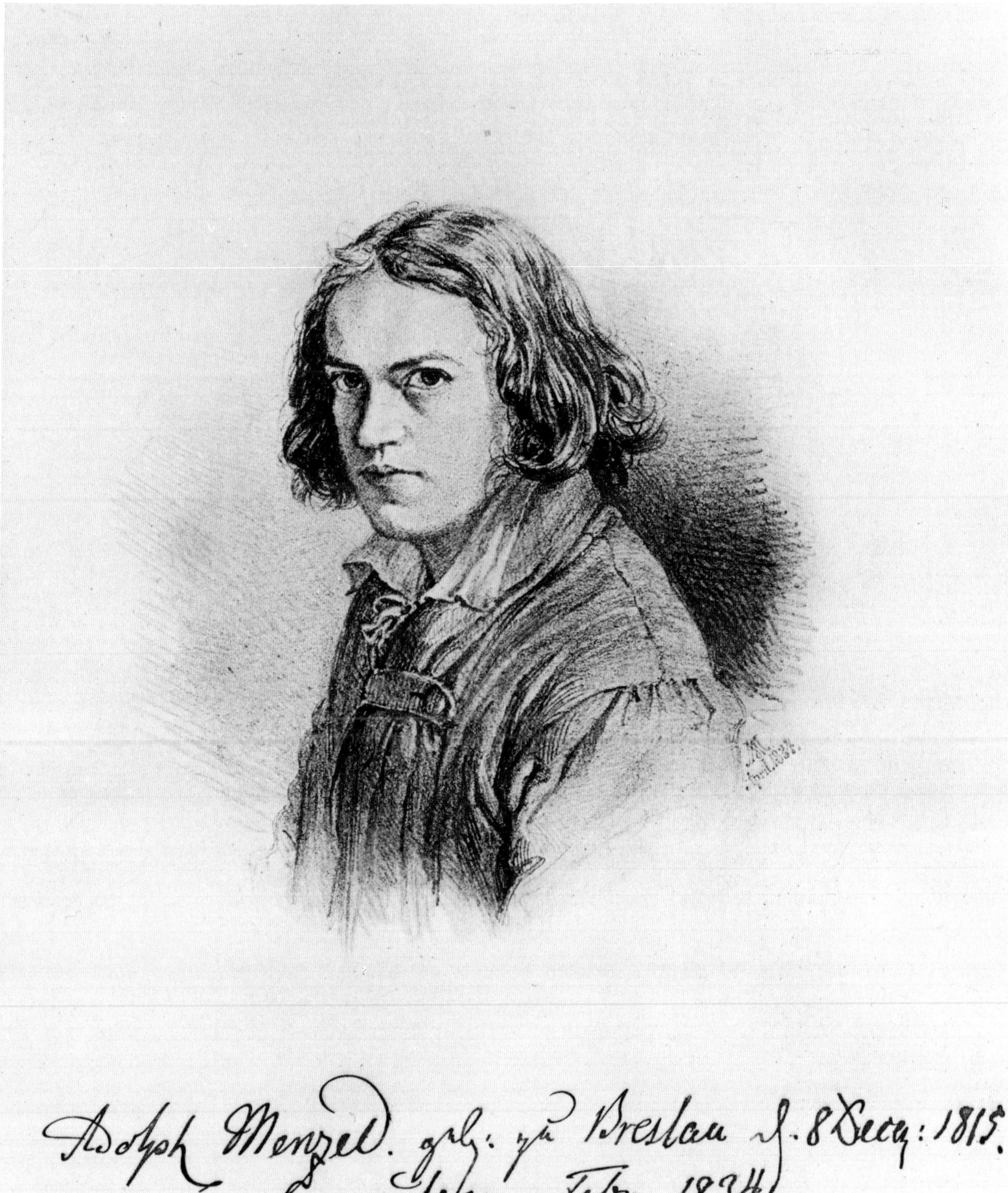

Selbstbildnis, 1834
Bleistift, ohne Maße

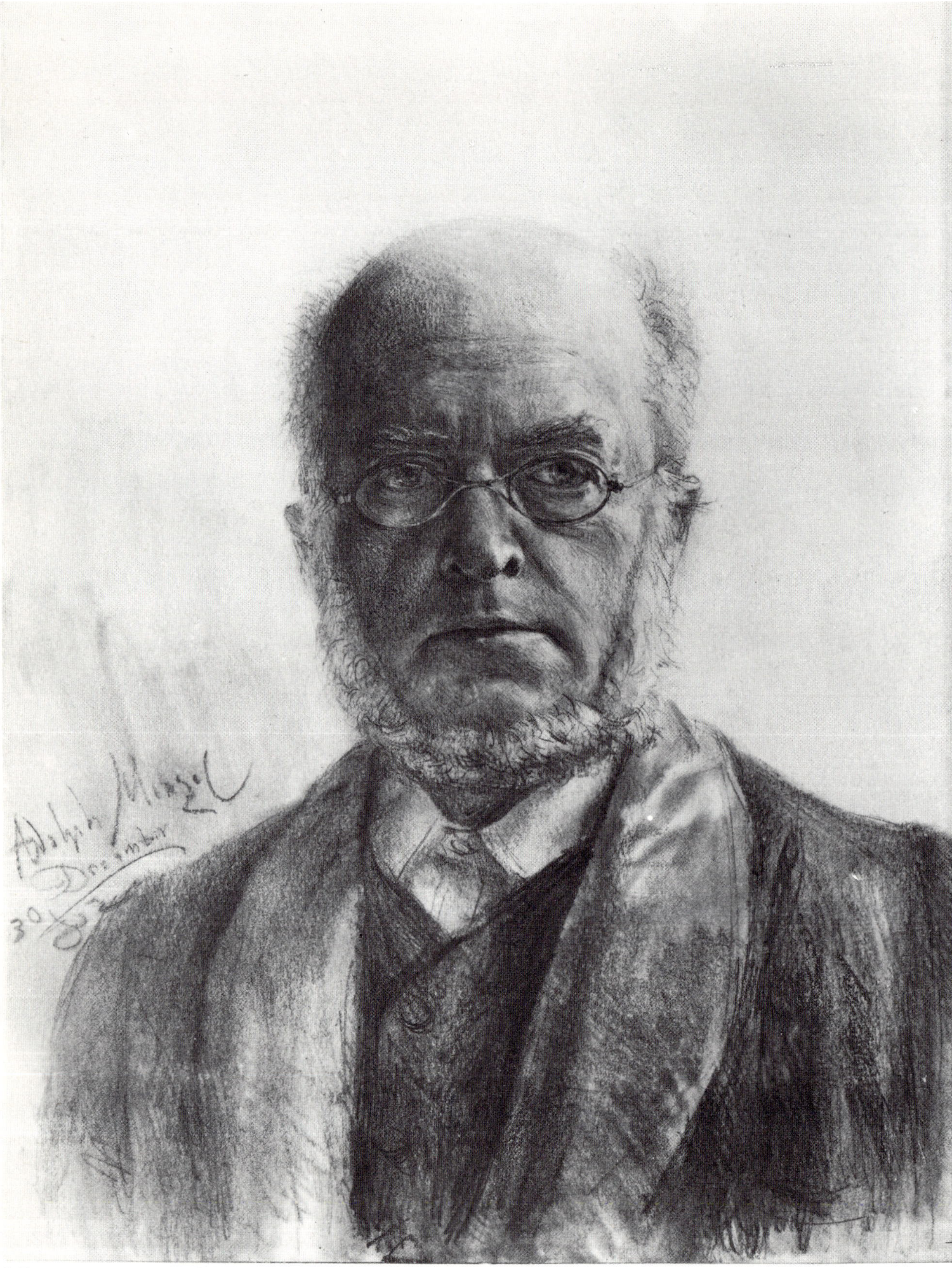

Selbstporträt, 30. Dezember 1882
Bleistift, 28 × 22,3 cm

ANTON VON WERNER
Adolph von Menzel

Eure Kaiserlichen und Königlichen Majestäten!
Hochansehnliche Versammlung!

Als der große Künstler, um dessen Tod wir klagen, vor wenigen Monden in sein neunzigstes Lebensjahr trat und an seinem Geburtstage voller Lebensfreude und heiterer Laune die Glückwünsche seiner Freunde und Verehrer entgegen nahm, da schien es uns allen als so selbstverständlich und sicher, daß wir in diesem Jahre voller Jubel auch sein neunzigstes Geburtsfest mit dem verehrten Meister feiern würden. Der Gedanke, daß er uns genommen werden könnte, lag uns trotz seiner Jahre so fern, so fern –, denn die Natur, das Alter schien ja mit seinen unerbittlichen Ansprüchen vor diesem Großen ehrfurchtsvoll Halt gemacht zu haben, und er selbst trug in sich das Bewußtsein und das Vertrauen, daß sein Lebenstagewerk noch lange nicht zum Abschluß gelangt sei, als er an diesem Tage zu seinen alten Freunden äußerte: »Mein Hausarzt hat mir ja gesagt, daß ich 100 Jahre alt werden könnte –, aber das möchte ich denn doch nicht!«

Und darum traf es uns so plötzlich, so ganz unerwartet, als vor wenigen Wochen die Trauerkunde Berlin durchflog: »Unser *Menzel* ist nicht mehr!« Von uns geschieden der Mann, welcher unser höchster Stolz war, welcher mit unerschöpflicher Hand uns das Schönste, was er schaffen konnte, immer freigebig gespendet hatte, – ausgelöscht ein Leben voller rastloser künstlerischer Arbeit, umstrahlt vom Glanze eines Ruhmes, welcher den Namen *Menzel* mit flammenden Zügen in die Tafeln der Geschichte unseres Vaterlandes eingegraben hat!

Denn er war unser, er war Deutschlands, von ganzem Herzen sein getreuester Sohn, und es war nicht nur die ehrfurchtsvolle Bewunderung seines künstlerischen Genies, welches ihn uns groß und teuer machte, nein, unsere Herzen schlugen ihm, dem Manne entgegen, welcher für uns die Verkörperung unermüdlicher Arbeit und des höchsten Vaterlandsgefühles war! Wir fühlen uns verwaist, nun, da der große Einsame nicht mehr unter uns wandelt, der uns ein leuchtendes Vorbild war in seinem unerbittlichen Forschen nach Wahrheit, in seinem eisernen Fleiß und in seiner strengen Selbstkritik, durch welche er für uns die Verkörperung der Kritik der reinen Vernunft in der Kunst bedeutete.

»Von alters her im Deutschen Volke war
Der höchste Ruhm, getreu und wahr zu sein«*

so sagt der Dichter, und so war *Menzel*, so kannten wir ihn von seiner frühesten Jugend an.

Schon als 13 und 14jähriger Knabe imponiert er uns durch die schlichte Wahrheit und Treue seiner Naturstudien und ihre zeichnerische Vollendung, und wie groß steht der Künstler in seinem Streben und Schaffen in seinen jungen Jahren vor uns, als er nach einer ganzen Reihe genialer Jugendarbeiten als 24jähriger das Werk schafft, das er selbst nicht mehr übertreffen konnte, sein Meisterwerk, die Illustrationen zur Geschichte Friedrichs des Großen, welches ihm einen ersten Platz in den Reihen der Künstler aller Zeiten sichert! Und wie groß der 87jährige Meister, welcher als unermüdlich Lernender bei der Betrachtung einer seiner Tausenden von Zeichnungen äußert: »Das habe ich vor zwei Jahren gezeichnet und inzwischen eine Menge zugelernt.«

Es dürfte schwer sein, dem Laien ganz klar zu machen, welche Energie in der Überwindung von Schwierigkeiten, welcher Aufwand von Fleiß und unerschöpflicher Geduld nötig war nur für das mühsame Zusammentragen des historischen

* Robert Reinick

Materials, um die Geschichte Friedrichs des Großen so zu illustrieren, wie *Menzel* sie illustriert hat. Es muß uns bedünken beim Anblick dieser Illustrationen, als ob sie nicht zu irgend einem vorliegenden Text gemacht worden wären, sondern dieser vielmehr nur als Begleitung zu den Illustrationen entstanden wäre. Der jugendliche *Menzel* eilte als Geschichtsforscher seinen Jahren weit voraus und machte uns eigentlich erst das friderizianische Zeitalter für unser Empfinden lebendig und verständlich. In seinen Bildern zeigt er uns Wesen und Bedeutung des großen Königs und seiner Helden, das Volk in allen Schichten in Not und Kriegselend wie im Glanze und Ruhme jener Zeit, welche unter Sturm und Drang das Preußen der Zukunft geschaffen und gegen eine Welt in Waffen verteidigt hat, besser und eindringlicher, anschaulicher, als es das beste geschriebene Geschichtswerk vermocht hätte. So deutlich und lebendig wie *Menzels* kleine Zeichnungen in dem äußerlich unscheinbaren Buch sprechen selbst die historischen künstlerischen Dokumente jener Epoche nicht zu uns, welche er als Material benutzt hat, und mit vollem Recht wird *Menzel* immerdar seinen ersten Ruhmestitel als der Maler Friedrichs des Großen tragen, und der kaiserliche Kranz am Sarge des Unsterblichen mit der Inschrift: »Dem Ruhmeskünder Friedrichs des Großen« sprach in lapidarer Kürze aus, was wir alle empfinden.

Alles, was *Menzel* später geschaffen hat, ist schon in diesen Illustrationen enthalten, und selbst in seinen späteren Bildern hat er das, was im ersten Impulse entstanden und in geistreicher Kürze von ihm niedergeschrieben war, dem gedanklichen Inhalte nach nicht mehr überbieten können, wenigstens nicht seiner eigenen Kritik gegenüber. So, als Beispiel, finden wir zwei seiner berühmtesten Bilder: »Die Tafelrunde« und »Das Flötenkonzert« im ersten Entwurf schon – vollständig malerisch empfunden – in seinen Illustrationen zur Geschichte Friedrichs des Großen.

Die Tafelrunde hat sich hier an der Abendtafel nach des Tages Arbeit versammelt, warmes gedämpftes Licht der Kronleuchter strahlt von oben auf die illustre Gesellschaft hernieder, der jugendliche König wendet sich mit einer geistreichen Bemerkung an den links unmittelbar neben ihm sitzenden Voltaire, welcher sarkastisch lächelnd des Königs Worten lauscht; die Flügeltüren sind an dem lauen Sommerabend weit geöffnet, und der Mond schimmert am Himmel durch schnell vorüberziehende Wolken – ein Bild poesievoller, behaglicher Abendstimmung.

In seinem Bilde hat *Menzel*, äußeren Schwierigkeiten weichend, die Szene in das kalte klare Tageslicht verlegt und damit, wie er selbst betont hat, viel geopfert.

Auch »Das Flötenkonzert« weist im Bilde solche Änderungen auf. In der Illustration ist es der jugendliche König im eleganten Hofkostüm, der am Notenpult stehend, die Flöte in der Hand, die Augen unverwandt auf die Noten gerichtet, den Einsatz seines Flötensolos erwartet.

Im Bilde trägt der König militärische Uniform und bläst die Flöte, welche Mund und Kinn verdeckt; die Umgebung lauscht seinem Spiel, während sie es in der Illustration mit Spannung erwartet. *Menzel* kritisierte sein Werk im hohen Alter mit so scharfen Worten, daß ich nur einen Teil seiner Äußerung bei dieser Veranlassung wiederzugeben wage. Er sagte unter anderem: »Überhaupt habe ich's bloß gemalt des Kronleuchters wegen. In der Tafelrunde brennt er nicht – hier brennt er.« Er glaubte, daß beiden Bildern etwas Wesentliches fehle.

Der Wunsch des Künstlers, als er das Flötenkonzert malte, nur einmal den Musiksaal in Sanssouci im Kerzenlicht sehen und studieren zu können, hatte sich damals nicht erfüllen lassen, und *Menzel* hatte schwer mit den Schwierigkeiten zu kämpfen, welche ihm die Herstellung der Abendbeleuchtung für sein Bild in seinem Atelier verursachte.

Aber im 80. Lebensjahre des Künstlers bereitete ihm unser verehrter Kaiser an jenem unvergeßlichen Sommerabende auf Schloß Sanssouci die hohe Freude, ihm nicht nur den Musiksaal in Kerzenbeleuchtung, sondern das ganze Flötenkonzert als wirklich lebendes Bild vorzuführen, und ich sehe heute noch in der Erinnerung den

Meister vor mir, auf einem hochlehnigen Stuhle sitzend, wie er unempfindlich selbst gegen die Musik, die er so liebte, das ganze strahlende Bild mit prüfenden Augen betrachtete und studierte.

Und er studierte immer.

Ja, diese Augen, *Menzels* Augen! Sie waren überempfänglich für alles, was sie sahen, aber auch überkritisch gegen alles, was er selbst und andere schufen! In der Schlußvignette zum 36. Kapitel der Geschichte Friedrichs des Großen hat er den großen König dargestellt, auf nächtlichem Hintergrunde auf der äußersten schmalen Platte eines Felsens stehend, einsam, den gezückten Degen in der Hand, zu Angriff und Abwehr bereit. So ist uns allzeit *Menzel* auch erschienen, so stand er zeit seines Lebens auf dem granitenen Untergrund seiner wohlbegründeten Überzeugung kampfbereit gegen alles Halbe und Lahme der Welt gegenüber, er auch ebenso einsam wie sein Held Friedrich! Das vor allem ist es, was uns in *Menzels* Schaffen so unwiderstehlich anzieht, unser Herz höher schlagen läßt und ihn zu einem wahrhaft nationalen und populären Künstler gemacht hat, daß er das knorrige, kritische und zähe Wesen des Norddeutschen in sich und seinen Werken verkörpert.

Er hat uns in seinem ganzen überreichen Lebenswerk, in den vielen Tausenden von Blättern und Bildern, welche seine unermüdliche Hand geschaffen hat, so unendlich viel gesagt und zu sagen gehabt aus allen Gebieten des Lebens und der Natur, daß die Beantwortung der Frage: was war eigentlich das Ziel seiner künstlerischen Tätigkeit? uns in Verwirrung und Verlegenheit setzen muß. *Menzels* ganzes Wesen widersprach einem plan- und ziellosen Schaffen und auch aus dem kleinsten Studienblatte seiner Hand spricht ein zielbewußtes Wollen zu uns, welches den Zufall oder den augenblicklichen Impuls auszuschließen scheint, ein festes Ziel unverrückt im Auge. Sicher ist ihm der Mensch nicht nur als mehr oder minder farbiger Fleck in der Natur erschienen oder als Beigabe zu einer Stimmung, welche heute noch empfunden, morgen aber vielleicht schon vergessen ist oder nicht mehr verstanden wird. Nein, sein ganzes Schaffen, bewußt oder unbewußt, drängt darauf hin, den Menschen in der Energie seines Wollens, in den Leiden und Freuden seines Daseins und im Kampf ums Dasein zu schildern, ja ganz besonders den *Mann* mit den Mühen und Erfolgen seiner Kraft und seines Ringens in der Arbeit.

Betrachten wir nur die einzelnen Blätter seines friderizianischen Uniformenwerkes, zum größten Teil immer noch Jugendarbeiten und nur die Ergebnisse seiner Studien zur Geschichte Friedrichs des Großen, aber 453 Blätter und jeder Zoll ein Meisterwerk! Das sind nicht nur Uniformträger! Der Gardekürassier-Trompeter, welcher seine Handschuhe anzieht, die Pioniere, welche die feindliche Tür einstoßen, die Rekruten, welche, rittlings auf einer Bank sitzend, einer dem andern den Zopf vorschriftsmäßig flechten, sie alle erzählen uns ihre Lebensgeschichte, ihre Leiden und Freuden, ein Stück Kulturgeschichte! Und nun gar erst die 12 Holzschnittblätter: König Friedrich und seine Generale! Sie sind in malerischer Darstellung, in der das ganze Wesen der Dargestellten erschließenden Wiedergabe ihrer Persönlichkeit und der Gesamtsumme ihrer historischen Bedeutung wohl die vollendetsten historischen Porträts, welche jemals geschaffen worden sind.

Die glänzendste Schöpfung seines Genies aber ist zweifellos die Arbeit, an welche der jugendliche 28jährige Meister nach Vollendung seines ersten Friedrichswerkes ging: Die 200 Illustrationen zu der Prachtausgabe der Werke Friedrichs des Großen. Anfänglich nur wenig Auserwählten zugänglich, sind sie erst viel später dem Publikum bekannt geworden und haben den Enthusiasmus für den großen Künstler zur hellsten Flamme entfacht, denn sie bedeuten unstreitig den Höhepunkt auf *Menzels* eigenstem Gebiete und können und werden schwerlich jemals übertroffen werden. Auf kleinstem Raume gibt *Menzel* hier das Größte und Umfassendste, was sich künstlerisch überhaupt sagen und darstellen läßt. Er illustriert nicht nur, er glossiert und kommentiert des großen Königs Schriften, und aus jedem Blatte sprühen uns *seine* Geistesblitze entgegen, bald tiefernst und philosophisch, bald schalkhaft-satyrisch. So hat vor ihm Niemand gezeichnet, und so wird nach ihm nicht wieder gezeichnet werden. Der große König, seine Offiziere und Soldaten, die Menschen seiner Zeit erscheinen vor uns, wie wenn der Künstler und wir mit ihnen gelebt hätten, und wir staunen vor diesem geradezu Unbegreiflichen, etwas, was das physische Auge nie gesehen hat, so unantastbar glaubhaft und überzeugend uns vorzuführen.

Da gibt uns *Menzel* z. B. zu einem Kapitel über Märsche und Verpflegung von Armeen ein reich belebtes Bild von Soldaten, welche in der Dorfstraße einen Ziehbrunnen umdrängen, um ihren Durst zu löschen, eine Szene so lebenswahr, als wäre sie nach der Natur skizziert.

Eine Äußerung des Königs über die Schwierigkeiten der Weiterführung des Krieges im Winter 1759/60 symbolisiert er in jener prachtvollen Vignette mit der verwundeten verbundenen Hand, welche wieder in den Eisenhandschuh fährt, während das Schwert mit seinem abgebrauchten Griff zur Seite steht. Eine Briefstelle über die Krankheit des Königs illustriert er durch die köstliche Zeichnung, die Aeskulap in leidenschaftlichem Ringen mit der Parze Atropos zeigt, welcher er ihre Schere zu entreißen bestrebt ist.

Aber es ist unmöglich, in kurzer Spanne Zeit auch nur einen allgemeinem Überblick, ein ungefähres Bild von dem überraschenden Reichtum an Geist und Genialität zu geben, welcher uns aus diesen 200 Blättern entgegenströmt.

In unermüdlichem rastlosem Schaffen entstehen dann nach Vollendung dieser großen Arbeit im Laufe des folgenden Jahrzehnts 1850/60 in ununterbrochener Folge alle jene Werke, welche den Namen *Adolph Menzel* als den Maler Friedrich des Großen weltberühmt und unsterblich gemacht haben: »Die Tafelrunde«, »Das Flötenkonzert«, »Friedrich der Große auf Reisen«, »Die Huldigung der schlesischen Stände in Breslau«, »Der Überfall bei Hochkirch«, die größte und gewaltigste all dieser Schöpfungen, endlich »Friedrich des Großen Begegnung mit Kaiser Joseph II. in Neisse«, und eine Reihe kleinerer Gouachebilder, welche in entzückender Weise das poesievolle Leben Friedrichs als Kronprinz in Rheinsberg schildern.

Der »Überfall bei Hochkirch« bezeichnet den Höhepunkt in des Meisters Schaffen; er hat damit ein Werk geschaffen, welches durch die Dramatik, die Kraft und Wucht und die Meisterschaft seiner Darstellung immer zu den höchsten klassischen Meisterwerken der Kunst aller Zeiten und Völker gezählt werden wird, ein Werk, welches atembeklemmend und herzerhebend zugleich wirkt, und dessen mächtigem Eindruck sich niemand entziehen kann. Es schmückt jetzt das Arbeitszimmer unseres Kaisers. Aber auch an diesem hohen Werke übte der greise Meister strenge Kritik, als er noch an seinem letzten Geburtstage aus irgend einer Veranlassung darüber äußerte: »Ja, – daß ich den König in dieser Nacht, bei *der* Überraschung und Verwirrung mit dem Hut auf dem Kopf dargestellt habe – das ist auch nur so, so – richtiger wäre es gewesen, wenn er keinen Hut gehabt hätte«, dem wir ehrfurchtsvoll zu widersprechen wagten.

Als den Ruhmeskünder Friedrichs des Großen mit einem vollständig abgerundeten Lebenswerk nach einer nur 25jährigen Tätigkeit auf der Höhe seines Ruhmes stehend, sehen wir ihn nun sich mit seiner gewohnten Energie neuen Stoff-Gebieten zuwenden und in der Schilderung des ihn umgebenden modernen Lebens in unermüdlichem Studium der Natur neue Offenbarungen suchen und uns unausgesetzt immer wieder Neues und Überraschendes darbieten. Nur einige Male noch kehrt er in seine Domäne des friderizianischen Zeitalters zurück, so unter anderem mit den wunderbaren Illustrationen zu Kleists »Zerbrochenem Krug«, mit welchen er wieder ein Werk schafft, ganz einzig in seiner künstlerischen Vertiefung und vollendeten Darstellung.

Die große Arbeit aber, welche den Übergang auf neue Gebiete markiert, ist sein berühmtes »Krönungsbild«, die Krönung König Wilhelms I. in Königsberg. Sie stellte den Künstler vor die schwierige Aufgabe, einen historischen Vorgang, welchen Hunderte mit erlebt hatten und kritisieren konnten, porträt- und wahrheitsgetreu darzustellen und doch daraus ein *Bild* zu schaffen. *Menzel* hatte auf diesem Gebiete einen Vorgänger in Franz Krüger, welcher in seiner

»Parade« und seinem »Huldigungsbilde« meisterhafte historische Dokumente geschaffen hat, die durch ihre wahrheitsvollen Porträts der Teilnehmer und Zuschauer allzeit von unvergänglichem Werte sein werden. *Menzel* schuf in seinem Krönungsbilde aber mehr als nur ein chronistisches Dokument. Durch die von tiefster innerlicher Ergriffenheit durchströmte Erscheinung des ehrwürdigen Königs allein erhob er sein Werk zu einem Denkmal der neuen Zeit, und aus den widerstrebendsten Elementen der Wirklichkeit schuf er mit meisterhaft untrüglichem Blick in mühevoller mehrjähriger Tätigkeit ein Bild voller Poesie, königlicher Pracht und Glanz und Schimmer.

Nach der Vollendung dieses Werkes war es dem Meister beschieden, noch ein volles halbes Jahrhundert mit uns zu leben und Werke von einer Fülle und Bedeutung zu schaffen, welche die Lebenstätigkeit einer ganzen Reihe von Malern ausfüllen würde, wenn ein solcher Vergleich überhaupt zulässig wäre, Werke, welche *Menzel* – auch ohne seinen Friedrichsruhm – in die erste Reihe der Größten erheben, zu welchen wir mit Bewunderung emporschauen. Erinnern wir uns all jener Bilder und Blätter, in welchen er uns von seinen Beobachtungen hier und auf seinen Reisen erzählt, von dem Leben in den Straßen, auf den Boulevards und im Tuileriengarten in Paris, Intimes und Humoristisches aus dem Eisenbahnkupee und der Sommerfrische in Nord und Süd, in Kissingen und Tirol wie auf der Piazza d'Erbe in Verona, auf den Hoffesten im Berliner Königsschloße wie in den Salzburger Kirchen, im Zoologischen Garten und in Tiroler Dorfschmieden, endlich jene Fülle phantasievollster Gelegenheits- und Gedenkblätter, Adressen und Diplome zu feierlichen Veranlassungen, in deren geistreiche Einzelheiten sich vertiefen, der höchste Genuß ist, die anmut- und humorvollen Entwürfe für das Tafelservice zur silbernen Hochzeit des unvergeßlichen Kronprinzen-Paares und die vielen Tausende um ihrer selbst willen entstandenen Naturstudien – es ist zu viel, zu viel, um es auch nur oberflächlich schildern zu können, und wenn wir uns all dessen erinnern, so beugen wir uns in ehrfurchtsvoller Bewunderung vor der staunenswerten Überfülle dieses Lebenswerkes, welches alle denkbaren Gebiete malerischer Darstellung umfaßte und beherrschte.

Von allen Schöpfungen dieser Periode aber haben sich zwei uns besonders tief ins Herz gegraben: jenes ergreifende kleine Bild, in welchem uns der Meister die Abreise König Wilhelms in den französischen Krieg schildert, und »Das Eisenwalzwerk«, das hohe gewaltige Lied von der Arbeit und von dem Kampfe des Menschen ums Dasein, welches er jugendfrisch in seinem sechzigsten Lebensjahre vollendete.

Mit diesen Werken hat *Menzel* aus dem Herzen heraus zum Herzen seines Volkes gesprochen und jenen dankbaren Widerhall erweckt, welcher überall zum Ausdruck kam, wo sich der Meister in seinem geliebten Berlin zeigte, am ergreifendsten aber an seiner Bahre, und als wir trauernd das in die Erde senkten, was an dem Meister sterblich war!

Nicht nur dem großen Künstler, welcher seiner *Kunst* entrissen, gilt unsere Trauer, nein auch dem Menschen, allzeit edel, hilfreich und gut, gilt sie. Das Vaterland trauert um einen seiner größten und einzigen Männer, um einen Charakter voller Kraft und Unerschrockenheit, einen erprobten und sieghaften Kämpfer, der unser Stolz und unsere Zierde war, denn was ein großer Mensch gutes an sich selber fördert, das tut er zugleich für die Gesamtheit!

Berlin hat in *Adolph von Menzel* seinen populärsten Bürger verloren; er hing an Berlin mit vollster Seele, hier, in diesem Boden lagen die Wurzeln seiner Kraft, und die Berliner Luft war sein Lebenselement. Was er geschaffen hat während seines langen Lebens, das hat er in erster Linie für Berlin und die Berliner geschaffen, und wir haben es immer aus erster Hand von ihm empfangen und genossen. Alle Ehren, welche einem Künstler zuteil werden können, sind ihm geworden, die Bewunderung der Welt, die Freundschaft der Besten seiner Zeit, die Huld und das Herz seines Monarchen, welcher ihm die höchsten äußeren Auszeichnungen, welche Er zu vergeben hatte, verliehen hat, und welcher trauernd mit uns als erster Mann im Deutschen

Reich und als Freund des Meisters Sarge folgte.
Und darum wollen wir nicht nur trauern und klagen, sondern Töne des Jubels und der Freude sollen sich in die Trauerklänge mischen, und unser Dank an die Vorsehung, daß wir *Menzel* gehabt haben, daß er *für uns* gelebt und geschaffen hat, soll unsere Trauer um den Dahingeschiedenen verklären!
Wir haben einen Fürsten im Reiche der Kunst zu Grabe getragen, von welchem wir sagen können: Sein Genie war Ehrfurcht erweckend, sein Wille stark, seine Kraft übermächtig und sein Einfluß unermeßlich.
Gefühle von Bewunderung, Freude und Stolz ruft der Name: *Adolph Menzel* in unserer Brust wach! Bewunderung vor dem gewaltigen Können und Schaffen des gottbegnadeten Künstlers, Freude und Dank, mit ihm gelebt und seines Geistes einen Hauch gespürt zu haben; Stolz, ihn den Unseren nennen zu dürfen, aufgewachsen auf unserem Boden, groß geworden unter Kampf und Not und verwachsen mit unserer vaterländischen Erde wie kaum ein anderer, ein Held und Ritter der Arbeit! Sein scharfer Adlerblick suchte und fand das Schöne in dunkelster Tiefe, sein eiserner Wille überwand alle Widerstände und führte ihn auf die Höhe der Meisterschaft. Der Lorbeer umkränzt seinen Namen, welcher unsterblich fortleben wird, ihm zum Ruhme, uns zur Ehre!
Und so schließe ich diese, dem Gedächtnis des großen Meisters geweihten Erinnerungen mit den Worten des Dichters, welche als die Devise seines Lebens, das Innerste seines Wesens kennzeichnend, in unseren Herzen immerdar forttönen mögen:

»Ich will! Dies Wort ist mächtig,
Spricht's einer ernst und still!
Die Sterne reißt vom Himmel
Dies einz'ge Wort: Ich will!«

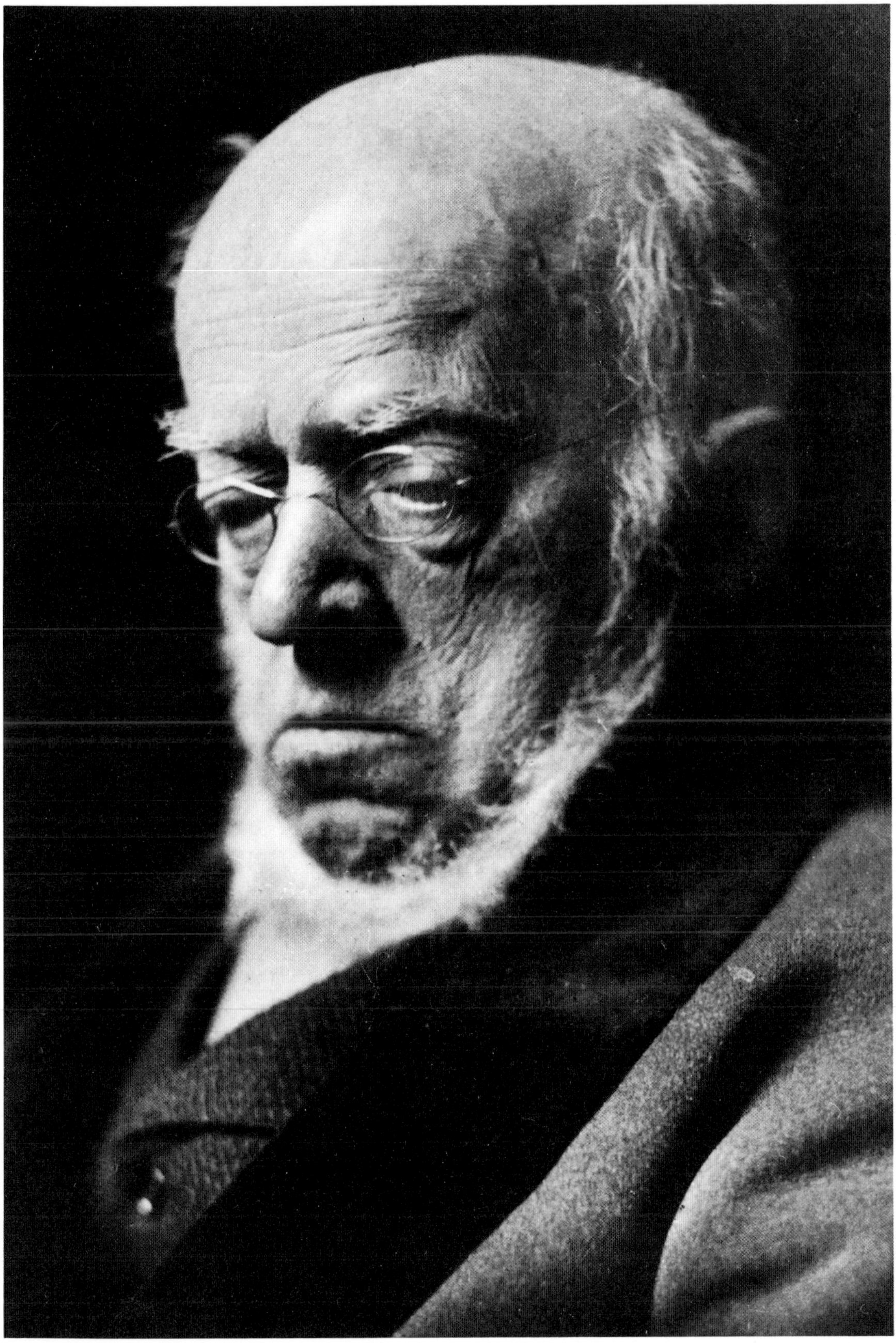

Porträtfoto Menzels
aus dem Jahre 1904

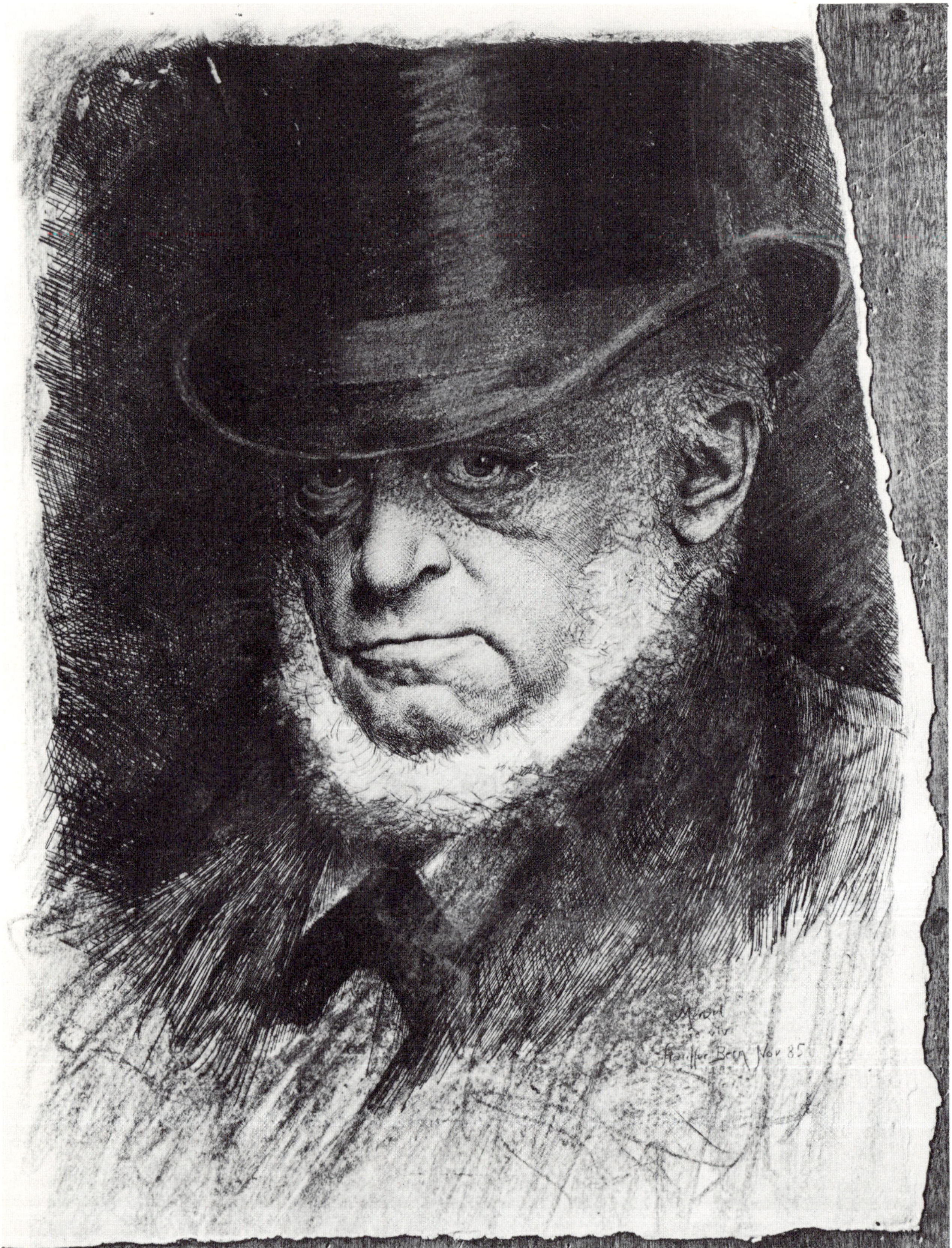

Karl Stauffer, Adolph von Menzel, 1885, Federzeichnung

LUDWIG PIETSCH
Persönliche Erinnerungen an Adolf v. Menzel

In dem großen deutschen Künstler, der in Berlin am Morgen des 9. Februar die Augen für immer schloß und dem dann sein Kaiser eine Trauerfeier bereitete, wie sie in gleicher Großartigkeit und hoher Schönheit noch nie einem Meister, einem Fürsten der Kunst, gewidmet wurde, ist mir der Mann gestorben, für den ich vor allen andern Lebenden persönlich seit vielen Jahren die innigste Verehrung, Bewunderung und Dankbarkeit empfunden habe. Für den Menschen wie für den Künstler. Mir ist das nicht hoch genug zu schätzende Glück zuteil geworden, ihm noch in der kräftigsten Zeit seines und meines Lebens menschlich näher treten zu können. So war es mir vergönnt ihn seit nun 44 Jahren in den verschiedensten Situationen und Momenten seines Daseins, bei der Arbeit, wie in fröhlichem Genießen, im Alltagsleben, in der Familie, im freundschaftlichen und geselligen Verkehr, auf heiteren und auf Trauerfesten zu sehen und zu beobachten, intimen Kundgebungen seines tiefen, originellen Geistes und seines sich in rauher Hülle bergenden zarten, warmen Gemüts zu lauschen, seine Weisheit und seine Güte an mir selbst zu erfahren. Ein Schatz unauslöschlicher Erinnerungen an ihn liegt in mir aufgespeichert. Wenn ich etwas davon hier wieder erwecke, so liegt mir nichts ferner, als der geheime Wunsch, mit meinen Beziehungen zu dem mir Vorangegangenen gleichsam prunken zu wollen. Nur das Bewußtsein treibt mich dazu an, daß ich durch die Mitteilung des von mir mit ihm Erlebten, an ihm Beobachteten, dazu beitragen könnte, das Bild seiner Persönlichkeit, das wir auch heute so viele zu zeichnen beeifert und oft so gründlich verzeichnen sehn, durch manchen charakteristischen Zug zu ergänzen und manche verbreitete irrtümliche Anschauung von ihm zu berichtigen.

Den Namen Menzel hörte und las ich und künstlerische Arbeiten von seiner Hand sah ich zum erstenmal in meiner Vaterstadt Danzig in meinem vierzehnten Jahr. Mein jüngeres Schwesterchen bekam zum Geburtstag ein 1836 zu Berlin im Verlage von Lüderitz erschienenes *»Gedenkbuch für das Leben, der Erinnerung an wichtige Ereignisse des Familienlebens gewidmet.«* Das war ein Buch, das zwischen dem, durch eine reich komponierte, mit der lithographischen Feder gezeichnete Gruppe – eine betende Familie – illustrierten Titelblatt und den folgenden mit Randzeichnungen illustrierten Abschnitt-Titelblättern »Geburt und Taufe, Einsegnung, Verheiratung, Tod, Allgemeine Bemerkungen« eine Anzahl weißer Papierblätter enthielt, dazu bestimmt, daß der Empfänger des Buches darauf seine zwischen diesen Akten und Vorgängen liegenden, wichtigsten Erlebnisse verzeichne. Unter jener Titelzeichnung las ich die Worte: Adolf Menzel inv. et fecit 1835. Daß diese bedeutungsvollen, ornamentalen, Pflanzenmotive behandelnden gezeichneten Umrahmungen und Vignettenkompositionen anders aussahen, als was man damals in Buchzeichnungen und Kunstblättern zu sehen gewohnt war, mußte ich mir wohl selbst sagen. Aber ich steckte zu tief in romantischen Träumereien, im Komponieren von Ritter- und Nibelungen-Schlachten, um diese Art von Kunst und Schönheit völlig verstehen, würdigen und mich dafür begeistern können. Ebensowenig wollte es meinem Knabensinn und -verstande mit den in Holz geschnittenen Illustrationen von demselben Berliner Künstler Adolf Menzel gelingen, welche ein 1840 erscheinendes Lieferungswerk, die *»Geschichte Friedrichs d. Gr. von Franz Kugler«* schmückten. Mein Vater hatte darauf abonniert. Ich sah diese merkwürdigen Zeichnungen verwundert an, die so grundverschieden waren von allem, was ich kannte. Aber die Seele des noch nicht Sechzehnjährigen war ganz erfüllt von Begeisterung für die von Cornelius, Schnorr v. Carolsfeld und Kaulbach geschaffenen übermenschlichen Gestalten und von Bewunderung für diese, von den gleichzeitigen Ästhetikern und Kunstschriftstellern als nur den größesten Meistern aller Zeiten vergleichbar Gepriesenen und zudem war mir das Zeitalter des Rokoko, speziell das Zopfig-Altpreußische, noch eine so fremde, verschlossene, ja den romantischen Schwärmer so abstoßende Welt, daß ich damals schlechterdings kein Verständnis für Menzels Kunst zu gewinnen vermochte.

Im April 1841 kam ich nach Berlin, um mit dem Erlernen der Kunstfertigkeiten und dem Erwerben des Wissens und der Kenntnisse, welche der Maler braucht, zu beginnen. An den Hofkunsthändler Louis Sachse hatte ich eine Empfehlung mitgebracht. Von ihm wurde mir gestattet, mich beliebig in seinem Kunstladen in der Jägerstraße umzusehen, wo in großen Mappenkästen die neueren und älteren Kupferstich-Radierungen und Lithographien mit Feder und Kreide nach alten und neuen Gemälden und die Originalarbeiten lebender Künstler in diesen Techniken angehäuft waren. Da lernte ich unter anderen auch die für Sachses Verlag von dem jungen Zeichner Adolf Menzel ausgeführten Original-Steinzeichnungen kennen; die des großen Hefts in dem durch die geistreich erfundene, flott und kühn mit der Feder hingeworfene bedeutsame Titelkomposition geschmückten, blauen Umschlag *»Künstlers Erdenwallen«*; die mit der spitzen Kreide lithographierten zwölf großartigen Geschichtsbilder der 1836 erschienenen *»Denkwürdigkeiten aus der Brandenburgisch-Preußischen Geschichte«*; die tiefsinnigen, schönheitvollen, halb ornamentalen lithographischen Federzeichnungen von hochpoetischer, bzw. köstlich humoristischer Erfindung auf den beiden Einzelblättern: *»Die fünf Sinne«* und *»Das Vater Unser«;* die halb ornamentale, halb figürliche, zum Teil scharf satirische Titelblattzeichnung für den, die neue Berliner Malerschule behandelnden dritten Band von des Grafen Raczynski großem Prachtwerk: *»Geschichte der neuen deutschen Malerei«*. Aber das alles war mir doch noch ein Buch mit sieben Siegeln und durch weiten Abstand getrennt von solchen mir als das höchste der Kunst dünkenden Werken, wie der hier in der Raczynskischen Galerie befindliche, riesige, Braun in Braun gemalte Karton der »Hunnenschlacht in den Lüften«, oder die Kompositionen von Cornelius zum Nibelungenliede und zur Ilias (für die Münchener Glyptothek). Wie unbegreiflich ist mir später diese Blindheit, Verkehrtheit und Urteilslosigkeit jener Jahre erschienen! Aber ich teilte sie mit den meisten damals autoritativen kunstgelehrten Zeitgenossen des zweiten Viertels des vorigen Jahrhunderts.

Die gänzliche Umwandlung meines innern geistigen Verhältnisses zu Adolf Menzel und meiner gesamten Kunstanschauung geschah in den folgenden Jahren nicht nur aus meiner eigenen Vernunft und Kraft. Vielmehr danke ich sie dem starken Einfluß eines sieben Jahre älteren Freundes und Landsmanns, des Malers Gregorovius, der nach längerem Aufenthalt in Polen 1842 nach Berlin kam. Er war bis zum Fanatismus für Menzel begeistert und tat alles, um mit dem Feuer dieser seiner eigenen Begeisterung auch die Seelen seiner Freunde zu entzünden.

Meine ausschließliche Bewunderung und Verehrung für die Cornelius, Kaulbach, Schnorr von Carolsfeld und die andern Münchener Meister dieser Schule hatte bereits im Oktober 1842 einen erschütternden Stoß durch die epochemachende Ausstellung der beiden kolossalen belgischen Geschichtsbilder von Louis Gallait und Eduard de Bièfve, die »Abdankung Karls V.« und »Das Kompromiß der Edlen« in der Berliner Akademie erhalten. Mit diesen lebensvollen, in in neueren Bildern nie gesehener Farbenpracht und -frische leuchtenden, mit einer hohen technischen Weisheit, seltener Bravour, Wucht und Wirkung gemalten realistischen Schilderungen wirklich geschehener bedeutsamer Vorgänge aus der nationalen Geschichte eines auf seine Vergangenheit und seine Gegenwart stolzen Volkes verglichen, erschienen jene farblosen bzw. hart-, grell- und buntfarbig disharmonisch kolorierten Geschöpfe der Corneliusschule tot und gespenstisch. Allmählich, fast

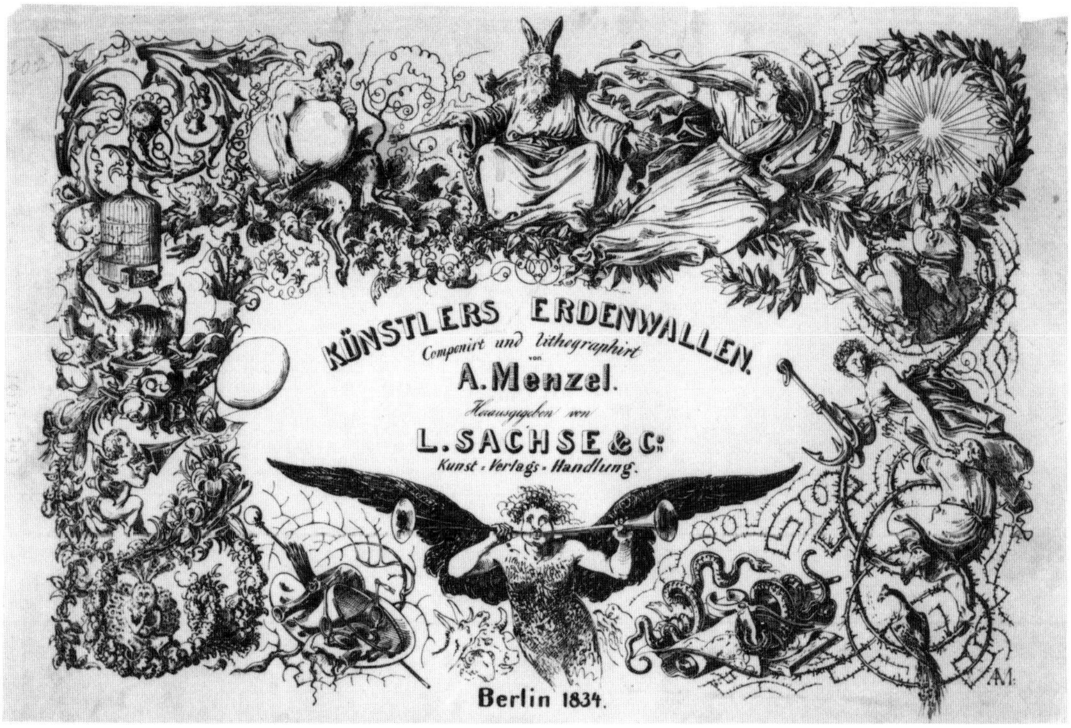

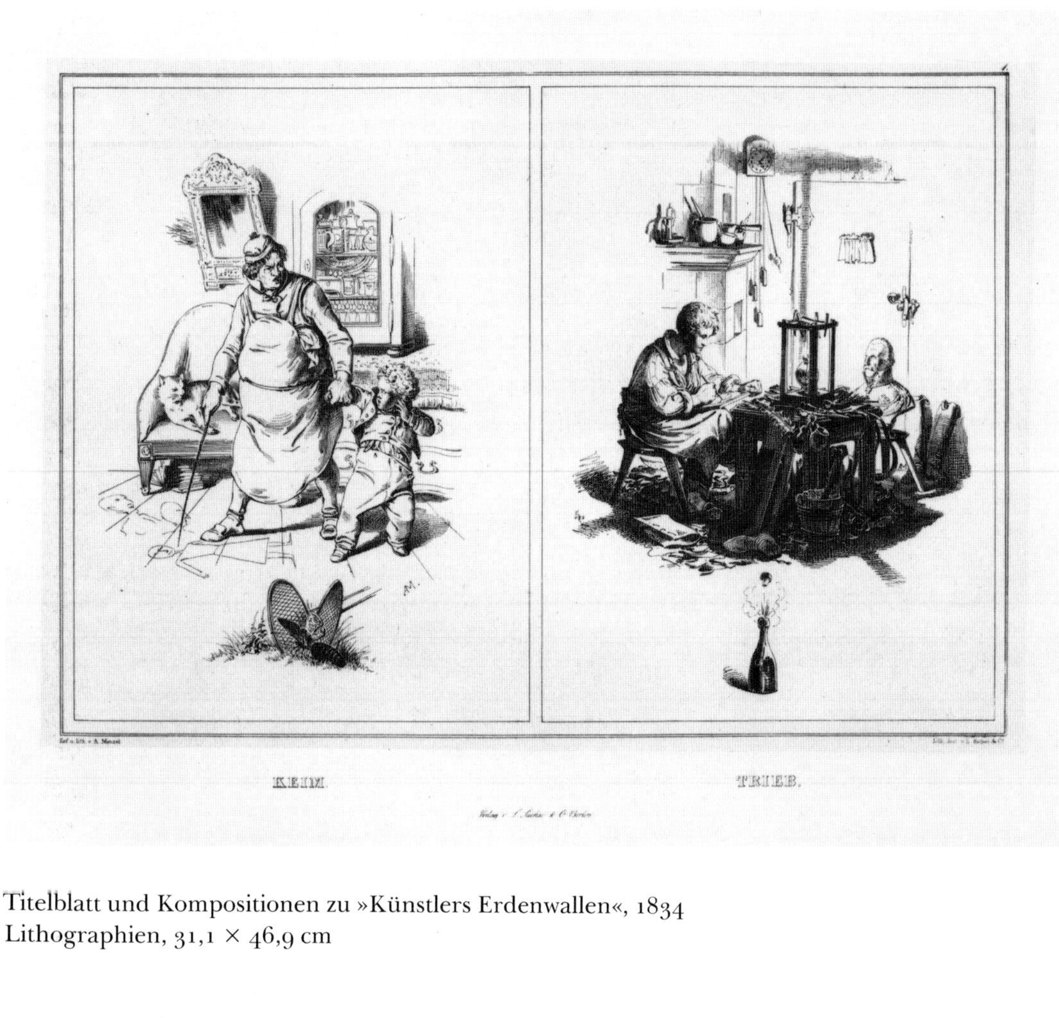

Titelblatt und Kompositionen zu »Künstlers Erdenwallen«, 1834
Lithographien, 31,1 × 46,9 cm

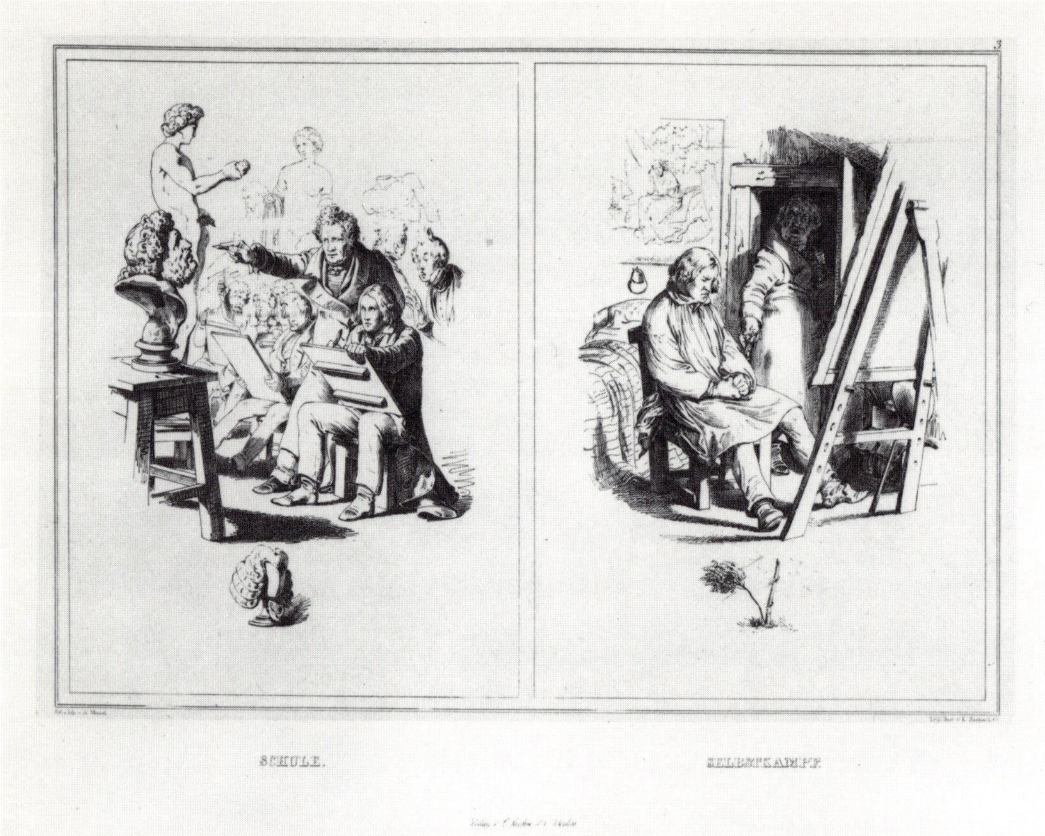
SCHULE.
SELBSTKAMPF.

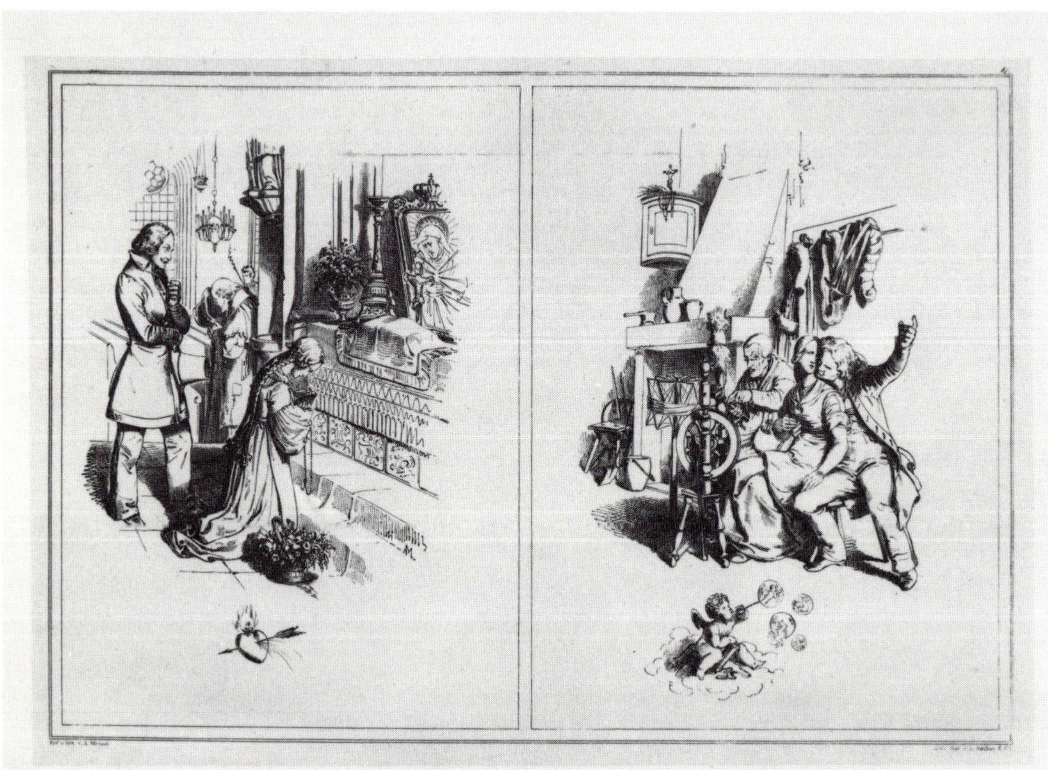
LIEBE.
LUFTSCHLÖSSER.

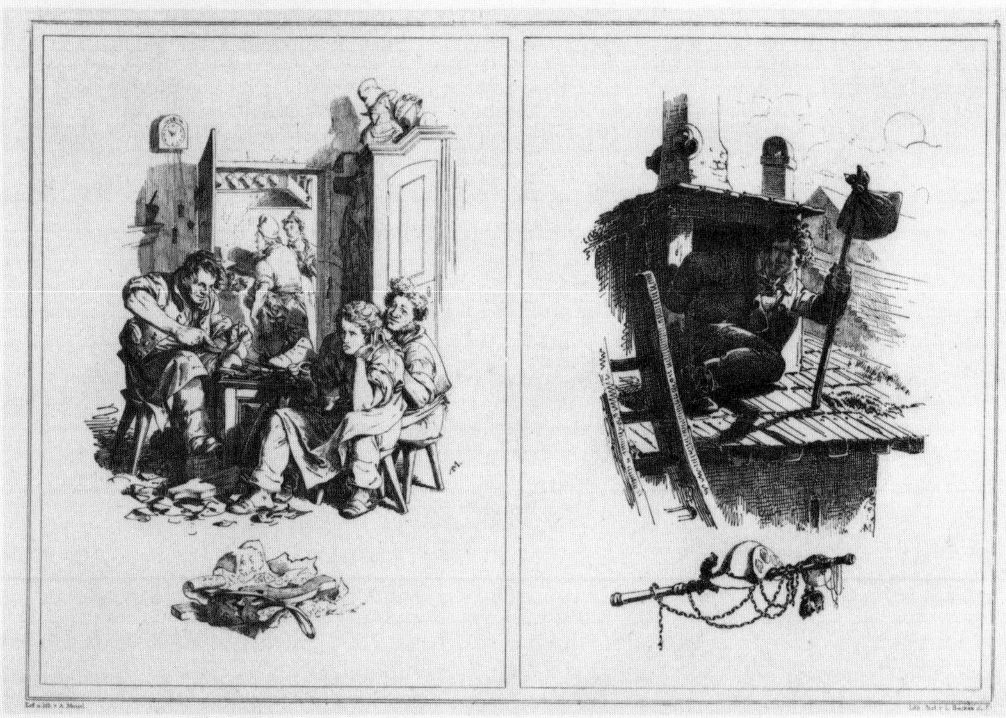

ZWANG. FREIHEIT.

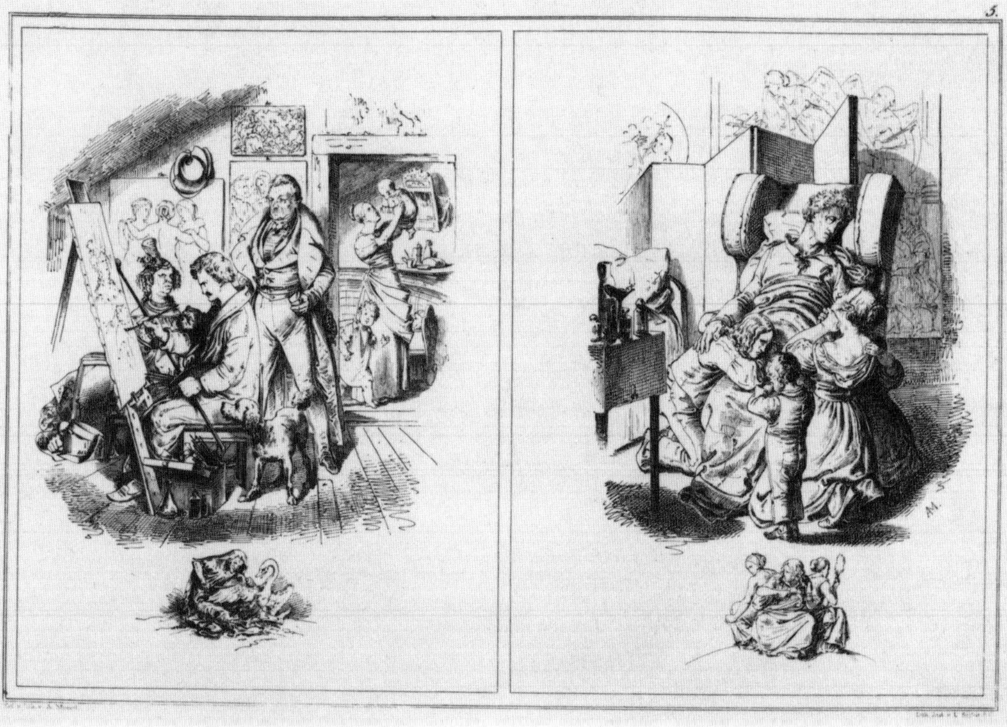

WIRKLICHKEIT. ENDE.

unmerklich aber gingen mir unter dem beständigen Einfluß jenes Freundes und – dank auch der eigenen Geistes- und Naturanschauungsentwicklung in der eignen Kunstausübung, im fleißigen Zeichnen nach der lebendigen Natur – die Augen auf für den von allen andern so abweichenden eigenartigen Geist Adolf Menzels.

Die »Große akademische Kunstausstellung« fand damals (bis 1876) immer nur in jedem zweiten Jahr und in den Sälen des Akademiegebäudes statt. In der Zeit zwischen je zwei Ausstellungen bekam man in Berlin nur ausnahmsweise und äußerst wenige neu entstandene Werke der Zeichnung und Malerei zu Gesicht. Im Jahre 1844 blieb die Ausstellung von mir ungesehen, da ich mich fern von Berlin in meiner Danziger Heimat befand. Dafür bot mir die von 1846 reichlichen Ersatz. Auf dieser aber erschienen mehrere neue Arbeiten A. Menzels: ein unvergeßliches modernes Genrebild, das beim großen Publikum, wie alles, was dieser schuf, verhältnismäßig nur geringen Anklang fand, meinen Freund, den langen Gregorovius, aber in helles Entzücken versetzte. »Unwillkommener Besuch« (oder »Störung«?) war es betitelt. Das ganze Bild trug wie in der Erfindung, so auch in der malerisch-technischen Mache das volle herbe Gepräge der originalen Persönlichkeit seines Malers.

Aber ebenso sehr wie die Gemälde Menzels fesselten uns jene Probeabzüge der Holzschnitte der im königlichen Auftrage damals von ihm auf den Block gezeichneten Illustrationen für die Prachtausgabe der Werke Friedrichs d. Gr. Sie waren in dem unglücklichen armseligen Korridor im ersten Geschoß des Akademiegebäudes, welches als das herkömmliche Lokal für die Zeichnungen, Aquarelle und Werke der reproduktiven Kunst auf den Ausstellungen der Akademie diente, meist nur in geringer Höhe über dem Fußboden an der Wand dem Fenster gegenüber aufgehängt. Um diese wundersamen Vignettenbildchen – teils symbolische Darstellungen, oft von ergreifender Hoheit und strengem Ernst, oft sprühend von Witz und Geist, teils realistische, historische Genrebilder und geschichtliche Kompositionen, teils Bildnisse berühmter Männer und Frauen des XVIII. Jahrhunderts – genauer sehen zu können, mußte man sich auf den Boden niederhocken, wie die Türken zu sitzen pflegen. Wir haben uns nie gescheut, diese Stellung anzunehmen und fanden uns immer reichlich belohnt durch die Fülle von künstlerischer Größe und Herrlichkeit, die wir auf diesen winzigen Blättchen entdeckten, wenn wir auch bei vielen von ihnen den innersten Sinn, den Gegenstand der Darstellung vergebens zu entziffern bemüht waren.

Noch lange Zeit nach diesen Tagen verging, bis ich das erste Wort mit Menzel gewechselt habe. Gesehen hatte ich seine kleine Gestalt mit dem großen, von vollem, braunem Lockenhaar umkränzten Kopf, mit dem meist tief ernst, fast ergrimmt blickenden, an Wangen und Kinn von einem Bartstreifen, sogenannten »Schusterbart« umrahmten, hochstirnigen Antlitz wiederholt auf der Straße, in den Ausstellungssälen. Aber er stand in einem solchen Ruf der »Bärbeißigkeit«, der spröden Unzugänglichkeit, und ich hatte andererseits ein zu starkes Gefühl von meiner eigenen Unbedeutendheit, um den Mut zu fassen, mich ihm zu nähern, ihm etwa einen »Enthusiastenbesuch« zu machen. Inzwischen war sein Ruhm und Ansehen höher und höher gestiegen. Einen ganz allgemeinen großen glänzenden Erfolg auch als Maler hatte er, den man bis dahin so recht nur als Zeichner gelten lassen mochte, auf der akademischen Kunstausstellung des Jahres 1850 errungen. Dort war sein erstes größeres, völlig durchgeführtes Gemälde, »Die Tafelrunde Friedrichs d. Gr. in Sanssouci 1750« erschienen, dies eminente Geschichtsbild, welches dem Beschauer ein ganzes Zeitalter in seinen berühmtesten und auserlesensten Repräsentanten vergegenwärtigt. Und letztere, den großen König und die von ihm bevorzugten, von ihm seines intimen Verkehrs gewürdigten Männer von Geist, an ihrer Spitze Voltaire, sah man hier im Bilde gleichsam lebendig wieder heraufbeschworen durch die Kraft der Phantasie und der durch das tiefdringendste, allumfassendste Studium aller vorhandenen Dokumente ihres Zeitalters und persönlichen Lebens erworbenen vertrautesten Kenntnisse ihrer Personen und ihrer

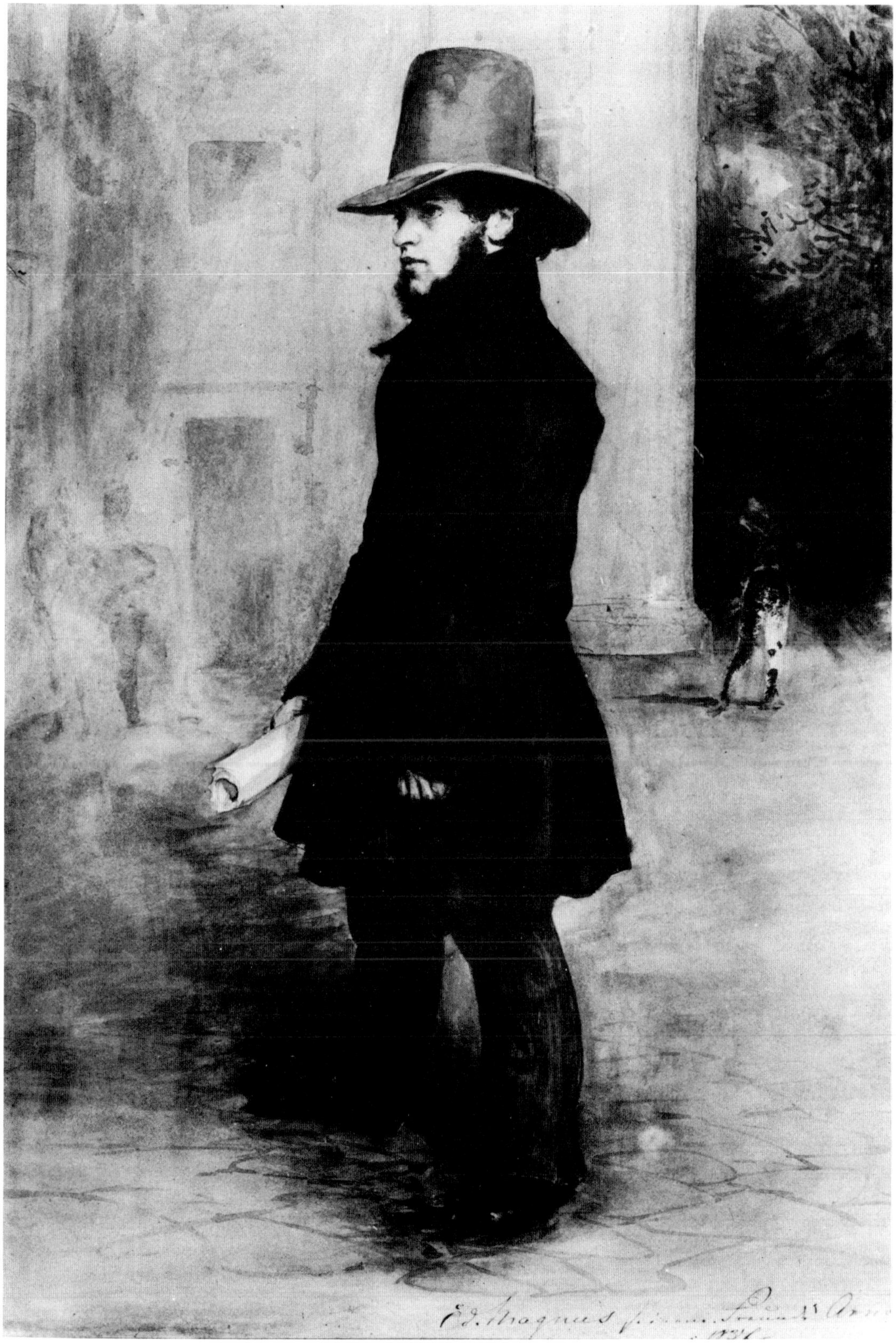

Eduard Magnus, Adolph von Menzel, 1837
Aquarell, Maßangaben fehlen

Epoche. Wenn das so bewundernswert erfundene, komponierte und gezeichnete Bild auch der eigentlich koloristischen, mächtigen Farbenwirkung entbehren mochte, was wir freilich durchaus nicht zugegeben hätten, so mußte ihm doch auch damals der Rang und Ruhm einer der meisterhaftesten, rein malerischen Leistungen unter den gleichzeitigen Werken deutscher Malerei zuerkannt werden.

In derselben Zeit hatte Menzel jenes Werk ausgeführt, das für seine ganze Geistes- und Charakterart so bezeichnend ist: die *»Armee Friedrichs d. Gr.«*, 434 mit der Feder auf Stein gezeichnete Gestalten von Soldaten, Offizieren aller Grade und sonstigen Militärbeamten jener Armee in den aufs genaueste in Schnitt, Maßen und Farben wiedergegebenen Uniformen, mit der Bewaffnung und vollständigen Ausrüstung, welche die betreffenden Mitglieder dieses Heeres zur Zeit des großen Königs getragen haben, ausgestattet; jeder einzelne in einer anderen, immer aber lebensvollen und entsprechenden Stellung und Bewegung mit hoher, künstlerischer Meisterschaft dargestellt.

Dies Werk war nicht für den Verkauf in Massen geschaffen: Es sollte nur in den Besitz von wenigen kommen. L. Sachse erzählte mir, Menzel habe dem Druck jedes Blattes persönlich beigewohnt, um streng darüber zu wachen, daß von keiner Platte mehr als die von ihm gewollte Anzahl von dreißig und einigen tadellosen Drucken abgezogen würde. Dann hätte er kaltblütig sein eigenes Werk vernichtet, indem er die betreffende Platte druckunfähig machte. Die materielle Kostbarkeit des Werkes, das nach dem von Menzel selbst kolorierten Handexemplar in farbigen Drucken hergestellt ist, wurde durch die Einschränkung der Zahl der Abdrucke natürlich hoch gesteigert.

Alles, was wir von Menzels Schöpfungen sahen und von seiner Person und deren Eigenheiten berichten hörten, konnte nur dazu beitragen, unsere Bewunderung für ihn zu steigern, aber ebenso auch unsere respektvolle Scheu vor dieser seiner Person zu mehren. Ganz unerwartet sollte ich veranlaßt (oder richtiger genötigt) werden, ihn in seinem Atelier aufzusuchen. Der Kunstschriftsteller Max *Schaßler,* Redakteur des ziemlich gefürchteten Kunstblattes »Die Dioskuren«, hatte den Verlagsbuchhändler Franz Duncker bestimmt, eine illustrierte Zeitschrift, für Kunst und Kunstgewerbe herauszugeben. Ich wurde aufgefordert, die ersten Holzzeichnungen nach vorhandenen Arbeiten von Dunckers Freund Hermann Heidel, dem Bildhauer, auszuführen. Die Aufsicht über den zeichnerischen Teil habe Adolf Menzel sich bereit erklärt zu übernehmen. Mit diesem möge ich mich in Verbindung setzen. Da konnte ich schon nicht umhin, mich in die Höhle des Löwen, in Menzels Wohnung und Atelier in der Ritterstraße, zu wagen. Ganz leicht wurde es mir nicht. War ich doch damals durch Jahre voll bitterster Not ein verschüchterter Mensch geworden. Aber es mußte ja sein. Ich wurde vorgelassen und fand den kleinen Herrn in seiner Werkstatt, in der er einen abgesonderten Raum hergestellt hatte, um darin seine Modelle, durch die Kerzenflammen eines Lüstres beleuchtet, posieren zu lassen. So malte er nach ihnen die Gestalten des Bildes »Konzert bei Hofe, Sanssouci 1750« – des »Flötenkonzerts Friedrich des Großen«. Er empfing den unbekannten jungen Mann selbstverständlich sehr kühl und sogar mit unverhohlenem Unmut der Störung wegen. Herr Dr. Schaßler müsse ihn falsch verstanden haben. Er hätte ihm nie zugesagt, eine solche Überwachung der Holzzeichnungen für die neue Zeitschrift übernehmen zu wollen. Das läge ihm ganz fern. Aber wenn ich ihm solche Arbeiten vorlegen wollte, würde er gern bereit sein, mir seine Meinung zu sagen und Rat zu geben. Damit war ich entlassen. Das projektierte Unternehmen starb bereits vor der Geburt. Meine dafür entworfenen Zeichnungen waren gar nicht einmal dazu gekommen, auf den Holzstock übertragen zu werden. Und ich kam mithin auch nicht dazu, sie Menzel vorzulegen. Es sollten noch neun Jahre seit jenem Märztag 1852 vergehen, bis ich dem verehrten Mann wieder persönlich unter die Augen trat und sich die intimere dauernde Verbindung mit ihm anknüpfte.

Er war indes von Triumph zu Triumph geschritten. Auf jeder Kunstausstellung erschien ein neues Gemälde aus dem Leben des Großen Königs; 1851 die Huldigung der schlesischen Stände zu Breslau, 1852 jenes Flötenkonzert, 1854 eines der, in bezug auf Farbengebung und Malerei vollendetsten Bilder Menzels und sein wie sich jetzt zeigt, in der Haltbarkeit des Farbenauftrags seinen meisten andern überlegenes Werk »Friedrich der Große auf Reisen«, 1856 »König Friedrich und die Seinen bei Hochkirch«. 1857 malte er für die Verbindung für historische Kunst das große Bild »Begegnung Friedrichs mit Josef II. im Palais zu Neiße«. Während der ersten fünfziger Jahre hatte Menzel außer diesem Ölgemälde und den unschätzbaren Gouachebildern aus den Rheinsberger Tagen des jugendlichen Friedrich, die Folge der von Kretzschmar faksimile in Holz geschnittenen größeren Einzelgestalten (Kniefiguren) des Großen Königs und seiner Paladine gezeichnet (im Verlage von Alexander Duncker erschienen), die Folge von genialen Phantasieschöpfungen in der neuen lithographischen Technik »mit Pinsel und Schabeisen«; in der gleichen von ihm sofort mit sicherster Meisterhand gehandhabten Technik das große geistsprühende Kunstblatt »Jesus als Knabe im Tempel mit den Schriftgelehrten« ausgeführt. Die prächtigen Aquarelle »des von der preußischen Hofgesellschaft der russischen Kaiserin Alexandrine gestifteten Albums, Mummenschanze und Maskenfeste an brandenburgisch-preußischen Fürstenhöfen« in phantasievoll gemalten erfundenen Umrahmungen enthaltend; drei große Transparentgemälde für die Weihnachtsausstellungen des Künstler-Unterstützungsvereins – das Original jener Steinzeichnung; dann Christus vertreibt die Wechsler und Händler aus dem Tempel und die Familie des ersten Menschenpaares nach der Vertreibung aus dem Paradiese – geschaffen, zahlreicher kleinerer Aquarelle und Pastellbilder, Lithographien (für die »Argo«) und Zeichnungen nicht zu gedenken. Die Begeisterung für Menzels ganzes Schaffen und seine imposante künstlerische Persönlichkeit hatte sich der talentvollsten und tüchtigsten unter den jüngeren Malern Berlins in immer wachsendem Maß bemächtigt. A. Wiszniewski, Ludwig Burger, Arnold, Riefstahl, Franz Meyerheim, Amberg, Gustav Richter – wenn der beiden letzteren Naturell auch im äußersten Gegensatz zu dem des bewunderten Meisters stand, strebten mit heiligem Eifer seinem Beispiel nach, der ihnen gleichsam die künstlerische Lebensregel »vorschrieb«. Mehrere von ihnen hatten einen winterlichen Aktverein gegründet und Menzel gebeten, gleichsam das Protektorat darüber auszuüben, gelegentlich bei ihren gemeinsamen Zeichenübungen nach dem nackten Modell zu erscheinen und ihre Arbeiten zu kontrollieren. Er hatte den Ernst ihrer Bestrebungen erkannt und genügendes Interesse an ihnen gewonnen, um ihnen diese Bitte nicht abzuschlagen. Eines Abends wird das weibliche Modell, nach dem sie zeichneten, von epileptischen Krämpfen befallen. Es verdrehte die Augen, den Kopf, die Glieder, stürzte vom Modelltritt und wand sich auf dem Boden. Die jungen Künstler mußten darauf verzichten, an diesem Abend weiter zu arbeiten. Das Modell wurde, nachdem es sich von dem Anfall einigermaßen erholt hatte, heimgeschickt. Die Zeichner nahmen ihr Handwerkszeug und schickten sich eben an, das Lokal zu verlassen, als Menzel spät wie gewöhnlich erschien. »Was soll das heißen? Ihr zeichnet nicht? Ihr habt schon aufgehört? Wollt schon gehen?« das waren die ersten Worte des einigermaßen erstaunten Meisters. Die so Interpellierten erzählten ihm, was heute hier geschehen war und dies vorzeitige Abbrechen der Sitzung veranlaßt hatte.

»So, so – Nun, wo habt Ihr das? Zeigt mal, was Ihr da gezeichnet habt.« – Aber Meister, antworteten sie ihm, wir sagten ja, sie bekam Krämpfe. »Wie, so was Seltenes habt Ihr zu sehen bekommen und Ihr habt die Gelegenheit nicht benutzt und es nicht gezeichnet? Schämen sollt' Ihr Euch!« Diese mir von jenen Künstlern damals erzählte kleine erlebte Geschichte ist in hohem Grade charakteristisch für Menzel. Alles in der Natur war ihm wert, dargestellt zu werden. Jede Erscheinung soll, wer es ernst meint mit der Kunst, mit gleichem Interesse betrachten, beobachten, seiner Anschauung dauernd einverleiben, nichts verschmähen mit Stift und Pinsel festzuhalten. Nach diesem Prinzip verfuhr er

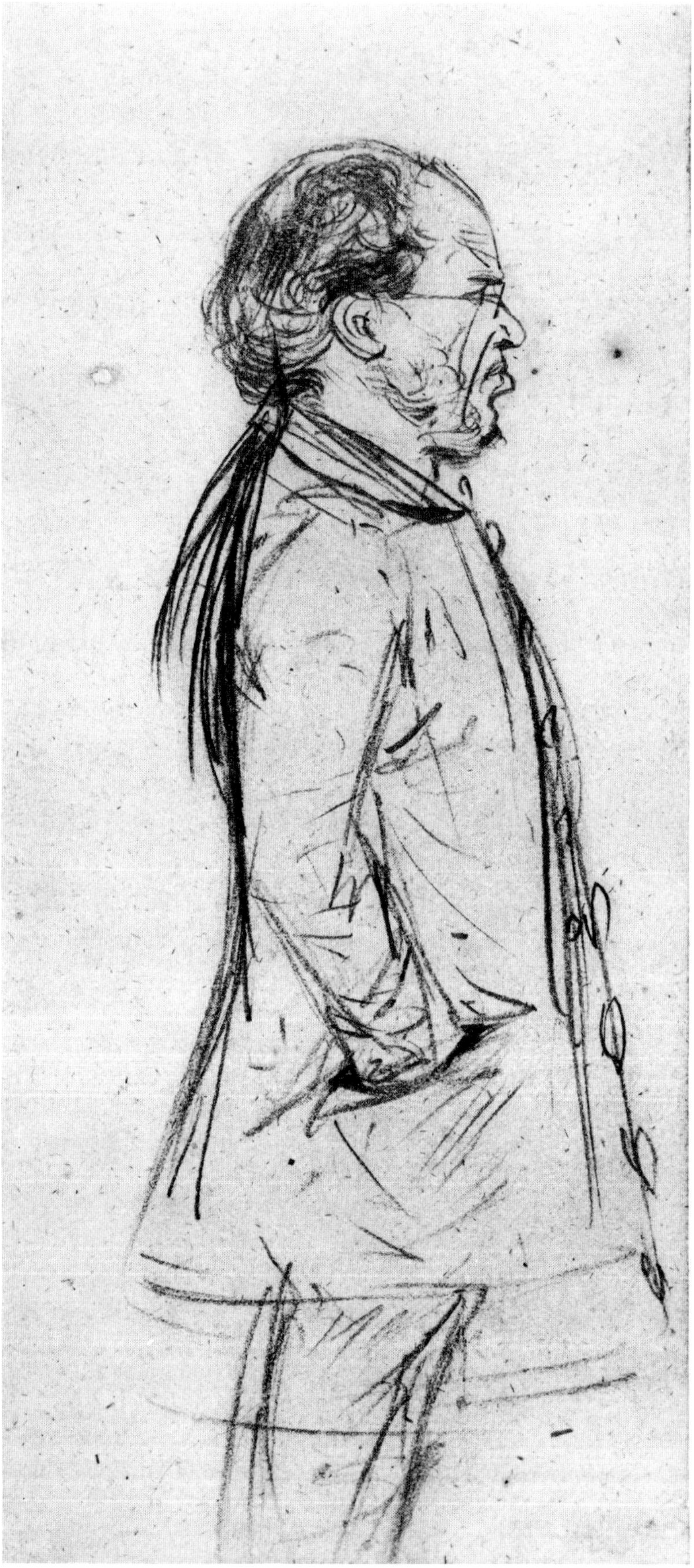

Selbstbildnis
mit kritischem Gesichtsausdruck,
um 1860
Bleistift, 22,2 × 20 cm

immer selbst, und nur so konnte er seine allumfassende vertraute Kenntnis, die klare, feste innere Vorstellung aller Erscheinungen der Wirklichkeit und die Fähigkeit erwerben, jede im Bilde in solcher Treue und Genauigkeit darzustellen, wie er es vermochte.

Ich war, seit ich 1858 die Besprechung der Großen Kunstausstellung für die Haude- und Spenerschen Zeitung geliefert hatte, ohne meine Absicht und mein bewußtes Zutun mehr und mehr in die Journalistik, und speziell die Kunstschreiberei, hinübergeglitten, wenn mir auch noch nicht der leiseste Gedanke kam, daß ich einmal meinen alten Beruf und meine Haupttätigkeit als Zeichner auf Papier, Holz oder Stein, Radierer und Maler mit der schriftstellerischen vertauschen könnte und würde.

Im September 1861 veranstaltete Menzel zum erstenmal eine Ausstellung von bisher noch nicht an die Öffentlichkeit gelangten Arbeiten von seiner Hand, in einem abgegrenzten Teil des großen öden Saals im Hofgebäude des Hauses Unter den Linden 22, desselben Raumes, der vordem die Raczinskische Gemäldesammlung enthielt, dann, nach deren Verlegung in das mittlere der drei Gebäude am Ostrande des Königsplatzes, die stehende Galerie des Vereins der Kunstfreunde im preußischen Staate beherbergte. Diese Ausstellung enthielt Öl-, Gouache-Aquarell- und Pastellgemälde, Bleistift- und Federzeichnungen von der mannigfachsten Art, Naturstudien nach Köpfen, Händen, Füßen (den eignen des Zeichners), nach Gipsabformungen, Totenmasken, nach Interieurs, Landschaften von originellstem Reiz, Lithographien mit Kreide und Feder, Pinsel und Schabeisen, Holzschnittabzüge, Titelblatt-, Adressen- und Gedenkblattkompositionen wie jene einen unendlichen Reichtum der sinnigsten Erfindung zeigend, »aufs subtilste, reiz- und kunstvollste in Aquarellfarben ausgeführt«, der Glückwunschadresse die von der Stadt Berlin dem Kronprinzen Friedrich Wilhelm bei seiner Mündigwerdung gestiftet war.

Diese im Verhältnis zu dem Reichtum und der Köstlichkeit ihres Inhalts nur sehr mäßig besuchte Menzelausstellung versetzte mich in hellen Enthusiasmus. Sein Genie sich so nach allen Richtungen hin, in künstlerischen Schöpfungen jeder Gattung offenbaren und gleich herrlich in jeder sich betätigen zu sehen, war mir bisher noch nicht vergönnt gewesen. So gewährte mir die Ausstellung die erlesensten, erquickenden und erhebenden Genüsse, erweckte Stimmungen in mir, und ließ mich Ansichten und Überzeugungen von Menzels ganzer allüberragender künstlerischer Bedeutung gewinnen, die es mich unwiderstehlich trieb, öffentlich auszusprechen, um alle Welt darauf hinzuweisen und Verständnis und Empfindung für das Große und Einzige darin denen zu erschließen, welchen beide noch nicht völlig aufgegangen waren. Unter dem Eindruck des dort Gesehenen schrieb ich in der Haude- und Spenerschen Zeitung ein paar Berichte über diese Menzelausstellung. Einen Abdruck davon sandte ich dem so leidenschaftlich verehrten Meister und verband damit die Bitte, ihn persönlich besuchen zu dürfen. Hatte ich doch noch so viel für ihn auf dem Herzen, was ich ihm selbst sagen wollte.

Die Antwort ließ einige Tage auf sich warten. Endlich traf ein Brief mit seiner großen, originellen charakter- und kraftvollen Handschrift bei mir ein. Da schrieb er, Besuche und Verkehr mit Kunstkritikern, die für öffentliche Blätter schreiben, nähme er prinzipiell nicht an. Aber er wüßte ja, daß ich auch ausübender Künstler wäre und damit sei gleichsam eine Brücke gegeben, die zu ihm von mir hinüberführe, der seiner Meinung von ihm einen so freundlichen enthusiastischen Ausdruck gegeben hätte. Ich möge ihm künstlerische Arbeiten von mir mitbringen, über die könnten wir sprechen. Meine Eigenschaft als Kunstschriftsteller und Journalist aber dürfe im Verkehr so wenig betont und herausgekehrt werden, als ob sie gar nicht vorhanden sei.

Menzels Schwester, die er immer seinen braven, treu ausharrenden Kriegskameraden in den harten Zeiten seiner Jugend und im schweren Lebenskampf nannte, und wie kein anderes weibliches Wesen liebte und verehrte, hatte sich damals vor wenigen Jahren mit dem Musikdirektor und Komponisten Herrmann *Krigar* verheiratet; einem hochbegabten, vielseitig gebildeten Mann von einem wahrhaft genialen Humor. Auch nach der Vermählung behielt das Paar die gemeinsame Wohnung mit Menzel, bildete *einen* Haustand, *eine* Familie mit ihm, der sich so in guter, treuer Pflege und von allen Mißlichkeiten eines Junggesellenlebens entrückt befand. Wie mir Krigar später einmal vertraute, wäre jener Brief an mich das Resultat langer Überlegungen, Erörterungen und Erwägungen gewesen. Er erschien mir zwar etwas seltsam; aber immerhin war mein gewagter Schritt nicht erfolglos getan.

Mit einer Mappe voll Zeichnungen, Lithographien, Studien und Kompositionen ging ich denn auch eines Abends zu Menzel. Er empfing mich nicht unfreundlich in seinem Zimmer, an dessen Wänden so manche Bilder von ihm hingen. Ich kam mir entsetzlich klein dem kleinen Manne gegenüber vor, auf den ich körperlich von oben herab, zu dem ich geistig so hoch hinauf blicken mußte. Wenn er ein Blatt, das ich ihm aus meiner Mappe reichte, einige Minuten lang betrachtet hatte, stieß er eine Art von kurzem Schnaufen durch die Nase aus und wies zugleich mit dem Zeigefinger auf eine Stelle der Zeichnung. Sofort sah ich dann, ohne daß er ein Wort gesprochen hätte, das Falsche und Fehlerhafte in der betreffenden Stelle ganz offenbar zutage liegen, was mir bis dahin gar nicht bewußt gewesen war und hätte vor Scham in die Erde sinken mögen! Das beste Blatt, das mir bisher gelungen war, schien mir und anderen, die es gesehen hatten, die von mir für Alexander Dunckers Verlag entworfene Bleistiftzeichnung, deren kleinere photographische Reproduktion von diesem herausgegeben wurde; »Goethe im deutschen Hause zu Wetzlar bei Charlotte Buff, ihrem Bräutigam Kestner und ihren sechs Geschwistern«. – Später erst vervielfältigte ich sie selbst vielfach verändert und verbessert in einer großen Steinzeichnung. Aber wie erging es jener ersten Komposition vor diesem unerbittlich strengen und – wie ich selbst mir eingestehen mußte – unbedingt gerechten und urteilsfähigen Richter! Die »Schnauferln« wiederholten sich, mit den Fingerstößen auf Stelle neben Stelle begleitet, wie das ruckweise Dampfausstoßen einer Lokomotive beim ersten Beginn ihrer Fahrt. Und bei jedem Hinstoßen mußte ich sofort erkennen: er hat ja so recht! Nach dieser stummen Hinrichtung aber nahm er das Wort, um sein Urteil klar und einleuchtend zu motivieren, die begangenen Fehler besonders in Beleuchtungswirkungen, in Gesichtswendungen einzelner Gestalten, die das wirkliche Sehen der Gegenstände, auf die sie hinblicken sollten, gar nicht ermöglichten – nachzuweisen. Dann aber fuhr er fort: »Eigentlich ärgere ich mich über mich selbst, daß ich einem Mann, der sich im Leben schon so viel umgetan hat, noch solche Dinge sage.« Ich konnte ihm nur aufrichtig versichern, daß ich ihm für jede seiner tadelnden Bemerkungen und Hinweise sehr dankbar sei, seine Worte »bewegen würde in meinem Herzen« und alle gerügten Fehler bei der Ausführung der Komposition auf dem lithographischen Stein zu beseitigen und zu verbessern bemüht sein werde – was ich denn auch nach bestem Vermögen getan habe. –

So war die ersehnte Verbindung mit Menzel angeknüpft, die allmählich, nachdem ich in einer Gesellschaft bei Wilhelm Gentz, dem Orientmaler, auch seine Frau Schwester kennen gelernt hatte, einen herzlicheren Charakter annahm. Als ich für Zeichnungen von Vorgängen aus dem XVIII. Jahr hundert Originalkleidungsstücke und anderes brauchte, bot er mir freundwillig an, mir aus seinem eigenen Besitz an solchen Gegenständen alles zu leihen, was ich irgend davon verwenden könne. So haben Rokokoherrenröcke, Schoßwesten und Kniehosen aus Menzels Vorrat, die auf den Körper seiner Modelle von ihm in unsterblichen Kunstwerken verewigt worden sind, auch mir noch auf Körpern und Gliedern meines Modells für meine desto sterblicheren Illustrationszeichnungen vortreffliche Dienste geleistet. Eins der von mir meist benutzten Modelle, der Buchbinder und Masseur Deutsch – eins der brauchbarsten im Posieren ausdauerndsten der vierziger, fünfziger und sechziger Jahre, eine kraftvolle, sehnige Gestalt mit stählernen, klar gezeichneten Muskeln, später ein kümmerliches, verfallenes Männchen – stand mir häufig in den Zeiten seiner noch ungebrochenen Kraft. Da konnte er nie genug erzählen von seinen Modelltaten bei den ersten Berliner Meistern bei Rauch, Bläser, Albert Wolff, Drake und Menzel. Dieser letzte hatte ihm seinen Beruf doch immer gar zu schwer gemacht. Aber niemals schwerer als da er ihm zur Gestalt des ein Flötensolo spielenden Großen Königs im Bilde »Konzert bei Hofe. Sanssouci 1750« stand. Die Folgen nicht ahnend, hatte er, vom Ehrgeiz gestachelt, einmal mitgeteilt, daß er die Flöte blase. So war Deutsch der rechte Mann, den der Maler für seine Königsfigur brauchte. Eingekleidet in eine der Friedrichs nachgebildete Uniform, bestrahlt von den Kerzen des Lustres, mußte Deutsch in der ihm gegebenen Stellung stehend eine zopfige alte musikalische Weise auf seiner Flöte spielen, während Menzel ihn malte. Wenn jener, ermüdet, im Flöten pausieren wollte, so erklang immer wieder erbarmungslos das Kommando des Meisters: »Blasen Sie weiter!« Der Maler ermüdete nie, und wenn er ohne Unterbrechung den ganzen Tag arbeitend an seiner Staffelei gestanden hätte. Aber dem Modell ging schließlich der Atem und die Fähigkeit zu blasen und zu stehen aus, und er brach zusammen. »An *die* Sitzungen werde ich mein Lebtag denken!« pflegte Deutsch zu sagen, wenn er dies Erlebnis mit Menzel schilderte. –

Nachdem letzterer seine Lokalstudien, Entwürfe und Farbenskizzen für das bei ihm vom König bestellte große Bild der Krönung in der Schloßkapelle zu Königsberg vollendet hatte, ging er an die Ausführung des Gemäldes selbst. Die meisten der mehr als 120 Porträts der darauf darzustellenden Persönlichkeiten freilich mußten, ehe er sie an ihren Plätzen auf der großen Leinwand malen konnte, von ihm – seine Ausführung des architektonischen Hintergrundes immer wieder unterbrechend – nach der Natur aufgenommen, gezeichnet und aquarelliert werden. Es bereitete die größesten Schwierigkeiten, viele der Vielbeschäftigten und der nur ungern und widerstrebend der Aufforderung Entsprechenden zum Erscheinen und Sitzen im Atelier zu bewegen. Aber Menzel ließ sich nicht abschütteln. Eingesendete Photographien der Herren und Damen, welche ihm die lebenden Originale ersetzen sollten, wies er zurück. Er mußte diese selbst sehen und porträtieren. Und er setzte schließlich seinen Willen durch. So ist jene Sammlung der von ihm gezeichneten und aquarellierten Bildnisköpfe und Gestalten – der Studien zu denen auf dem Gemälde – entstanden, die 25–30 Jahre später von der Nationalgalerie erworben, nun zu den köstlichsten künstlerischen Schätzen ihres ganzen Besitzes an solchen gehört. Der König hatte Menzel als Werkstatt zur Ausführung des Gemäldes den Garde du Corpssaal im ersten Geschoß des Schlosses am Lustgarten angewiesen. Hier empfing er auch die zu porträtierenden fürstlichen Damen, den König, die Prinzen, alle die höchsten und hohen Staats- und Hofbeamten, Minister, Generäle, Geistliche und sonstigen Zeugen des feierlichen Aktes, zeichnete und malte nach ihnen diese Studien. Dieser weite Raum war immer zu einer Art Hofrüstkammer benutzt gewesen: zahlreiche vollständige Plattenrüstungen, Pferdebrust- und -kopfpanzer, Helme, Schilde, Schwerter, Hellebarden waren hier aufgestellt. Menzel wäre nicht er selbst gewesen, wenn er die sich ihm so bietende Gelegenheit, diese mittelalterlichen Waffen so gründlich zu studieren, wie seinerzeit die Waffen und Uniformen der fridericanischen Armee, ungenützt hätte vorüber gehen lassen. Dort entstanden seine bewundernswürdigen »Rüstkammerphantasien«, die in Deckfarben gemalten Bilder dieser Eisenhüllen. Und als er ihre genaue Anschauung und Kenntnis bis in das geringste Detail sich hier fest eingeprägt hatte, schuf er eine Reihe von Gouachebildern, Szenen aus dem XVI. Jahrhundert darstellend, in welchen edle Herren und Krieger in solche Rüstungen gehüllt, in mannigfachen Aktionen und Situationen in voller Realität und in ihren Stellungen und Bewegungen durch diese schweren metallenen Hüllen bedingt so überzeugend wahr und echt erschienen, wie noch auf keinem der zahllosen Ritterbilder von anderen Malern seiner Zeit.

Dort habe ich Menzel oft besucht, das Fortschreiten seiner großen Arbeit beobachtet. Dort auch habe ich in häufigen vielstündigen Unterredun-

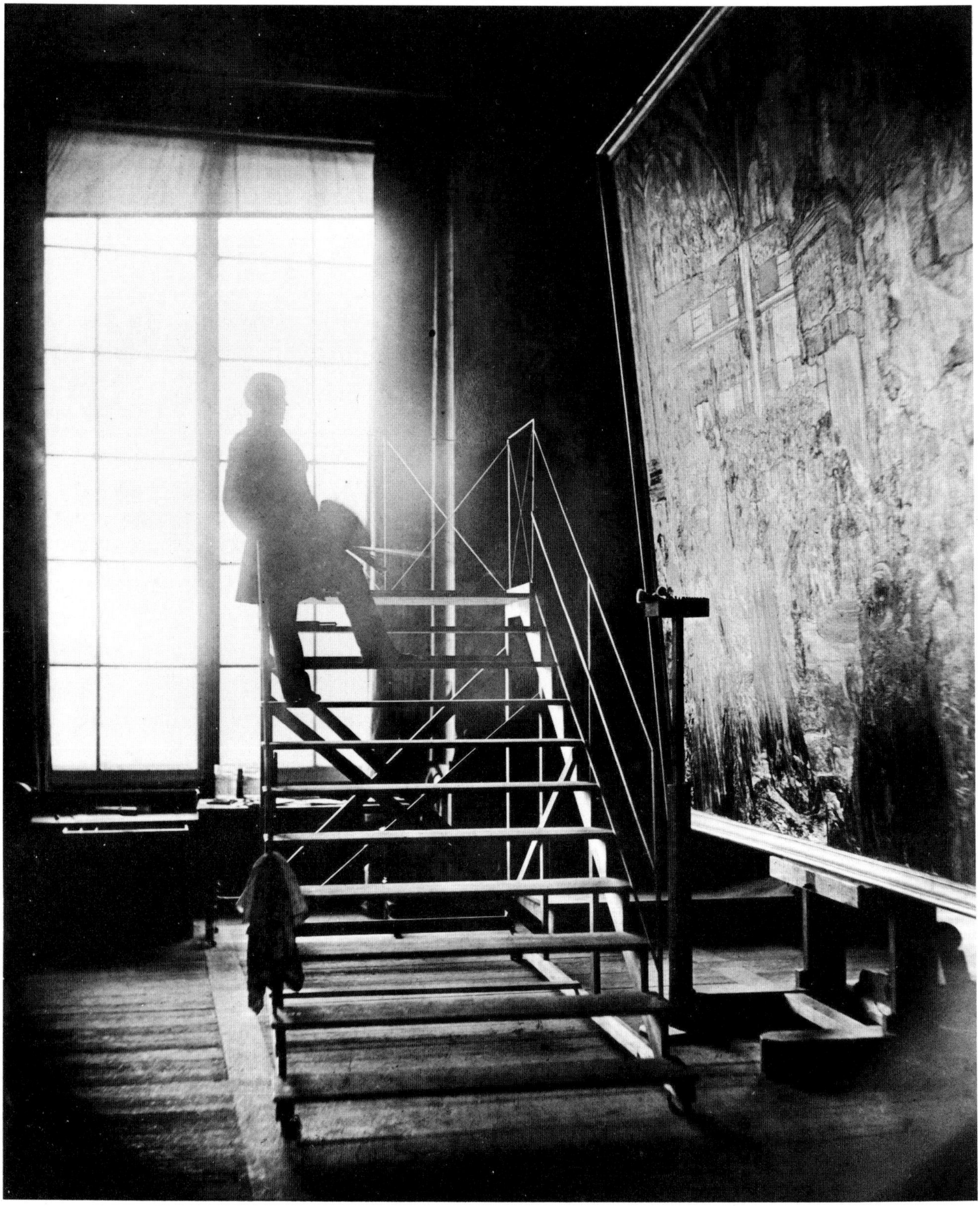

Menzel bei der Arbeit am Krönungsbild, 1862

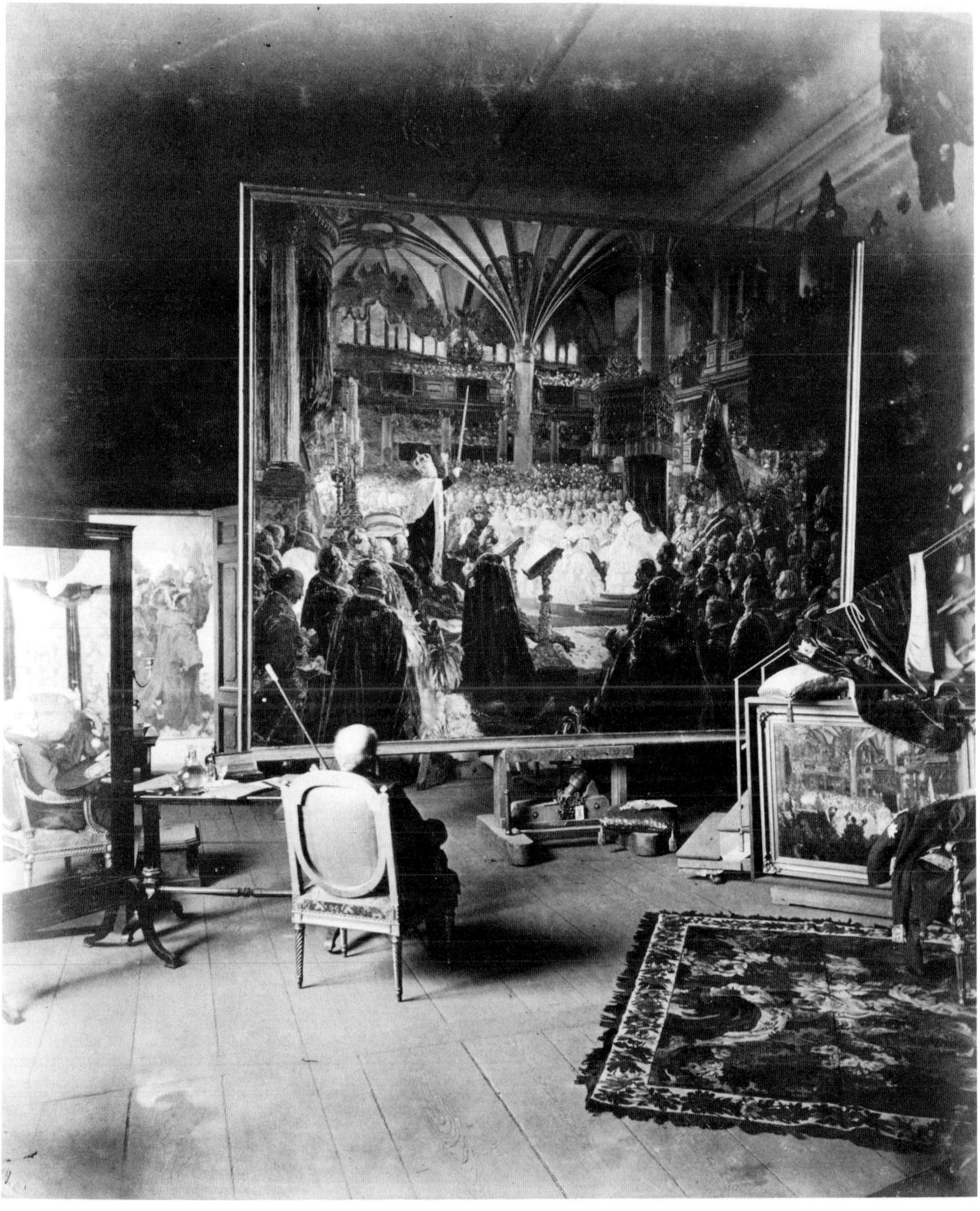

Menzel vor dem Krönungsbild im Garde dú Corps-Saal
des Berliner Schlosses, 1862

gen mit ihm nach Schluß seines Tagewerks über die verschiedensten Fragen und Gegenstände des Lebens, der Kunst und der Geschichte, Blicke in das eigenste innerste Wesen des außerordentlichen Mannes, in den Reichtum, die Tiefe und Größe seines Geistes, die Feinheit und durchdringende Schärfe seines Denkens, die Wärme und Zartheit seines Gemüts tun können. Sie ließen ihn mir in der Hoheit und Lauterkeit seines ganzen Menschen immer verehrungswürdiger erscheinen; mich erkennen, daß jene bis zur Grobheit sich steigernde Rauheit, die er nach außen kehrte, doch nur ein Art Panzer war, in den er sich zum Schutz gegen auf ihn eindringendes Feindliche, Lästige und Widerwärtige hüllte. Rührende Beweise jener Gemütstiefe und Zartheit empfing ich damals besonders gelegentlich des Todes meines geliebten jungen Töchterchens. Durch ein Ereignis in Menzels Familie wurden meine Beziehungen zu ihm und ihr noch intimer. Sein geliebter jüngerer Bruder Richard, für den er in dessen Kindheit wie ein Vater gesorgt hatte, als Knabe und Jüngling von zarter Gesundheit und gegen Krankheit wenig gefestigter Konstitution, war auf den Rat des Arztes, der für ihn ein Leben in freier Luft auf dem Lande als das beste zur Kräftigung erkannte, Landwirt geworden. Er war Volontär auf einer von dem reichen Oberamtmann Preuß gepachteten großen Domäne im Oderbruch bei Küstrin. Das Mittel hatte sich vortrefflich bewährt. Dort aber faßte Richard eine innige Herzensneigung zu der geistrichen, lebhaften, hochgebildeten Tochter des Hauses Elise und sie für ihn. Der Verbindung beider wurden keine Hindernisse in den Weg gelegt, die Ehe im Sommer 1864 geschlossen. Aber die junge Frau sehnte sich nach dem Leben in der großen Stadt, im Zentrum aller Bildungsbestrebungen, der literarischen und künstlerischen Bewegung. Ihr Gatte gab seinen erwählten landwirtschaftlichen Beruf auf und vertauschte ihn mit einem zur Kunst in engen Beziehungen stehenden, dem des Kunstphotographen und Kunstverlegers. Eins der damals blühendsten derartigen Institute Berlins, das von einem originellen und man darf wohl sagen genialen Manne, *Gustav Schauer*, geschaffene, in dem schmalen Hause Friedrichstraße 87 (oder 89) wurde seinem Begründer, der es, von kleinen, bescheidenen Anfängen ausgehend, allmählich zu einer solchen Bedeutung erhoben hatte, von dem Menzelschen Paar abgekauft. Der neue Eigentümer, dem sein »großer Bruder« fördernd und künstlerisch beratend zur Seite stand, bemühte sich lernbegierig in angestrengter Tätigkeit den Ansprüchen zu genügen, welche durch den neuen Beruf an ihn gestellt wurden. Aber mitten in dieser eifrigen Arbeit erkrankte der an das Leben in der freien, kräftigen Landluft Gewöhnte schwer und alle Kunst der Ärzte, die hingebende, sorgende Pflege der jungen Frau vermochten den Leidenden nicht zu retten. Kaum acht Monate nach seiner Vermählung starb er in einer in jenem Sommer von dem Paar bezogenen Villa weit draußen in der Potsdamerstraße. Ich und meine Frau waren dem liebenswürdigen Paar, das uns bei seiner Übersiedlung nach Berlin aufsuchte, bald befreundet geworden. Wir nahmen innigen Anteil an dem herzzerreißenden Schmerz der so früh Verwitweten, deren Verzweiflung unheilbar und ohne Grenzen schien. Ihr Schwager Adolf benahm sich, nach ihrem eigenen Ausspruch, »wie ein Engel« zu ihr und ließ sie nicht fühlen und merken, wie sehr er selbst durch den Tod des Bruders litt. Letzterer hatte während seines Lebens in seiner kindlichen, leidenschaftlichen Verehrung und Liebe für den Bruder Adolf, zu dem er aufblickte wie zu einem Wesen höherer Art, pietätvoll jedes Blättchen von seiner Hand, das dieser ihm überlassen mochte, aus allen Zeiten seines Daseins von den ersten Versuchen des Knaben an bis auf die Gegenwart gesammelt. Eine enorme Menge von, keinem andern bekannten, Arbeiten Adolfs hatte er so in seinen Mappen angehäuft, die er – ebenso wie einige ihm von dem Bruder geschenkte Farbenskizzen zu den Friedrichsbildern, wie das 1846 gemalte kleine Meisterwerk: »Gustav Adolfs Begegnung mit seiner Gemahlin vor dem Schloß zu Hanau«, und ein paar andere Bilder, Berliner Landschaften und eine Fackelverbrennung nach einem Fackelzuge – wie Fafner seinen Schatz hütete. Er konnte des Bruders saturnischen Haß gegen die meisten eigenen Geisteskinder aus seiner Vergangenheit, die für ihn ein überwundener Standpunkt geworden war: gegen seine »abgestreiften Schlangenhäute«, gegen die er bis in seine letzten Lebensjahre einen wahren Vernichtungstrieb bekundete. Seine Schwägerin hatte diesen Schatz der Jugendarbeiten Adolfs nach ihres Mannes Hinscheiden in ihre Obhut genommen. Jene Farbenskizzen und Ölgemälde wurden ihr dann auch als rechtmäßiges Erbe ihres Mannes von Adolf feierlich zugesprochen. Wenige Wochen nach dem im Herbst erfolgten Tode Richards erkrankte Frau Elise infolge der furchtbaren Aufregungen schwer am Nervenfieber. Der Schwager saß in sorgenvoller Freundschaft stundenlang am Krankenlager der im Fieber Delirierenden. Aber in lichteren Momenten war es ihr, als sähe sie ihn eifrig mit der Durchsicht jener von dem Bruder gehüteten Jugendarbeiten beschäftigt; und dann auch im Zusammenhange damit den Ofen geöffnet und Ballen Papiers in seine Glut geschoben und von dieser verzehrt werden. Waren es Bilder ihrer Phantasie, vom Fieber erzeugt oder Wirklichkeit gewesen? Als sie die Krankheit glücklich überwunden hatte und ins alte Leben zurückgekehrt war, mußte sie sich leider überzeugen, daß ihr durch keinen Fiebertraum jene Vorgänge vorgespiegelt worden waren. Der Schwager hatte wirklich den ganzen überreichen Schatz des verstorbenen Bruders dem Feuertode überliefert. –

Ihrer dankbaren Verehrung für ihn tat dies grausame Verfahren keinen Abbruch. Als die Zeit den Schmerz beider einigermaßen gemildert hatte und die Trauer um den ihnen Entrissenen mehr und mehr gegen die Forderungen des Lebens zurücktrat, begann im Hause der Witwe, die das photographische Kunst- und Verlagsgeschäft, durch Adolf Menzel und einen praktischen Geschäftsführer unterstützt, selbst, entschlossen und tapfer in die Hand genommen hatte, ein heiter angeregtes geselliges Leben. Und das in Menzels und Krigars Heim, das inzwischen in das Haus Luisenstraße 28 verlegt war, blieb dagegen nicht zurück. Heute hält es schwer, sich vorzustellen, daß Adolf eines Winterabends bei der Schwägerin erschien, um in meiner Gesellschaft zu einem unsrer damaligen lustigen Künstlermaskenfeste zu fahren, die er mit Vergnügen mitmachte, und zwar diesmal – in der Maske eines Schulknaben, im Kittelchen, ausgewachsenen Höschen, das Schulränzel auf dem Rücken, die Schiefertafel unter dem Arm, ein Mützchen auf dem mächtigen Haupt – eine Erscheinung von gewollter überwältigender Komik.

Bei einem Besuch meines teuern Freundes Iwan Turgenjew bei dessen Rückkehr aus Rußland nach Baden-Baden hatte ich ihn zu Menzel geführt und beide große Künstler miteinander bekannt gemacht. Wie ich es vorausgesehen, faßten die beiden großen Realisten eine tiefe Sympathie füreinander. Angesichts der in Menzels Atelier stehenden Schöpfungen, – des so großartig angelegten, stellenweise schon so weit geförderten (aber nie vollendeten) Bildes »Die Anrede Friedrichs an seine Generale am Morgen von Leuthen« und des im Pinsel und Schabeisen auf Stein ausgeführten »Jesus als Knabe im Tempel mit den Schriftgelehrten«, flammte in Turgenjew der helle Enthusiasmus auf. Er erklärte Menzel für den ersten aller lebenden Meister und verbreitete die Kunde von diesem großen Berliner Künstler zuerst in Paris, wo man bisher noch kaum etwas von seiner Existenz gewußt, seinen Namen kaum gekannt hatte. Menzel aber entwarf sofort bei dieser ersten Begegnung mit raschen breiten Bleistiftstrichen ein Bildnis Turgenjews (in stehender Kniefigur mit umgehängtem derbem langem Paletot) von treffender Charakteristik. Die Gruppe, welche die kleine Gestalt des Künstlers mit der riesenhaften des russischen Dichters, eines der leuchtendsten Sterne der Weltliteratur, einander gegenüberstehend bildete, während dieser von jenem gezeichnet wurde, hätte verdient, auch ihrerseits – von Menzel gezeichnet zu werden.

Im November 1865 kam Pauline Viardot zu einem zweimonatlichen Besuch nach Berlin. Durch Turgenjews Schilderungen war sie begierig gemacht, Menzel kennen zu lernen. Ich vermittelte auch diese Bekanntschaft. Beide sahen sich bei mir; er hörte die Freundin, die herrliche

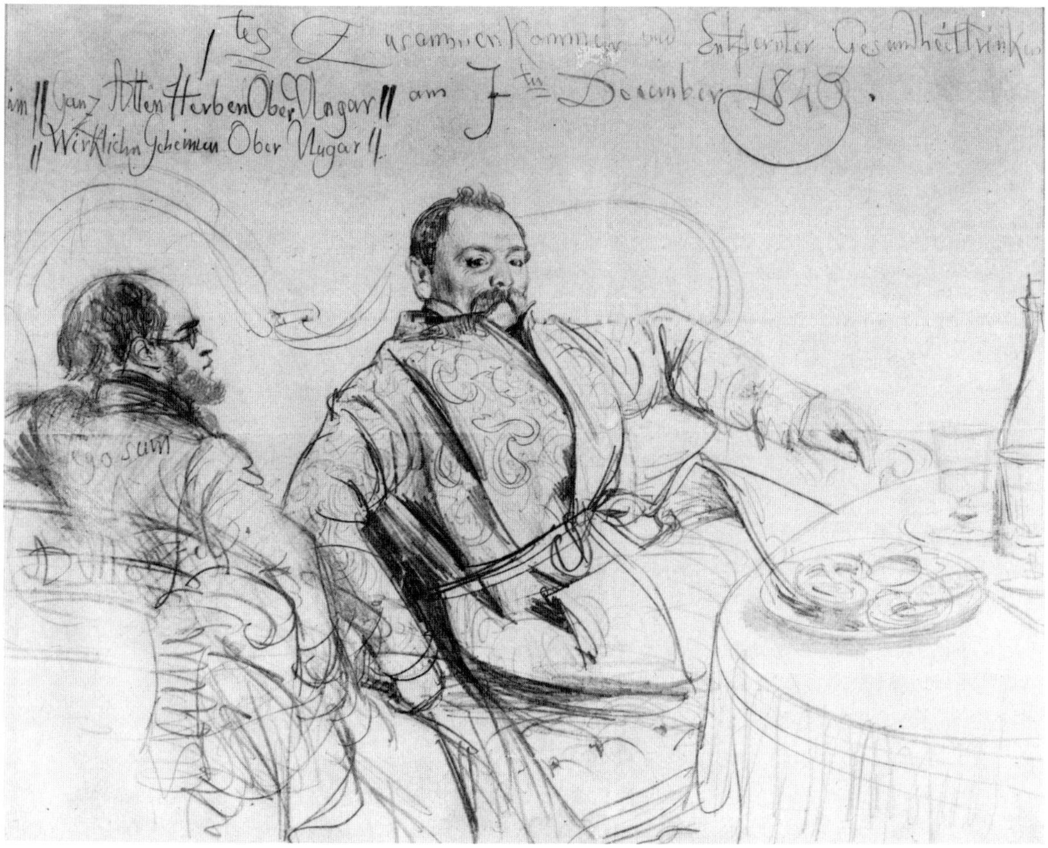

Graf Flemming
und Menzel beim
Frühstück, 1849
Bleistift,
20,2 × 25,1 cm

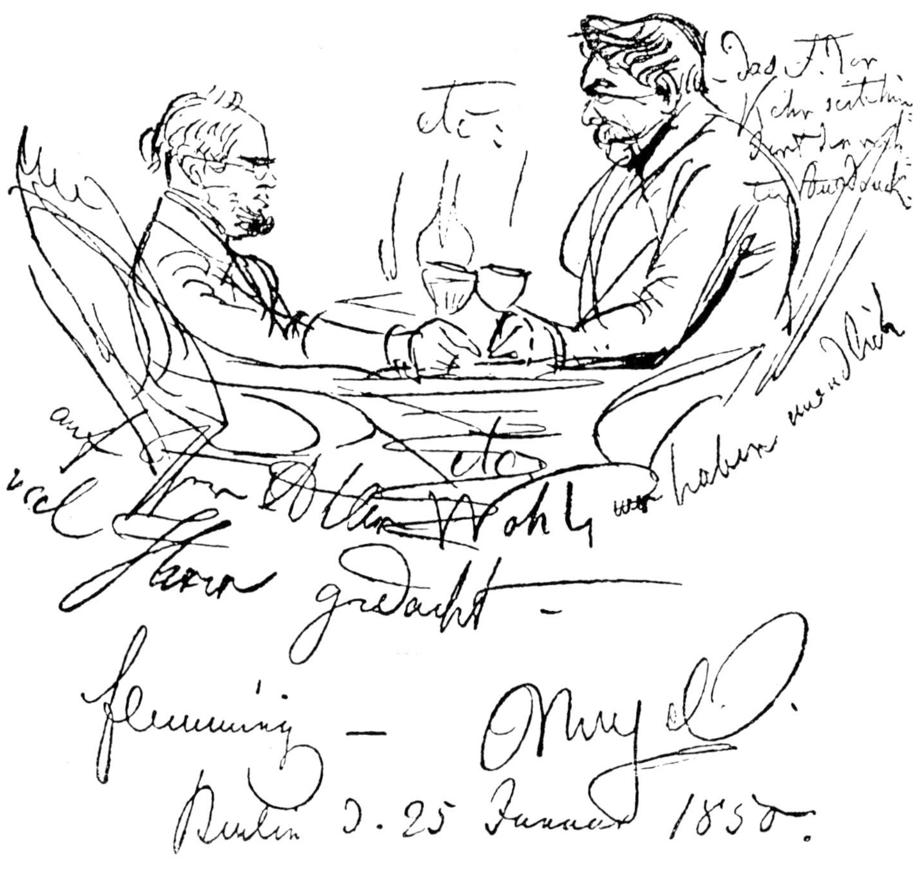

Humoristische
Skizze:
Menzel und Flemming
beim Wein, 1850
Tusche,
Maßangaben fehlen

Frau und Künstlerin, singen. Sie lernten einander nach ihrem ganzen Wert schätzen. Menzel und Krigars veranstalteten eine glänzende Soiree in ihrer Wohnung, wo Frau Viardot abermals die ganze Gesellschaft mit den erlesensten Gaben ihres Genies verschwenderisch überschüttete. Krigar widmete ihr seine Kompositionen der von Paul Heyse übersetzten spanischen Lieder. Menzel schmückte das diese enthaltende Heft mit einer wirkungsvollen, geistreich und reizend erfundenen Deckelzeichnung, einer mit einer charakteristischen echt nationalen andalusischen Männer- und einer Señoritagestalt belebten spanisch-maurischen Fassadenarchitektur mit Hufeisenbogen und Gitter, an deren einem Zwickel er das Profil-Porträt Pauline Viardots anbrachte. –

Der deutsche Krieg von 1866 hatte Hessen-Kassel für Preußen erworben. Die Hauptstadt des annektierten Kurfürstentums enthielt unter andern Kunstschätzen die an edeln Meisterwerken der alten, besonders der niederländischen Malerei ungewöhnlich reiche Galerie, die der Kurfürst den Besuchern meist verschlossen gehalten hatte. Menzel und seine Schwägerin, als Inhaberin der Firma Gustav Schauer, verfielen auf den glücklichen Gedanken, die Hauptwerke dieser herrlichen Sammlung in photographischen Nachbildungen zu veröffentlichen. Die Erlaubnis dazu, wie zum Herabnehmen und in den Hof tragen der Originale, um sie in einem dort dafür zu errichtenden Atelier zu photographieren, gelang es Menzel, durch den Kommissar unsrer Regierung, Geh. Rat Möller zu erhalten. So übersiedelte er für mehrere Wochen nach Kassel, um dort die Gemälde auszuwählen und die Ausführung des Unternehmens zu leiten. Ich wurde beauftragt, den Text zu diesem Bilderwerk zu schreiben und gesellte mich in Kassel zu ihm. Unvergeßliche, reich erfüllte Tage habe ich dort im Zusammensein und Zusammenarbeiten mit ihm verlebt. Seine Bemerkungen über die alten Meisterwerke, seine Kritik, seine Kunst-, Natur- und Lebensanschauungen, die dabei zum Ausdruck kamen, alle die Betrachtungen über Menschen und Dinge voll tiefer Weisheit, Feinheit und Originalität der Gedanken wie der Form, – ich könnte Bogen füllen, wenn ich sie wiedergeben wollte. Jede freie Stunde benutzte er auch hier wieder zur Ausführung eines Bildes, das er bis zur letzten Vollendung brachte. Den Gegenstand zu einem in Gouache gemalten neuen Meisterwerk gab ihm hier das Innere des berühmten »Marmorbades« mit seinen reizvollen Rokokoskulpturen und der schimmernden Marmorpracht seiner Wände.

Auch im Sommer des nächsten Jahres 1867 wurde mir das hohe Glück eines, diesmal noch viel längeren gemeinsamen Aufenthalts mit Menzel an einem Ort, welcher mächtige geistige Anregungen der mannigfaltigsten Art in reichster Fülle bot, in Paris, in der zweiten Hälfte des Juni und der ersten des Juli während der Weltausstellung jenes Jahres. In meinen für diese Hefte geschriebenen Erinnerungen an jenen »friedlichen Wettkampf der Nationen«, habe ich auch dieses Zusammenseins mit Menzel gedacht. Es wäre freilich einer ganz andern eingehenderen Schilderung wert, als ich sie ihm dort gewidmet habe und hier innerhalb des mir zugemessenen Raumes zu widmen vermöchte. Gern erzählte ich ausführlich von den täglichen Morgenbesuchen bei ihm, der durch die Seinen – natürlich ohne sein Wissen – meiner Sorge und Obhut anvertraut worden war, und den ich fast täglich zum Ausgange aus der Wohnung, die wir für ihn gemietet hatten, abzuholen kam, wo ich ihn dann meist erst beim Toilettenmachen traf; von der gemeinsamen Durchwanderung der Ausstellungsringe; den Frühstücken im englischen Restaurant, in welchem sich Menzel immer ganz besonders behaglich fühlte; von dem Verkehr in verschiedenen gastlichen Häusern liebenswürdiger hervorragender Künstler; vor allem von dem Besuch in Poissy bei dem ihm in manchen Punkten und in der Art seines künstlerischen Strebens so verwandten großen Kleinmeister Meissonier, der doch in seinem Naturell und seiner ganzen Lebensführung von ihm so grundverschieden war. Jeder von beiden schätzte den andern als einen der größten Künstler seiner Zeit. Der Deutsche aber sprach und verstand kein Französisch; der Franzose kein Deutsch. Wo die Mimik nicht ausreichte zur gegenseitigen Verständigung, mußten ich und Otto Weber, der von Menzel sehr geschätzte, nach Paris übersiedelte junge Berliner Maler von großem Talent, die Dolmetscher machen. Das gab dann oft Momentszenen von prächtigem Humor, den zu empfinden und zu genießen unser Respekt vor der geistig-künstlerischen Größe der beiden kleinen Männer und unsere Liebe und Verehrung für den einen uns durchaus nicht hindern konnte.

Auch Menzels Schwägerin besuchte gleichzeitig Paris. Sie hatte die Genugtung, die in den Ateliers der Firma hergestellte kolossale photographische Kopie des Menzelschen Bildes »Die Tafelrunde Friedrichs des Großen« mit dem zweiten Preise, der großen silbernen Medaille ausgezeichnet zu sehen.

Durch ein 1868 von dieser Firma unternommenes Verlagswerk des *»Menzel-Album«*, eine mit einem symbolischen Titelbilde von dem Meister geschmückte Sammlung photographischer Kopien ausgewählter Menzelscher Öl- und Gouachegemälde, die ich mit einem biographischen und erläuternden Text zu begleiten ersucht wurde, erhielt ich wieder einmal die erwünschte Gelegenheit, meine Ansichten über ihn und sein Schaffen öffentlich auszusprechen und mich zu bemühen, das Publikum mit meiner eigenen Bewunderung für diesen Unvergleichlichen gleichsam anzustecken. Diese Arbeit führte auch wieder zu intimen Zusammenkünften mit ihm und in diesen dazu, ihn sich über die Entstehungsgeschichte manches seiner Werke und über manche menschliche und künstlerische Erfahrungen und Vorgänge im eigenen Leben in seiner immer eigenartigen, immer fesselnden, in kurzen Sätzen das Treffendste sagenden Weise verbreiten zu hören.

Von dem ihm nachgesagten abstoßenden Wesen, seiner Rauhigkeit und Unzugänglichkeit habe ich damals und auch später im Verhalten zu mir und meinem Hause nie eine Probe erhalten. Wie mit den Häusern anderer alter und jüngerer Freunde, besonders die Gustav Richters, des »Malerfürsten«, Meyerheims, A. v. Heydens, Magnus Herrmann Albert Hertels, verschmähte er auch mit dem meinen den geselligen Verkehr keineswegs. Wenn er gewöhnlich erst sehr verspätet eintraf, so gehörte er dafür auch zu den letzten, welche die Gesellschaft verließen. Auch bei ihm, der Schwester und dem Schwager Krigar wurde bis zu dessen Tode als sie in der Luisenstraße, in der Potsdamerstraße 7, ja noch als sie schon in der Sigismundstraße 3 (immer im III. Stock) wohnten, eine heitere Gastlichkeit geübt, und der als so rauh verschriene Meister ließ es an Liebenswürdigkeit gegen seine Gäste durchaus nicht fehlen. Man hörte dort gute Musik von ausgezeichneten Kräften vorgetragen. Ja zuweilen wurde sogar zum Schluß der kleinen Abendgesellschaft noch gar getanzt.

Die Schätzung des Menzelschen Genies und jedes seiner Werke wuchs und stieg bei den fremden Nationen wie im Vaterlande von Jahr zu Jahr. Ein großes Verdienst erwarb sich darum (und fand auch dabei) Hermann *Pächter*, ein Hamburger Kaufmann, der mit einer feinen Witterungsgabe für das, was Erfolg verheißt, begabt war. Er übernahm die Wagnersche Kunsthandlung (Dessauerstraße 2) und wählte zwei Spezialgattungen von Kunstartikeln, denen unser Publikum noch verhältnismäßig kühl gegenüberstand, mit der klug und konsequent verfolgten Absicht, sie in ihren wahren ihnen gebührenden hohen Kurs zu bringen: die *japanischen Kunst-* und *kunstgewerblichen Erzeugnisse* und ohne Ausnahme alles von Adolf Menzel Produzierte, von großen figurenreichen farbenschönen Ölgemälden oder miniaturartig durchgeführten Gouachen bis zur bescheidensten Bleistiftstudie oder -skizze. Was er nur immer unter den in Menzels Wohnräumen an seinen Atelierwänden befestigten, in seinen Schränken und Mappen aufgespeicherten oder im Besitz anderer entdeckten, älteren und neueren Arbeiten des Meisters »loszueisen« und sei es auch für die geforderten höchsten Preise zu erwerben vermochte, das kaufte er ohne Besinnen an, in der Gewißheit, es für bedeutend höhere Summen an reiche Liebhaber oder Museen zu verkaufen. So hat durch ihn die Berliner Nationalgalerie die Porträtstudiensammlung zum Krönungsbilde, das für die Kleinen seiner Schwester »den Neffen und die Nichte« einst von »Onkel« Menzel als lustiges Kinderbuch angelegte Album, das sich allmählich zu einer reichen Sammlung der vollendetsten Gouachebilder – aus der Landschaft, von der Straße, aus dem Menschen- und Tierleben – auswuchs und viele andere Menzeliana noch, erworben. Eins von Menzels eminentesten Werken sind jene oben erwähnten tiefsinnig und geistvoll erfundenen, in den vierziger Jahren ausgeführten, höchst meisterhaft gezeichneten und in Holz geschnittenen Illustrationen zu der, nur an öffentliche Bibliotheken, regierende Fürsten und weltberühmte Gelehrte von Friedrich Wilhelm IV. verschenkten Prachtausgabe der »Werke Friedrich des Großen«. In deren zehn großen Bänden sind diese kleinen Wunderwerke versteckt und verstreut. Für alle Nichtempfänger oder Nichtkenner dieser Königsgabe blieben diese Schöpfungen Menzels nie gesehen und unbekannt. Pächter unternahm es im Jahre 1880, sie aus dieser Weltverborgenheit zu befreien und ans Licht zu ziehen, daß sie allen sichtbar und so vielen Tausend zur Lust wurden. Er verstand es, sich die königliche Erlaubnis dazu auszuwirken und von jedem der im kgl. Kupferstichkabinett bewahrten, von den Brüdern Vogel, Lütke, Unzelmann, Müller faksimile geschnittenen vierhundert Holzstöcke je dreihundert Abzüge für ebensoviele Exemplare einer Liebhaberausgabe sämtlicher Vignetten und Bilder, ja auch Klisches davon herstellen zu lassen, mit denen eine größere wohlfeilere Volksausgabe gedruckt werden könne. Ich wurde beauftragt, die kurzen Texte zu schreiben, durch welche die oft so schwer zu enträtselnden Gegenstände dieser oft so großartigen und herrlichen Bilder im winzigen Raum erklärt, des Zeichners Absichten und Gedanken, die er in ihnen verwirklichen wollte und die Textstellen der »Werke« des Königs nachgewiesen werden sollten, auf die sie sich bezögen. Eine eben so hochinteressante als schwierige und zeitkostende Arbeit. Mich beglückte der Auftrag indes schon darum, weil er häufige stundenlange Unterredungen mit Menzel zur unabweislichen Folge haben mußte. Ich wünschte, ich hätte jedes seiner Worte in diesen langen Abendsitzungen fixieren können, in denen er sich mit mir über jedes dieser Bilder, über die Entstehung, über den Verlauf und die Geschichte der Arbeit daran, die Persönlichkeiten, mit denen er dabei zu tun bekommen hatte, und über den Gegenstand und Gedankengehalt seiner Konzeptionen aussprach!

Diese Stunden mit ihm zähle ich zu den hohen Erbauungsstunden meines Lebens. Mir wurde die Genugtuung, daß meine Texte nach der Veröffentlichung des Werkes seine volle Zustimmung fanden. –

Während der siebziger, achtziger und noch der neunziger Jahre erhielt sich Menzels künstlerische Schöpferkraft in voller Macht und Stärke. Ihnen entstammen neben zahllosen anderen kleinen, aber nicht minder bewundernswerten Gemälden in Öl-, Gouache- und Pastellfarben, den Illustrationen zu H. v. Kleists »Der zerbrochene Krug«, die zahllosen Bleistift- und Federzeichnungen, die großen Hauptwerke: Das Eisenwalzwerk, Das Büfettsouper auf einem Hofball und – die prächtige Frucht seiner einzigen Reise nach Oberitialien hinein – Der Marktplatz zu Verona. Trotz der nie rastenden ungeheueren künstlerischen Tätigkeit verschmähte Menzel den geselligen Verkehr noch immer durchaus nicht. Er fehlte auf keinem Rathausfest der Hauptstadt, deren Ehrenbürger er war; auf keinem Hofball und keinem Subskriptionsball. Da stand er von den Schleppen der Damen umrauscht, und beobachtete jede Erscheinung, jede Farbenkombination, jeden Beleuchtungseffekt, wenn er an den menschlichen Persönlichkeiten als solchen, abgesehen von ihrem malerischen Wert auch nur geringes Interesse nahm – und das geringste an den weiblichen. Nie war er der »Träumer, der am Weibe hing«. Das Ewig-Weibliche hat, so viel man bemerken konnte, nie eine irgend wichtige Rolle in seinem innern und äußern Leben gespielt, hatte ihn nie »hinan-« aber freilich auch nie hinabgezogen, wie so viele Künstler. – Er erschien im musikalischen Salon der vielgenannten Wagnerfreundin und -beschützerin, der Gattin des Hausministers Baron Schleinitz, deren intimen Kreis er in einer berühmten Federzeichnung schilderte. Er versäumte keine der Quartettsoireen Joachims, und

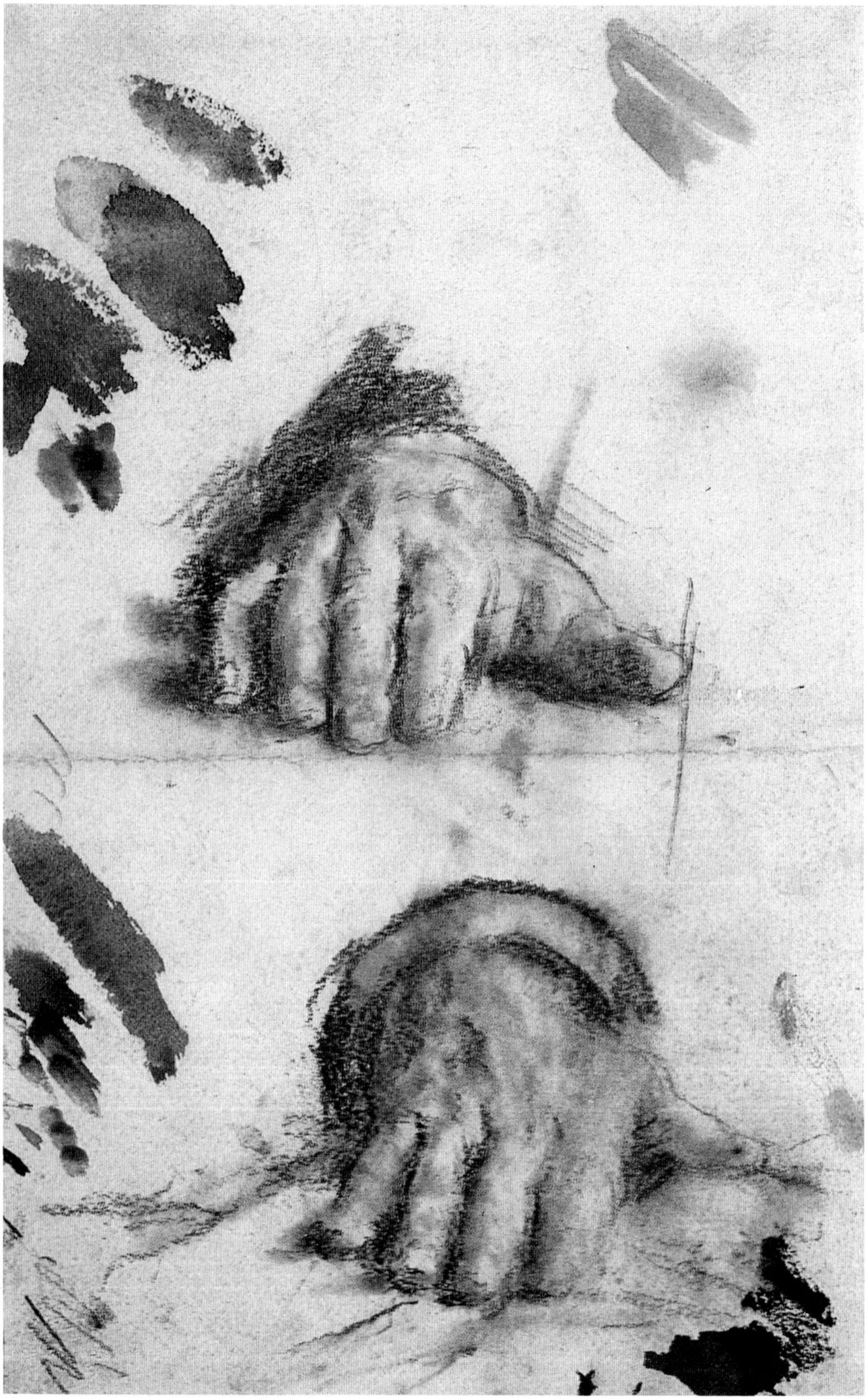

Menzels rechte Hand, 1832
Bleistift, 14,7 × 11,3 cm

häufig sah ich ihn bei bedeutenden Vorstellungen im Berliner Theater, während Barnay es so erfolgreich leitete. Und er hielt treu zu den alten Freunden. Bei manchem kleinen Fest in meinem Hause in den siebziger Jahren, an denen er zuweilen mit Schwester und Schwager teilnahm, erschien er für seine Person noch mitten in der Nacht – einmal noch um 2 Uhr –, um dann bis zur Morgendämmerung zu verweilen und dem lustigen Treiben des jungen Volkes, den Charadenaufführungen und Tänzen mit freundlichem Interesse zuzuschauen.

Aus seinem eigenen Hause schwand die Heiterkeit mit dem Tode des Schwagers. Es wurde stiller und einsamer in seinen Räumen. Aber am 8. Dezember, Menzels Geburtstag, herrschte auch in den späteren Jahren, ja noch im vorigen Jahr immer fröhliches, festliches Leben. Da strömten die noch lebend gebliebenen alten Freunde und die jüngeren Verehrer herbei mit ihren Blumenspenden und Festgaben. Eine gedeckte mit kalten Speisen und Flaschen voll edler Getränke besetzte lange Tafel stand bereit, und das alte Geburtstagkind war heiter mit den Heitern und hielt tapfer während langer Stunden aus in lebhaftem Gespräch und Zutrinken mit jedem neu eintreffenden Gast. Die großartige öffentliche Feier seines siebzigsten Geburtstags, an dem er in der Morgenfrühe den Besuch des Kronprinzen und jenen wahrhaft monumentalen Glückwunschbrief des alten Kaisers empfing sowie die von Kaiser Wilhelm II. angeordnete originelle Veranstaltung zur Feier des achtzigsten in den Sälen der Kunstakademie sind noch in guter Erinnerung. – Meine eigenen bescheidenen Festgaben erwiderte er am Morgen *meines* Geburtstages gewöhnlich mit einem herzlichen Gratulationsschreiben in seinem eigenartigen lapidaren Stil und einem beigelegten Skizzenbuchblättchen, einer Bleistiftstudie von seiner Hand von der Art, wie die hier vervielfältigten. Noch am letzten 25. Dezember sandte er mir ein solches Blättchen mit einer weich gewischt gezeichneten Gruppe von Halbfiguren eines Mannes und einer Frau, das er tags zuvor nach zweien jener Modelle, welche jeden Morgen vor seiner Ateliertür erschienen, um sich ihm anzubieten, mit dem Bleistift gezeichnet hatte. Bis zum Tage, da ihn die letzte kurze Krankheit danieder zwang, zeichnete er immer und überall – daheim wie auf der Sommerreise. Ich habe ihn einmal auf einer gemeinsamen Fahrt mit ihm und den Seinen nach Hof in demselben Wagenabteil in dieser Hinsicht das Unmögliche leisten, in dem stoßenden, ratternden Wagen mit festen, sicheren Strichen das eingeschlafene Kinderpaar, seinen Neffen und seine Nichte, abzeichnen gesehen. Wer dürfte sich rühmen, solches Zeichnen in voller Eisenbahnfahrt nachmachen zu können!

In dem letzten Jahrzehnt war er vereinsamter, wortkarger, abweisender und bärbeißiger. Die hohen Auszeichnungen, mit denen der Kaiser ihm seine Verehrung und Bewunderung bekundete, waren nicht Schuld daran. Er nahm sie dankbar hin, doch hoffärtig konnten sie ihn nicht machen. Aber die Mehrzahl der alten Freunde war vor ihm dahingegangen. Er mochte sich mehr und mehr vereinsamt und auch wohl allmählich müde werdend fühlen. Allabendlich spät saß er einsam zwischen den Gästen an einem Tische des Frederichschen Restaurants in der Potsdamerstraße und verzehrte langsam ein reichliches Abendessen. Fremde und Lästige, die sich ihm dort etwa nähern wollten, ließ er in keinem Zweifel darüber, daß er sich für ihre Gesellschaft bedanke. Mich wies er auch dort nicht zurück und hat dort noch manches lebhafte, fesselnde Gespräch mit mir geführt. Auf dem großen Fest, das man mir zur Nachfeier meines achtzigsten Geburtstages im Restaurationspalast des Ausstellungsparks veranstaltete, erschien er, dessen neunundachtzigsten wir drei Wochen zuvor noch bei ihm an seiner Frühstückstafel heiter gefeiert hatten, an der Seite Herzog Günthers in merkwürdiger Frische und freundlich teilnehmend an allen Vorgängen, den Reden aufmerksam zuhörend, voll rührender Herzlichkeit zu mir in seinen Beglückwünschungen. Noch zweimal habe ich ihn, als Lebenden, seitdem gesehen. Am Abend des 17. Januar auf einer glänzenden Gesellschaft bei Professor Hertel, dem Maler, seinem und meinem Freund. Da lauschte er ergriffen dem hinreißenden Geigenspiel

Joachims, mit inniger Freude dem glockenklaren, erfrischend wie Berg- und Meeresluft wirkenden Gesange der norwegischen Gattin seines gelehrten Neffen, Professor Dr. Krigar-Menzel, und ihrem Zwiegesange mit dem sangesmächtigen Meister Hertel, verweilte im geistig aufgeschlossenen Gespräch mit den anwesenden Größen, besonders auch mit dem Oberhofprediger Dryander. Er ahnte damals nicht, daß dieser ihm siebenundzwanzig Tage danach die Grabrede halten würde! Als der Letzte blieb er unabgespannt in der Gesellschaft. Dann noch einmal, am 22., sah ich ihn unter den Rittern des Schwarzen Adlerordens bei der Feier des Ordensfestes in der Schloßkapelle (wo er während der langen geistlichen Handlung auf Minuten einnickte), und als er sich an der Tafel seiner Ordensbrüder im Weißen Saale niederließ. Und wieder zwanzig Tage danach stand ich in seinem Wohnzimmer am noch ungeschlossenen, von Blumen umsteckten Sarge, in dem auf weißen Kissen die kleine entseelte Gestalt schwarz angekleidet (im Frack) still und regungslos hingestreckt lag, das Antlitz tief ernsten Ausdrucks noch unverändert, mit dem Kinn auf die Brust gesenkt – ein erschütternder und doch zugleich erhebender Anblick. Ich drückte einen Kuß auf den nackten, mächtigen, leuchtenden Schädel, an dem die Spuren der Aufsägung nach dem Tode bis zur Unkenntlichkeit beseitigt waren, diese beinerne Schale, die so herrlich-edlen Kern umschlossen hat, und schied, den Blick von ausbrechenden Tränen umflort, von diesem starren, kleinen Erdenreste Adolf Menzels.

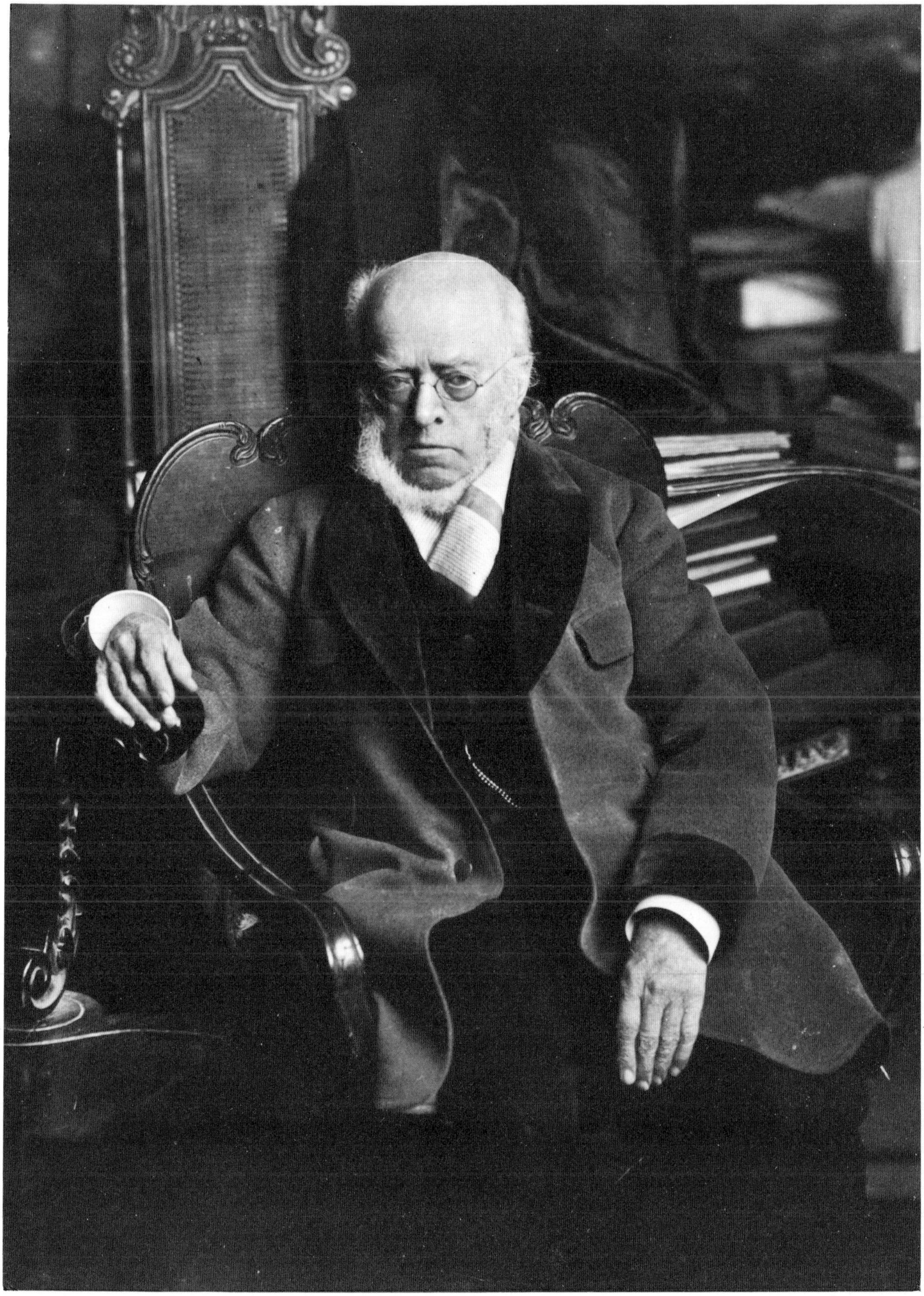

Menzel in seinem Lehnstuhl,
um 1900

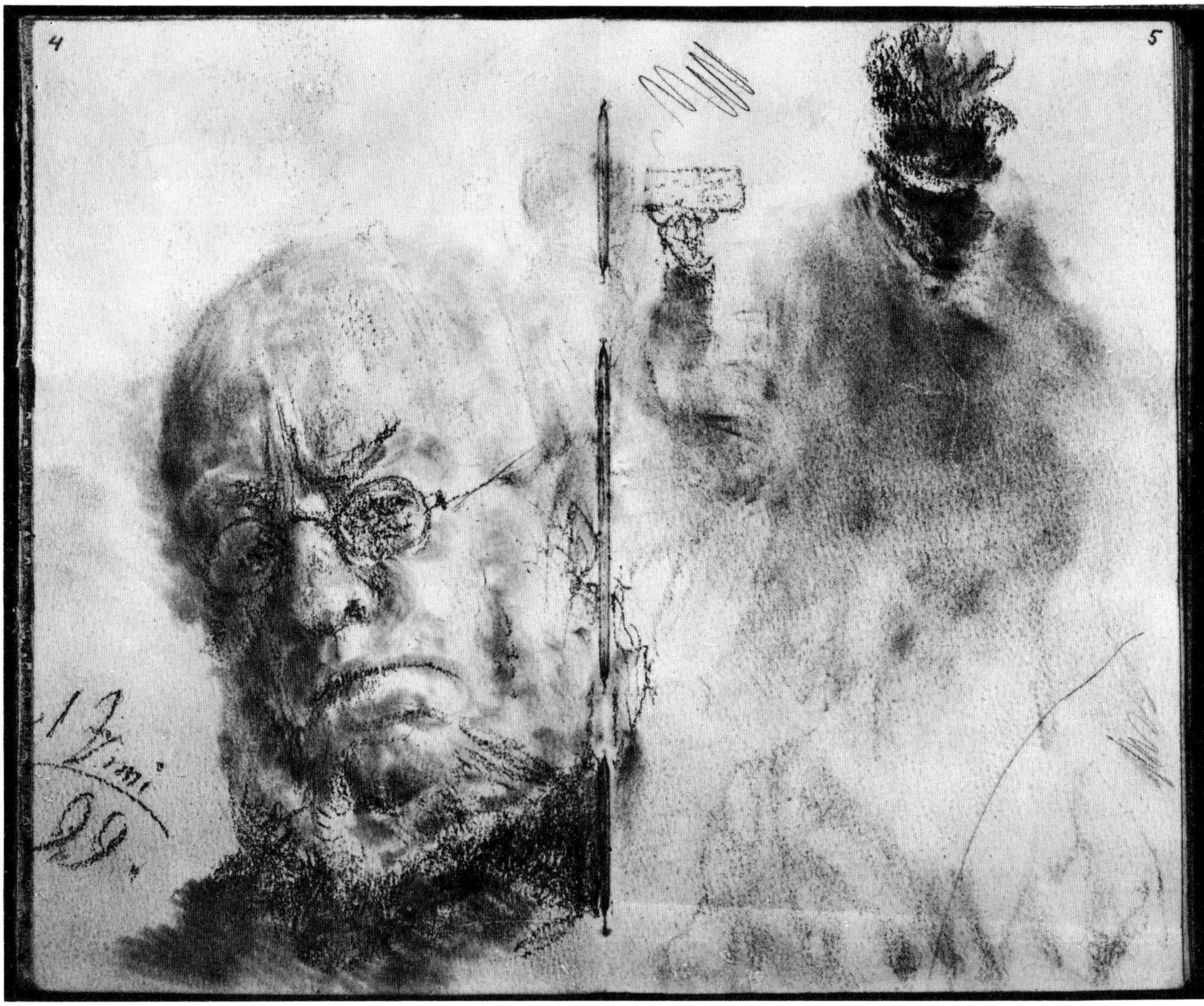

Selbstbildnis, 1899
Bleistift, 15,8 × 19,6 cm

MAX LIEBERMANN
Menzel

In keiner Galerie der Welt ist das Lebenswerk eines Malers in solcher Fülle und Reichhaltigkeit gesammelt wie in der Nationalgalerie zu Berlin das Werk Adolph Menzels: Hier können wir den Meister, ich möchte fast sagen, vom ersten bis zum letzten Tage in seiner Arbeit verfolgen, nicht nur in seinen Hauptwerken, in seinen zahllosen graphischen Blättern, sondern in beinahe noch zahlloseren Zeichnungen, Skizzen, Entwürfen, in seinen durchgeführtesten Bildern ebenso wie in Kritzeleien oder »Griffonagen«, die der Augenblick gebar und die in ihrer Ursprünglichkeit das Genie Menzels deutlicher erkennen lassen, als die großen Gemälde, denen die Arbeit oft die Frische nahm. Wir staunen und bewundern. Und wenn auch die staunende Bewunderung manches Mal ein Bedauern über philiströse Kleinlichkeiten und Geschmacksverirrungen dringen sollte, so wird doch in jedem Beschauer seines Werks die Überzeugung reifen, daß wir in Menzel die größte malerische Begabung, die Deutschland im neunzehnten Jahrhundert hervorgebracht hat, zu verehren haben.

Dieses Urteil darf wohl als das allgemeingültige über Menzel angesehen werden: Nicht so einig ist das Urteil über seine Entwicklung: Nicht nur Hugo von Tschudi, sondern auch sein begeisterter Verehrer Karl Scheffler (der wohl das beste Buch über ihn geschrieben hat) spielen den jungen Menzel gegen den alten Menzel aus, als ob er nicht ganz geleistet hätte, was er versprochen. Auch ich ziehe den jungen Goethe dem klassischen vor, und die Illustrationen zu Kuglers »Geschichte Friedrichs des Großen«, das Interieur mit der wehenden Gardine, die »Aufbahrung der Särge der Märzgefallenen« am Gendarmenmarkt, »Das Théâtre du Gymnase« und vieles andere ziehe ich allem vor, was der alte Menzel gemacht hat. Aber wie Goethe sich so entwickeln mußte, wie er sich entwickelt hat, ebenso folgerichtig scheint mir in den großen Friedrichs-Bildern, im Krönungsbild, im »Walzwerk« und im »Ballsouper« sich Menzel zu entwickeln nach dem Gesetz, nach dem er angetreten.

Das Genie ist ein Geschenk, das die Götter dem Künstler in die Wiege gelegt haben, und mit Recht setzt es Kant, indem er die Kunst als Kunst des Genies definiert, a priori bei jedem Künstler voraus: Wie er aber mit diesem Pfunde wuchert, ist sein Werk und hängt von seinem Charakter ab. Nun hat es wohl selten einen Künstler gegeben, der mehr seiner Kunst gelebt hat, als Menzel, der mit größerer Inbrunst, mit mehr Hingebung und größerem Fleiße mit und nach seiner Kunst gerungen hat. Jeder, auch der flüchtigste Strich seiner Zeichnungen beweist den Ernst und die Stärke seines Charakters. Ja, ich möchte sagen, während manch ein Künstler an zuwenig Charakter leidet, litt Menzel an zu vielem Charakter. Statt von seinem Genie sich das Gesetz vorschreiben zu lassen, schrieb sein Charakter ihm den Weg vor.

Das Äußere des Menschen ist von seinem Inneren nicht zu trennen: Das Gefallen an sich selbst macht gefällig, das Gefühl eigener Anmut anmutig, sagt Goethe, und ich glaube, daß der eigensinnige und rauhbeinige Zug in seinem Charakter, der sich oft störend in seinem Werke zeigt, durch sein Äußeres, wenn nicht bedingt, doch sehr vermehrt wurde. Denn Menzel hatte das Aussehen eines Gnomen. Ein kolossaler Kopf saß auf einem winzigkleinen Körper, als hätte eine böse Fee den großen Geist in ein viel zu kleines Gefäß gepreßt. Ein riesenhafter Zwerg und ein zwerghafter Riese. Wie er sich selbst auf einem seiner schönsten Bilder im Atelier 1848 mit seinen Geschwistern gemalt hat. »Unbrauchbar zum Militärdienst wegen Gnomenhaftigkeit«, steht in dem Ausmusterungsschein, den die Nationalgalerie aufbewahrt. Und auch Steffeck, der mit Menzel ungefähr gleichaltrig war, erzählte, wie der noch dazu von epileptischen Krämpfen stark heimgesuchte Mann von den Kameraden wegen seiner monströsen Häßlichkeit oft zu leiden hatte. In seinem Testament schreibt er: »Nicht allein, daß ich ehelos geblieben, habe ich auch lebenslang mich jederlei Beziehung zum anderen Geschlecht (als solchem) entschlagen. Kurz, es fehlt an jedem selbstgeschaffenen Klebstoff zwischen mir und der Außenwelt.« Der Verzicht, der aus diesem Bekenntnisse spricht, wird nicht ohne schweren Kampf vor sich gegangen sein, senn sonst würde Menzel »in höheren Jahren«, wie er schreibt, dessen nicht erwähnen. Aber auch aus den Briefen an seinen Freund Arnold in Kassel ist die Liebe zu dessen Tochter zu erkennen, noch deutlicher aus dem Porträt, das er 1844 von der jungen Dame gemalt hat. Es ist also Resignation, die ihn auf den Umgang mit Frauen verzichten läßt, und daraus erklärt sich unschwer der mit den Jahren immer stärker hervortretende Zug eines mürrischen, ingrimmigen Humors. Als wollte er sich rächen an dem Schicksal, das ihm die irdischen Freuden der Liebe versagte. Daher auch seine ruhe- und rastlose Tätigkeit: Er hatte nichts als seine Arbeit.

Böcklin hat Menzel einen großen Gelehrten genannt, womit er ihm nicht mehr und nicht weniger als das Genie abspricht (denn nach Kant ist das Wort Genie auf Gelehrte überhaupt nicht anwendbar: Lernen ist nicht mehr als Nachahmen, und so kann die größte Gelehrigkeit nicht für Genie gelten. Genie ist die angeborene Begabung, die sich nicht lernen läßt). Nie hat ein Künstler über den anderen ein schieferes Urteil ausgesprochen. Menzel verdankte alles seinem Genie, Beweis dafür, daß gerade seine Parerga, die Werke, die nebenher entstanden, die besten sind, wo er unbewußt seinem Genius folgte. Richtiger könnte man sagen: Menzel war ein großes Genie, aber ein sehr schlechter Gelehrter, denn sonst hätte er seine Begabung besser begriffen. Die Illustrationen zu Kugler nannte er Jugendsünden, und seine schönsten Sachen blieben bis in sein höchstes Alter in irgendeinem Winkel seines Ateliers versteckt, bis sie ein findiger Kunsthändler ans Tageslicht der Öffentlichkeit zog. Ja, manch Schönstes kam erst nach seinem Tode zum Vorschein. Wenn aber Böcklin Menzel einen Gelehrten nannte, um damit anzudeuten, daß er sehr viel gelernt hatte, so ist das ebenso falsch. Wohl war Menzel ein Virtuose in seinem Metier, aber die Virtuosität war ihm wie jedem wahren Künstler angeboren.

Man spricht heute wieder so viel von der künstlerischen Gesinnung, und zwar sehr zum Schaden der Kunst, als machte das Wollen den Künstler. Nein: Das ihm voluisse sat est ist nirgends falscher als in der Kunst: In ihr sind Wollen und Können eins. Das Genie kann nicht nur, was es will, sondern es will nicht, was es nicht kann. In der Beschränkung zeigt sich der Meister. Wer nicht vom Handwerk ausgeht, kann nie ein großer Maler werden, und hätte er das Wollen eines Raffael oder Rembrandt. Was ist denn Kunst anderes als Ausdruck der Empfindung des Künstlers: Er denkt nicht nur mit, sondern auch in den Mitteln seiner Kunst. Denken und Anschauung ist beim Künstler dasselbe, und malerisches Denken heißt, die Welt so auffassen, daß die Auffassung mit den Mitteln der Malerei zu realisieren ist. Die gestaltende Phantasie ist nicht minder göttlichen Ursprungs als die schöpferische Phantasie, und ein Maler, der sein Metier nicht versteht, ist vielleicht ein großer Dichter, aber nie ein großer Maler.

Kunst und Handwerk sind unlösbar miteinander verwachsen, und auch die scharfsinnigste ästhetische Analyse vermag nicht zu sagen, wo das Handwerk aufhört und das Kunstwerk anfängt. Wohl kann jeder malen lernen, ja, er kann so wie sein Meister malen lernen. Aber dann bleibt er Nachahmer. Seinen Empfindungen mit Pinsel und Farbe Gestalt zu geben kann niemand lernen, denn nur das Genie ist original.

Die künstlerische Originalität beruht aber nicht, wie immer noch namentlich von der deutschen Ästhetik behauptet wird, in der Erfindung einer neuen Welt – denn sonst gäbe es schon lange keine Originalität mehr, da auch in der Kunst Rabbi Akibas Wort gilt, daß es nichts Neues unter der Sonne gibt –, sondern die Originalität beruht in der neuen Darstellung der alten Welt, die, solange es Kunst gibt, dieselbe geblieben ist, wie sehr sich auch ihr Äußeres geändert haben mag. Selbstverständlich, daß die originale Darstellung nur auf der originalen Anschauung beruhen kann. Rembrandt sieht den Amsterdamer Juden durch die Brille der alttestamentarischen Darstellung, Menzel stellt in »Jesus unter den Schriftgelehrten« Juden vom Mühlendamm dar. Dafür ist Menzels Genie so weit von dem Rembrandts entfernt, wie Rembrandts Größe und Einfachheit sich über Menzels kleinliche Auffassung erhebt, und es wäre töricht – wie die Kritik in Menzels letzten Lebensjahren oft getan hat –, Menzel dem großen Holländer an die Seite stellen zu wollen. Aber selbst wenn die Natur ihn mit diesen höchsten Qualitäten ausgestattet hätte, würde er sich zur Freiheit eines Rembrandt haben durcharbeiten können im Zeitalter der Erfindung der Photographie? Was heißt denn künstlerische Freiheit anderes als die möglichste Subjektivität in der Wiedergabe der Natur, während die Photographie als mechanisch deren rein objektive Wiedergabe ist. Die Photographie ist also der strikteste Gegensatz zur Kunst, und es hieße die Kunst geradezu töten, wollte man von ihr verlangen – wie es leider noch oft geschieht –, was nur die Photographie zu leisten imstande ist. Der Künstler – und diese Binsenwahrheit muß immer wiederholt werden – sieht nicht die Natur, sondern was sein Geist in sie hineinlegt: Er schreibt sie nicht ab wie die Photographie, sondern er erschafft nach ihr ein Neues, eine neue Natur nach seinem Ebenbilde. Die Photographie ist das Spiegelbild der Natur; die Kunst ist das Spiegelbild des Künstlers.

Die Worte Schopenhauers »Goethe war so sehr Realist, daß es ihm durchaus nicht zu Sinnen wollte, daß die Objekte als solche nur da seien, insofern sie von dem erkennenden Subjekt vorgestellt werden« passen nicht sowohl auf den Realisten in Goethe als auf den Künstler in Goethe. Sie passen auf jeden Künstler, auch auf den eingefleischtesten Idealisten. Kann es überhaupt einen Künstler geben, dem nicht die Erscheinung des Gegenstandes der Gegenstand selbst ist? Die Kunst hat es nur mit dem Schein und nicht mit dem Sein zu tun. Der Künstler sieht nur seine Vision von der Wirklichkeit, und je unverfälschter er seine Vision im Bilde wiederzugeben imstande ist, desto überzeugender wirkt er, das heißt, desto wahrer ist er. Daher gibt es in der Kunst nur subjektive Wahrheit.

Indem nun die Photographie zum ersten Male ein objektives Bild von der Wirklichkeit gab, mußte sie auf unser ganzes Sehen, also auch auf das künstlerische Sehen, den größten Einfluß ausüben, und zwar einen sehr unheilvollen, denn sie bestärkte den Künstler in dem ästhetischen Irrtum, der schon, wie aus der Fabel von den Früchten des Apelles und den Spatzen hervorgeht, bis auf die alten Griechen zurückdatiert, daß die Kunst in der möglichst wahren Wiedergabe der Wirklichkeit bestände. In der wahren Wiedergabe der Anschauung liegt allein die künstlerische Wahrheit, und daher ist der Künstler viel wahrer als die Photographie, mag er sich von der Wirklichkeit auch meilenweit entfernen.

Auch wenn wir nicht wüßten, daß Menzel seinen jüngeren Bruder in den später zu großer Ausdehnung gelangten photographischen Verlag von Schauer gesetzt hatte, müßten wir doch annehmen, daß der Wahrheitssucher, der er war, von der Photographie stark impressioniert werden mußte. Nicht etwa, daß er sie wie so viele andere bei der Arbeit benutzte, im Gegenteil, er verachtete die Maler, die aus Impotenz, weil sie nicht zeichnen konnten, oder aus Faulheit nach der Photographie arbeiteten – nur die Porträts von zwei Herren auf dem Krönungsbilde, die, während er an dem Bilde malte, gestorben waren, hat er, wie er mir einmal sagte, mit Zuhilfenahme der Photographie gemalt – aber sein von Natur aus auf die Beobachtung und Wiedergabe auch des minutiösesten Details gerichteter Sinn mußte durch die Photographie neue Nahrung erhalten.

Es ist der tragische Zug in Menzels Entwicklung, daß sein Charakter den freien Flug seiner Phantasie zu fesseln versuchte, daß seine künstlerische Gewissenhaftigkeit die Gebilde seines Genies gleichsam sezierte und somit das Höchste, das Leben, seiner Kunst zu nehmen drohte. Und wenn er bei zunehmendem Alter noch Bilder

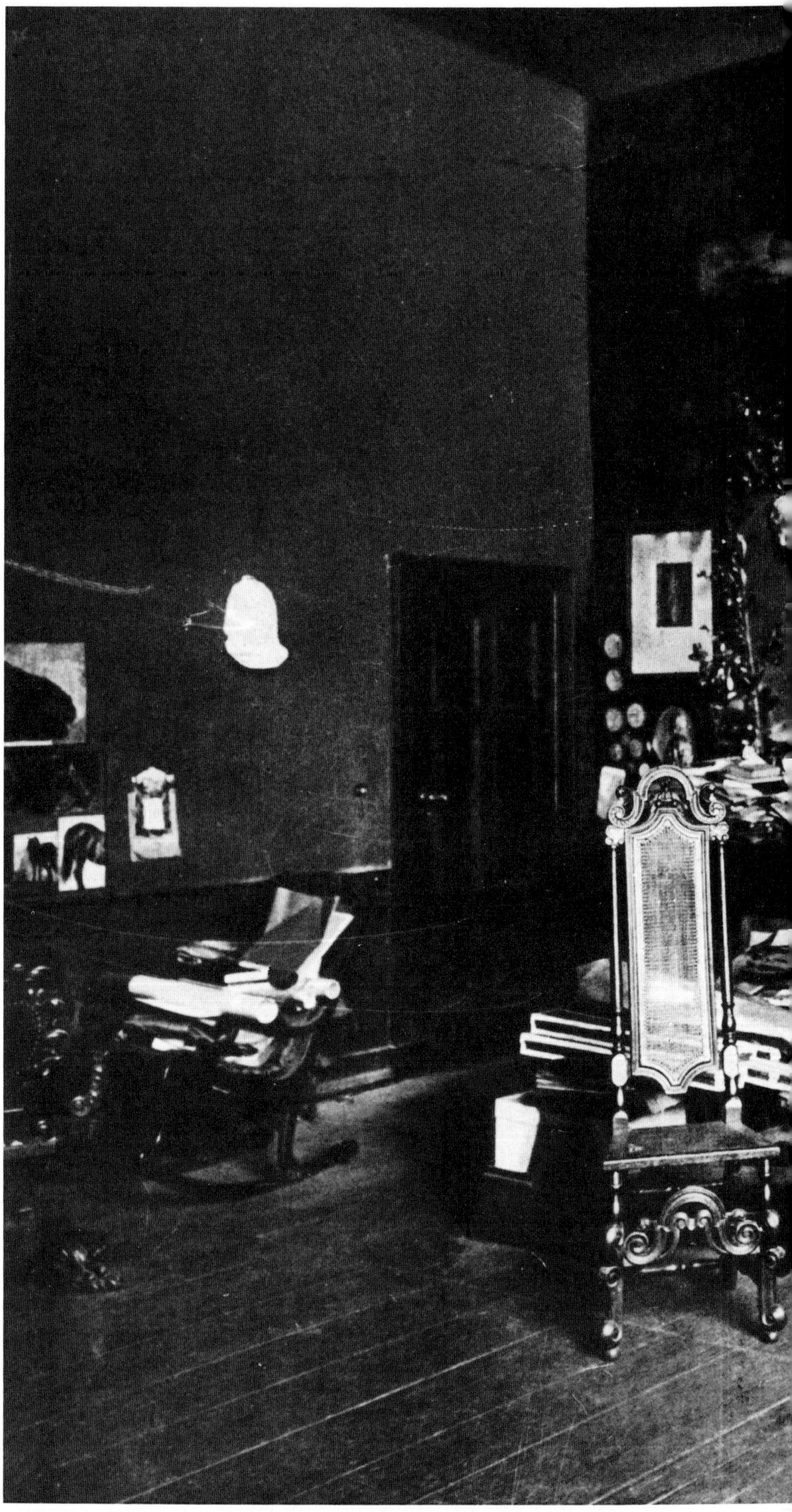

Menzel
in seinem Atelier,
1895

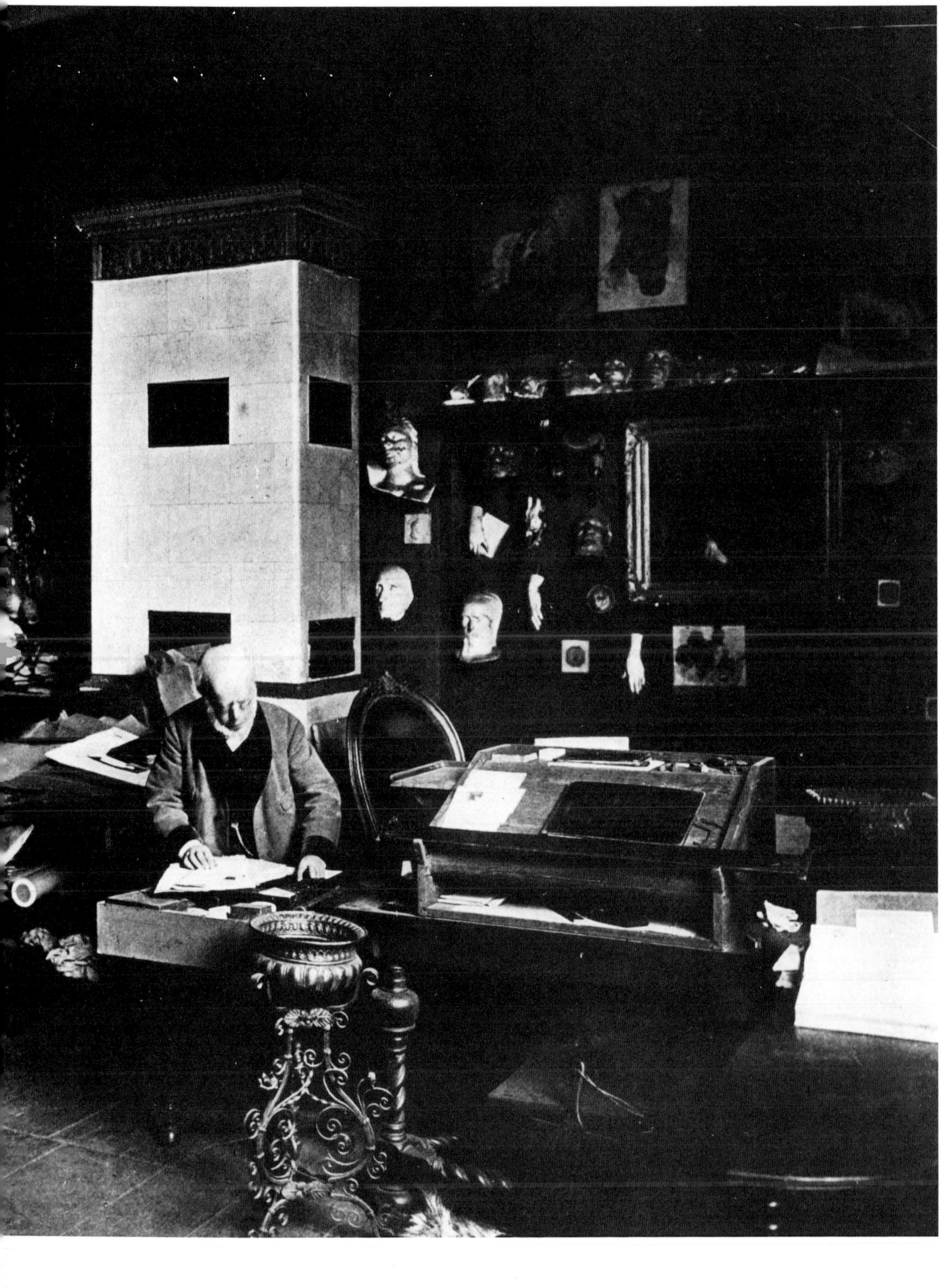

wie das Krönungsbild, das »Walzwerk«, das »Ballsouper« schuf, so ist das nur der Beweis seiner eminenten Begabung, an der seine Theorien – dem Himmel sei Dank – wenn auch nicht wirkungslos abprallten, doch in ihrer Wirkung abgeschwächt wurden. Denn das muß denen gegenüber, die nur den jungen Menzel gelten lassen wollen, konstatiert werden: Auch die Werke des alten Menzel überragen turmhoch die Werke seiner einst gepriesensten Zeitgenossen wie etwa eines Meissonier oder Gérome, eines Fortuny oder Pradilla und wie die Berühmtheiten von damals, die heute längst vergessen sind, alle heißen. Aber nur Abgeschmacktheit oder Böswilligkeit können Menzel an Ingres oder Delacroix messen oder von Menzel die Vorzüge, die wir an Manet oder Cézanne schätzen, verlangen, und vielleicht mahnt es unsere vorlauten Ästhetiker zu etwas größerer Vorsicht in ihrem Urteil über Menzel, wenn ich ihnen verrate, daß Degas mir über Menzel in Worten der größten Bewunderung sprach, daß er ihn für den größten lebenden Meister hielt, dessen »Ballsouper« er aus der Erinnerung zu kopieren versucht hatte.

Die bekannte Äußerung Menzels, daß er das »Flötenkonzert« des Kronleuchters wegen gemalt hätte, ist natürlich ein Witz und daher cum grano salis zu verstehen, aber es steckt doch ein Körnchen Wahrheit darin (wie in jedem Witz, wenn er gut ist): Nicht die einfache Tagesbeleuchtung reizte ihn, sondern die künstliche Beleuchtung, das Spiel der Kerzen auf den Uniformen und auf den reich verzierten Rokokowänden des Schlosses, die von Fackeln erhellte Nacht, wie auf der »Schlacht bei Hochkirch«, oder das rotglühende Eisen auf dem »Walzwerk«. Er liebte das Komplizierte, vertrackt Geistreiche in der Natur. Die einfache Natur war ihm zu langweilig. Seine Werke sprühen von Geist und Witz, aber Geistreichtum kann die fehlende Einfachheit nicht ersetzen. Die Werke eines Tizian oder Michelangelo, des Rubens oder Rembrandt, eines Cézanne oder Manet sind nicht geistreich, sondern Geist schlechthin.

In der Mitte des Lebens und auf der Höhe seiner Schaffenskraft stehend, malte er das Krönungsbild: eine Leistung, an die keiner seiner zeitgenössischen Kollegen, die französischen eingerechnet, auch nur entfernt heranreichen kann. Man braucht nur an die großen Schinken des Horace Vernet in Versailles oder gar an A. von Werners »Kaiserproklamation« oder an desselben »Berliner Friedenskongreß« zu denken. Ein Repräsentationsbild und dabei, wenigstens in einzelnen Teilen, von einer Lebendigkeit, wie sie ihm kaum vorher oder nachher wieder geglückt ist, zum Beispiel in der Gruppe der Minister, wie von der Heydt unter dem goldgestickten Ministerfrack und all seinen Orden zu schwitzen scheint. Mit dem Krönungsbild verläßt er die Schilderung der Epoche Friedrichs des Großen, um sich fortan der Darstellung der Gegenwart zuzuwenden: nicht nur eine Wandlung seines Stoffgebietes, sondern eine Entwicklung zur Freiheit in seiner künstlerischen Anschauung. Als er 1861 den Auftrag erhielt, die Krönung Wilhelms I. in Königsberg zu malen, war er an dem räumlich größten Bilde beschäftigt: »Die Ansprache Friedrichs vor der Schlacht bei Leuthen«. Es ist kein Zufall, daß er das Bild über vierzig Jahre bis zu seinem Tode unvollendet in seinem Atelier stehenließ. Im Krönungsbilde hat er sich frei gemacht vom konventionellen Historienbilde, jetzt wollte er sich befreien vom Zwange des Kostüms, der Orden und Uniformen. Er wollte nicht mehr kostümierte Menschen malen, sondern den Menschen. Und wenn ihm dieser Schritt nicht ganz gelang, so ist das nicht auf das Konto seiner mangelhaften Entwicklung, wie manche glauben, zu setzen, sondern es liegt tief begründet im Instinkt seiner Natur. Menzel war kein Pionier, der den Weg bahnt für eine neue Epoche, er war der Vollender seiner Epoche.

Goethe schreibt einmal dem Kunscht-Meyer: »Alle pragmatisch-biographische Charakteristik muß sich vor dem naiven Detail eines bedeutenden Lebens verkriechen.« Es war ein Zufall, daß dem jungen, noch ganz unbekannten Menzel die bedeutende Aufgabe, Kuglers Friedrichs-Buch zu illustrieren, übertragen wurde. Aber es war kein Zufall, daß Menzel aus dem Gegenstück zum scheußlichen Napoleons-Buch des Horace Vernet – dem äußerst bis ins kleinste, bis auf die Umränderung der Blattseiten, aufs Haar gleicht – ein unvergleichliches Meisterwerk schuf.

Aus der Tatsache, daß sich an dem Friedrichs-Buche sein Genie entzündete, können wir schließen, daß Zeit und Welt des Rokokos Menzel kongenial waren. Beweis für die Richtigkeit dieses Schlusses ist, daß die Bilder, deren Stoffe der Gegenwart entlehnt sind, ihm nicht in demselben hohen Maße gelangen. Äußere Gründe, wie das Malerische im Kostüm und in der Umgebung des Rokokos, sprechen wohl mit, sind aber nicht ausschlaggebend. Auch von einer Abnahme der Kraft kann keine Rede sein, im Gegenteil, das Krönungsbild, das »Walzwerk«, das »Ballsouper«, der »Marktplatz in Verona« sind maltechnisch unendlich viel vollendeter und freier als die Werke seiner Jugendzeit.

Wenn wir den Park von Sanssouci oder das Stadtschloß in Potsdam betreten, umfängt uns eine gewisse poetische Stimmung: Wir sind nicht mehr in der nüchternen Gegenwart, sondern in der Zeit des Alten Fritz. Menzel war es gegeben, diese Stimmung im Bilde wiederzugeben. Aber für die Bilder aus der Gegenwart fehlte ihm dieser verklärende Schleier der Poesie, es fehlte ihm die nötige Distanz. Mit anderen Worten: Obgleich die Bilder, die moderne Stoffe behandeln, objektiv wahrer sind, sind sie subjektiv unwahrer. Die Friedrichs-Bilder sind mehr Menzel. Seine grenzenlose Gewissenhaftigkeit gegen sich selbst, das heißt gegen seine Kunst, wurde ihr zum Verhängnis: Das Studium schädigte die Kunst. Indem er, ich möchte sagen, »das Ding an sich« wiedergeben wollte, zerstörte er den es umgebenden Zauber. Indem er glaubte, durch die Behandlung moderner Stoffe realistischer zu werden, wurde er nur nüchterner, das heißt unwahrer.

Die künstlerische Wahrheit liegt nicht in der mehr oder weniger realistischen Darstellung – Realismus und Idealismus sind nur Wegweiser, um die Richtung, die jeder Künstler eingeschlagen hat, anzuzeigen –, die künstlerische Wahrheit ist die Poesie, mit der das Genie die Natur auffaßt. Die Wahrheit tötet also nicht die Poesie, wie Ammenmärchen und Köhlerglauben uns einzureden versuchen nicht müde werden, sondern die Wahrheit belebt die Poesie, sie ist die Poesie schlechthin.

Indem Menzel gegen seinen ethischen Menschen dieser Forderung nach Wahrheit zu sehr genügte, schädigte er sie gegen den ästhetischen Menschen, und zwar weil sein Dämon ihn zu immer größerer Detaillierung trieb, weil er die Ausführung fälschlicherweise in der Ausführlichkeit erblickte.

Im Jahre 1872 hatte Menzel mein erstes Bild »Die Gänserupferinnen« bei dem Kunsthändler Lepke gesehen, und er ließ mich auffordern, wenn ich, der damals auf der Kunstschule in Weimar war, wieder nach Berlin käme, ihn zu besuchen. Ohne seine Aufforderung hätte ich es nie gewagt, denn ihn in seinem Atelier aufzusuchen wurde für eine Tollkühnheit, etwa wie das Eindringen in den Löwenkäfig, angesehen. Er empfing mich mit den Worten: »Ihr Talent haben Sie vom lieben Gott, ich schätze am Künstler nur den Fleiß«, welche Äußerung ich mehr für die väterliche Ermahnung des Meisters dem Anfänger gegenüber hielt. Aber später in Jurysitzungen, bei Prämiierungen und dergleichen konnte ich bemerken, daß er nur nach dem aufgewandten Fleiß die Arbeit beurteilte. Aber nicht nur die Bilder der anderen, sondern auch seine eigenen. Ich bin der letzte, der den Fleiß in der Kunst geringschätzt, ich bin sogar überzeugt, daß er ein integrierender Teil des Genies ist, denn das Genie drängt zur Produktion. Aber Fleiß ist nicht Sitzfleisch, und auch die höchste Anstrengung kann Kunst nicht erzeugen ohne die schöpferische Inspiration. Und das war gerade das Merkwürdige an Menzel, daß er nicht den Fleiß des Genies, sondern den Uhrmacherfleiß schätzte, die mechanische Arbeit. Er wollte alles sich zu verdanken haben: Das Kunstwerk sollte nicht unter seiner Hand entstehen, sondern seine Hände sollten es im eigentlichen Sinne des Wortes machen.

Ich glaube, keines andern Künstlers Procédé war so selbstherrisch und eigenwillig wie das Verfahren Menzels. Ich habe sowohl die Anfänge des »Walzwerkes« wie des »Marktes in Verona« gesehen: Eine waagerechte Linie auf der blan-

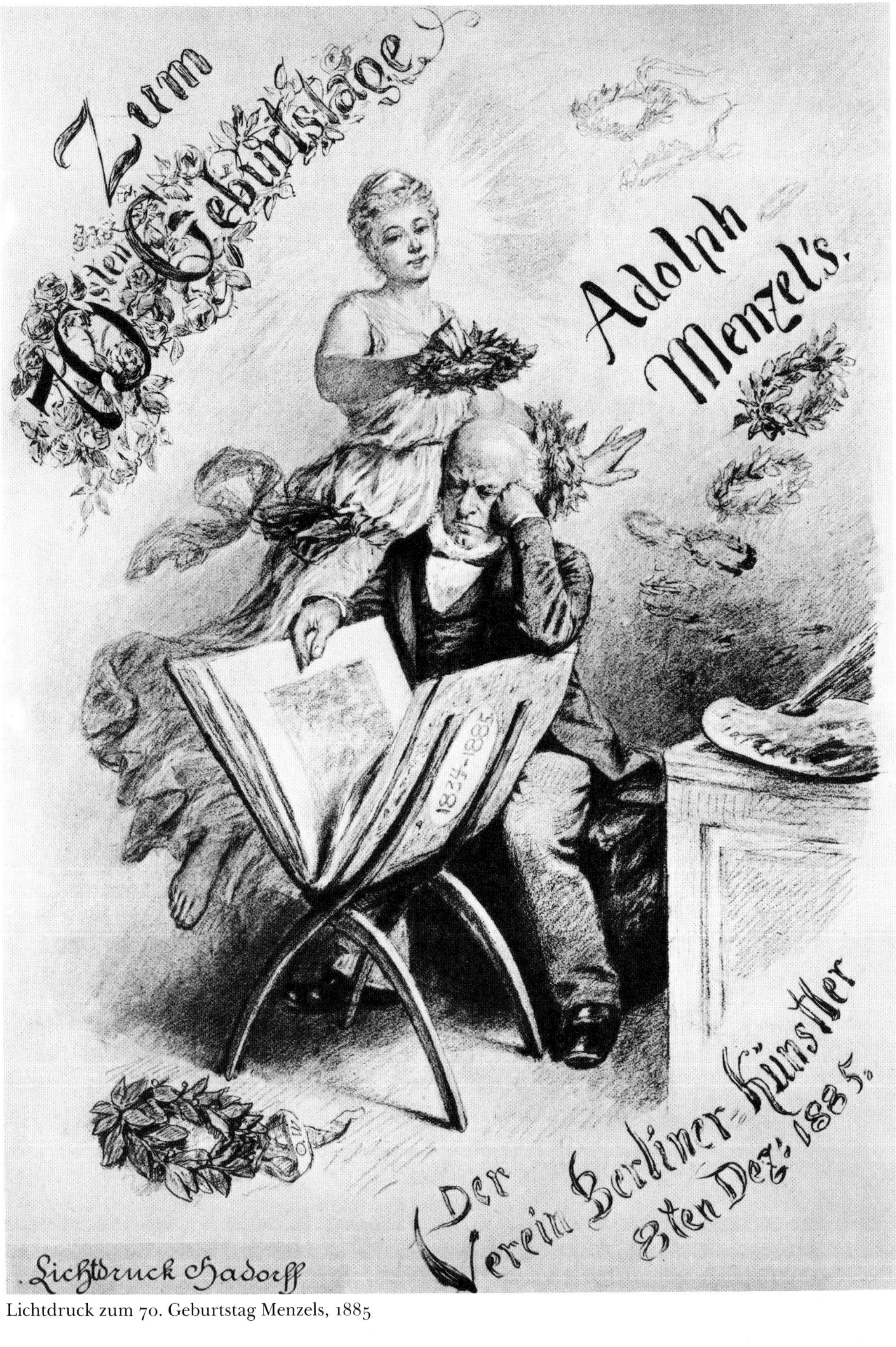

Lichtdruck zum 70. Geburtstag Menzels, 1885

ken Leinwand bezeichnete den Horizont, dann sah man vertikale Linien, mit roter oder blauer Kreide gezogen, die die Größen einer Figur an der betreffenden Stelle angaben, und während zum Beispiel auf dem »Walzwerk« das Räderwerk des Hintergrundes, auf dem »Marktplatz« die Häuserreihe mit der Luft fix und fertig waren und nie mehr berührt wurden, war der Raum, den die Vorderfiguren einnehmen sollten, mit der größten Sorgfalt und Vorsicht ausgespart. Und das Bild war vollendet, sobald die Leinwand überall mit Farbe bedeckt war.

Diese erstaunlich selbstbewußte Malweise, zu der er sich durchgerungen hatte, wird um so erstaunlicher, wenn man weiß, daß er seit dem unvollendeten Bilde »Ansprache Friedrichs vor der Schlacht bei Leuthen« keinen Karton, keine Skizze oder irgendeine andere vorbereitende Arbeit für das Bild außer seinen Zeichnungen machte. Auch malte er ins Bild nie nach der Natur, sondern nur mit Zuhilfenahme seiner gezeichneten Studien, an die er sich allerdings sklavisch hielt. Ich sah, wie er den zwei oder drei Zentimeter großen Kopf eines alten Weibes im »Markte von Verona« wohl sechsmal bis auf die Leinwand herunterkratzte und ihn immer wieder von neuem malte, da er dem Kopf auf der Zeichnung nicht »ähnlich« genug war.

Ähnlichkeit war überhaupt das erste, was er vom Bilde verlangte, aber er verlangte nicht nur die künstlerische Ähnlichkeit, die nur die Synthese geben kann, indem sie das Charakteristische unterstreicht und das Detail unterdrückt, sondern er wollte auch die analytische Ähnlichkeit der Photographie. Jeder Mensch hat die Schwächen seiner Vorzüge: Er wollte oder er konnte keine Opfer bringen. Jede Zufälligkeit, die er in und an der Natur beobachtet hatte – und wer beobachtete so im Fluge und so genau wie er? –, jedes witzige Detail, das er notiert hatte – und wessen Notierungen waren witziger und geistreicher? –, alles, was das Zimmermannsblei, dessen er sich stets bediente, in unübertroffener Sicherheit niedergeschrieben hatte, sollte auf dem Bilde zu sehen sein.

In einem Briefe – wenn ich nicht irre, an Humboldt – wirft Schiller die Frage auf, ohne sie leider zu beantworten, ob der seelische Gehalt eines Kunstwerks aus seiner äußeren Gestalt ergründet werden kann. Ich glaube, die Frage muß verneint werden, aber die äußere Gestalt läßt auf den inneren Gehalt schließen: Sie ist die Pforte, durch wie wir ins Innere des Kunstwerks einzudringen hoffen können.

Kraft der Autonomie des Genies schafft sich jeder Künstler seine eigene Technik, aber keine zufällige, sondern die ihm von seiner Natur vorgeschriebene. Sein eminent richtiger Instinkt für das Handwerkliche in der Kunst hatte ihn zur Primamalerei geführt, ganz gegen die damals herrschenden Vorschriften, zu dieser Malweise, deren sich alle »Malmeister«, alte wie moderne, bedient haben und bedienen werden und deren Vorzug, abgesehen davon, daß sie für die Behandlung der Ölfarbe die geeignetste ist, vor allem darin besteht, daß sie der Realisation der künstlerischen Vision am nächsten kommt, indem sie dem augenblicklichen Impulse seiner Phantasie, seiner augenblicklichen Empfindung den möglichst adäquaten Ausdruck verleiht.

Aber gerade dieser größte Vorzug der Primamalerei ging unter Menzels Hand wieder dadurch verloren, daß er, statt frei aus dem Gedächtnis – sein Gedächtnis war so stark, daß er, wenn ihm in der Unterhaltung der Name jemandes entfallen war, den Betreffenden rasch zeichnete, um festzustellen, um wen es sich handele – oder von neuem nach der Natur ins Bild zu malen, sich strengstens an seine gezeichneten Studien hielt: Die Bilder sind daher nur die Übersetzung seiner Zeichnungen in Ölfarbe und daher viel schwächer als jene, denn wenn er auch mit seinem riesigen Können und Wissen die Zeichnungen auf die Leinwand übertragen konnte, so konnte er ihnen doch gerade das *nicht* geben, was ihre Schönheit ausmacht und wodurch keine Kopie das Original erreichen kann: die Inspiration, die ihm beim Zeichnen die Hand geführt hatte.

Wo Menzel alle prima ganz vor der Natur oder aus dem Gedächtnis nach der Natur malt – beides ist im Grunde dasselbe –, schafft er schlechthin Unsterbliches. Beweis: die zahllosen Pastelle,

Guaschen, das »Balkonzimmer« und die andern Interieurs aus seiner Wohnung in der Ritterstraße – kürzlich ist erst wieder eins entdeckt –, die »Aufbahrung der Särge der Märzgefallenen«, der »Garten des Prinzen Albrecht« – nur die Vordergrundfiguren sind später hineingesetzt und keine Verbesserung –, »Das Gymnase-Theater«, wo auch die Zuschauer im Parkett später hineingesetzt sind, ohne, dem Himmel sei Dank, die Schönheit des Bildes zu beeinträchtigen. Alle diese Arbeiten, die nebenbei entstanden, zur Erholung von den Anstrengungen an den großen Bildern, und die deshalb von Menzel wenig oder gar nicht geschätzt wurden, sind unübertreffliche Meisterwerke und aus einem Guß: In ihnen löst die Form den Inhalt restlos aus. Sie sind zeitlos. Wenn in den späteren Bildern, was nicht geleugnet werden soll, ein Erdenrest bleibt, so ist der Grund nicht in mangelnder Entwicklung zu suchen, sondern in der Wesensart seines Genies: Der Illustrator, der stärker in ihm war als der Maler, wollte die verschiedenen Vorgänge einer Handlung, die die Illustration in Bildern hintereinander gibt, auf demselben Bilde nebeneinander geben. Der Illustrator in Menzel wollte oder konnte nichts dem Maler opfern, nicht etwa, weil er nicht malen konnte, sondern obgleich jedes seiner späteren Bilder maltechnisch ein Fortschreiten bedeutet. Weil seine späteren Bilder als Malerei immer besser wurden, trat ihre illustrative Wesensart immer deutlicher zutage. Und selbst die Technik eines Menzel – wenn Technik die Kunst in der Kunst ist – ist nicht imstande, einheitlich aneinanderzuschweißen, was nicht einheitlich zusammen erschaut ist.

Aber dieser Mangel an Einheitlichkeit, so schwer er auch ins Gewicht fällt, berechtigt keineswegs die Kritik, alles, was Menzel seit den sechziger Jahren des vorigen Jahrhunderts geschaffen hat, geringzuschätzen oder ihm gar – wie es in einem Buche »Der junge Menzel« geschieht – Schielen nach dem Beifall der Menge oder gar Geldgier als Motiv für die Entwicklung, die sein Talent nahm, unterzulegen. Nein! Die Michael-Kohlhaas-Natur, die in Menzel steckte, erkannte als Richter über seine Leistungen nur sein künstlerisches Gewissen und das Gesetz, das er sich selbst gegeben hatte.

Der geborene Zeichner, der er war, geriet mit dem Maler, der er sein wollte, in Zwiespalt und nahm den späteren Bildern die Einheitlichkeit seiner früheren Werke. Im »Balkonzimmer« oder in der »Aufbahrung der Särge der Märzgefallenen« ergab der naive Ausdruck für den Eindruck seiner Anschauung das Bild: Er malte, was er sah oder was er gesehen hatte, eine sozusagen geistige Primamalerei, die mit der technischen im schönsten Einklang war. Auch die späteren Bilder sind alla prima gemalt, aber nur im Handwerklichen: Sie sind zeichnerisch gedacht und nur malerisch gemacht.

Menzel wurde, der er war. Der Zwiespalt, der sich in seinem Werke zeigt, ist nur der Reflex des inneren Zwiespalts: Es ist der Gegensatz zwischen dem Analytischen und dem Synthetischen.

Die künstlerische Form gibt nicht den Gegenstand wieder, sie kopiert ihn nicht, sondern sie gibt die Auffassung des Künstlers von dem Gegenstand: Sie ist Objekt und Subjekt zugleich. Je subjektiver sie ist, desto eigenartiger ist sie; je objektiver, desto typischer. Beides, das Besondere und das Allgemeine, in einer Form restlos zu verbinden ist das künstlerische Problem κατ' ἐξοχήν.

Nach seiner Wesensart wird jeder Künstler mehr dem einen oder dem andern zuneigen. Selbstverständlich, daß das Eigenwillige, Selbstherrliche in Menzels Natur ihn zur charakteristischen Form drängte, zu der Form, die nur er allein erschaut hatte. Indem er sich nie genugtun kann in der genauen Wiedergabe seiner Vision, die ja für den Künstler die Wirklichkeit bedeutet, verfällt er ins Übertreiben, aber jeder Strich ist er – Menzel. Er duldet keine Zufälligkeit, und wäre sie auch noch so gelungen. Er befiehlt seiner Hand, aber nur scheinbar, denn in Wirklichkeit gehorcht er seinem Genius, der ihm die Hand führt. Wie hätte er sonst seinen Gestalten das stupende Leben geben können, daß wir in den Geschöpfen seiner Phantasie Geschöpfe der Natur zu sehen vermeinen. Nur die Gesetzmäßigkeit des Genies vermag, eine Welt uns vorzuzaubern, die nicht existiert, aber existieren könnte. Dieses Wunder zu verrichten, vermag nur die schöpferische Kraft des Genies, dessen Werke sich gerade durch ihren Organismus vom genialischen Unsinn unterscheiden. Es hat viele Künstler gegeben, die an Menzels Größe auch nicht entfernt heranreichen, die harmonischere Bilder gemalt haben, aber es hat keinen zeitgenössischen, wenigstens in Deutschland, gegeben, in dessen Werken mehr Leben und Bewegung ist als selbst in den späteren Bildern unseres Meisters.

Wenn je ein Künstler, so hat Menzel treu mit seinem Pfunde gewuchert: Er wurde nicht nur, der er war, sondern der er werden mußte. Der Schatten in seinem Werke ist das nötige Korrelat des Lichts: Er mußte malen, wie er gemalt hat, und nur wenige dürften Goethes Vers »Und was ich gemalt hab', hab' ich gemalt« aus »Künstlers Fug und Recht« mit mehr Fug und Recht auf sich anwenden.

Menzels Entwicklung vollzog sich nach der inneren Notwendigkeit seiner Natur, also gemäß seinem Genie und seinem Charakter. Wer wähnt, daß fremde Einflüsse, äußere wie die seiner Umgebung oder gar der Akademie, auf ihn gewirkt hätten, hat seines Geistes keinen Hauch verspürt. Wenn er sich einer Akademie gefügt hat, so war es seiner, der Menzel-Akademie.

Wie jeder, der lange leben will, alt werden muß, aber nicht alt sein will, so muß jeder, der Künstler sein will, Akademiker werden. Aber er will es nicht sein, denn er will mehr sein. Die Akademie ist, was Goethe von der Bildung sagt, ein Gefängnis, das jeder Künstler, so unangenehm es auch sein mag, durchgemacht haben muß. Das heißt nicht, daß der Künstler die Kunstschule durchgemacht haben muß, denn Menzel sowohl wie Daumier, die beiden größten zeichnerischen Begabungen des vorigen Jahrhunderts, waren Autodidakten, sondern das heißt, daß jeder Künstler das Bildungsmaterial seiner Zeit in sich aufgenommen haben muß. Menzel wie Daumier hatten die künstlerische Bildung ihrer Zeit kraft ihres Genies in sich aufgenommen, ebenso wie Shakespeare oder Goethe auf der Höhe des Wissens ihrer Zeit in Theologie, Philosophie und Medizin standen, ohne, wie man ihnen andichtet, die einzelnen Fakultäten durchstudiert zu haben.

Der große Künstler ist der geborene Akademiker: Er wird mit der Akademie geboren.

Der Sturmlauf jeder neuen Bewegung in der Kunst gegen die Akademie bedeutet im Grunde nichts anderes als den Versuch, an die Stelle der alten eine neue Akademie zu setzen, was natürlich und daher berechtigt ist. Aber die neue Bewegung muß auch dazu befähigt sein, eine neue Akademie aufzurichten. Und dazu gehört Genie, denn das allein gibt der Kunst die Regel, ist vorbildlich. Indem das Genie in die von der Akademie überkommene Form seine Persönlichkeit gießt, schafft es einen neuen, vorbildlichen Typus, eine neue Akademie, und so kann man von einer Raffael- oder Rembrandt-, Frans-Hals- oder Velázquez-, Manet- oder Menzel-Akademie sprechen.

Menzel, als im schillerschen Sinne sentimentaler Künstler, liebte an der Natur, was er ihr lieh, das heißt, er liebte sein Werk, wie er denn in Ausstellungen oft stundenlang in der Betrachtung seiner eigenen Bilder versunken zu sehen war, während gemeinhin der Künstler seine öffentlich ausgestellten Arbeiten zu umkreisen pflegt. Nicht etwa, daß nicht alle Künstler ihre Werke gleichermaßen lieben, aber Menzel sah nur das Handwerk, das er geschaffen, nicht das Kunstwerk, das er erschaffen hatte. Er betrachtete sein Werk als Objekt, während andere Künstler ihrem Subjekt, also gleichsam einer Prostitution ihres Selbst, in ihrem Werke gegenüberzustehen wähnen. Daher war er ein so schlechter Beurteiler eigener wie der fremden Werke, weil er im Bilde nur das Handwerkliche, was die Hand gemacht hatte, nicht, was durch die Hand der Phantasie gelungen war, sah oder wenigstens sehen wollte. Er betrachtete das Bild vom kunstgewerblichen Standpunkt aus.

Gewiß lag Menzels Überschätzung der Technik seine übergroße Gewissenhaftigkeit zugrunde, auch wohl die Freude an der Überwindung technischer Schwierigkeiten und – last not least – ein gut Teil Malice gegen die sogenannte Poesie der Romantiker und Nazarener, denen zum Wollen

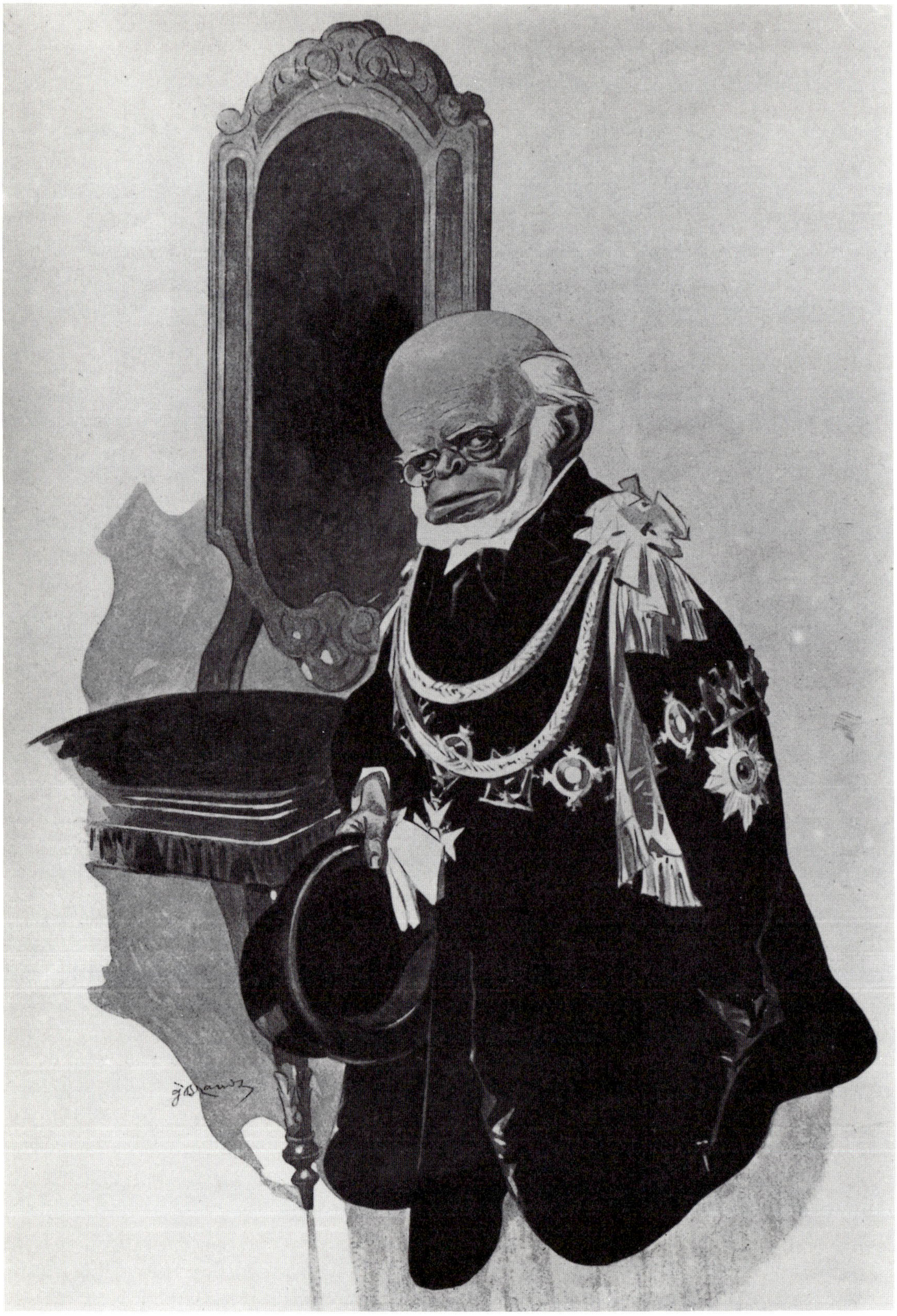

»Die kleine Exzellenz«,
Karikatur von Brandt im Kladderadatsch, 1903

das nötige Können fehlte. (Daß er im Alter die jüngere Generation der Faulheit bezichtigte, weil sie in ihrem Streben nach subjektiver Wirklichkeit die Technik zu vernachlässigen schien, indem sie der Phantasie mehr Raum ließ, lag wohl mehr in der Verhetzung von seiten seiner Umgebung.)

Während die Technik der Tizian und Velázquez, der Rubens, Rembrandt und Frans Hals mit dem Alter immer größer und freier wurde, vollzog sich bei Menzel das Umgekehrte: Er wurde immer komplizierter und ausführlicher. Während jene nur das Große und Einfache sahen, unterstrich Menzel das Kleine, ja sogar das Kleinliche. Dabei mag seine große Kurzsichtigkeit mitgewirkt haben, aber diese, ich möchte sagen umgekehrte Entwicklung hatte doch einen inneren Grund in seinem Mangel an Geschmack. Solange er die Zeit des Rokokos bearbeitete, war er vor Entgleisungen geschützt, als er sich aber der Darstellung der modernen Zeit zuwandte, als er ganz Menzel wurde, machte sich dieser Mangel immer fühlbarer. Ich brauche wohl nicht zu bemerken, daß ich unter Geschmack nicht den Pariser, Berliner oder Münchener Geschmack verstehe, der heute modern ist und morgen von einem andern verdrängt wird, daß er auch nichts mit »schön« oder »häßlich« oder mit Richtungen zu tun hat, sondern ich spreche von jenem zeitlosen Geschmack, der, wie auch die Moden wechseln mögen, immer modern bleiben wird. Der ästhetische Geschmack liegt in dem Sinn für große, einfache Verhältnisse. Der Geschmack ist kein produktiver, sondern ein Beurteilungsvermögen und hat daher mit dem Genie nichts zu tun. Es gibt Maler mit sehr großem Geschmack, aber ohne Talent, und ein Genie wie Menzel, der keinen künstlerisch ausgebildeten Geschmack besaß.

Für die Beurteilung von Menzels Größe ist dieser Mangel belanglos, aber er hat es verschuldet, daß Menzel statt, seiner Begabung gemäß, eine Weltberühmtheit nur eine nationale Größe geworden ist. Daumier, Frankreichs genialster Künstler im vorigen Jahrhundert, hat einen weiteren Horizont als Menzel, der dem Franzosen aber in der Kunst der Darstellung unendlich überlegen ist. Man muß schon bis zu Rembrandt zurückgehen, um einen ihm ebenbürtigen Meister in Beherrschung der künstlerischen Mittel zum Vergleich zu finden. Trotz der minutiösesten Ausführung bleibt sein Vortrag stets breit und frei, trotz seines fabelhaften Fleißes lassen seine Werke nie den Schweiß, den sie gekostet, oder das Öl der Studierlampe spüren. Er herrscht frei als unumschränkter Gebieter über seine wenn auch etwas kleinbürgerliche Welt, aus der er stammt, denn man darf nicht vergessen, daß Menzel, der Autodidakt, sich aus kleinsten Anfängen hat emporringen müssen.

»Das Höchste, was man vom Genie verlangen darf, ist Wahrheit.« Diese Forderung Goethes hat Menzel wie selten ein Künstler erfüllt. Wahrheit ist die Grundlage seiner Kunst, und nur völlige Unkenntnis von Menzels Eigenart kann uns weismachen wollen, daß er dem Geschmack des Publikums zuliebe gearbeitet hätte. Richtig ist, daß sein Geschmack mit dem des Publikums in manchen Dingen, wie in seiner übertriebenen Liebe zur Detaillierung, übereinstimmte, aber Konzessionen hat er nie gemacht, weder als Künstler noch als Mensch. Ich übergehe, als bekannt, die vielen Anekdoten, die über seine »Aufrichtigkeit«, wenn man es nicht Grobheit nennen will, im Umlauf sind, und ich will nur eines Vorfalls erwähnen, der nur mir bekannt sein dürfte, um zu zeigen, daß er selbst einem Bismarck gegenüber seine Unabhängigkeit zu wahren verstand.

Menzel hatte mir, der ich von der französischen Regierung zum Juror in der Aufnahmekommission für die Pariser Weltausstellung von 1889 ernannt war, sechzehn oder achtzehn seiner Werke anvertraut, als plötzlich kurz vor der Eröffnung der Ausstellung ein Erlaß Bismarcks erschien, der allen Künstlern, die preußische Beamte waren, die Beteiligung an ihr untersagte. Und alle die damaligen Berühmtheiten, von Achenbach, von Reinhold Begas bis zu den kleineren Sternen hinab, beeilten sich, ihre Werke zurückzuziehen. Bis auf Menzel, bei dem ein Ministerialdirektor erschien, um ihm auseinanderzusetzen, daß es sich für ihn als den Kanzler des Ordens Pour le mérite nicht zieme, in Paris sich an der Ausstellung zur Jahrhundertfeier der Französischen Revolution zu beteiligen. Darauf Menzel: »Ich bin jetzt dreiundsiebzig Jahre alt, ich habe immer gewußt, was sich für mich schickt, und ich werde es weiter wissen.« Sprach's und stellte ruhig aus.

Dostojewski schreibt in einem seiner Romane: »Es gibt keine traurigere Zeit, als wenn wir nicht wissen, wen wir zu verehren haben.« Freuen wir uns, in dieser traurigen Zeit in Menzel einen Mann zu besitzen, den wir als Künstler und als Menschen gleicherweise verehren dürfen.

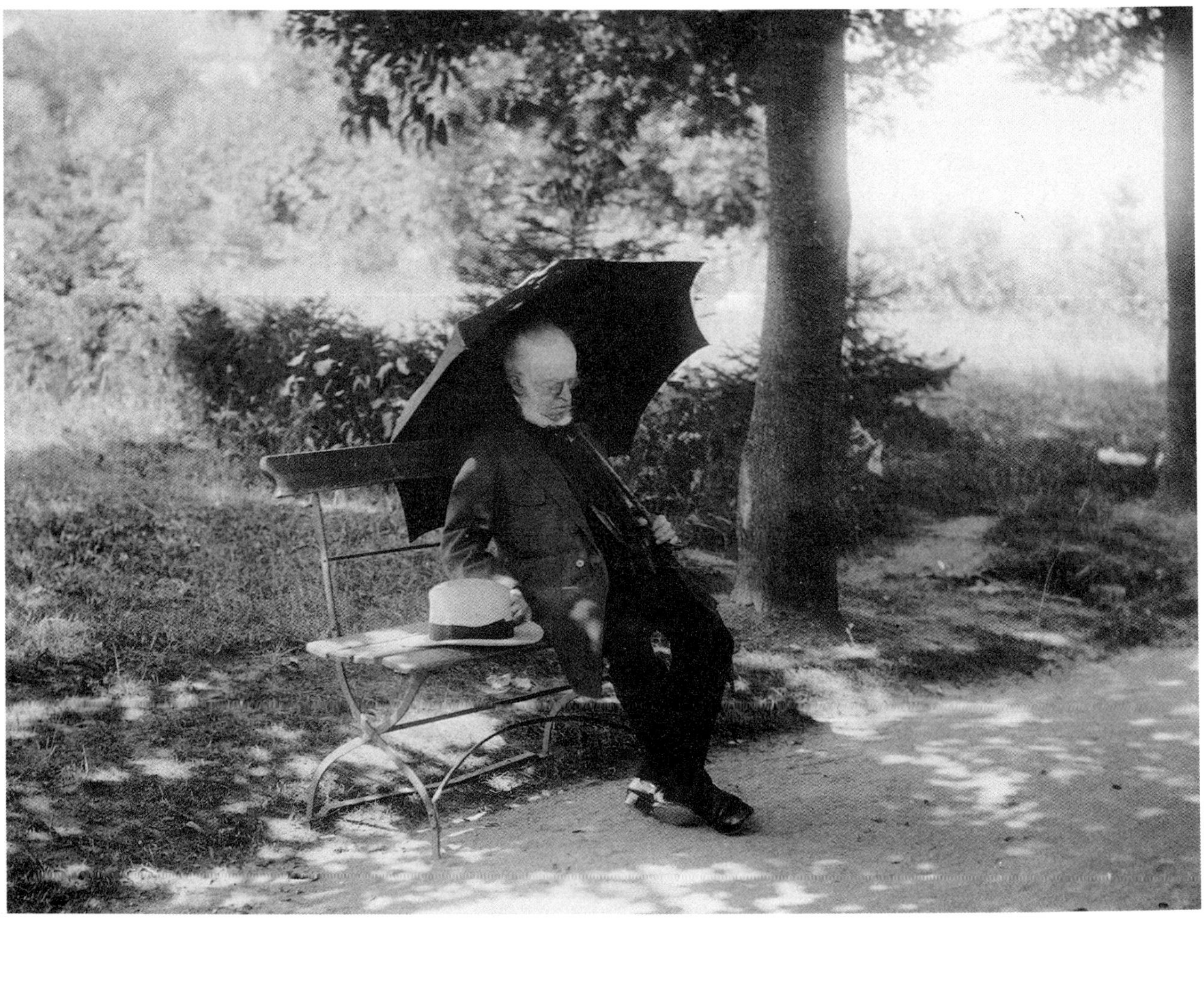

Menzel schlafend
auf einer Parkbank
in Bad Kissingen,
1904

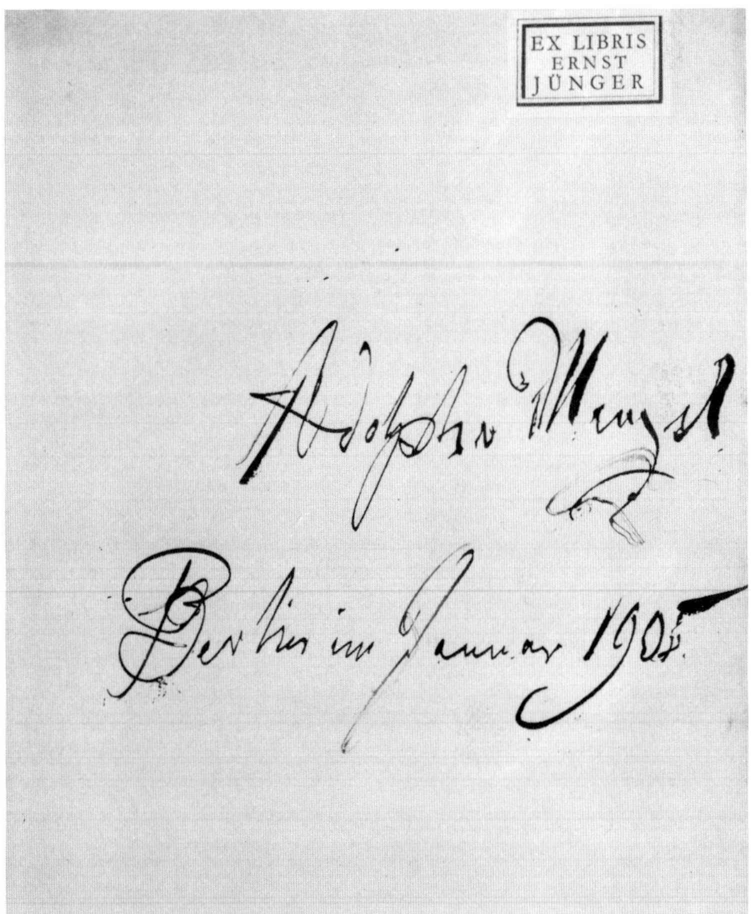

TEXTQUELLENNACHWEIS

147	THEODOR FONTANE Adolf Menzel	Aus: »Die Zukunft«, Dezemberheft 1895, S. 441-444
151	ANTON VON WERNER Adolph von Menzel	Rede bei der Trauerfeier der Königl. Akademie der Künste für Adolph von Menzel am 6. März 1905. Sonderdruck bei Ernst Siegfried Mittler und Sohn, Berlin 1905
159	LUDWIG PIETSCH Persönliche Erinnerungen an Adolf von Menzel	Aus: Velhagen & Klasings Monatshefte, XIX. Jahrgang 1904/1905, S. 193-208
185	MAX LIEBERMANN Menzel	Aus: Die Phantasie in der Malerei, Schriften und Reden. Buchverlag Der Morgen, Berlin o. J. S. 130-147, Abdruck mit freundlicher Genehmigung von Frau Marianne Feilchenfeldt, Zürich

BILDQUELLENNACHWEIS

Die den Bildtiteln vorangestellten Ziffern
beziehen sich auf die Seiten des vorliegenden Bandes.

Schwarzweißabbildungen im Text

13 Franz Krüger, Adolf Menzel, 1839
Bleistift und Aquarell, 16,8 × 11,7 cm
Nationalgalerie Berlin

13 Fritz Werner, Theodor Fontane, o. J.
Kreide, 46,9 × 30,8 cm
Nationalgalerie Berlin

13 Musiksalon der Frau von Schleinitz, 1874
Maßangaben fehlen
Nationalgalerie Berlin
Foto: Städelsches Kunstinstitut
Frankfurt

14 Schloß Sanssouci mit Windmühle, 1840
Bleistift, 12,5 × 20 cm
Nationalgalerie Berlin

14 Bibliothek in Schloß Sanssouci, 1840
Bleistift, 20,9 × 12,8 cm
Nationalgalerie Berlin

14 Rokokokamin in Schloß Sanssouci, 1840
Bleistift, 44,4 × 24,6 cm
Nationalgalerie Berlin

16 Marquise von Pompadour, 1840
Bleistift, 12,8 × 21 cm
Nationalgalerie Berlin

16 Speisesaal im Schloß Sanssouci, 1840
Bleistift, 20,8 × 12,9 cm
Nationalgalerie Berlin

16 Arbeitszimmer Friedrichs II.
im Stadtschloß zu Potsdam, 1840
Bleistift, 20,8 × 12,9 cm
Nationalgalerie Berlin

18 Kostümstudien von Damen auf
einer Einladungskarte, 1889
Bleistift, 29 × 22,5 cm
Kupferstichkabinett Basel

20 Kutscher auf dem Bock, 1854
Kreide, weiß gehöht, 33,5 × 23,7 cm
Nationalgalerie Berlin

22 Alter, bärtiger Mann mit Mantel, 1888
Schwarze Fettkreide, 22,9 × 31,2 cm
Kunstmuseum Bern

22 Sitzender Arbeiter, um 1884
Schwarze Fettkreide, 23 × 31,2 cm
Kunstmuseum Bern

24 Arbeiterstudie, 1875
Bleistift, 40 × 26,2 cm
Nationalmuseum Berlin

25 Zwei Arbeiter, 1875
Bleistift, 39,8 × 25,9 cm
Nationalgalerie Berlin

25 Arbeiter mit Zange, 1875
Bleistift, 39,9 × 25,9 cm
Nationalgalerie Berlin

25 Zwei Männer mit Stangen, 1875
Bleistift, 26 × 40 cm
Nationalgalerie Berlin

26 Drechsler am Werktisch schleifend, 1875
Bleistift, 28,7 × 41,8 cm
Nationalgalerie Berlin

26 Essende und trinkende Arbeiter, 1875
Bleistift, 24,5 × 32,5 cm
Nationalgalerie Berlin

28 Schlafende Näherin, um 1846
Radierung, 25,8 × 20,8 cm
Kupferstichkabinett Kunstsammlung Basel

30 Frau Maerker am Klavier, 1843-46
Schwarze und braune Kreide,
weiß gehöht, 40,1 × 29,6 cm
Nationalgalerie Berlin

30 Frau mit bloßen Schultern, o.J.
Bleistift, 13,4 × 21 cm
Nationalgalerie Berlin

32 Junge Frau im Profil, 1893
Bleistift, Maßangaben fehlen
Städelsches Kunstinstitut Frankfurt

34 Essenbringende Frau mit Korb, o.J.
Bleistift, 37,9 × 25,1 cm
Nationalgalerie Berlin

36 Armstudie, o.J.
Bleistift, 15,6 × 9,5 cm
Nationalgalerie Berlin

36 Handstudie, o.J.
Bleistift, 20,6 × 13 cm
Nationalgalerie Berlin

36 Die Hand des Vaters, 1832
Bleistift, 13,5 × 10,7 cm
Nationalgalerie Berlin
Foto: Städelsches Kunstinstitut Frankfurt

37 Gefaltete Hände, 1884
Bleistift, ohne Maße
Nationalgalerie Berlin

38 Die Schlacht bei Mollwitz, 1835
Tusche, 25,3 × 33,8 cm
Nationalgalerie Berlin

38 Friedrich der Große, 1878
Radierung, Maße fehlen
Nationalgalerie Berlin

42 Arbeiter, der sich das Hemd anzieht, o.J.
Bleistift, 37,9 × 24,9 cm
Nationalgalerie Berlin

42 Mann, sich abtrocknend, o.J.
Bleistift, 20,8 × 13 cm
Nationalgalerie Berlin

42 Knabenakt in zwei Ansichten, 1883
Bleistift, 22,5 × 29,2 cm
Nationalgalerie Berlin

43 Der Barberinische Faun, 1874
Bleistift, 40,1 × 26,2 cm
Nationalgalerie Berlin

45 Der verlassene Pflug, 1894
Bleistift, ohne Maßangaben
Nationalgalerie Berlin

46 Die Mutter Menzels, 1842
Bleistift, ohne Maßangaben
(Kriegsverlust)

48 Menzels Bruder Richard, 1848
Farbige Kreide, weiß gehöht,
25 × 37 cm
Privatbesitz

48 Familie Menzel am Klavier, 1851
Bleistift, 22,5 × 28,5 cm
Nationalgalerie Berlin

50 Schlafendes Kind, 1845
Bleistift, 16,5 × 20,6 cm
Nationalgalerie Berlin

50 Schlafendes Mädchen, 1854
Bleistift, 22,2 × 25,2 cm
Nationalgalerie Berlin

50 Junges schlafendes Paar in einem
Himmelbett
Bleistift, Pinsel, 21,4 × 35,1 cm
Kupferstichkabinett Kunstsammlung
Basel

50 Ungemachtes Bett, o.J.
Kreide, gewischt, 22 × 35,5 cm
Nationalgalerie Berlin

52 Blick in ein Eisenwalzwerk, 1875
Bleistift, 22,3 × 30,4 cm
Nationalgalerie Berlin

52 Schmiede, um 1875
Bleistift, 12,9 × 20,2 cm
Nationalgalerie Berlin

52 Arbeiter im Eisenwalzwerk, um 1875
Graphit, 24 × 33 cm
Nationalgalerie Berlin

54 Scheuer, o.J.
Bleistift, Maßangaben fehlen
Städelsches Kunstinstitut Frankfurt

54 Baugerüst, um 1875
Bleistift, 26,1 × 20,4 cm
Nationalgalerie Berlin

56 Blick in die Neuhauser Straße
in München, 1882
Bleistift, 17,9 × 14,5 cm
Nationalgalerie Berlin

58 Blick auf Häuser und Bäume, 1893
Bleistift, 22,9 × 31,2 cm
Nationalgalerie Berlin

58 Brunnen am Fischmarkt in Regensburg, 1852
Bleistift, 20,6 × 13 cm
Nationalgalerie Berlin

58 Ortsansicht mit Barockkirche in
Süddeutschland, o. J.
Bleistift, Maßangaben fehlen
Leihgabe der Bundesrepublik
Deutschland
Städelsches Kunstinstitut Frankfurt

60 Personenskizzen, 1884
Bleistift, 18,5 × 35,5 cm
Kunsthalle Bremen

60 Verwundete und Borromäer Schwestern,
um 1871
Bleistift, aquarelliert, 12,8 × 20,3 cm
Nationalgalerie Berlin

62 Pferd mit Reiter, 1873
Bleistift, 20,6 × 12,6 cm
Nationalgalerie Berlin

62 Studie eines Pferdekopfes, 1873
Bleistift, 20,4 × 12,7 cm
Nationalgalerie Berlin

62 Geschirrtes Lastpferd, 1894
Bleistift, 12,9 × 21,1 cm
Nationalgalerie Berlin

64 Pferd beim Striegeln, 1863
Bleistift, Maßangaben fehlen
Museum Stiftung Oskar Reinhart,
Winterthur

64 Pferd mit umgehängtem Futtersack, o. J.
Bleistift, Skizzenbuch
Nationalgalerie Berlin

64 Drei Bären im Zwinger, um 1880
Bleistift, Maßangaben fehlen
Museum Stiftung Oskar Reinhart,
Winterthur

64 Tierstudien auf einem Prospekt, o. J.
Bleistift, 18 × 12 cm
Kunsthalle Bremen

69 Der Maler tanzt über allem
(Selbstbildnis), um 1861
Bleistift, Wasserfarben, 20,1 × 16,2 cm
Nationalgalerie Berlin

149 Selbstbildnis, 1834
Bleistift, ohne Maße
Kunstbibliothek Berlin
Foto: Bildarchiv Preußischer Kulturbesitz

150 Selbstporträt, 30. Dezember 1882
Bleistift, 28 × 22,3 cm
Nationalgalerie Berlin

157 Porträtfoto Menzels aus dem Jahre 1904
Foto: Bildarchiv Preußischer Kulturbesitz

158 Karl Stauffer, Adolph von Menzel, 1885
Federzeichnung, ohne Maße
Foto: Bildarchiv Preußischer Kulturbesitz

161/163 Titelblatt und Kompositionen zu
»Künstlers Erdenwallen«, 1834
Lithographien, 31,1 × 46,9 cm
Nationalgalerie Berlin
Foto: Kunstmuseum Bern

165 Eduard Magnus, Adolph von Menzel, 1837
Aquarell, Maßangaben fehlen
Nationalgalerie Berlin

168 Selbstbildnis mit kritischem Gesichtsausdruck,
um 1860
Bleistift, 22,2 × 20 cm
Nationalgalerie Berlin

172 Menzel bei der Arbeit am Krönungsbild, 1862
Foto: Nationalgalerie Berlin

173 Menzel vor dem Krönungsbild im
Garde du Corps-Saal
des Berliner Schlosses, 1862
Foto: Nationalgalerie Berlin

176 Graf Flemming und Menzel beim Frühstück, 1849
Bleistift, 20,2 × 25,1 cm
Nationalgalerie Berlin

176 Humoristische Skizze: Menzel und Flemming beim Wein, 1850
Tusche, Maßangaben fehlen
Nationalgalerie Berlin

180 Menzels rechte Hand, 1832
Bleistift, 14,7 × 11,3 cm
Kunsthalle Bremen

183 Menzel in seinem Lehnstuhl, um 1900
Foto: Bildarchiv Preußischer Kulturbesitz

184 Selbstbildnis, 1899
Bleistift, 15,8 × 19,6 cm
Nationalgalerie Berlin

188/189 Menzel in seinem Atelier, 1895
Foto: Bildarchiv Preußischer Kulturbesitz

192 Lichtdruck zum 70. Geburtstag Menzels, 1885
Kunstbibliothek Berlin
Foto: Bildarchiv Preußischer Kulturbesitz

196 »Die kleine Exzellenz«, Karikatur von Brandt im Kladderadatsch, 1903
Staatsbibliothek Berlin
Foto: Bildarchiv der Staatsbibliothek

198 Menzel schlafend auf einer Parkbank in Bad Kissingen, 1904
Foto: Bildarchiv Preußischer Kulturbesitz

199 Menzels Unterschrift im Januar 1905
(In einem Exemplar der »Geschichte Friedrichs d. Gr. von Franz Kugler«, im Besitz von Ernst Jünger)

Frontispiz

Adolph von Menzel, 1904
Foto: Bildarchiv Preußischer Kulturbesitz

Farbtafeln

73 Das Balkonzimmer, 1845
Öl auf Pappe, 58 × 47 cm
Nationalgalerie Berlin

74 Bauplatz mit Weiden, 1846
Öl auf Leinwand, 41 × 55 cm
Nationalgalerie Berlin

75 Blick auf den Anhalter Bahnhof im Mondschein, 1846
Öl auf Papier auf Holz, 46 × 35 cm
Museum Stiftung Oskar Reinhart, Winterthur

76 Die Berlin-Potsdamer Eisenbahn, 1847
Öl auf Leinwand, 43 × 52 cm
Nationalgalerie Berlin

77 Berliner Hinterhäuser im Schnee, 1847/48
Öl auf Papier auf Karton, 13 × 24 cm
Museum Stiftung Oskar Reinhart, Winterthur

77 Schlittengespann, 1849
Wasserfarben, 16 × 26 cm
Nationalgalerie Berlin

78 Innenraum mit Menzels Schwester, 1847
Öl auf Leinwand, 46 × 31,6 cm
Neu Pinakothek München

79 Abendgesellschaft, 1848
Öl auf Papier, 25 × 40 cm
Nationalgalerie Berlin

79 Schlafzimmer des Künstlers, 1847
Öl auf Pappe, 56 × 46 cm
Nationalgalerie Berlin

80 Kostümstudie einer Sitzenden (Menzels Schwester), o. J. (1850)
farbige Kreiden, 22,3 × 28,8 cm
Museum Stiftung Oskar Reinhart, Winterthur

80 Emilie Menzel, kauernd, 1851
Pastell, 30 × 24 cm
Stiftung Ratjen, Vaduz

81 Die Schwester des Künstlers, 1848
Öl auf Papier, auf Leinwand aufgezogen, 46,8 × 60 cm
Hamburger Kunsthalle

82/83 Aufbahrung der Märzgefallenen, 1848
Öl auf Leinwand, 45 × 63 cm
Hamburger Kunsthalle

84 Bildnis Frau Clara Schmidt von Knobelsdorff, 1848
Öl auf Leinwand, 44 × 36 cm
Nationalgalerie Berlin

85 Palais-Garten des Prinzen Albrecht, 1846/1876
Öl auf Leinwand, 68 × 86 cm
Nationalgalerie Berlin

86 Skizze zur Tafelrunde, 1849
Öl auf Papier, 34 × 27,8 cm
Nationalgalerie Berlin

87 Tafelrunde in Sanssouci, 1850
Öl auf Leinwand, 204 × 175 cm
(Kriegsverlust)
Ehemals Nationalgalerie Berlin

88 Waldesnacht, 1851
Öl auf Leinwand, 51,5 × 65,5 cm
Kunsthaus Zürich

89 Die Bittschrift, 1849
Öl auf Leinwand, 60 × 75 cm
Sammlung Prinz Louis Ferdinand von Preußen, Burg Hohenzollern

89 Kahnfahrt in Rheinsberg, 1850
Aquarell- und Deckfarben, 20 × 27,5 cm
Privatsammlung

90 Flötenkonzert Friedrichs in Sanssouci, 1852
Öl auf Leinwand, 142 × 205 cm
Nationalgalerie Berlin

90 Schwester Friedrichs des Großen, Prinzessin Amalie, 1852
Kreide auf braunem Papier, 37,4 ×30 cm
Nationalgalerie Berlin

91 Voltaire, ein Buch aufschlagend, o. J.
Öl auf Kupfer, 14,3 × 9,5 cm
Sammlung Georg Schäfer, Schweinfurt

91 Clara Schumann und Joseph Joachim, musizierend, 1854
Pastell, 27 × 33 cm
Privatbesitz

92 Ringende, 1850-60
Wasserfarben, 49 × 33 cm
Nationalgalerie Berlin

93 Kopf eines einschlafenden weißhaarigen Juden, 1852
Öl auf Leinwand, 20,5 × 20 cm
Privatbesitz

93 Kopf eines Bauern mit Dreispitz, 1853-1860
Öl auf Papier auf Karton, 22 × 22,5 cm
Museum Stiftung Oskar Reinhart, Winterthur

94 Maskensouper, 1855
Gouache, 34 × 42 cm
Staatliche Kunstsammlungen Stuttgart

95 Botenfrau, 1855
Öl auf Holz, 64,8 × 53,7 cm
Sammlung Georg Schäfer, Schweinfurt

96 Gewitter am Tempelhofer Berg, o. J. (ca. 1850)
Öl auf Leinwand, 27 × 40 cm
Wallraf-Richartz-Museum Köln

97 Ansprache Friedrichs des Großen an seine Generale vor der Schlacht bei Leuthen 1757 (unvollendet), 1858-1861
Öl auf Leinwand, 318 × 424 cm
Nationalgalerie Berlin

98/99 Friedrich und die Seinen in der Schlacht bei Hochkirch, 1856
Öl auf Leinwand, 295 × 378 cm
(Kriegsverlust)
Ehemals Dresden
Öldruck in Privatbesitz

100 Wellington und Blücher nach der Schlacht bei Waterloo, 1858
Öl auf Leinwand, Breite 302 cm, Höhe 220 cm
Neue Pinakothek München

100 Beerdigung, um 1852
Aquarell- und Deckfarben, 28,1 × 39,3 cm
Sammlung Georg Schäfer, Schweinfurt

101 Friedrichsgracht bei Mondschein, o. J. (um 1860)
Öl auf Leinwand, 39 × 32 cm
Nationalgalerie Berlin

102 Théâtre de Gymnase, 1856
Öl auf Leinwand, 46 × 62 cm
Kulturbesitz, Nationalgalerie Berlin

103 Adam und Eva, 1857
Pastellkreiden auf dunkelbraunem Papier
Sammlung Georg Schäfer, Schweinfurt

104 Garten des Justizministeriums in Berlin, 1848
Öl auf Leinwand, 34 × 54 cm
(Kriegsverlust)
Ehemals Bremen

105 Gastwirtschaft Moritzhof in Berlin, 1864
Wasser- und Deckfarben, 23,4 × 36,1 cm
Nationalgalerie Berlin

105 Reisepläne, 1875
Gouache, 15 × 31 cm
Museum Folkwang, Essen

106 Im Thüringer Wald, um 1860
Pinsel, Tusche, Aquarell- und Deckfarben auf Papier, 35,7 × 22,6 cm
Sammlung Georg Schäfer, Schweinfurt

107 Der Trockenplatz, 1863
Gouache, 13,6 × 27,8 cm
Nationalgalerie Berlin

107 Schuhmacher mit Kind, o. J.
Wasser- und Deckfarben, 22,3 × 10,9 cm
Nationalgalerie Berlin

108 Oberstabsarzt Dr. Puhlmann, 1850
Wasserfarben, 24,1 × 18,4 cm
Nationalgalerie Berlin

108 Zwei tote Soldaten, 1866
Wasser- und Deckfarben, 17,5 × 28 cm
Nationalgalerie Berlin

109 Der sterbende Soldat, 1866
Aquarellfarben und Bleistift auf Papier, 12,8 × 20,2 cm
Sammlung Georg Schäfer, Schweinfurt

109 Drei gefallene Soldaten, 1866
Bleistift und Wasserfarben, 18,6 × 27,3 cm
Nationalgalerie Berlin

110 Blick aus dem Fenster der Marienstraße, 1867
Gouache, 29 × 25 cm
Museum Stiftung Oskar Reinhart, Winterthur

111 Märkische Landschaft, 1840-1850
Wasserfarben, 12,7 × 20,4 cm
Nationalgalerie Berlin

111 Dame mit blauer Schärpe oder Dame im Garten, 1867
Öl auf Leinwand, 65,5 × 100 cm
Kunsthalle Bremen

112 Christkindlmarkt in Berlin, 1866
Öl auf Leinwand, 35 × 45 cm
Privatbesitz

113 Glasbläser, um 1848
Farbige Kreiden, 25 × 14,9 cm
Sammlung Georg Schäfer, Schweinfurt

114/115 Ein Nachmittag im Tuilerien-Garten, 1867
Öl auf Leinwand, 49 × 70 cm
Staatliche Kunstsammlungen Dresden

116 Zwei Schwäne, 1863-1883
Wasser- und Deckfarben, 12 × 17,1 cm
Nationalgalerie Berlin

116 Die drei Bären im Zwinger, o. J.
Wasser- und Deckfarben, 21,6 × 23,9 cm
Nationalgalerie Berlin

117 Chinesinnen, Gold- und Silberfasanen fütternd, 1868
Wasser- und Deckfarben, 19,9 × 25,4 cm
Nationalgalerie Berlin

118/119 Pariser Wochentag, 1869
Öl auf Leinwand, 48,4 × 69,5 cm
Kunstmuseum Düsseldorf

120 Straßenecke bei Mondschein, 1863-1883
Wasser- und Deckfarben, 27,4 × 20,6 cm
Nationalgalerie Berlin

121 Die Störung, 1869
Öl auf Leinwand
Staatliche Kunsthalle Karlsruhe

122/123 Abreise König Wilhelms zur Armee am 31. Juli 1870, 1871
Öl auf Leinwand, 63 × 28 cm
Nationalgalerie Berlin

124 Französische Kriegsgefangene auf dem Marsch, 1871
Deckfarben, 23,4 × 28,2 cm
Nationalgalerie Berlin

124 Kriegsgefangenentransport im Zug, 1871
Deckfarben, 21,1 × 19,2 cm
Nationalgalerie Berlin

125 Die Atelierwand, 1872
Öl auf Leinwand, 111 × 79,3 cm
Hamburger Kunsthalle

126 Die Schmiede, 1872
Öl auf Leinwand, 31,4 × 41,5 cm
Hamburger Kunsthalle

127 Menzel, einen Eisengießer zeichnend, 1872
Gouache auf Papier, 16,1 × 12,3 cm
Museum für Bildende Künste, Leipzig

128/129 Das Eisenwalzwerk, 1872-1875
Öl auf Leinwand, 158 × 254 cm
Nationalgalerie Berlin

130 Küche in Hofgastein, 1873
Gouache, 40 × 26 cm
Sammlung Georg Schäfer, Schweinfurt

131 Inneres der Damenstiftkirche zu München, 1873
Deckfarben auf Karton, 40,5 × 26,5 cm
Sammlung Georg Schäfer, Schweinfurt

132/133 Das Ball-Souper, 1878
Öl auf Leinwand, 71 × 90 cm
Nationalgalerie Berlin

134 Nymphenbad im Zwinger zu Dresden, 1850
Öl auf Leinwand, 42 × 34 cm
Kunsthalle Hamburg

134 Absender grüßt schönstens – Dame mit
Maske im friderizianischen Kostüm,
um 1883-1885
Aquarell- und Deckfarben auf Menzels
Visitenkarte, 8,8 × 5,3 cm
Sammlung Georg Schäfer, Schweinfurt

135 Cercle Kaiser Wilhelms des Ersten, 1879
Öl auf Leinwand, 32 × 25,4 cm
Sammlung Georg Schäfer, Schweinfurt

136 In der japanischen Bude, 1887
Deckfarben, 24,6 × 17 cm
Sammlung Georg Schäfer, Schweinfurt

137 Der Wanderzirkus, 1884
Deckfarben auf Pappe
Staatl. Puschkin Museum Leningrad

137 Tanzende Neger, 1882
»Niemand wandelt ungestraft unter Palmen«
Deckfarben, 16,6 × 23 cm
Hamburger Kunsthalle

138/139 Piazza d'Erbe in Verona, 1884
Öl auf Leinwand, 73 × 127 cm
Staatliche Kunstsammlungen Dresden

140 Obsthändlerinnen in Verona, 1884
Wasser- und Deckfarben, 11,6 × 17,4 cm
Nationalgalerie Berlin

140 Münchner Biergarten, 1883
Pinsel, Tusche und Deckfarben auf
festem Papier, 13,5 × 17,9 cm
Sammlung Georg Schäfer, Schweinfurt

141 Frühstunde im Café, 1894
Deckfarben, 19 × 12 cm
Hamburger Kunsthalle

142 Fahrt durch die schöne Natur, 1892
Deckfarben auf Papier, 27,7 × 37,2 cm
Hamburg, Privatbesitz

143 Unter der Leselampe
Deckfarben auf Pappe, 19 × 20 cm
Nationalgalerie Berlin
(Kriegsverlust)